한국 행정:
비교역사적 분석

하 연 섭

다 산 출 판 사

결혼 60주년을 맞이하신 부모님께 이 책을 바친다.

이 저서는 2015~2017년도 연세대학교 연구비의 지원을 받아 수행된 것임.
(2015-22-0054, 2016-22-0046, 2017-22-0135)

머리말

나와 행정학의 첫 만남은 당혹감으로 시작되었다. 대학 1학년 때 행정학개론을 들었을 때, 과목의 초반에 접한 내용이 정치-행정 이원론과 일원론, 과학적 관리법 등과 같은 별 감흥이 없는 내용이었다. 접하는 내용들이 무척 건조했을 뿐만 아니라 나를 둘러싸고 있는 세상을 이해하는 데에 별 도움이 되지 않은 것 같았다. 대학 신입생이었으니 으레 대학공부는 그런가 보다 여겼고 대충 외워서 시험이나 보는 것이 최선이라고 생각했다. 한참을 지난 후에 내가 깨달은 사실은 이 내용들이 우리의 문제가 아니라 미국 사람들이 자신들의 문제를 고민하고 해결하는 과정에서 나온 내용이라는 것이었다. 우리의 현실이나 문제로부터 동떨어져 있는 내용으로 가득 차 있으니 행정학이 재미있을 리 만무했다. 그러면서 서서히 눈뜨기 시작한 것이 행정학을 포함한 사회과학은 이를 둘러싸고 있는 역사와 맥락으로부터 유리되어 존재할 수 없다는 매우 평범한 사실이었다.

교수가 된 후 처음부터 한국 행정에 관한 책을 낼 계획이 있었던 것은 아니다. 1996년과 1997년 두 해에 걸쳐 학부생들에게 한국행정론 과목을 강의한 적이 있다. 원래 연세대 행정학과에서 이 과목은 안병영 교수님이 강의하시던 과목이었는데, 안 교수님이 1995년 말에 교육부 장관으로 입각하시면서 아예 내가 대신 강의를 하게 되었던 것이다. 그때는 별 준비가 되어 있지 않아 안 교수님이 친히 챙겨주신 한국행정론 강의록을 가져다가 공부하고 또 거기에 내 관심사를 조금

보태어 가르친 것이 전부였다. 그런데도 수강한 학생들의 반응은 신기할 정도로 매우 호의적이었다.

안병영 교수님이 2007년에 은퇴하신 이후에 한국행정론 과목은 몇 년간 아예 열리지를 않았다. 학과 교수들은 내가 과목을 개설해 주기를 기대했으나, 두 번이나 장관을 지내시면서 한국 행정을 직접 경험하신 분이 강의한 과목을 그대로 이어받아 가르치는 것이 엄두가 나지 않아 내가 계속 강의 개설을 사양했었기 때문이다. 후배 교수들의 강권에 떠밀리다시피 2013년에야 한국행정론 과목을 개설하게 되었는데, 그때 내 나름대로 정한 과목의 기본 방향이 '비교역사적 시각에서 바라보는 한국 행정'이었다. 과목의 구성은 기본적으로 역사적 제도주의와 비교역사적 접근법을 이용한 한국 행정현상에 대한 분석이었다.

조심스럽게 또 실험적으로 개설한 한국행정론 과목에 대한 학생들의 반응은 그야말로 폭발적이었다. 내가 계속해서 매년 학부, 대학원, 행정대학원에서 한국행정론을 개설하도록 힘을 실어 준 사람들은 다름 아닌 첫 학기 내 과목을 수강한 학생들이다. 미안하게도 지금은 이름을 기억하지 못하지만 한 여학생은 내 연구실로 찾아와 "교수님, 정말 이런 과목은 저희 후배들 모두 들어야 하는 과목이라고 생각해요. 내년에도 또 그 다음에도 꼭 한국행정론을 열어주세요."라고 사정하듯이 부탁한 적이 있다. 2013년 봄 학기가 끝나고 받은 수강생들의 강의평가도 나를 흥분되게 만들기에 충분했다. 연세대 내에서는 기존의 내 강의들도 학생들로부터 호평을 받는 편이었지만, 한국행정론에 대한 학생들의 반응은 차원이 달랐다. 특히 많은 학생들이 공통적으로 써놓은 주관식 평가는 나를 충격에 빠뜨렸는데, "행정학과에 입학한 이후 4년 만에 처음으로 한국 행정에 대한 이야기를 듣는다."라는 내용이었다.

2013년 봄 학기가 끝난 후 언젠가는 강의 내용을 중심으로 한국 행정에 관한 책을 내겠다고 결심했었다. 그러나 마음은 있지만 이런저런 일로 책을 진척시키지 못하고 있었는데, 2015년에 연세대학교에서 시행하고 있던 미래선도연구사업에 이 책의 집필 계획이 선정되어 책을 쓰도록 내 자신을 스스로 강제할 수 있게 되었다. 처음부터 예상은 했었지만 비교역사적 관점에서 한국 행정을 체계적으로 분석하는 책을 쓰는 일은 쉬운 일이 아니었다. 특히, 서유럽, 영국, 미국의 국가형성과정에 대한 비교, 한국 행정의 역사적 전개과정에 대한 깊이 있는 공부는 상당한 시간을 요하는 작업이었다. 게다가 2017년에는 행정대학원장을 맡으면서 더더욱 시간을 쪼개어 쓰게 되었는데, 그때 결심한 것이 행정대학원장 임기가 끝날 때까지 책을 완성한다는 것이었다. 이 책의 초고가 원장 임기 만료를 약 3주 앞둔 올해 1월 초에 완성되었으니, 늦었지만 내 자신과의 약속을 지킬 수 있게 되어 그나마 다행이다.

내가 행정현상을 제대로 이해하고 설명하기 위해서는 역사적 분석과 비교 분석이 필수적이라고 생각하게 된 것은 전적으로 안병영 교수님의 가르침 덕분이다. 거의 40년 전에 안 교수님의 수업을 들으면서 가장 감명 깊었던 내용이 기능적 행정학에서 벗어나 비교역사적 시각에서 행정현상을 조망하는 것이었는데, 그때부터 나의 행정학 공부는 비교역사적 시각을 기본으로 하고 있다. 안 교수님의 이러한 가르침이 이론적 차원에서 결실을 맺은 것이 2003년에 초판이 나온 〈제도분석: 이론과 쟁점〉이며, 이 책은 역사적 제도주의와 비교역사적 접근법을 한국 행정현상 분석에 적용한 것이다. 다시 한 번 안병영 교수님의 가르침에 머리 숙여 감사드린다.

이 책을 준비하는 과정에서도 많은 분들의 도움이 있었다. 먼저, 원고를 처음부터 끝까지 읽고 소중한 검토 의견을 준 신가희 박사와 연세대 행정학과 박사과정의 장유미, 그리고 교정을 도맡아서 해 준 석사과정의 최해인에게 감사를 표한다. 또한 자신의 전공분야와 연관된 몇 개의 장에 대해 유익한 검토 의견을 보내 준 같은 과의 조윤직 교수에게도 감사를 전한다. 이 책의 출판을 흔쾌히 허락하신 다산출판사의 강희일 사장님, 여느 때와 마찬가지로 출판 과정에서 큰 도움을 준 다산출판사의 이상호 부장과 편집국 직원들께도 고마움을 전한다. 사랑하는 아내 영미 그리고 두 아들 태호와 민호의 응원이 없다면 책을 쓰는 일뿐만 아니라 인생이 재미없을 것이다. 세 사람에게 깊은 사랑을 전한다.

이 책은 올해로 결혼 60주년을 맞이하신 나의 부모님께 바치는 책이다. 사람됨이 무엇인지, 존경받는 선생과 참다운 학자의 모습은 무엇인지를 지난 50여 년간 몸소 보여주신 두 분께 존경과 사랑을 가득 담아 이 책을 바친다.

2020년 2월 20일, 부모님의 결혼기념일에

저자 씀

차례

서 론

한국 행정과 비교역사적 분석

1. 사회와 국가 속에서의 행정

사회란 "공동생활을 영위하는 모든 형태의 인간집단"으로 정의된다(표준국어대사전). 사회의 가장 기본적인 구성 요소는 사람이며, 이러한 사람들이 서로 모여 사는 곳이 사회인 것이다. 그런데 사람을 영어와 한자에서 어떻게 표현하는지를 보면 매우 특이한 점을 발견할 수 있다. 영어에서는 사람을 human being이라고 표현한다. 즉, 하나의 인간(human)으로서 존재(being)하는 것이 곧 사람인 것이다. 한자에서는 사람을 人間이라고 표현한다. 한자 표현에서 매우 특이한 점은 사람을 정의하는 데에 사람(人)이라는 명사뿐만 아니라 사이를 의미하는 間자를 같이 쓴다는 것이다. 사람에 대한 한자 표현에서는 사람이란 본질적으로 다른 사람과의 관계 속에서만 살아갈 수 있다는 점을 분명하게 드러내고 있는 것이다. 사람을 의미하는 영어 표현인 human being에서는 아무래도 독립적으로 존재하는 개인(individual)이라는 의미가 더 크게 부각된다. 그렇지만 사회란 이러한 개인들이 관계를 맺고 살아가는 집단이라고 보는 점에서는 차이가 없다. 단지, 한 사람이 다른 사람과 맺고 있는 관계로부터 출발해서 인간을 정의하느냐 혹은 개인에서부터 출발해서 개인이 중심이 되어 다른 개인과 맺는 관계를 중시하느냐의 차이가 있는 것이다. 이 차이가 매우 중요하긴 하지만, 이에 대해서는 뒤에서 다루기로 하고 여기서는 사람과 사람의 관계에 대해서만 논의하고자 한다.

사람과 사람이 관계를 맺고 삶을 영위하는 곳을 사회라고 정의하고 이러한 사회를 연구하는 학문분야를 사회과학이라고 할 때, 사회과학의 가장 중요한 연구대상은 사람과 사람들이 맺는 '관계'가 될 것이다. 그렇다면 사람과 사람의 관계를 맺어주는 가장 기본적인 메커니즘으로서는 어떤 것들이 있을까? 논자에 따라서는 여러 가지를 들 수 있겠지만, 가장 기본적인 메커니즘은 애정(affection), 교환(exchange), 권위(authority)라고 할 수 있다. 애정이란 "자기 주변에 있는 사물 또는 사람에 대한 친근감을 바탕으로 이들과 밀접하게 관련되었다고 느끼는 정서(情緖)"라고 정의된다(두산백과). 애정에 포함될 수 있는 정서로서는 부모와 자식 간의 애착, 친구들 사이의 우정, 이성 간의 사랑 등을 들 수 있는데, 이러한 정서적 관계가 중요하긴 하지만 일반적으로 사회과학의 연구 대상으로 삼지는 않는다. 대신, 사회과학에서 통상적으로 주목하는 사람 사이의 관계는 교환관계와 권위관계이다. 교환관계가 대표적으로 나타나는 영역이 경제영역으로서, 시장으로 대표되는 영역이다. 권위관계가 대표적으로 나타나는 영역은 공적인 영역인데, 통상적으로 국가 혹은 정부로 표현된다.[1]

이렇게 볼 때, 현대 사회를 구성하는 가장 기본적인 제도로서는 국가와 시장 혹은 정부와 시장을 들 수 있을 것이다. 그런데 사람들 사이에서 자발적 교환(voluntary exchange)을 특징으로 하는 시장과 권위관계를 특징으로 하는 국가는 분리되어 있는 것이 아니라 서로 유기적으로 연결되어 있다는 점에 주목할 필요가 있다. 무엇보다도 시장에서 자발적 교환이 이루어지기 위해서는 어떤 것이 누구의 소유인가 하는 것을 분명하게 정하는 일이 최우선적으로 이루어져야 한다.

1 그러나 교환관계는 반드시 시장에서만 나타나고, 권위관계는 반드시 국가에서만 나타나는 것은 아니다. 권위관계가 기업 내에서도 나타나고, 교환관계가 국가(혹은 정부) 내에서도 나타날 수 있다. 다만, 여기서는 교환과 권위 관계가 지배적으로 나타나는 영역 혹은 제도를 지칭하고 있을 뿐이다.

즉, 교환이 이루어지기 위해서는 소유권(property right)이 분명하게 정의되어야 한다는 것이다. 소유권이 정해졌다 할지라도 사람들이 자신이 원하는 재화나 서비스를 '약탈'을 통해 얻을 수 있다면 교환이 이루어질 리가 없다. 그러므로 사람들 사이에서 자발적 교환이 이루어지기 위해서는 다른 사람의 소유권을 침해한 사람을 누군가가 처벌할 수 있어야 한다. 소유권을 정의하고 보호하는 역할을 하는 누군가가 없으면 교환이 이루어질 수 없고, 시장도 아예 성립할 수 없게 된다. 이때 시장이 성립할 수 있는 이러한 역할을 행하는 그 누군가가 바로 '국가'인 것이다. 그리고 시장이 형성되고 작동될 수 있는 여건을 조성하기 위해서는 국가가 강제력을 소유하고 있어야 하며, 이를 통해 법과 질서가 유지될 수 있는 것이다.

그런데 국가가 이러한 기능을 수행하기 위해서는 공적인 일을 할 수 있는 사람들이 있어야 하고 이 사람들을 통해서 조직적으로 일을 처리할 수 있는 체계가 구축되어 있어야 한다. 이러한 체계가 곧 '행정'이다. 행정이 작동되기 위해서는 이를 가능케 하는 물적 기반이 마련되어야 한다. 여기서 물적 기반이란 곧 '돈'을 의미하는데, 이 돈은 국가가 직접 만들어 내는 것이 아니라 공동체를 형성하고 있는 사람들로부터 거둬들이는 것이다. 이것이 곧 '세금'이다. 그런데 어느 시대, 어느 사회건 세금을 내는 것을 좋아하는 사람들은 없다. 그러므로 국가가 세금을 거둬들이기 위해서는 다시 강제력에 의존할 수밖에 없다. 결국, 자발적 교환을 기본으로 하는 자본주의가 성립하기 위한 가장 기본적인 조건이 '비자발적 교환'이라는 조세이고, 이러한 조세는 다시 국가가 소유하고 있는 '강제력'을 통해서만 거둘 수 있는 매우 역설적인 현상이 나타나게 되는 것이다.

결국, 국가와 시장은 분리되어 있지 않고 유기적으로 연결되어 있는데, 이러한 두 가지 제도를 연결시켜 주는 주체가 바로 '행정'인 것이다. 다시 말해서, 개인이 국가와 맺고 있는 정치적 관계를 표상하는 시민(citizen)이라는 개념과 개인이 국가와 맺고 있는 비자발적 경제적 관계를 표상하는 납세자(taxpayer)란 개념이 행정을 통해 동의어가 되는 것이다. 결국, 행정현상을 통해 국가와 시장, 시민과 납세자가 연결되는 것이다. 어쨌건, 행정현상이란 국가, 시민, 납세자 등을 포괄하는 공적 영역(public realm)의 존재를 전제로 한다. 이렇게 공적인 영역에서 공적인 일을 처리하는 주체가 행정이며, 국가와 시민(혹은 납세자) 간의 상호작용현상이야말로 행정현상이라고 할 수 있는 것이다. 결국 행정현상은 단순히 국가기구(혹은 정부기구) 내부에서 이루어지는 관리현상일 뿐 아니라 국가와 시민 간의 상호작용을 포괄하는 현상이라고 할 것이다.

행정현상은 공적 영역, 특히 국가의 등장을 전제로 한다. 그러므로 행정에 대한 이해를 위해서는 국가에 대한 이해가 전제되어야 한다. 그렇다면 국가란 무엇인가? Tilly(1975: 27)는 국가형성에 관한 고전이라 할 수 있는 *The Formation of National States in Western Europe* 이라는 책의 서론에서 다른 정체(body politic)와 구분되는 국가의 기본적인 특징으로 (1) 일정한 영토에 대한 통제, (2) 집권화, (3) 다른 조직과의 차별화, 그리고 (4) 폭력에 대한 독점을 들고 있다.

이러한 기초적인 정의에 입각해서 국가를 보다 구체적으로 정의하면 다음과 같다(Dryzek & Dunleavy, 2009; Poggi, 1990).

첫째, 국가는 일정한 영토에 대해 통제력을 행사한다.

둘째, 국가는 일정한 영토와 사회에 대해 구속력 있는 집합적 의사결정을 내리며 이러한 의사결정을 집행하는 기능을 수행한다.

셋째, 국가는 집권화되어 있고, 단일한 실체(unitary entity)로서 기

능하는 조직이다. 국가를 구성하는 각 부분은 독립적 주체가 아니라 유기적으로 연결되어 있으며, 국가의 중요한 기능은 부분에 대한 공식적인 조정(formal coordination of parts)이라고 할 수 있다.

넷째, 국가는 사회 내 다른 조직과 차별화 혹은 분화되어 있다. 시민사회와의 분화를 통해 국가는 주로 공적인 영역에서 활동하는 주체이다.

다섯째, 국가는 정당성 있는 폭력 사용을 독점하는 주체이다. 일정한 영토 내에 단일의 국가가 존재한다는 것은 다른 경쟁적 폭력의 소유자와 폭력 사용의 가능성을 국가기구가 제압함으로써, 오직 국가만이 합법적인 폭력을 독점적으로 소유하고 있다는 것을 의미한다.

여섯째, 국가는 주권(sovereignty)을 소유하고 있다. 이때 주권이란 국가가 다른 누구에게도 의존하지 않고 독자적으로 일정한 지역에 있는 사람들에게 통제권을 행사할 수 있음을 의미한다.

일곱째, 국가는 국가체제(system of states)의 존재를 전제로 한다. 국가의 주권과 국가의 영토가 의미하는 바는 국가를 둘러싼 복수의 다른 국가들이 존재한다는 것이다.

2. 국가형성과정의 비교 분석

한 나라 행정이 갖는 특징을 이해하기 위해서는 다른 행정과의 비교가 필수적이다. 개인이건 제도이건 혹은 국가이건 비교 없이 우리가 관심을 갖는 대상의 특징을 이해할 수 없기 때문이다. 그런데 이러한 특징은 (특히, 사회제도인 경우) 다시 역사적 과정을 통해서 형성된다. 따라서 현재의 특정 제도가 갖는 특징을 이해하기 위해서는 역사적 과정에 대한 고찰이 필수적이다. 이런 측면에서 현대 한국 행정이 갖는 특징을 이해하기 위해서는 다른 행정과의 비교와 함께 각각의 특징이 나타나게 된 역사적 과정, 특히 국가형성과정을 이해할 필요가 있다.

국가형성과정과 이 과정이 행정의 발전에 미친 영향을 이해하기 위해서는 현대 사회의 세 가지 기본적인 제도의 역사적 발전 순서에 주목할 필요가 있다. 현대 사회를 구성하는 세 가지 기본적인 제도로서는 자본주의(capitalism), 민주주의(democracy), 관료제(bureaucracy)를 들 수 있다. 현재의 시점에서는 이 세 가지 제도가 대부분의 국가에서 동시에 존재하고 있지만, 이들의 역사적 발전 순서가 각 국가마다 상이했을 뿐만 아니라 이 제도들의 상이한 역사적 발전 순서가 현재의 국가형태, 행정제도 등에 대해 심대한 영향을 미치고 있다.

유럽의 경우, 국가마다 어느 정도 차이가 있긴 하지만 기본적으로 절대왕정의 성립과 이에 따른 국민국가(nation-state)의 형성, 그리고 그와 직접적으로 연관된 현상으로서의 관료제의 공고화가 먼저 이루어진 후 민주주의가 발달했다. 미국의 경우는 이와 정반대의 경로를 밟은 것이 특징이다. 미국의 경우, 민주주의가 가장 먼저 발달된 이후 자본주의가 발전했고, 유럽대륙 수준의 행정 능력과 제도를 가지게 된 것은 매우 뒤늦게 나타난 현상이다.

이렇게 현대 국가의 기본이 되는 세 가지 제도의 형성과정과 형성 순서에 주목하는 이유는 이러한 과정을 통해 국가의 특징이 나타나게 되었고, 이것이 국가가 수행하는 기능과 역할에도 중대한 영향을 미치기 때문이다. 그리고 이러한 역사적 과정과 순서에 초점을 맞출 때에만 사회현상의 설명에 있어서 자칫 빠질 수 있는 기능주의적 설명 방식(functionalist explanation)의 함정을 벗어날 수 있다. 국가형성과 행정발전을 둘러싸고 빠질 수 있는 기능주의적 설명 방식의 위험은 크게 두 가지이다.

첫째, 기능주의적 설명 방식은 제도와 구조로부터 기능을 설명하는 것이 아니라 기능으로부터 제도와 구조를 설명하려고 한다. 이러한 기능주의적 설명 방식은 주로 맑시스트들이 범하는 오류이다. Marx와 Engels 등에 있어서 국가의 제도적 모습은 관심의 대상이 아니다(Poggi, 1978). 이들은 단지 국가가 자본축적, 계급갈등의 조정, 그리고 정당화라는 기능을 어떻게 수행할 것인가에만 관심을 가질 뿐이다. 그리하여 맑시스트들은 자본주의 국가가 수행하는 기능은 유사할 수밖에 없다는 결론에 도달하게 된다. 때문에 이들은 국가의 상이한 제도적 모습이 국가가 수행하는 기능에 어떤 영향을 미치는지에 대해서는 관심을 갖지 않는다. 이러한 이유로 맑시스트들에게 있어서는 국가에 대한 비교 연구가 중요한 의미를 갖지 못하는 것이다. 이러한 기능주의적 설명 방식을 벗어나기 위해서는 국가를 그것이 수행하는 기능이나 추구하는 목적에 의해 정의하는 것이 아니라 제도적 특성에 초점을 맞추어 정의할 필요가 있다. 이때 가장 중요한 특징은 Max Weber가 정의한 것처럼 국가는 일정한 영토 내에서 정당한 폭력을 독점한다는 것이다(Poggi, 1978: 96).

둘째, 기능주의적 설명 방식은 국가형성과정을 사회문제를 해결하기 위한 최적의 수단을 발견하는 과정 혹은 환경변화에 대한 자연스러운 적응과정으로 설명한다. 이러한 기능주의적 설명 방식의 대표적인 예가 Hobbes의 사회계약론이다. Hobbes에 의하면 만인 대 만인의 투쟁(the war of all against all) 상태를 종식시키고 재산권 보호와 공공재 공급 등의 기능을 수행하기 위해 개인 간 합리적 사회계약을 통해 리바이어던 혹은 국가가 출현했다. 그러나 자연 상태에 놓여 있던 개인들 간의 합리적 계산과 계약을 통해 국가가 출현하게 되었다는 홉스류의 설명 방식은 국가가 수행하는 기능으로부터 국가의 기원을 설명하는 오류를 범하고 있는 것이다. Skowronek(1982)의 주장처럼 국가는 그것이 봉착한 문제를 해결하기 위한 최적의 방법이기 때문에 나타난 것이 아니며 환경변화에 대해 가장 적절하게 대응한 결과물도 아니다. 국가는 진공 상태에서 나타난 것이 아니라 기존에 존재하던 제도에 의해 발전경로가 제약되며, 이 과정에서 문제에 대한 최적의 해결책이 나타날 가능성 또한 제약당할 수 있다. 따라서 국가가 취하고 있는 현재의 모습과 그것이 수행하는 기능을 이해하기 위해서는 국가의 역사적 형성과정에 초점을 맞출 필요가 있다.

3. 행정현상의 비교역사적 분석

서울에서 지하철을 타고 기차가 달리는 방향을 유심히 살펴보면 매우 신기한 현상을 발견하게 된다. 지하철 1호선은 왼쪽으로 달리는 반면, 2호선에서 9호선까지는 오른쪽으로 달린다. 신기한 것은 지하철뿐만이 아니다. 우리나라 기차의 진행 방향은 왼쪽이다. 무궁화호, 새마을호뿐만 아니라 KTX도 왼쪽으로 달리고 있다. 그런데 같은 교통수단이지만 자동차의 진행 방향은 오른쪽이다. 전 세계에서 자동차와 기차의 진행 방향이 다른 나라가 한국 외에 또 있을까? 더구나 같은 지하철 내에서도 노선에 따라 기차의 진행 방향이 다른 나라가 이 지구상에 또 있을까?

왜 이런 현상이 나타난 것일까? 교통체계에서 왼쪽으로 다니는 것과 오른쪽으로 다니는 것이 뒤섞여 있는 것이 교통 소통을 원활히 하거나 운영비용을 절감하기 위한 목적은 아닐 것이다. 그러므로 특정 기능을 수행하기 위해 한국의 교통체계가 복잡하게 되었다고 설명하기는 어렵다. 교통체계를 복잡하게 하자는 사회적 합의가 있었던 것은 더더욱 아니다.

우리나라 교통체계가 복잡하게 된 이유는 우리나라 철도를 일본이 주도적으로 건설했기 때문이다.[2] 일본에서는 자동차건 기차건 모든 탈 것들은 왼쪽으로 다니는데 바로 이것 때문에 우리나라에서도 기차가 왼쪽으로 다니게 되었고, 이미 건설해 놓은 철도 때문에 해방 이후에도 기차는 왼쪽으로 다니게 되었으며, 프랑스에서 기술지원을 받은 우리나라의 KTX도 프랑스의 TGV와 달리 왼쪽으로 달리게 된 것이다.

그렇다면 왜 일본에서는 자동차와 기차가 애당초 왼쪽으로 다니게 되었을까? 그 이유는 일본이 메이지 유신을 통해 서구문명을 받아들였을 때 교통체계는 자동차와 기차가 왼쪽으로 다니는 영국을 모델로 했기 때문이다. 여기서 우리는 매우 중요한 사실을 깨닫게 되는데, 그것은 바로 21세기까지도 이어지고 있는 한국의 복잡한 교통체계를 이해하기 위해서는 150년 전 일본의 세계체제 편입과 일본의 근대화가

2 조선의 첫 철도인 경인철도는 1899년에 개통하는데, 당초 경인철도는 미국인 모스(James R. Morse)가 건설하게 되어 있었지만 본국에서 자금조달에 실패하여 공사를 할 수 없게 되어 경인철도 부설권이 1897년에 일본인 시부사와 에이이치 등이 조직한 경인철도인수조합에 양도되었다(도리우미 유타카, 2019).

이루어진 방식, 그리고 일본의 한국 지배에 주목해야 한다는 점이다. 물론 교통체계는 물리적이고 고정된 것이기 때문에 한번 경로가 설정되면 그 경로를 바꾸는 것은 거의 불가능하다.

이와는 달리 사회제도의 경우에는 인간의 의지에 따라 그 모습을 바꿀 수는 있지만, 이 경우에도 과거의 영향력으로부터 자유롭기는 매우 어렵다. 다시 말해서, 우리의 관심사인 행정현상을 이해하기 위해서는 과거의 경험과 선택이 현재의 선택에 어떤 영향을 미치고 있는지, 그리고 한번 선택된 경로가 다음 단계의 경로를 어떻게 제약하는지에 대한 이해가 선행되어야 한다. 행정현상에 대한 역사적 분석이 필요한 이유이다.

과거의 경험과 선택은 지속적으로 현재에 영향을 미치며 현재의 선택을 제약하기 마련이다. 그러나 과거의 선택이 현재의 선택을 결정(determine)하는 것은 아니다. 과거의 영향 아래 지속적으로 이루어지는 인간의 집단적 선택의 결과로 행정현상이 나타나는 것이다. 그렇지만 한 나라가 경험하게 된 역사적 경로로 말미암아 한 나라의 행정은 다른 나라와 구분되는 독특한 특징을 갖게 마련이다. 이러한 특징을 보다 선명하게 이해하기 위해서는 다른 나라와의 비교가 필수적이다. 행정에 대한 비교 분석이 필요한 이유이다. 결국 한 나라 행정에 대한 제대로 된 이해를 위해서는 비교역사적 분석이 필수적이다.

4. 책의 구성

제1부 제1장 '한국 행정의 비교역사적 분석을 위한 이론과 방법론'에서는 행정현상을 설명하기 위한 기존 이론을 비판적으로 검토하고, 그 대안으로서 역사적 제도주의와 비교역사적 분석 혹은 접근법을 소개하고 있다.

제2부 '국가형성과정과 행정의 발달: 비교 분석'에서는 서유럽, 영국, 미국에서의 국가형성과정과 행정의 발달을 다룬다. 제2장에서는 프로이센을 중심으로 서유럽의 국가형성과정을 다룬다. 우리나라 행정학 연구에서 프로이센의 관료제 발달을 주목해야 하는 이유는 우리나라 현대 관료제의 원형이 일본이 해석한 프로이센 모델이기 때문이다. 프로이센에서는 관료제가 군사력을 강화하고 경제발전을 추진할 수 있는 핵심적인 수단으로 활용되었으며, 메이지 유신 이후 일본 정부는 근대화 과정에서 프로이센 모델을 수입했다. 그리고 이러한 프로이센 모델이 일본을 거쳐 우리나라에도 큰 영향을 미치게 된다. 따라서 우리나라 관료제에 큰 영향을 미친 프로이센의 국가형성과정과 관료제의 발달을 심층적으로 살펴보고자 한다.

제3장에서는 영국의 국가형성과정과 행정의 발달을 살펴본다. 영국의 국가형성과정은 서유럽의 그것과는 큰 차이를 보인다. 무엇보다도 영국은 중앙집권화된 강력한 국가가 나타난 것이 아니라 의회민주주의가 제도화된 것이 기본적인 특징이다. 그리고 영국에서도 행정이 발달하긴 하지만 관료의 교육 방법으로 프로이센과는 달리 법학 위주의 교육이 아니라 인문교육을 강조한 것이 뚜렷한 차이점이다. 그 결

과 일반행정가 위주의 행정이 제도화된 것이 영국의 특징이다.

한국 행정의 전개과정에 절대적이라고 표현해도 지나치지 않을 만큼 가장 큰 영향을 미친 국가는 미국이다. 그러나 국가형성과정과 행정의 발달이라는 측면에서 볼 때 미국의 역사적 경험은 오히려 예외적이라고 할 수 있다. 미국의 독특한 역사적 배경과 그 속에서의 행정의 발달을 이해하지 않으면 예외적인 현상을 보편적인 현상으로 인식하는 오류를 범할 수 있다. 제4장은 비교역사적 관점에서 미국 행정의 전개과정을 심층적으로 살펴보고 있다.

제3부 '한국의 국가형성과정과 행정의 역사적 전개'는 우리나라 행정의 역사적 전개과정을 본격적으로 다룬다. 제5장 '한국의 국가형성과정'에서는 조선시대, 일제강점기, 해방과 미군정기, 그리고 1950년대를 중심으로 한국의 국가형성과정을 살펴본다. 특히, 이 장에서는 앞에서 살펴본 서유럽, 영국, 미국에서의 국가형성과정과 비교할 때 우리나라의 국가형성과정이 갖는 독특성과 차별성에 주목하고 있다. 오늘날 한국 행정현상을 설명함에 있어 빠뜨릴 수 없는 중대한 역사적 사건이 이른바 발전국가(the developmental state)의 등장과 세계시장을 대상으로 한 수출지향 산업화 전략으로의 전환이다. 제6장 '수출지향 산업화로의 전환과 발전국가의 등장'에서는 기존의 국가중심론적 해석을 비판하면서 왜 그리고 어떻게 한국에서 발전국가가 등장했고 산업화 전략이 변화되었는지를 구체적으로 설명하고 있다. 제7장 '한국 관료제의 역사적 전개'에서는 조직과 인력을 중심으로 우리나라 관료제의 역사적 전개과정을 설명하고 있다. 제8장 '한국 재정의 역사적 전개'에서는 단순히 세입과 세출의 변화상만이 아니라 국가와 사회관계, 경제에 대한 국가의 개입 양식, 재정을 둘러싼 제도적 맥락에 초점을 맞추어 한국 재정의 역사적 전개과정을 설명하고 있다.

제4부 '한국 행정의 비교 분석'에서는 한국 행정에 대한 본격적인 국제 비교를 시도하고 있다. 제9장 '한국 행정의 국제 비교'에서는 비교를 위한 국가유형 분석을 시도한 후 이를 바탕으로 한국 행정과 비교할 주요국으로서 미국, 영국, 독일, 프랑스, 스웨덴, 노르웨이, 일본을 선택한 후 재정과 인력 측면에서 이 국가들에 비교했을 때 한국 행정이 갖는 특징을 설명하고 있다. 우리나라뿐만 아니라 전 세계적 차원에서 볼 때 1980년대 초반은 실제로서의 행정과 학문으로서의 행정학에 있어 분기점이라고 부를 수 있다. 이때부터 전 세계 거의 모든 국가(특히, OECD 국가)에 강력한 영향력을 행사한 정책 아이디어가 신자유주의이며 공공부문에 적용된 신자유주의가 이른바 신공공관리(new public management)이다. 제10장 '신공공관리와 정부개혁'은 1980년대 이후 이루어진 OECD 주요국들의 정부개혁과 비교하면서 우리나라에 도입된 신자유주의와 신공공관리의 특징을 설명하고 있다. OECD 국가들이 최근 당면하고 있는 가장 중요한 정책 이슈는 재정건전성을 어떻게 확보할 것인가의 문제이다. 2008년 미국의 리먼 브라더스 파산 이후 시작된 세계적 차원의 금융위기를 극복하는 과정에서 각국 정부는 적극적 재정정책에 의존할 수밖에 없었고 이것이 재정적자와 국가채무의 누적을 초래했기 때문에 재정건전화가 가장 중요한 정책과제로 등장하게 된 것이다. 제11장 '글로벌 금융위기와 재정건전화'에서는 재정건전화 정책의 추진에서 특징적인 모습을 보이고 있는 대표적인 사례로 미국, 영국, 독일, 스웨덴의 재정건전화 정책을 비교 분석하고 있다. 재정을 둘러싼 정치경제적 요인과 제도적 맥락에 초점을 맞추어 네 나라의 재정건전화 정책의 구체적 내용과 재정건전화의 성과에 영향을 미치는 요인들을 비교 분석함으로써 한국의 경험이 어떤 차이점을 지니고 있는지를 분석하였다.

제5부에서는 논의를 요약하고 결론을 맺고 있다. 제12장 '결론: 한국 행정의 역사와 맥락 그리고 미래'에서는 행정현상의 설명에 있어 역사와 맥락에 초점을 맞추는 비교역사적 분석이 필요한 이유를 다시 한번 강조하고 있으며, 이에 바탕을 두고 공익과 정부역할에 대한 상반된 시각을 설명하고 있다. 마지막으로 한국 행정이 앞으로 해결해야 할 미래 과제를 거시적인 수준에서 제시하고 이에 효과적으로 대처하기 위해서는 정부의 질을 향상시킬 필요가 있음을 강조하면서 글을 맺고 있다.

제1부

이론과 방법론

제1장 한국 행정의 비교역사적 분석을 위한 이론과 방법론

제1장

한국 행정의 비교역사적 분석을 위한 이론과 방법론

1. 역사와 맥락 속에서의 행정

앞의 서론에서 인간을 정의하는 방식에 커다란 차이가 있음을 보았다. 한 사람이 다른 사람과 맺고 있는 관계로부터 출발해서 인간을 정의하느냐 혹은 개인에서부터 출발해서 개인이 중심이 되어 다른 개인과 맺는 관계를 중시하느냐의 차이가 있다. 이러한 차이는 공동체가 어떻게 형성되었고 공동체에 질서를 부여하는 국가가 어떻게 형성되었는가를 보는 시각의 차이로 그대로 연결된다.

다른 사람과 맺고 있는 관계로부터 출발해서 인간을 정의하는 경우, 이러한 관계에 영향을 미치는 가장 중요한 제도가 바로 '국가'이다. 이 시각에서는 국가가 개인 간 정치적 · 사회적 상호작용이 일어나는 맥락을 제공하기 때문에, 국가라는 개념 없이 사회현상, 나아가 행정현상을 설명하기 어렵다고 본다. 이 시각에서 국가란 사회와 구별되는 실체이며 사회의 통합성을 보장하는 존재인 것이다. 그리고 이 시각에서는 국가가 개인에 우선해서 선험적으로 존재하기 때문에 국가와 개인의 관계를 보는 시각은 하향적(top-down)이며, 연역적(deductive) 방법론을 택하는 것이 특징이다(Rutgers, 2001). 그리고 이러한 시각은 단순히 개념적이고 추상적인 수준에서 도출된 것이 아니라 특정한 방식으로 국가가 형성된 과정을 반영하고 있다. 제2장에서 자세히 설명하겠지만, 국가가 중심이 되어 사회통합을 이루고 상비군 제도를 통한 폭력의 독점, 조세제도의 정비, 그리고 비인격화된(depersonalized) 관료제의 등장이라는 과정을 거쳐 행정이 중요한 사회현상으로 자리 잡은 유럽대륙 국가들의 경험이 이러한 시각과 접근법의 역사적 배경이라고 할 수 있다. 따라서 이러한 역사적 경험을 공유하고 있는 국가들에서는 행정현상을 설명하는 데 있어서 국가라는 개념이 핵심적인 개념으로 등장하는 것이다.

모든 사회적 관계에서 개인을 출발점으로 삼는 시각에서는 국가도 개인의 필요에 따라 개인 간 협약을 통해 만든 것으로 해석한다. 이 시각은 개인의 자율성과 개인 간 자발적인 협약(혹은 계약)을 중시하기 때문에, 집권화를 특징으로 하고 단일한 실체로서의 의미를 갖는 국가라는 개념에 대해서는 매우 부정적이다. 이를 Stillman(1991)과 같은 학자는 '국가 없는(stateless)' 행정이라고 표현한 바 있지만, 보다 정확하게는 국가가 없는 것이 아니라 국가가 사회 혹은 개인과 맺는 관계가 유럽대륙과는 커다란 차이를 보인다고 할 수 있을 것이다. 이 시각에서는 선험적으로 존재하는 국가라는 개념이 존재하지 않고, 개인 혹은 개인 이익을 집합적으로 표현하는 집단(group)으로부터 출발해서 행정현상을 상향적(bottom-up)으로 설명하는 것이 특징이며 방법론도 귀납적(inductive)이다. 따라서 이 시각에서는 자율적인 국가라는 개념이 자리할 여지가 없으며 대신에 정부(government)라는 개념을 활용하는 것이 특징이다. 자율성을 갖는 다양한 개인 혹은 집단이 존재하고 이러한 개인과 집단의 이익을 극대화하기 위한 수단으로 정부가 의도적으로 만들어졌다고 보기 때문에, 이 시각에서는 자기이익, 계약관계, 다원주의, 도구주의, 실용성 등이 강조된다(Rutgers, 2001). 행정에 대한 이러한 시각과 연구경향을 대표적으로 보여주는 행정학이 미국의 행정학이라고 할 수 있다.

결론적으로 이론적인 수준에서 행정에 대한 이해는 각국이 경험한 국가형성과정, 각국의 고유한 국가와 사회의 관계 그리고 국가와 개인 간 관계를 반영할 수밖에 없다. 다시 말해서, 행정이라는 개념은 오직 역사와 맥락 속에서만 그 의미를 가질 수 있으며, 이론의 흥망성쇠도 역사의 흐름에 영향을 받을 수밖에 없다고 할 것이다.

2. 국가와 행정에 관한 기존 이론

가. 다원주의와 행태주의

현대적 의미에서의 행정학은 거의 전적으로 미국에서 형성된 학문이다. 그런데 미국의 행정이 매우 발달되어 있었기 때문에 이를 설명하기 위해 미국에서 행정학이 발달한 것이 아니라, 오히려 다른 국가들(특히, 유럽 국가들)에 비해 미국의 행정이 상대적으로 뒤처져 있었기 때문에 이를 극복하는 과정에서 나타난 것이 미국의 행정학이라고 할 수 있다. 유럽 국가들의 경우 집권적 형태로 존재하는 국가가 사회통합과 발전의 주체로서 기능을 수행하였고 이 과정에서 행정이 주도적 역할을 수행한 반면, 19세기 후반 혹은 20세기 초반에 미국에서 처음으로 행정학이 발달할 당시에도 미국의 행정은 여전히 정당정치의 영향으로부터 벗어나지 못하고 있었고 관리라는 측면에서는 민간기업이 훨씬 발달한 상태였다. 미국에서 학자들이 행정현상에 처음으로 관심을 가질 당시에 유럽과 같은 국가라는 개념이 아예 존재하지 않았을 뿐만 아니라, 집권화된 국가는 유럽의 전제정치에서나 발견될 수 있는 개념 혹은 제1차 세계대전 이후에는 적국에서 사용하고 있는 개념이었다. 그리고 1930년대와 1940년대를 거치면서는 국가라는 개념은 나치즘, 파시즘, 소비에트와 연관된 개념이었기 때문에, 전체주의에 대한 반작용으로서 국가라는 개념이 아예 사용되지 않았다(Dryzek & Dunleavy, 2009).

대신, 미국에서는 정치와 행정 현상을 설명하는 데 있어서 국가라는 개념 대신에 '집단(특히, 이익집단)'을 중심에 놓은 것이 특징이다. 집단을 중심에 놓고 정치 혹은 행정 현상을 설명한 이론체계를 다원주의(pluralism)라고 부른다. 다원주의에서는 정치현상을 무수히 많은 집단 간의 계속적인 상호작용의 과정이라고 보기 때문에, 어느 한 집단이나 한 기관이 권력을 독점하거나 지배적인 영향력을 행사하는 일은 없다고 본다. 이러한 인식을 반영해서 다원주의적 시각에서는 정치체제를 다두체제(polyarchy)로 이해하는데, 다두체제란 말 그대로 권력의 중심이 다양하게 존재하는 정치체제를 의미한다.

이익집단이 정치현상의 기초라고 보는 다원주의 이론의 기본 주장은 다음과 같다.

첫째, 집단은 구성원의 공통이익(특히, 물질적 이익)에 기반해서 구성된다.

둘째, 집단끼리는 서로 평등하다. 집단을 구성하거나 혹은 다른 집단과 경쟁하는 데 있어서 체계적 혹은 구조적으로 불이익을 받거나 제한되는 집단은 없다.

셋째, 잠재적 집단(latent group)이 존재한다. 현재는 특정한 이익을 공유하고 이를 주장하는 집단이 없더라도, 같은 이익을 공유하고 있는 사람들이 불이익을 받지는 않는다. 그 이유는 같은 이익을 공유하고 있는 사람들이 언제든지 집단을 구성할 수 있기 때문이다. 이를 잠재적 집단이라고 부르는데, 이익을 공유하고 있는 사람들이 얼마든지 집단을 만들 수 있기 때문에 정책결정과정에서 이러한 이익이 구조적으로 불이익을 받을 가능성은 없다(Dryzek & Dunleavy, 2009).

다원주의에서는 집단 간 상호작용을 통해 정책이 만들어지며, 정책은 다양한 이익의 상대적 영향력을 반영하는 타협의 산물이라고 본다. 따라서 이익집단의 상대적 영향력이 변화함에 따라 정책도 변화하기 마련이다. 그렇지만 집단끼리 평등할 뿐만 아니라 잠재적 이익집단이 존재하기 때문에 사회 내에 특정 이익이 구조적으로 배제될 가능성은 없다고 본다.

다원주의 이론에서 특히 주목해야 할 대목은 국가에 대한 해석이다. 다원주의에서 국가란 그 자체의 이익이나 정책선호를 지니지 않은 채 단지 집단의 요구를 성실히 반영하거나 혹은 이익집단 간의 상호작용을 중재하는 역할만을 담당하는 중립적 중재자(neutral arbiter)에 불과하다. 국가를 구성하는 관료들이 정책에 대해 영향력을 행사하긴 하지만, 이는 정책에 대한 여러 가지 영향력 중의 하나에 불과할 뿐 결정적인 영향력을 행사하는 것은 아니라고 본다. 결국, 다원주의에서는 집합적 실체로서의 국가란 개념은 불필요한 개념일 뿐이기 때문에 국가라는 개념 대신에 정부라는 개념을 사용하게 되는 것이다. 사회 내에 존재하는 이익집단을 중심에 놓고 정치현상을 설명하기 때문에, 다원주의를 정치에 대한 사회중심적 시각(society-centered view of politics)이라고 부른다.

다원주의 이론과 함께 미국에서 행정학 연구에 결정적인 영향을 미친 학문적 흐름이 사회현상을 '과학적'으로 설명하고자 하는 흐름이었다. 이러한 흐름을 행태주의(behavioralism)라고 부른다. 자연현상에 대한 분석이 과학적일 수 있다면, 사회현상에 대한 설명도 과학적일 수 있다는 믿음에 기초해서 등장한 표현 자체가 사회과학(social sciences)이며 이때 과학의 표준은 물리학이다. 현상에 대한 과학적인 분석을 위해서는 분석의 단위가 설정될 필요가 있는데, 물리학에서 분석의 단위로서 원자가 설정되었듯이, 사회과학에서는 분석의 단위로서 가장 미세한 단위인 '개인'이 설정된 것이다. 물리학에서 원자의 움직임과 특성을 관찰하듯이, 사회과학에서 원자에 해당하는 개인의 움직임과 특성을 관찰하는 것이 과학적으로 현상을 연구하는 방법이다. 그런데 개인의 움직임과 특성은 개인의 행태(behavior)를 통해 바깥으로 나타나는 것이기 때문에, 사회현상에 대한 과학적 설명은 바로 개인의 행태를 관찰하고 분석하는 것이 된다. 이러한 이유로 사회현상에 대한 과학적 연구방법론을 행태주의라고 부르게 된 것이다.

그러므로 행태주의에서는 관찰하고 측정할 수 없는 것은 과학적 연구의 대상이 아니다. 국가, 제도 등과 같은 추상적인 개념은 더 이상 과학적으로 설명할 수 있는 개념이 아니다. 이러한 이유로 행태주의에서는 국가라는 개념 대신에 정치체제(political system)라는 개념을 사용하게 되었고, 분석의 초점도 제도에서 개인 혹은 개인의 집합체인 이익집단으로 옮겨 가게 되었으며, 과거보다는 현재, 그리고 측정하기 곤란한 행정부보다는 이익집단, 투표, 선거, 의회 등의 개념과 현상에 관심을 갖게 된 것이다(Dryzek & Dunleavy, 2009; Robertson, 2010).

이론으로서의 다원주의와 방법론으로서의 행태주의가 결합된 정치와 행정 현상에 관한 설명의 특징은 다음과 같이 요약할 수 있다.

첫째, 모든 정치현상의 출발점은 이미 존재하고 있는 이익집단이다. 그러므로 다원주의와 행태주의에서는 이익집단이 형성되는 정치적 환경이 당연시된다.

둘째, 사회 내 구조적 불평등이란 존재하지 않는다. 무엇보다도 잠재적 이익집단의 존재로 인해 표출되지 않는 이익이란 존재하지 않기 때문이다.

셋째, 정부란 중립적 중재자에 불과하다. 사회 내에 존재하는 이익집단이 모든 논의의 출발점이며, 정부는 이러한 사회적 이익에 수동적으로 대응하는 존재에 불과하다. 이러한 사회중심적 시각에서는 개인이나 집단에 앞서서 존재할 수 있는 집합적 실체, 즉 합법적으로 폭력을 독점하고 있는 국가라는 개념이 발붙일 틈이 없다. 나아가 국가기구를 구성하는 정책엘리트들이 자신들의 이익이나 아이디어에 따라 능동적으로 정책을 만들어서 자신들의 의지를 실현하는 상황이란 존재하지 않는 것이다.

넷째, 사회 내 구조적 불평등이란 존재하지 않고 국가라는 개념도 불필요하기 때문에, 국가의 계급 편향성 같은 개념은 아예 불필요한 것이다. 사회는 평등하고 조화로운 곳이다.

다섯째, 정부란 사회집단들이 표출한 이익을 수동적으로 받아서 처리하는 역할만을 담당하는 존재이므로, 행정은 단순히 관리하는 기능, 가능한 효율적으로 관리하는 기능만을 수행하면 된다. 행정을 연구하는 데에 있어서도 행정을 둘러싼 역사와 맥락에 관심을 가질 이유가 없다.

다원주의와 행태주의가 이렇게 보수적인 편견을 가진 동시에 행정에 대해 매우 좁은 시각을 가지게 된 역사적 배경은 미국에서는 국가가 존재하기 이전에 집단이 중심이 되는 자치와 풀뿌리 민주주의가 먼저 정착되었기 때문이다. 그러므로 사회현상을 설명하는 데 있어서 집단 간 힘의 차이를 고민할 이유가 없었으며, 스스로의 권력을 가지고 사회통합적 기능을 수행하는 국가란 개념도 필요하지 않았던 것이다. 그런데 미국에서 적어도 1960년대 후반에 오게 되면 현실의 다원주의가 갖고 있는 문제점, 특히 이익집단 사이의 심각한 힘의 불균형이 여실히 드러나게 된다. 여기서 무엇보다도 문제시되었던 것은 거대기업의 막강한 영향력이었다. Lindblom(1977)의 표현을 빌리면, 현실의 다두체제에 심각한 위협으로 다가온 것이 바로 '기업의 특권적 지위(the privileged position of business)'였다.[1] 기업의 특권적 지위는 곧 다원주의가 묘사하고 있는 평등한 집단 간의 자유로운 경쟁이란 허구에 불과하다는 것을 보여주는 것이었다. 그러나 이러한 문제제기에도 불구하고, Lindblom에게 있어서 국가와 국가의 계급적 편향성 등의 개념은 관심 밖이다. 집단 간 힘의 불균형과 이것이 정치와 정책에 미치는 영향을 분석할 수 있도록 이른바 신다원주의(neo-pluralism)를 주창했지만, 여전히 논의의 초점이 사회집단에 놓여 있어 사회중심적 시각으로부터 벗어나지 못했다고 할 수 있다.

나. 네오 맑시스트 국가론

국가에 대한 관심이 새롭게 등장하게 된 계기는 1960년대 후반 이후 유럽에서 네오 맑시즘(neo-Marxism)이 등장하면서부터이다. 맑스주의 이론에서는 원래 국가에 대한 개념이나 이론이 발달하지 않았다. Karl Marx의 국가에 대한 가장 기본적인 생각은 1848년에 출간된 공산당 선언에 나와 있는데, 공산당 선언에서는 "국가란 전체 자본가 계급의 공통 사무를 처리하기 위한 위원회에 불과하다(The executive of the modern state is but a committee for managing the common affairs of the whole bourgeoisie)"고 보고 있다. 이렇게 국가를 단순한

1 Lindblom의 이론에 대한 보다 자세한 설명은 하연섭(2014)을 참고할 것.

지배계급의 도구로 파악한 것이 전통적인 맑스 이론의 특징인데, 이는 Marx가 계획한 대로 자본론을 완성하지 못하면서 자본주의 국가 혹은 자본주의 사회에서의 정치에 대한 이론을 제대로 만들어 내지 못했기 때문이다.

1960년대 이후 등장한 네오 맑시스트들은 자본주의 사회에서의 정치이론을 구축하고자 하였는데, 이것이 네오 맑시스트 국가론으로 등장한 것이다. 기본적으로 네오 맑시스트 국가론에서는 자본주의 국가가 다원주의에서 설명하는 것처럼 중립적이지 않으며, 자본가계급의 경제적 이해를 대신하거나 자본가계급과 노동계급 간 혹은 자본 분파 간의 대립을 해소함으로써 자본주의 체제의 지속을 위해 행위하는 것으로 해석하는 것이 특징이다. 국가론의 주요 과제는 왜, 그리고 어떻게 국가가 자본의 이해를 도모하는 정책을 수행하는가를 해명하는 데에 있었던 것이다.

이를 위해 먼저 네오 맑시스트 국가론에서는 정치적 영역의 독립적·자율적 측면을 강조한다. 즉, 전통적인 맑시스트 이론에서는 국가를 경제적인 지배계급의 단순한 도구로서 파악하고 정치적 영역에 대해서는 의미를 부여하지 않는 데 비해, 네오 맑시스트 국가론에서는 정치적 영역의 독립적·자율적 측면을 강조한 것이 특징이다. 이 이론에 의하면 경제적 지배계급과 국가 사이에는 분업이 존재한다. 자본가계급은 생산과 자본축적에 있어서 지배적인 역할을 담당하지만 계급 전체와 경제의 장기적인 이해보다는 단기적·분파적 이익을 추구하는 것이 특징이다. 이러한 단기적·분파적 이익의 추구는 자칫 지속적인 자본 축적을 어렵게 만들 수도 있다. 개별 자본가계급과는 달리 국가는 현존하는 정치경제적 질서의 재생산에 더 큰 관심을 가진다고 본다. 이때 국가의 행위를 설명할 수 있는 가장 중요한 개념이 바로 '국가의 상대적 자율성(the relative autonomy of the state)'이다.

국가의 상대적 자율성은 두 가지 측면에서 필요하다. 먼저, 국가의 상대적 자율성은 자본주의 경제체제의 유지와 재생산을 위한 요구가 지배계급 내 특정 분파의 실제적 혹은 인지된 이익과 배치되는 경우에 필요하다. 지배계급 전체의 장기적인 이익을 도모하기 위해 지배계급 특정 분파(비록 구조적으로 지배적인 분파라 할지라도)의 단기적인 이익을 희생시킬 필요가 있을 때 국가의 자율성이 필요하다는 것이다.

다른 한편, 국가의 상대적 자율성은 피지배계급을 통제하기 위해서도 필요하다. 국가가 지배계급만을 위한 도구가 아니라 사회구성원 전체를 위한 보편적인 이익을 추구한다고 피지배계급이 인정할 경우 피지배계급의 통제가 보다 효과적일 수 있기 때문이다. 또한 사회 전체의 유지와 국가의 정당성 확보를 위해서는 국가가 지배계급의 단기적인 이익을 희생시키더라도 피지배계급의 요구를 수용하는 것이 필요하다. 여기서 특히 주목해야 할 점은 국가가 사회구성원 전체의 보편적 이익을 추구한다는 이데올로기적인 주장과 피지배계급에 대한 일정한 양보는 정치적인 영역이 경제적인 영역으로부터 어느 정도 독립되어 있을 때만이 설득력과 실현 가능성을 지닌다는 사실이다.

결국 네오 맑시스트 국가론에서는 국가의 행위를 사회구성체 전체의 안정과 지속을 위해 국가가 수행하는 '축적(accumulation)'과 '정당화(legitimation)'라는 양대 기능에 의해 설명하는 것이 특징이다(Offe, 1975). 축적 기능을 수행하기 위해 국가는 사적 소유권의 보장, 계약의 유지, 기본적 인프라 제공 등의 기능을 수행해야 하는데 이는 곧 국가가 자본가들 사이의 집합행동의 딜레마(collective action dilemma)

를 해소해 주는 역할을 수행해야 한다는 것을 의미한다(Dryzek & Dunleavy, 2009). 나아가 자본주의 경제에서 축적의 주체는 기업이기 때문에, 자본주의 국가는 아무리 상대적 자율성을 지니더라도 '기업의 신뢰(business confidence)'를 잃는 정책을 펼 수는 없다[2](Block, 1977). 정당화 기능은 피지배계급에 대한 물질적 양보 혹은 물질적 자원의 제공을 통해 이루어지는데 이것이 곧 복지국가라는 것이다. 정당화 기능은 현 지배질서를 정당하다고 여기게 만드는 이데올로기적인 차원에서도 이루어진다(Carnoy, 1984). 다시 말해서, 네오 맑시스트 국가론에서는 국가의 행위를 사회와 경제 체제의 재생산을 위한 기능적 필요조건으로 해석하고 있는 것이다.

네오 맑시스트 국가론에서는 국가의 행위를 자본주의 체제의 유지를 위해 수행해야 하는 기능적 요구라는 측면에서 설명하는 것이 특징이다. 즉, 계급 간 갈등 해소, 지배질서의 정당성 확보, 자본가들 사이의 집합행동의 딜레마 해소, 경제의 지속적 성장을 위한 제도적 장치 마련 등이 국가가 수행해야 할 기능이며, 이러한 기능적 필요성이 나타나면 국가는 거의 자동적으로 이러한 기능을 수행하는 것으로 해석한다. 이렇게 국가의 행위를 해석할 경우 봉착하게 되는 심각한 문제는 자본주의 국가들 사이에서 나타나는 서로 다른 정책을 어떻게 설명할 것인가의 문제이다. 다시 말해서, 네오 맑시스트 국가론에 의하면 매우 유사한 환경적 조건에 놓여 있거나 매우 유사한 문제에 직면하고 있는 국가들의 경우에는 유사한 정책을 펼 수밖에 없다. 그러나 유사한 환경적 조건에 놓여 있거나 유사한 문제에 직면하고 있는 국가들의 경우에도 현실적으로 상이한 정책을 추구하는 경우가 많은

2 Block이 제시하는 기업의 신뢰라는 개념과 Lindblom이 제시한 기업의 특권적 지위라는 개념은 매우 유사한 개념이다.

데, 이러한 국가 간 차이점을 네오 맑시스트 국가론에서는 설명할 수 없다.

네오 맑시스트 국가론에서 국가 간 정책 차이를 설명할 수 없는 이유는 다음과 같다.

첫째, 자본주의 국가가 수행해야 한다고 보는 축적과 정당화의 개념이 지나치게 포괄적이며 모호하기 때문이다. 국가가 수행하는 거의 모든 정책을 매우 포괄적인 개념인 축적과 정당화라는 틀 속에서 해석하기 때문에, 모든 것을 설명하는 동시에 구체적으로는 어느 것도 제대로 설명하지 못하는 문제가 나타나는 것이다. 국가정책에 관한 설명이 매우 포괄적으로 이루어지기 때문에, 국가 간 차이점보다는 유사성이 강조될 수밖에 없다.

둘째, 유사한 문제에 봉착하는 국가들에서 서로 다른 정책이 나타나는 이유는 정책이 만들어지는 제도적 맥락이 다르기 때문이다. 그리고 이러한 제도적 맥락은 역사적 과정을 통해 형성되는 것이기 때문에, 각 국가의 고유한 역사와 제도적 맥락이 기능적 요구가 유사하다 할지라도 서로 다른 정책이 나오게 만드는 결정적 요인이다. 그러나 네오 맑시스트 국가론은 제도로부터 기능을 설명하는 것이 아니라 기능으로부터 제도를 설명하려는 기능주의적 설명 방식의 오류에 빠져 있기 때문에 국가 간 정책의 차이를 제대로 설명할 수 없는 것이다.

셋째, 국가 간 상이한 정책이 나타나는 이유는 동일한 환경에 놓여 있더라도 정책결정과정에 참여하는 행위자들이 사뭇 다르게 문제를 해석하고 정책을 만들어 내기 때문이다. 국가기구 내에서 정책과정에 참여하는 정책엘리트들은 단순히 사회에서 주어진 문제에 수동적으로 대응하는 존재라기보다는 자신들의 이익과 자신들의 세계관을 가지고 스스로 정책을 만들어 내는 존재이다. 이러한 이유로 네오 맑시스트 국가론도 다원주의 이론과 마찬가지로 정책결정과정에서 정책엘리트들의 능동적이고 자율적인 역할을 무시하는 사회중심적 시각에 머무르고 있다는 비판이 제기된 바 있다. 이러한 비판에서 출발한 이론이 국가중심론(statist theory)이다.

다. 국가중심론

사회중심적 시각인 다원주의와 네오 맑시스트 국가이론에 대항해서 국가중심론에서는 정책은 사회집단(이익집단 혹은 계급)에 대한 단순한 대응이 아님을 강조한다. 국가중심론에서는 국가를 그 자체의 이익과 선호를 가지고 있고 이러한 선호를 실현시킬 수 있는 능력을 가진 주체로 인식하는 것이 특징이다. 국가란 중립적 중재자도 계급관계의 단순한 반영물도 아니며, 국가는 그 자체의 이익과 정책선호를 가지고 있을 뿐만 아니라 사회적 저항에도 불구하고 자신의 선호를 실현할 수 있는 능력을 갖추고 있는 존재이다. 따라서 국가중심론에 있어서는 국가의 정치적 격리성, 국가엘리트들의 이데올로기적 정향, 그리고 국가능력의 향상이 국가의 역할을 설명하는 주요 설명변수가 된다. 국가중심론은 국가가 사회로부터 독립적 · 자율적이라는 가정에서 출발하며, 국가의 역할을 설명하는 데 있어 정치적 · 행정적 · 제도적 변수의 중요성을 강조하는 것이 특징이다.

국가중심론은 국가의 독립성을 과소평가한 다원주의나 네오 맑시스트 국가론, 즉 사회중심적 시각을 교정하는 데 있어 중요한 공헌을 했다고 평가할 수 있다. 그러나 국가중심론이 지닌 문제점은 국가의 독립성을 설명하는 데 있어서 국가 관료제 내부의 특성, 즉 국가엘리트의 이익과 선호, 이데올로기적 정향, 국가능력 등에만 초점을 맞추고 있다는 점이다. 국가의 자율성이란 개념은 사회와의 관계 속에서만 성립할 수 있는 상대적인 개념이다. 국가의 자율성을 설명하기 위해서는 국가와 사회집단(계급) 간의 힘의 균형, 사회집단 간 힘의 관계에서 국가의 위치, 그리고 국가에 대한 경제적 제약요인을 동시에 고려하지 않으면 안 된다. 그러나 국가중심론은 국가와 사회의 관계, 국가에 대한 경제적 제약요인을 과소평가함으로써 국가의 자율성과 독립성을 맥락 속에 위치시키지 못했다는 비판으로부터 자유로울 수 없다.

국가중심론의 이러한 문제점은 국가능력에 대한 설명에서도 드러난다. 국가중심론에서는 국가능력은 관료제 내부의 조직화와 이념적 결합정도에 의해 설명될 수 있다고 본다. 그러나 국가가 정책을 집행할 수 있는 능력은(자율성과 마찬가지로) 국가뿐만 아니라 사회적 맥락에 의해서도 크게 좌우된다(Hall, 1986). 국가중심론에서는 국가능력을 설명하면서 국가 그 자체의 능력에만 초점을 맞출 뿐 국가-사회관계를 도외시하는 문제점을 드러내고 있는 것이다.

결국 국가의 역할과 행위를 설명함에 있어서 국가의 내부적 요인에 초점을 맞추어야 한다는 이론적 공헌에도 불구하고 국가중심론은 국가와 사회, 국가와 경제의 관계를 무시했다는 뚜렷한 한계를 지니고 있다. 그렇다면 국가와 사회, 국가와 경제, 그리고 국가의 내부적 요인까지 동시에 고려할 수 있는 이론체계가 필요하다고 할 수 있는데, 바로 이를 가능케 한 것이 1990년대 이후 본격적으로 논의되기 시작한 역사적 제도주의라고 할 수 있다.

3. 역사적 제도주의[3]

다원주의 이론에서 그리고 있는 집단과 정부의 관계, 네오 맑시스트 국가론에서 설명하고자 하는 자본주의 체제 내에서의 국가와 사회의 관계, 국가중심론에서 초점을 맞추고 있는 국가의 정치적 격리성과 국가의 조직구조 등은 모두 국가와 행정을 둘러싼 특정 측면만을 강조하고 있는 동시에 특정한 시점 혹은 특정한 맥락에서만 유효성을 갖는 이론체계 혹은 접근법이라고 할 수 있다. 그러므로 각 국가에서 나타나는 행정현상의 독특성과 지속성을 동시에 설명하기 위해서는 다원주의, 네오 맑시스트 국가론, 국가중심론 등의 주요 주장과 약점을 한 단계 높은 차원에서 조망하고 보다 거시적인 수준에서 국가형성의 역사적 과정과 행정의 독특성을 연결시켜 줄 수 있는 분석틀 혹은 접근법이 필요하다. 이러한 필요성에 따라 등장한 시각 혹은 접근법이 바로 역사적 제도주의(historical institutionalism)이다. 즉, 역사적 제도주의는 자본주의 사회에서 국가의 역할, 국가와 사회의 관계, 각 나라들에서 발견되는 국가-사회관계의 차이, 역사적 연속성과 국가간 차이(historical continuities and cross-national variations)를 일관되게 설명할 수 있는 분석틀로서 개발된 것이라고 할 수 있다.

본인이 의도한 바는 아니지만, 역사적 제도주의의 기본 주장을 가장 명쾌하게 보여주는 표현이 바로 Karl Marx가 1852년에 저술한 *The Eighteenth Brumaire of Louis Bonaparte*에 나오는 다음 문장이다.

3 역사적 제도주의와 비교역사적 분석에 대한 보다 자세한 설명은 하연섭(2011)을 참조할 것.

인간이 스스로 역사를 만들긴 하지만 자신들이 원하는 대로 역사를 만들지는 못한다. 자신들이 선택한 상황하에서 역사를 만드는 것이 아니라 이미 존재하고 있고, 주어져 있으며, 과거로부터 전수받은 상황하에서 역사를 만들 뿐이다.[4]

역사적 제도주의의 핵심 개념은 '역사'와 '맥락'이다. 특정한 국가에서 나타나는 행정현상은 진공 상태에서 존재하는 것이 아니라 특정한 맥락 속에서만 존재한다. 따라서 특정한 국가의 행정현상을 이해하기 위해서는 이를 둘러싸고 있는 맥락을 이해해야 하는데, 이러한 맥락은 곧 역사적 과정을 통해 형성된다. 그러므로 행정에 대한 분석과 설명은 이를 둘러싼 역사와 맥락에 대한 이해를 전제로 하는 것이다. 이때 행정을 둘러싸고 있는 맥락 중 가장 관심을 갖는 대상이 행정현상을 둘러싼 '제도'이기 때문에 '제도주의(혹은 제도이론)'라고 부르는 것이며, 제도가 역사적 과정을 통해 형성된다고 보기 때문에 '역사적' 제도주의라고 부르는 것이다.

행정연구에 있어서 역사적 제도주의는 '국가'를 중요한 독립변수로 위치시켰을 뿐만 아니라, 역사와 시점(timing) 등의 개념을 행정연구에 다시 불러들인 것이 특징이다(Robertson, 2010: 30). 역사적 제도주의의 핵심적인 특징으로서는 거시적 맥락과 제도의 복합적 모습에 대한 관심, 그리고 역사적 과정과 경로의존에 대한 강조라고 할 수 있다.

4 "Men make their own history but they do not make it just as they please; they do not make it under circumstances chosen by themselves, but under circumstances already existing, given and transmitted from the past."

첫째, 역사적 제도주의는 거시적 사회현상에 관심을 갖는다. 그리하여 정치적 · 경제적 혹은 다른 맥락적 변화가 정치행정 제도와 과정의 변화에 어떤 영향을 미치는지에 초점을 맞추는 것이 특징이다(Pierson & Skocpol, 2002).

둘째, 역사적 제도주의는 장기간에 걸친 사회현상의 진화에 관심을 갖는다. 역사적 제도주의에서는 '시간' 개념에 주목하는데, 이때의 시간이란 단순한 시간의 흐름이 아니라 과거의 특정 시점에서 나타난 원인이 현재까지도 영향을 미친다는 역사적 인과관계(historical causation)를 의미한다. 또한 역사적 제도주의에서는 경로의존(path dependence)을 강조하는데, 이는 특정 시점에서의 선택은 과거에 일어난 사건과 선택의 영향으로부터 결코 자유로울 수 없다는 것이다. 시점을 바꾸어 표현하면, 특정 시점에서 이루어진 의도적 선택이나 혹은 우연히 나타난 사건이 미래의 선택을 지속적으로 제약한다는 것을 의미한다.

셋째, 역사적 제도주의에서는 제도변화의 과정으로서 불연속적인 급격한 변화와 점진적인 변화의 가능성을 모두 인정하고 있다. 불연속적인 급격한 변화과정에서는 근본적인 변화가 일어나는 중대한 전환점(critical juncture)이 있고 그 이후 제도가 안정성과 연속성을 띄게 되는 경로의존현상이 나타난다고 본다. 다른 한편, 역사적 제도주의에서는 제도가 점진적으로 변화하기도 한다고 보는데 이 경우에는 소규모의 적응이 누적된 결과 근본적인 변화가 초래되는 완만한 제도변형(gradual institutional transformation)이 나타난다. 완만한 제도변형의 대표적인 예로서는 층화(layering)를 들 수 있는데, 층화란 기존의 제도에 새로운 요소들이 덧붙여져서 기존 제도의 운영 방식에 변화를 가져오는 경우를 의미한다(하연섭, 2011; Schickler, 2001; Mahoney &

Thelen, 2010).

넷째, 역사적 제도주의에서는 제도를 단일체(monolithic entity)가 아니라 복합체(complexities)로 인식한다. 복합체로서의 제도란 한 시점에서 볼 때 특정 제도가 다양한 이질적인 요소를 포함한다는 것을 의미한다. 특히, 제도는 복수의 이질적인 요소들로 구성되어 있을 뿐만 아니라 각각의 요소들이 서로 다른 시기에 특정한 목적을 달성하기 위해 도입되었음에 주목할 필요가 있다. Orren과 Skowronek(1994)은 이를 "제도형성의 시간적 비동시성(the nonsimultaneity of institutional origins)"이라고 표현한 바 있다. 특정 시점에서 볼 때 제도는 서로 다른 시기에 도입된 이질적인 요소들을 포함하고 있을 뿐만 아니라, 이러한 기존 요소들 간의 재결합을 통해 새로운 제도가 나타나기도 한다. 과거로부터 물려받은 기존 요소들의 재결합을 통해 제도가 변화하는 경우, 제도변화의 과정은 경로의존적인 동시에 진화적인 특징을 보이게 된다(하연섭, 2011; Campbell, 1997, 2005).

다섯째, 역사적 제도주의는 역사적 과정, 특히 사건의 발생 시점과 순서(timing and sequence)가 사회적 결과에 미친 영향에 주목한다. 예를 들어, 현 시점에서 보면 거의 예외 없이 모든 사회는 자본주의, 민주주의, 관료제라는 세 가지 제도로 구성되어 있지만, 각 나라마다 이 세 가지 제도가 형성되어 온 시점과 순서가 사뭇 다르다는 것이다. 유럽 국가들의 경우에는 관료제의 성립 이후 자본주의가 발전했고 마지막으로 민주주의가 제도화되었다면, 미국의 경우에는 민주주의와 자본주의가 뿌리를 내린 이후 관료제의 발전이 이루어진 역사적 순서를 밟아 왔다. 현대 사회를 구성하는 가장 중요한 세 가지 제도가 현 시점에서는 모든 나라에 공통적으로 나타나고 있지만, 이 세 가지 제도가 발전해 온 순서가 다르기 때문에 각 나라에 나타나는 행정의 제도적 모습과 작동 양식이 사뭇 다르게 나타나는 것이다. 다시 말해서, 각 나라가 경험한 고유한 국가형성과정이 현 시점에서의 행정에 중대한 영향을 미친다는 것이다.

4. 방법론으로서의 비교역사적 분석

역사적 제도주의에서 사용하는 방법론이 비교역사적 분석(comparative historical analysis)이다. Thelen과 Mahoney(2015)는 비교역사적 분석의 특징으로서 ① 거시적이며 복잡한 사회현상에 대한 관심, ② 실증적이고 심층적인 사례연구 추구, ③ 과정과 사회현상의 시간적 차원(temporal dimension)에 대한 초점으로 설명하고 있다.

거시적이며 복잡한 사회현상에 초점을 맞추는 비교역사적 분석의 특징은 다시 '거시적(macro)' 그리고 '인과적 요인의 구성(configuration)'이라는 두 가지 요소로 나눌 수 있다. 먼저, 거시적 현상에 초점을 맞춘다는 의미는 비교역사적 분석이 미시적 수준에서의 개인의 선택과 행위의 중요성을 무시하지는 않지만, 그렇다고 모든 사회현상이 개인의 행위와 전략에 의해서만 설명될 수 있다고 주장하지는 않는다. 특히, 비교역사적 분석에서는 개인이 존재하고 있는 거시구조적인 환경을 제대로 이해하지 않고서는 개인의 이익과 행위를 이해하기 어렵다고 주장한다(Thelen & Mahoney, 2015: 6-7).

비교역사적 분석이 인과적 요인의 구성에 초점을 맞춘다는 의미는 보다 구체적으로 현상을 분석함에 있어서 인과관계의 복잡성(causal complexity), 인과관계의 맥락성(contextual logic of causality), 다중복합적 인과관계(multiple conjunctural causation), 설명변수 결합의 우연성(contingent relations between explanatory elements)에 주목한다는 것이다. 비교역사적 접근에서는 사회현상에 대해 개별 변수들이 갖는 독립적인 영향에 초점을 맞추는 것이 아니라, 변수들이 어떻게 결합해서 특정한 사회현상을 낳게 되었는지에 관심을 갖는다. 복잡 다양한 요인들의 결합을 중시하지만, 변수들 간의 인과관계는 맥락 속에서만 형성된다고 본다. 또한 동일한 변수들이 결합된다 할지라도 이들이 결합되는 역사적 시점과 상황에 따라 전혀 다른 결과가 나타날 수 있다고 본다. 언제 그리고 어디에서 사건이 발생하는가가 역사적 과정에 중대한 영향을 미치는 것으로 해석하는데, 이때 사건의 발생과 요인의 결합은 매우 우연적으로 나타난다는 것이다(하연섭, 2011).

둘째, 비교역사적 분석은 실증적이고 심층적인 사례연구가 특징이다. 비교역사적 분석의 두 번째 특징은 사실상 첫 번째 특징으로부터 도출되는 것인데, 특정 시점과 특정 상황에서 이루어지는 변수의 복잡한 결합에 따라 사회현상이 달라진다고 보기 때문에 인과관계에 대한 설명은 심층적인 사례분석을 통해서만 가능하다고 본다. 따라서 비교역사적 분석에서는 일반화란 불가능하며, 사회과학에서는 기껏해야 중범위이론(middle-range theory)을 추구할 수 있다고 본다.

셋째, 비교역사적 분석은 과정과 사회현상의 시간적 차원(temporal dimension)에 초점을 맞춘다. 역사적 제도주의가 장기간에 걸친 사회현상의 진화, 역사적 인과관계, 경로의존 등의 개념을 강조하기 때문에 사회현상의 분석에 있어서 사건이 발생하는 시점과 순서에 주목하게 된다. 맥락이란 동일 시간대에 있어서는 특정 변수를 둘러싸고 있는 다른 변수라고 할 수 있지만, 시간의 흐름에 따라서도 얼마든지 사건에 영향을 미칠 수 있다. 따라서 맥락에 초점을 맞추어 설명한다는 것 자체가 사건 자체를 시간적 맥락에 위치시키는 것을 의미하기도 한다. 이렇게 볼 때 비교역사적 분석에서는 특정 시간대에 변수들이 어떻게 결합되는가에 관심을 가질 뿐만 아니라 시간의 흐름에 따라 변수들이 어떻게 결합되는지에 대해서도 관심을 갖는다(Thelen & Mahoney, 2015).

제2부

국가형성과정과 행정의 발달 : 비교 분석

제2장

서유럽에서의 국가형성과 행정의 발달

국가형성과 행정의 발달을 논의하면서 서유럽에 초점을 맞추는 이유는 근대적 의미에서의 관료제적 국가가 유럽에서 나타났기 때문이다. 근대 국가의 특징으로서는 폭력에 대한 정당한 독점, 중앙권력의 폭넓은 확대, 전문행정체제의 성립, 그리고 사적 영역과 공적 영역의 구분을 들 수 있다(Rosenberg, 1958).

국가형성과정에 대한 분석은 유럽대륙 국가 중에서도 주로 현재의 독일과 프랑스에 해당하는 지역에 초점을 맞춘다(Poggi, 1978). 그런데 국가형성과정에 대한 분석에서 주목해야 할 점은 근대적 의미의 국가가 공동체가 처한 공동의 문제 해결을 위한 자발적인 사회계약(social contract)을 통해 나타난 것이 결코 아니라는 점이다. 국가형성(state formation *or* state building)은 국가체제(the system of states)와 분리시켜서는 절대 이해할 수 없는 과정이며, 특히 전쟁수행(war making)과 분리될 수 없는 과정이다. 무엇보다도 국가라는 조직이 생겨나게 된 초기의 과정은 강한 폭력을 소유한 지배자에 의한 폭력의 사용과 정복이라고 할 수 있다. 전쟁을 수행하기 위해서는 강력한 폭력을 독점적으로 소유할 필요가 있었고, 이를 위해서는 피치자들로부터 세금을 거둬들일 수 있어야 했으며, 역으로 세금을 거둬들이기 위해서는 강력한 폭력을 소유하고 있어야 했던 것이다. 강력한 군대와 안정된 조세의 수취 없이는 전쟁수행과 국가건설이 불가능했던 것이다(Tilly, 1985; Finer, 1999; Pollack, 2009). 이러한 과정에서 조세 수취, 군사력 건설, 조세 수취를 위한 적정한 경제력의 유지 등의 기능을 수행하기 위한 목적으로 국왕과 구별된 통치의 주체가 필요했으며, 이것이 곧 관료제의 발전으로 나타났다. 즉, 조세의 수취, 전쟁수행, 국가형성은 상호 연결된 과정인 것이다. 우리가 흔히 근대 국가의 3대 요소라고 이야기하는 조세제도의 정비, 상비군 제도, 그리고 관료제의 형성은 바로 이런 국가형성과정을 집약적으로 표현하는 것에 다름 아니다.

1. 중세와 국가의 원형

중세는 지역에 따라 차이가 있지만, 유럽에서 9세기 중엽부터 11세기 중엽에 걸쳐 완성되었다. 12~13세기에 걸쳐서 나타난 초기 형태의 국가에서는 중앙권력의 영향력은 상당히 제한적이있고 공적 영역과 사적 영역의 구분은 없었다. 또한 이후에 나타난 국가와 비교할 때 중세의 국가는 폭력을 독점하지 못했으며 사회로부터 조세를 수취할 능력도 제대로 갖추지 못한 존재였다(Pollack, 2009). 이 시기 왕은 다른 귀족과 마찬가지로 하나의 지주로 취급되어 소득의 전부를 그의 영지(estate)로부터 얻는 존재였고, 전쟁수행 등을 위하여 추가적인 수입이 필요할 때에는 신분제 의회(Estates)를 소집하고, 이로부터 승인을 받아야 했다. 결국 이 시기 왕은 영토의 통치자라기보다는 분권화된 봉건질서에서 동등한 사람들 중 첫 번째(first among equals) 정도의 의미를 가질 뿐이었다(Rosenberg, 1958; Anderson, 1974; Fukuyama, 2011). 중세에는 국왕에 대한 세 가지 유형의 신하(subjects)가 존재했는데, 바로 궁정 관리인, 군대, 그리고 사무직원이었다. 따라서 중세에는 행정이란 국왕의 재산관리를 의미할 뿐이었으며, 공적(public) 업무와 사적(private) 업무의 구분이 존재하지 않았다(Raadschelders & Rutgers, 1996).

영토라는 측면에서 보았을 때, 중세의 국가는 분화되어 있었지만 공적 기능과 사적 기능은 동일한 개인이나 관직에 융합된 것이 특징이다. 이와는 달리 근대 국가는 영토의 측면에서는 통합되고, 공적 기능과 사적 기능은 분화된 것이 특징이다. 이렇게 볼 때, 기능의 분화와 영토의 통합이 근대 국가의 형성과정이었다고 할 수 있다(Finer, 1999: 1266).

그런데 13~14세기경부터 중세 국가보다는 상대적으로 제도화된 폭력을 가진 집권화된 조직으로서의 국가가 서서히 발달하기 시작했으며, 15세기에 이르러 제후들 가운데 가장 강력한 집단으로 성장한 이른바 제후국가(the princely state)가 나타났다.

2. 국가의 형성과 절대왕정: 제후국가, 군주국가, 영토국가로의 전환

가. 제후국가

Bobbitt(2002)에 의하면 유럽에서 국가의 형성은 15세기 말부터 존재하던 이른바 제후국가(the princely state)가 16~17세기에 걸쳐 군주국가(the kingly state)로 전환하면서 나타난 현상이다. 그리고 군주국가가 18세기에 이르러 영토국가(the territorial state)로 전환하였으며, 이때 비로소 일정한 영토에 대해 독점적인 폭력을 행사하는 Max Weber가 정의하는 국가가 성립되었던 것이다. 18세기 영토국가는 19

세기에 나폴레옹 통치하의 프랑스와 카이저 통치하의 독일로 대표되는 국민국가(nation-state)로 연결되었다(Pollack, 2009: 59).

유럽에서 중세 이후 근대 국가로의 이행 이전에 과도기적 형태로 나타난 국가를 제후국가 혹은 영지 연합체 국가(polity of estates, Ständestaat)라고 부른다. 이 과도기적 형태의 국가는 영지들(estate, Stände)이 중앙권력을 공유하는 형태였다. 이 국가형태는 더 이상 봉건적이지 않았지만, 그렇다고 관료제적이지도 않은 그 중간 형태로서 제후(the prince), 관료, 그리고 귀족 간 일종의 공동협력체였다고 할 수 있다(Rosenberg, 1958: 10). 제후에 대한 대항세력은 개인이 아니라 귀족, 도시민, 성직자, 평민 등 다양한 집합체로 구성되어 있었는데, 이러한 집합체를 신분제 의회(the estates of the realm)[1]라고 불렀다. 제후는 특정 지역이나 전체 영토에 걸친 신분제 의회를 주기적으로 소집함으로써 지배의 정당성을 확보했을 뿐만 아니라 이를 통해 전쟁 수행을 위한 징세의 적정 수준을 정하는 등 주요 정책을 결정했었다(Poggi, 1990).

유럽에서의 국가형성과정은 왕에게 권력을 집중하려는 세력과 이에 저항하는 사회세력 간 상호작용의 역사라고 할 수 있는데, 이를 집약적으로 보여주는 것이 왕과 신분제 의회의 관계이다. 왕과 신분제 의회와의 관계에서 왕이 신분제 의회의 권력을 무력화시킨 경우에는 프랑스와 프로이센처럼 절대왕정으로 진화했으며, 이와 정반대로 신분제 의회가 왕과의 관계에서 상대적으로 우위에 선 경우에는 영국처럼 대의제로 진화했던 것이다. 다시 말해서, 제후 혹은 군주가 전쟁수

1 일반적으로 신분제 의회에서는 귀족이 제1신분회(the First Estate), 평민, 도시민이 제2신분회(the Second Estate), 그리고 농민들이 제3신분회(the Third Estate)를 구성했었지만, 국가에 따라 신분제 의회의 구성에는 차이가 있었다.

행에 필요한 자원을 동원할 때마다 신분제 의회의 동의를 받도록 한 권력행사에 대한 제약을 제거하는 과정에서 절대왕정이 성립되었던 것이다(Finer, 1999; Fukuyama, 2011; Poggi, 1990; Rosenberg, 1958).

제후국가의 또 다른 특징은 통치를 위해 처음으로 법에 의존하기 시작했다는 점을 들 수 있다. 그리고 이로부터 사적 권위(private authority)와 구별되는 공적 권위(public authority)가 나타나기 시작했다(Bobbitt, 2002). 여기서 특별히 주목해야 할 점은 유럽의 국가형성 과정의 매우 독특한 특징으로서 법이 일찍이 발달했다는 사실이다. 즉, 개인은 내재적인 권리를 갖고 있기 때문에 오직 적법한 절차에 의해서만 이러한 권리가 제한될 수 있으며, 정부와 개인의 관계는 법에 기반해야 한다는 관념이 일찍이 발달했다는 것이다. 즉, 유럽에서는 근대 국가가 성립하기 전에 법이 존재했었고, 중앙집권화된 절대주의 국가 자체가 국가권력을 제한하는 법질서하에서 성립했다는 점에 주목할 필요가 있다(Finer, 1999; Fukuyama, 2011).

15세기 말부터 등장한 제후국가는 이후에 등장한 군주국가에 비하면 '제도화된 폭력(institutionalized coercion)'이라는 측면에서는 훨씬 약한 존재였지만, 중세의 국가에 비해서는 훨씬 강력하고 중앙집권화된 형태를 취하였다. 그러나 이 시기의 국가는 제한된 지역(realm)에 대한 지배권만 행사할 뿐이었다. 따라서 제후국가는 사실상 강력한 힘을 가진 개인과 이들을 따르는 사람들로 구성된 약한 형태의 동맹체(alliance)였다고 보는 것이 보다 정확하며, 제후 또한 국가 없이 단순히 특정 지역에 대해서만 지배권을 행사하는 존재였다. 따라서 행정기구의 발달도 매우 초보적인 수준에 머물러 있었다(Pollack, 2009: 60).

나. 군주국가

16세기부터 등장한 군주국가는 보다 넓은 영토에 대해 독점적인 권력을 행사하기 시작하였다. 영토 합병과 행정적 집권화를 특징으로 하는 절대주의 국가의 구성 요소로서는 상비군, 집권화된 관료제, 국가적 차원의 조세체계, 중상주의, 외교를 들 수 있다(Anderson, 1974).

이른바 군주국가 시기부터 국왕들이 강제력을 독점하고 조세를 부과하기 시작하였으며, 행정적인 측면에서도 국왕의 사적인 종복과 공복으로서의 관료가 분화되기 시작했다. 이에 따라 이때부터 지배자의 사적인 영역으로부터 구별되는 국가기구가 등장하기 시작한 것이다. 이러한 공적 영역과 사적 영역의 분리는 현대적 의미의 행정이 나타나기 위한 전제조건이라고 할 수 있다(Raadschelders & Rutgers, 1996: 74-75). 또한 군주국가에 이르러서 조세 수취권을 중심으로 국왕과 교회의 대립이 격화되었는데, 교회와의 갈등에서 독자적인 조세징수권을 획득한 군주국가에 이르러서 공적 영역인 국가와 사적 영역인 사회의 분리가 나타나기 시작했다고 할 수 있다.

그런데 집권적 조직형태가 필요한 때에 유럽에서 근대적 형태의 국가가 나타난 배경에는 가톨릭 교회가 유럽 전역에 뿌리를 내리고 있었다는 점을 들 수 있다. 가톨릭 교회의 기본적인 특징으로서는 지역기반 조직(territorial organization), 위계적 조직(hierarchical organization), 집권화(centralization), 그리고 체계화(systematization)를 들 수 있는데, 이러한 특징을 갖는 가톨릭 교회가 유럽에 널리 퍼져 있었기 때문에 가톨릭 교회 조직을 모방한 국가형태가 서유럽을 중심으로 퍼져나가기 시작하였다(Bobbitt, 2002).

근대 국가의 모델로서 가톨릭 교회가 등장하게 된 배경으로는 이른바 서임권 투쟁(Investiture conflict)을 들 수 있다. 중세 초기 이후 가톨릭 교회가 세속권력의 꼭두각시가 되는 현상이 나타났는데, 주교와 수도원장 등 고위성직자를 황제와 왕이 직접 임명함으로써 교회가 세속화되고 그 결과 성직자의 혼인과 성직 매매가 성행하는 등 교회가 타락하게 된 것이다. 이러한 상황에서 교회의 세속화를 막고 세속권력으로부터 독립을 쟁취하려는 개혁운동이 일어났는데, 그 중심에 프랑스의 클뤼니 수도원이 있었다(박윤덕 외, 2016). 특히 11세기 말 클뤼니 수도원 출신의 힐데브란트(Hilderbrand) 수도사가 교회 개혁운동을 주도했는데, 이 수도사가 1073~85년 사이에 교황 그레고리우스 7세가 되었다. 로마 황제 하인리히 4세와 교황 고레고리우스 7세 사이에 벌어졌던 세속권력의 교회 성직자 임명권에 관한 갈등을 서임권 투쟁이라고 부른다.

이 갈등은 1122년의 보름스 협약(Concordat of Worms)으로 일단락되는데, 이를 계기로 교황이 교회의 장으로서의 지위를 확고히 하게 되었으며 성직자의 결혼이 금지되었던 것이다. 서임권 투쟁은 유럽의 국가형성과정에 다음과 같은 세 가지 측면에서 중대한 영향을 미쳤다고 할 수 있다. 첫째, 서임권 투쟁을 통해 종교적 권위와 세속적 권위가 분리됨으로써, 유럽에서 국가의 개념이 나타나게 되었다. 둘째, 종교적 권위와 분리된 세속적 지배자를 법적 보호자와 법의 운영자로 인식하게 된 것이다. 이에 따라 법 집행을 위한 전제조건으로 법전과 법제도가 유럽에서 발달하기 시작했다. 이렇게 국가라는 개념이 발달하기 시작한 초기부터 법을 강조한 것이 유럽의 특징이라고 할 수 있는데, 이 점이 이후 유럽의 국가형성과정에 중대한 영향을 미치게 되었다. 셋째, 서임권 투쟁을 통해 가톨릭 교회가 위계적이고 관료제화된, 그리고 법에 의해 지배되는 근대적 조직으로 진화하게 되었고, 이 것이 이후 형성되는 유럽 국가의 모델로 작용하게 된 것이다(Strayer, 1970; Fukuyama, 2011).

이제 17세기에 이르면 집권화가 강화되면서 조세제도의 정비, 상비군 제도의 정비, 관료제의 정비라는 절대왕정의 특징이 현재화되기 시작하는데, 이것이 곧 근대적 형태의 국가형성을 의미하는 것이라고 할 수 있다. 그러나 이러한 변화가 유럽 전역에서 통일적으로 나타난 것은 아니며, 독일과 이탈리아에서는 제후국가가 19세기까지도 존재하고 있었다. 그렇지만 30년 전쟁의 처리과정에서 체결된 1648년 베스트팔렌 조약 이후 근대적 의미에서 주권국가를 중심으로 한 새로운 국가체제가 등장하였다(Pollack, 2009: 61).

절대왕정의 성립은 국가 내부에서의 변화보다는 국가체제 내에서의 변화에 의해 촉발되었다는 점에 주목할 필요가 있다(Poggi, 1978). 무엇보다도 절대군주제의 성립과 근대 국가의 형성은 유럽에서 지속적으로 나타난 국가 간 전쟁과 분리시켜 생각할 수 없다. Anderson (1974: 33)에 따르면 16세기 전체에 걸쳐 전쟁이 없었던 해는 25년에 불과했고, 17세기에는 7년간만 전쟁이 없었다. 국왕들이 전쟁에 의존했던 이유는 전쟁이 잉여를 수취할 수 있는 가장 합리적이고 빠른 수단이었기 때문이다. 중세에 농업 생산성이나 무역이 정체된 것은 아니지만, 가장 빠르게 잉여를 수취할 수 있는 방법은 다른 지역을 정복하는 것이었으며(Anderson, 1974), 이러한 경향은 16~17세기를 지나면서 증폭되었다. 특히, 이 시기 군대는 국민을 대상으로 한 징병제를 통한 것이 아니라 외국 용병들이 주요 구성원이었던 점이 특징이었는데, 이렇게 외국 용병에 의존한 이유는 귀족계급이 농민들을 무장시키는 것을 꺼렸기 때문이고, 현지 주민들이 구사하는 언어를 모르는 용병들이 반역 행위를 무참히 진압할 수 있었기 때문이다(Anderson, 1974: 30).

계속되는 전쟁과 대규모의 전쟁은 국가를 변화시켰다. 제후국가, 군주국가, 영토국가로의 전환 모두 전쟁수행의 필요성 때문이었다. 특히 전쟁수단의 변화가 전략적 변화를 요구했고, 이러한 전략적 변화가 국가형태의 변화를 촉발한 주된 원인이었다(Bobbitt, 2002). 그리고 이러한 국가체제의 변화는 화약의 광범위한 사용과 포병의 탄생으로 대표되는 이른바 군사혁명, 그리고 이에 대응하기 위한 방어체계의 변화로부터 파생된 것이었다.

화약과 포병의 광범위한 활용을 포함하는 무기체계의 변화와 성의 요새화로 대표되는 방어체계의 변화는 전쟁수행을 위한 거대한 물적 자원의 동원을 필요로 하였다. 이러한 전쟁수행에 소요되는 막대한 비용을 조달하기 위해서는 조세제도가 정비될 필요가 있었고, 이는 왕권의 강화와 국가의 집권화를 수반하는 변화였다. 대규모 상비군을 모집하고, 훈련시키고, 지원하기 위해서는 엄청난 자원이 투자되었으며, 이를 위해서 대규모의 군사 관료제뿐만 아니라 재정 관료제가 출현했고 높은 세금을 부과하게 되었던 것이다. 예를 들면 30년 전쟁에서 스웨덴을 승리로 이끈 구스타프 아돌프 대제의 경우, 휘하에 175,000명의 군사가 있었던 것으로 알려져 있는데, 이런 대규모 군사력을 갖추기 위한 모병과 병참 등을 위해서는 중앙집권화가 불가피했고 이 과정에서 대규모 행정을 필요로 했던 것이다. 대규모 군사력의 유지를 위해 상비군 제도가 도입되었고, 군사력 유지를 위한 자원 조달 수단으로 금융제도가 나타나게 되었던 것이다. 1660년경에 이르면 군사혁명으로 인해 근대적 의미의 전쟁수행 형태가 나타났으며, 그 결과 근대적 형태의 국가가 출현하였다(Bobbitt, 2002: 70).

무엇보다도 중요한 것은 지속적인 전쟁수행을 위한 상비군의 육성과 유지, 대규모 무기체계와 방어체계의 구축과 이를 위한 전비 조달은 개별 귀족이나 봉건 영주의 능력을 훨씬 뛰어 넘는 수준이었다는 점이다. 이러한 이유로 군사혁명이 집권화된 행정체계와 많은 인력을 동원할 수 있는 능력을 갖춘 국가의 발전을 촉진하게 된 것이다(Poggi, 1978; Pollack, 2009).

국가 간 경쟁에서 이기기 위해서는 상비군 제도가 도입될 필요가 있었으며, 이를 위해서는 국가의 조세체계가 정비되어야 했고, 이는 다시 왕권 강화로 이어졌다. 대규모의 전쟁수행은 상비군을 운영할 수 있는 왕에 의해서만 가능해졌으며, 이는 귀족계급이 왕에 종속되는 결정적 계기가 되었다. 그리고 상비군에 대한 지원, 조세의 징수, 내부질서 유지를 위해 관료제가 발달하게 된 것이다(Tilly, 1990). 나아가 전쟁수행은 이를 위한 자원의 동원을 필요로 했고 이는 다시 자원의 동원을 가능케 하는 자본축적을 필요로 했다. 따라서 전쟁수행, 자원동원, 자본축적의 상호작용을 통해 유럽에서 국가가 형성된 것이다(Tilly, 1985).

요약하자면, 전쟁수행(war making)을 위해서는 내부의 경쟁자들을 없애야 했고(즉, 국가건설, state making), 이러한 기능을 수행하기 위해서는 자원동원(extraction)이 필요했으며, 자원동원을 위해서는 지원자들을 보호(protection)할 필요가 있었다. 그리고 이러한 네 가지 기능은 모두 국가가 강제력을 독점함으로써 가능한 것이었으며(Tilly, 1985: 181), 이 과정을 통해 국가가 형성된 것이다. Charles Tilly (1975: 42)가 적절하게 표현했듯이, "전쟁이 국가를 만들었고, 국가가 전쟁을 만들었다(War made the state, and the state made war)."고 할 수 있다. 권력자들이 국가를 만들기 위해 이러한 일련의 행동을 의도적으로 한 것이 아니라, 국가체제 내에서 국가 간 경쟁하는 과정에서 근대적 형태의 국가가 형성된 것이다.

영토에 대한 통제 강화와 소규모 영토에 대한 합병은 상대적으로 적은 수의 국가를 출현시켰고, 이들은 지속적인 경쟁관계에 돌입하였다. 유럽대륙에서 1500년에는 약 500개의 독립적 정치 공동체(소규모 국가, 도시국가 등)가 존재했으나 1900년에 이르면 약 25개의 국가만이 존재할 정도로 전쟁은 국가를 강화하는 동시에 국가 수를 감소시켰다(Tilly, 1975: 15). 이러한 국가들 간의 경쟁은 국가 내부적인 통제를 강화하도록 만든 요인이었다. 다른 국가들 간의 경쟁에서 유리한 위치를 차지하기 위해서는, 영토 내에서의 독점적인 지배를 강화시켜 나가야 하는 동시에 자원동원이 필요했기 때문이다. 그러나 Tilly(1985)가 지적하고 있는 것처럼 전쟁수행과 국가형성의 관계는 인과관계 화살표의 방향이 정반대일 수도 있다. 즉, 내부적인 통제를 강화시켜 나가는 과정에서 필연적으로 다른 국가와의 충돌이 발생할 수밖에 없었던 것으로 해석할 수도 있다.

서유럽에서 군주국가가 지배적인 국가형태로 나타나게 된 시기는 1648년 베스트팔렌 조약체결 이후부터이다. 군주국가의 대표적인 예는 프랑스이다. 군주국가는 국가를 인격화한 것이 가장 중요한 특징이다. 제후국가에서는 개인으로서의 제후(the prince as person)로부터 제후와 국가(the prince plus the state)로의 전환을 특징으로 한다면, 군주국가로의 전환은 이런 변화를 뒤집어서 군주와 국가가 일체화되는 것이 특징이다. 다시 말해서, 제후국가가 제후라는 인격체를 관료제와 군대로부터 분리한 것이 특징이라면, 군주국가는 국왕과 국가를 재결합한 것이 특징이다. 루이 14세가 말한 "짐이 곧 국가이다."라는 표현은 군주국가를 상징하는 표현인 셈이다[2](Bobbitt, 2002).

절대주의 군주국가의 대표적인 예로서 프랑스를 들 수 있지만, 프랑스의 절대왕정을 행정발달의 모범사례로 인정하기는 어렵다. 그 이유는 앙샹레짐에서는 관직이 사적으로 거래할 수 있는 자산으로 취급되었기 때문이다. 관직 매매(venality)는 16세기에 시작되었지만, 17세기에 이르면 절대왕정을 재정적으로 지원하는 중요한 수단이 되었다. 앞에서 17세기에 절대주의 국가가 뿌리를 내리는 과정에서 이른바 군사혁명이 엄청난 영향을 미쳤으며, 군대가 대규모화되고 상당한 비용이 소요되었다고 설명했는데, 이러한 과정에서 조세부담이 늘어났을 뿐만 아니라 관직의 매매가 전비 마련을 위한 매우 중요한 수단으로 활용되었던 것이다. 특히, 프랑스에서는 추가적인 가격만 지불하면 관직을 자식에게 물려줄 수도 있었다(Anderson, 1974; Poggi, 1990).

다. 영토국가

절대주의 국가는 일정한 영토에 대해 강제력을 독점하고 주권을 가진 근대적 의미의 국가가 형성되었음을 의미하지만, 다른 한편으로 절대왕정의 성립은 국가운영에 있어 국왕의 절대적 독점이 약화됨을 의미하는 것이었다. 즉, 국왕 개인과 국가의 분리가 제도화된 국가를 영토국가라고 부른다. 영토국가에서는 국가운영을 국왕 개인이 독점하던 형태로부터 실질적인 국가운영권이 관료 집단에게로 전환되었

2 앞에서 절대주의 국가와 대의제 국가로의 진화과정의 분기점이 왕과 신분제 의회의 관계 변화라고 했는데, 프랑스의 경우에는 1614년부터 프랑스 대혁명이 일어나는 1789년까지 삼부회(Estates General)를 아예 소집조차 하지 않았다.

으며, 이에 따라 국왕과 관료들 간 상호의존성이 심화되었다(Bobbitt, 2002).

Bobbitt(2002: 118)에 의하면 군주국가와 영토국가의 차이점은 다음과 같다.

첫째, 군주국가의 경우 용병이 상비군의 대부분을 차지하는 반면, 영토국가의 경우 국민국가의 구성원이 상비군을 구성하였다.

둘째, 군주국가의 경우 관직이 사유화되어 있었으나, 영토국가의 경우에는 전문화된 관료제로 전환한 것이 특징이다.

셋째, 군주국가에서 외교관계가 보다 공식화되고 안정적으로 되었으나 외교관계의 핵심은 왕실 간의 결혼문제를 협의하는 데 국한되어 있었던 반면, 영토국가에서는 국가 간 관계에 관한 근대적 의미의 외교관계가 제도화되었다.

넷째, 군주국가가 추구한 중상주의는 왕권을 강화하는 데에만 목적이 있었던 반면, 영토국가에 이르러서는 중상주의가 민간의 부를 확충하거나 조세수입을 증대하는 목적을 가지게 된 것이 특징이다.

영토국가의 대표적인 예는 프로이센(Preußen; Brandenburg-Prussia)과 영국인데, 프로이센에서는 17세기에 등장한 인격적 혹은 왕권적 절대주의(dynastic absolutism)가 18세기 후반(특히, 프리드리히 대왕 때)에 관료적 절대주의(bureaucratic absolutism)로 전환한 것이 특징이다. 이와는 달리 후술하는 영국의 경우에는 의회 군주제(parliamentary monarchy)로 전환하였다(Braun, 1975: 268).

프로이센의 절대주의는 1648년부터 약 한 세기 반에 걸쳐 진행되었으며, 이 시기는 전쟁수행과 국가형성과정이 긴밀히 연계된 시기이다. 특히 세 명의 전제군주가 근대 프로이센의 절대주의 형성에 기여했다고 할 수 있는데, 대선제후 프리드리히 빌헬름(1640~88), 프리드리히 빌헬름 1세(1713~40), 프리드리히 2세 혹은 프리드리히 대왕(1740~86)이 바로 그들이다. 이 시기 프러시아는 “군대를 가진 국가가 아니라, 국가를 가진 군대”(Mueller, 1984: 43)였다고 표현할 수 있으며, “북쪽의 스파르타(the Sparta of the North)”로 변모했다(Rosenberg, 1958: 41).

프로이센을 비롯한 동유럽에서 절대주의 국가가 성립된 배경에는 재판농노제의 출현(즉, 강제력에 의한 농노제의 공고화)과 함께 국가체제의 영향을 고려해야 한다. 서유럽에서 농노해방이 이루어진 것과는 달리 동유럽에서는 오히려 농노제가 강화되는 이른바 재판농노제가 출현했는데, 농노들의 탈출 방지 등을 위해서는 집권화되고 단일화된 억압기구가 필요했던 것이다. 이와 함께 30년 전쟁과 당시 유럽의 패권국이었던 스웨덴의 팽창 전쟁이 프로이센-브란덴부르크 절대왕정이 나타난 결정적 계기였다고 할 수 있다(Anderson, 1974).

수십 년에 걸친 외국 지배로부터 프리드리히 빌헬름이 얻은 교훈은 두 가지였다. 첫째, 스웨덴의 제국주의적 팽창을 막을 수 있는 군대를 육성할 필요성을 절감하였다. 둘째, 스웨덴의 강압적인 조세징수를 가능케 한 행정제도로부터 깊은 감화를 받았다. 따라서 프리드리히 빌헬름은 안정적인 재정적 기초를 놓는 동시에 상비군의 육성에 착수하였던 것이다. 예를 들어, 군사력의 유지와 팽창을 위해 1640~88년 사이 총 조세수입이 3배 증가했는데, 프로이센의 1인당 조세부담 수준은 루이 14세 때의 프랑스와 비교했을 때 2배 이상 높은 수준이었다. 프리드리히가 왕에 오를 당시 프로이센 군대의 규모는 4,000명에 불과했으나 대선제후(Great Elector)라고 불리게 된 집권 말기에는 잘 훈련된 30,000명의 군대가 존재하였다(Anderson, 1974: 244). 대선제후 프리드리히 빌헬름은 30년 전쟁 이후 상비군 설립, 관료제의 집권화, 조세체계의 정비와 세입 증대 등을 통해 프로이센 절대주의의 기초를 놓았다고 할 수 있다.

대선제후 말기에도 프로이센 왕국은 인구가 백만 명에 불과한 여전히 작고 후진적인 국가에 불과했다. 이 상황에서 프리드리히 빌헬름 1세는 군대의 규모를 40,000명에서 80,000명으로 늘려 군사력을 더욱 강화하였고, 제조업과 농업을 육성하였다(Green, 2013). 프로이센의 군국주의적 성향이 가장 잘 드러나는 것은 프리드리히 빌헬름 1세 본인이 군복을 입은 최초의 유럽 군주였다는 사실에서 찾을 수 있다. 프리드리히 빌헬름 1세의 통치 때에 프로이센의 인구는 2,250,000명으로 증가했으며, 국가 관료제도 합리화되었다.

프리드리히 대왕은 훈련되고 효율적인 관료제 육성, 150,000명의 군대 육성 등을 통해 절대주의를 공고화하였으며, 이를 통해 프로이센이 유럽의 주요 국가로 부상하는 사회적 · 물질적 조건을 갖추게 되었다. 또한 프리드리히 대왕 때 오스트리아 전쟁과 칠년 전쟁에서 승리하였고 그 결과 실레지아를 합병함으로써 프로이센의 인구가 약 4백만 명으로 2배 정도 증가하였다(Anderson, 1974; Green, 2013).

프로이센에서 절대주의 국가의 성립에 있어 전쟁의 영향력은 거의 절대적이었다. 특히, 프리드리히 대왕의 경우 프로이센 세입의 70~80%를 군대를 위해 사용했다(Anderson, 1974: 213). 약 한 세기 반에 걸친 기간 동안 프로이센에서는 군사적 · 재정적 · 행정적 측면에서의 재구조화가 상호의존적으로 진행되었다. 즉, 상비군 육성과 유지를 통한 군사화(militarization), 조세체계의 정비와 세수 증대를 일컫는 재정화(fiscalization), 그리고 관료제화(bureaucratization)가 동시에 진행되었던 것이다. 이 과정에서 이른바 군사-재정 관료제(military-fiscal bureaucracy)가 등장했던 것이다(Braun, 1975; Mueller, 1984).

군사-재정 관료제를 가진 프로이센의 국가는 한마디로 경찰국가(police state, Polizeystaat)였다. 경찰국가란 지배자가 국가경제의 발전과 국민의 복리증진을 위해 노력하는 국가로서, 이전에는 사적 영역이었던 다양한 사회활동을 증진 · 조정 · 규제한 것이 특징이다. 이때 국민(subjects)의 복리증진은 지배자의 궁극적인 목적이 아니었고, 단지 국가안전의 확보와 국가권력의 확대라는 궁극적인 목적을 위한 수단에 불과했다. 경찰국가에서 군사력의 증진이야말로 국가활동의 지도원리였으며, 이때 경찰이란 강압과 감시를 의미하는 것이었다. 또한 경찰국가는 연령, 직업, 사회경제적 조건 등 국민의 상태에 대해 광범위한 정보를 수집하고 통계를 작성한 것이 특징인데, 이는 더 많고, 더 근면하며, 더 생산적이고, 더 많이 교육받은, 그리고 더 행복한 국민이 더 많은 세금을 납부하고 궁극적으로 국가의 군사력을 증진시킬 수 있다는 절대주의 국가의 믿음에 기초한 것이었다. 그리고 이러한 기능 수행의 중심에 군사-재정 관료제가 자리하고 있었다(Poggi, 1990).

이렇게 절대주의 국가가 등장하고 그 과정에서 비인격화된 정체(body politics)의 개념이 나타났지만, 주권은 여전히 인격화된 상태였다. 비인격화된 국가의 개념은 1740년에 프로이센에서 프리드리히 대왕이 등극하면서 그를 스스로 국가의 첫 번째 봉사자(the first servant of the state) 혹은 첫 번째 관료(chief bureaucrat)로 칭하면서 나타난 개념이다(Dyson, 1980: 28). 즉, 프리드리히 대왕 때에 이르러 관료적 절대주의가 왕권적 절대주의를 서서히 대체하였던 것이다. 절대주의 국가에서 계몽군주는 왕권을 국가 위에 위치시켰지만, 프리드리히 대왕은 그 자신을 국가의 첫 번째 봉사자로 인식했고, 그의 부하직원들은 왕조를 위해 봉사하는 것이 아니라 국가를 위해 봉사하는 것으로 인식이 바뀌게 되었던 것이다(Braun, 1975: 278).

프로이센에서는 프리드리히 빌헬름 1세(1713~40)와 프리드리히 대왕(1740~86) 시기에 왕실의 정치적 중요성이 약화되기 시작했는데, 이는 프랑스의 루이 14세와 구별되는 특징이라고 할 수 있다. 프로이센에서는 관료제를 통한 절대왕정의 지배가 제도화되었는데, 관료제를 통한 지배의 주요 요소가 바로 '공법'에 의한 지배였다. 이 과정에서 법에 대한 지식과 행정에 대한 훈련에 기반한 '관료'가 탄생하게 된 것이다. 18세기 후반에 프로이센에서는 국가가 스스로 제정한 법의 도구라는 의미를 갖게 되었으며, 이를 통해 국가의 행위가 체계화되고, 조정가능하며, 예측가능하고, 기계적이며, 몰인격적인 특징을 지니게 되었다. 그러나 이 시기 '공법'이 절대군주를 구속하지는 못하였다. 어쨌건 프로이센 모델에서는 국가가 비인격화(depersonalization)와 객관화(objectification)를 통해 구체적인 개인을 뛰어넘는 존재가 된 것이다(Poggi, 1978). 바로 이러한 프로이센의 관료제를 대상으로 해서 Max Weber의 관료제 이론이 탄생하게 되었다.

프로이센에서 관료제의 공고화와 함께 나타난 학문이 이른바 '관방학(cameralism, Staatswissehschaften)'이다. 관방학은 사실 재정학, 경찰학, 경제학, 특히 농업경제학 등의 내용을 포함하는 학문이었다. 관료들을 훈련시키기 위한 학문으로서 관방학은 18세기 후반부와 19세기 전반부에 걸쳐 법학으로 대체되었으며, 교육의 초점도 국왕 재산의 효율적인 관리가 아니라 법의 적절한 적용과 적법한 절차에 초점을 맞추게 되었다. 그 결과 서유럽에서 고위공무원의 교육 내용이 주로 법학 위주로 구성되었던 것이다. 그런데 대부분의 유럽 대학에서 법학 교육의 내용과 범위는 영국이나 미국의 법학 교육보다 상당히 넓은데, 유럽에서의 법학은 경제학, 정치학, 사회학 등의 사회과학을 포함하는 것이 특징이다. 관료 양성을 위한 학문으로써 법학이 지배적인 위치를 차지한 이유는 공무원이 법적 지식을 갖추어야 한다는 이유에 더해 법학 교육이 일반 관료들이 갖추어야 하는 사고방식을 훈련시켜 준다고 보았기 때문이기도 하다(Mosher, 1982: 35-37).

고도로 전문화된 프로이센의 관료제는 프랑스의 앙샹레짐과 극명하게 대비된다. 즉, 프로이센에서는 관료제의 전문화가 나타난 반면, 프랑스에서는 관직의 사유화가 지속되었던 것이다(Lynn, 2006). 프랑스에서는 관료들에게 급료를 줄 만큼의 충분한 경제적 잉여를 수취하는 것이 실질적으로 불가능했으며, 이는 국왕에 대한 관료들의 의존을 약화시키는 결과를 가져왔다. 프랑스 국왕들은 관직을 판매함으로써 이 문제를 해결했다. 프랑스의 경우, 귀족으로부터 자원을 수취하는 대가로 왕이 인정한 것이 관직의 사유화였으며, 이에 따라 프랑스에서는 관직이 판매되거나 가업으로 자식에게 승계되는 대상이 된 것이다.

관직 매매는 한편으로는 왕권을 강화하는 동시에 다른 한편으로는 왕권을 약화시킨 요인이었다고 할 수 있다. 관료들에게 급료를 지급하기 위해서는 삼부회의 승인을 받아야 했지만, 관직 판매를 통해 급료 지급문제를 해결했기 때문에 국왕이 귀족으로부터 독립성을 유지할 수 있었다. 즉, 의회로부터의 통제를 피할 수 있었기 때문에 절대왕권을 강화시킬 수 있었던 것이다. 그러나 다른 한편 관직이 매매되고 상속됨으로써 관직 자체가 사유화되었기 때문에 관료에 대한 국왕의 통제가 약화되었고 결국 이는 국왕의 독립성을 약화시키는 결과를 낳았다(Moore, 1966: 57-60).

프랑스에서 관직의 사유화는 왕권과 신권의 관계에서 귀족의 권력이 상대적으로 강했음을 의미한다. 이와는 달리 프로이센에서는 절대군주가 귀족에 대한 의존에서 벗어나 관료제 자체를 전문화시킨 것이 주요 특징이다. 이러한 이유로, 이른바 베버리안 관료제의 등장을 프로이센에서 찾는 것이다. 프랑스에서 근대적 의미의 전문화된 관료제가 등장한 것은 나폴레옹 이후의 현상이다.

끝으로, 절대주의 국가는 자본주의 발전의 외피로서도 작동하였다. 즉, 자본주의가 발전하기 위해서는 사유재산권의 인정과 보호, 시장의 자유로운 작동을 위한 법적 기반의 마련, 상업과 산업의 발달을 위한 전제 조건으로서의 법과 질서의 유지, 자본가에 의한 잉여 수취의 보호 장치 등이 필요한데, 이러한 기능을 국가가 수행한 것이다. 또한 외국 시장의 확대, 외국 자원의 확보, 외국으로부터의 경쟁 방지 등을 위해서도 강력한 국가가 필요했다. 이것이 곧 절대주의 국가의 기본적인 정책방향이 중상주의로 나타났던 이유이다. 이렇게 자본주의 발달을 위한 외피로서의 국가와 관료제의 역할 확대가 절대주의 국가의 기본 특징이었던 것이다.

3. 법치국가로의 전환

18세기 후반부터 19세기 후반까지는 근대 행정국가의 형성에 있어 두 번째의 큰 발전이 이루어진 시기라고 할 수 있다. 즉, 국가주권(national sovereignty), 나폴레옹 법전, 법치국가, Max Weber가 이상화한 관료제의 제도화, 공무원 훈련의 기초로서 법학의 제도화가 이 시기에 이루어졌다. 이 시기에 관료들은 스스로를 왕의 봉사자(royal servants)가 아니라 국가의 봉사자(state servants)로 부르기 시작했다. 그런데 국가의 봉사자란 국민의 동의하에 그리고 국민에 책임지는 공공의 봉사자(public servants)를 의미하는 것은 아니었으며, 대신 스스로를 권위주의적 행정체계와 동일시하고 법을 통해 국민에게 군림하는 관료제였다. 이러한 변화는 행정에서 인격적 요소가 감소됨을 의미하는 것이었고, 인격적 지배를 대체한 것이 바로 법에 의한 지배였던 것이다. 법에 의한 지배가 이루어진 국가가 곧 법치국가(Rechtsstaat)이며, 법치국가에서 관료에 대한 교육은 자연스럽게 법학위주로 이루어졌다(Rosenberg, 1958).

프로이센의 국가형성과정과 행정발달의 독특성은 절대주의 국가가 자유주의에 심각하게 도전받기 이전에 왕권적 절대주의가 관료적 절대주의로 대체되었다는 역사발전의 순서에서 찾을 수 있다. 또한 프로이센에서는 관료제가 산업화 이전에, 그리고 민주화 이전에 건설된 것이 특징이다. 이러한 역사발전의 순서는 법치국가의 성격에도 중대한 영향을 미쳤다. 자유주의와 민주주의 이전에 법치가 제도화되었기 때문에, 법치국가를 자유주의적 전제정치(liberal autocracy)라고 부를 수 있다. 즉, 법치국가는 비인격적인 방식으로 시민의 권리를 보호하지만, 영국에서 명예혁명을 통해 달성한 행정권에 대한 헌법적 제약이나 시민들이 선거를 통해 지배자에게 책임을 물을 수 있는 정치적 권리의 확보에까지는 이르지 못했던 것이다. 그리하여 절대주의는 법 없는 정부가 아니라, '법'에 의한 권위주의 정부를 의미하는 것이었다. 다시 말해서, 절대주의하에서 공법은 왕과 관료제를 제약한다는 의미에서의 '법의 지배(rule of law)'를 실현시킨 것이 아니라 일반 국민을 군주의 의지에 복종시키는 '법에 의한 지배(rule by law)'에 머물렀던 것이다. 절대주의하에서 법에 의한 지배는 정부가 국민에게 책임을 지는 것과는 전혀 관련이 없었으며, 법이 자의적인 행정을 교정하는 역할을 수행하지 못했던 것이다. 그러나 다른 한편, 사유재산권의 보호와 계약관계의 유지를 특징으로 하는 법치국가가 경제발전을 위한 최적의 제도적 장치였다고 할 수 있다(Rosenberg, 1958; Fukuyama, 2014).

프로이센에서 근대적 법치국가의 완성은 프로이센이 1806년 예나와 아우어스타트(Jena-Auerstadt) 전투에서 나폴레옹에게 패한 이후 본격화되었으며, 이때 개혁을 주도한 사람들이 슈타인(Stein)과 하르덴베르크(Hardenberg)이다. 슈타인-하르덴베르크 개혁에서는 가문이나 출신보다는 능력과 교육 수준을 중시했고, 능력과 교육 수준을 측정하기 위해 공개임용시험제도를 채택했다. 그리고 관료 임용에 필요한 교육으로 고전과 법학을 강조했으며, 이러한 교육은 인문계 고등학교(gymnasium)와 대학을 다녀야만 이수할 수 있었다. 그 결과 프로이센에서는 이제 귀족계급보다는 신흥 부르주아 계급이 관직을 장악하게 되었고, 이들의 관직 진출을 통해 관료제의 자율성을 유지하게 되었다(Shefter, 1993; Finer, 1999). 그리고 예나에서의 패배 이전에 훔볼트(Humboldt)에 의해 대학개혁이 추진되었고, 그 결과 대학에서의 법학교육을 이수한 가장 우수한 학생들이 공직에 진출하게 되었다. 프로이센에서는 이 시기에 교육개혁을 국가의 재구조화를 위한 핵심요소로 간주했었는데,[3] 교육체제를 초등, 중등, 고등교육 기관으로 구분했고 이러한 구분은 공직을 하위직, 중간직, 고위직으로 구분하는 것에 대응하는 것이었다(Mueller, 1984).

이상에서 살펴본 바와 같이 유럽에서 국가형성과정의 역사적 유산

3 바로 이 모델이 메이지 유신 이후 일본에서 동경대 법대 졸업생들이 관직에 진출하도록 하는 행정개혁과 교육개혁의 모델이 된 것이다.

은 국가–관료제–법치국가의 연계(the nexus of state, bureaucracy, and Rechsstaat)라고 할 수 있다(Lynn, 2006: 58). 법치국가가 국민에게 책임을 지는 현대적 의미의 민주행정으로 전환되기 위해서는 법의 지배에 자유주의와 민주주의의 발전이 결합되어야 했다. 근대적 의미의 관료제의 성립은 17세기와 18세기에 걸쳐 프로이센에서 시작되었지만, 민주행정은 대의민주주의의 성장 이후에나 가능했으며, 이는 선거권의 확대를 전제로 하는 것이었다(Gladden, 1972). 그리고 19세기 이후에는 행정에 대한 논의가 관료제의 법적 지위에 대한 규정에서 벗어나 관료의 충원과정을 개혁하는 방향으로 나아가게 되었다. 즉, '실적'에 의해 관료의 충원이 이루어지는 실적주의가 19세기와 20세기 초반에 걸쳐 제도화되었던 것이다.

제3장

영국의 국가형성과 행정의 발달

1. 약한 절대군주와 약한 국가

국가형성과정에 대한 전쟁의 영향이 유럽의 모든 국가에서 공통적으로 나타난 것은 아니다. 대표적인 예외가 영국이다. 섬나라인 영국은 영토의 방어와 일체성의 확보가 핵심과제였던 프로이센이나 프랑스와는 전혀 다른 국가형성과정을 밟았다. 영국은 약한 국가와 약한 절대왕정을 기본 특징으로 한다. 유럽대륙과 달리 영국에서는 관료제적 국가의 발달보다 대의기관과 사법기관의 발달이 선행하였다(Anderson, 1974; Lynn, 2006).

섬나라라는 지정학적 요인은 영국의 국가와 귀족의 성격에 대해서도 중대한 영향을 미쳤다. 지정학적 요인 때문에 영국에서는 유럽 본토와 동일한 형태의 국가가 발달할 이유도, 강력한 절대주의 왕정이 나타날 이유도 없었다. 영국과 프로이센의 공통점은 상비군을 설치한 것이었지만, 영국은 유럽대륙으로부터 상대적으로 떨어져 있고 고립되어 있었기 때문에 대규모의 상비군을 보유할 이유가 없었다. 나아가 영국에서는 국왕이 군사력을 유지할 수 있는 충분한 재정능력을 보유하지 못한 반면, 해군과 상비군을 유지하는 데 필요한 조세를 부과한 것은 의회였다(Braun, 1975: 281-82). 절대주의의 두 가지 특징으로서 국왕의 조세권과 입법권을 들 수 있는데, 왕권이 가장 강력했던 튜더왕조에서도 국왕이 이 두 가지 권한을 갖지 못했으며, 이를 위해서는 의회의 동의가 필요했다(Finer, 1999).

섬나라라는 이유 때문에 영국에서 발달한 것은 지상군이 아니라 해군이었다. 지상군은 단일 목적의 조직인 데 반해, 해군은 본질적으로 전쟁과 무역이라는 두 가지 기능을 수행한다. 16세기 대부분의 영국 선박은 상선이었는데, 필요시에만 대포를 추가하여 전함으로 전환하였고 이후에는 다시 상선으로 전환하는 형태를 취하였다. 영국 해군이 국가의 강압 기제의 주요 도구였을 뿐만 아니라 이중적인 목적을 지닌 존재였는바, 이것이 영국 지배계급의 성격에 중대한 영향을 미쳤다고 할 수 있다(Anderson, 1974).

또한 선박의 건조와 유지 비용은 비싸지만, 전체 군사력의 건설과 유지 비용은 상비군에 비해 낮은 것이 특징이다. 상비군을 유지할 필요가 없었기 때문에 영국의 조세부담 수준은 매우 낮은 상태였다. 예를 들어, 17세기 초반 영국의 조세부담 수준은 프랑스와 비교할 때 1/3 내지 1/4 수준이었다. 조세부담 수준이 낮았기 때문에 조세저항도 거의 없었고, 그 결과 조세제도를 운용하기 위한 대규모 관료제가 발달할 이유도 없었다(Anderson, 1974: 134-35).

고립된 섬나라라는 지정학적 요인 때문에 영국의 귀족들은 일찍부터 탈군사화(demilitarization)가 이루어져 있었고, 그 결과 유럽의 다른 국가들과는 달리 영국의 귀족들은 서서히 상업 활동으로 전환하였다. 영국 귀족의 이러한 비군사적 · 친상업적 특징을 반영하는 현상이 작은 관료제, 제한된 재정력, 상비군의 부재라는 영국 국가의 특징으로 나타났다. 결국, 유럽대륙의 프로이센이나 프랑스와 달리 국가의 강제력과 관료제가 매우 약하게 발달된 것이 영국의 특징이다(Anderson, 1974: 125-29).

영국의 국가는 상대적으로 약했다고 할 수 있는데, 이는 1642~51년 사이에 있었던 잉글랜드 내전의 영향, 육군보다는 해군에 대한 의존 등이 그 원인이라고 할 수 있다. 강력한 억압기구의 부재 그리고 군대와 관료제에 의존하는 강력한 국왕의 부재는 의회민주주의의 발달을 용이하게 한 요인이었다(Moore, 1966: 32). 영국은 관료적 절대주의(bureaucratic absolutism)로 전환한 유럽대륙과는 달리 의회의 기능이 강화된 것이 기본적인 특징인데, 특히 1688년의 명예혁명 이후 제정된 1689년의 권리장전에서 왕권 행사가 제약되고, 상비군의 운영, 장관 임명, 조세의 부과 등에 대한 의회의 동의가 제도화되었다(Lynn, 2006: 64).

2. 강한 의회의 발달

중세 시기 영국의 국왕은 프랑스의 왕보다 훨씬 강력한 존재였지만, 역설적이게도 중세의 강한 왕권이 유럽에서 가장 약한 절대군주제를 낳게 된 배경이다. 노르만 정복과 상대적으로 작은 국가 규모 때문에 영국에서는 중세 시기에도 벌써 상당한 집권화가 이루어져 있었고, 그 결과 작은 규모의 귀족계급이 존재하게 된 것이다. 또한 이 시기 영국은 유럽대륙과 비교할 때 도시의 정치적 자율성이 상대적으로 약한 상태였으며, 성직자 계급 또한 상대적으로 약한 존재였다. 그 결과, 중세 시기 영국의 국왕은 프랑스, 이탈리아, 독일과는 달리 강력한 귀족, 성직자, 도시 시민 등과 같은 단일적인 통일된 정부(unitary government)에 대한 위험 요소가 없었으며, 이러한 이유로 왕권과 귀족의 대표성이 동시에 집권화되었다. 즉, 영국에서는 왕권과 함께 의회가 동시에 발달했던 것이다. 중세부터 나타난 왕권과 귀족의 동시적 집권화에 따라 왕의 입법권에 대한 의회의 견제권이 일찍이 제도화되어, 영국에서는 절대왕정 시기에도 국왕이 의회의 동의 없이 새로운 법을 만들지 못했다(Anderson, 1974: 114-16).

영국의 경우 라틴 유럽과는 달리 로마제국의 영향력이 대단히 제한적이었으며 그 결과 참여적인 공동체에 기반한 지역적으로 통합된 지방정부가 일찍이 형성되어 있었다. 중앙정부의 권한은 국방, 법무, 징세에 국한되었고 일반인의 일상적인 생활에 영향을 미치는 모든 사무는 일찍이 지방정부가 수행한 것이 영국의 특징이다. 프랑스와 달리 영국의 국왕은 지방에 대해 강력한 힘을 행사할 수 있는 행정적 · 법적 기구를 발달시키지 못한 반면, 전통적으로 지방자치가 이루어져 왔는데 그 중심에는 '젠트리(gentry)' 계급이 있었다(Moore, 1966: 14). 영국 국왕은 젠트리 계급의 협조 없이는 통치할 수 없었는데, 이는 젠트리 계급이 이해하고 적용하는 법과 자치행정을 통해 지역(country) 주민의 일상적인 삶이 영향을 받았기 때문이다. 법원, 자치기구, 구민법 등의 운영에 국왕의 역할은 없었지만 젠트리 계급 없이는 작동되지 않았던 것이다. 다시 말해서, 영국의 국왕은 지역의 유력자들인 젠트리 계급에 의존해서 대부분의 지역사무를 처리할 수 있었기 때문에 지방을 통치하기 위해 거대한 관료제를 운영할 필요가 없었을 뿐만 아니라 관료제를 운영할 수 있는 자원이 젠트리 계급에 귀속되어 있었기 때문에 관료제를 건설할 수도 없었다(Moore, 1966; Strayer, 1970; Finer, 1999). 그리고 지방정부의 이익을 대변하는 기구로서 대의기관이 발달하게 되었고, 이러한 대의기관이 조세의 부과와 입법에 대한 권한을 국왕과 공유하게 된 것이다(Ertman, 1997).

영국에서도 서유럽과 비슷한 시기인 13세기부터 신분제 의회가 존재했는데, 영국의 신분제 의회는 전국적 차원의 단일 의회였고 서유럽과 달리 귀족, 성직자, 도시 주민(burghers)으로 구성된 삼부회체제가 아니었다. 이러한 의회의 구성이 절대군주와 의회의 관계에 영향을 미친 결정적 요인이라고 할 수 있다. Ertman(1997: 20-22)에 의하면 중세와 근대 초기의 신분제 의회의 구성은 크게 지역대표성을 띤 양원제(two-chamber)와 신분을 중심으로 구성된 삼부회체제(tricurial)의 두 가지 종류로 나눌 수 있다. 양원제의 대표적인 예는 영국, 폴란드, 스칸디나비아 국가들이며, 삼부회체제의 대표적인 예는 프랑스, 독일 등이다. 양원제와 삼부회체제의 차이에서 중요한 것은 원의 숫자가 아니라 원의 내부 구성이다. 양원제는 주로 지역대표성을 갖는 것으로 구성되어 있었고, 상원은 상위귀족과 성직자들로, 하원은 주로 하위귀족, 젠트리 등의 지역대표자들로 구성되어 있었다. 영국의 신분제 의회는 성직자와 귀족을 대표하는 귀족원(House of Lords), 즉 상원과 젠트리 계급, 도시 주민, 재산소유자 등을 대표하는 평민원(House of Commons), 즉 하원으로 구성되어 있었다. 반면, 프랑스 등의 삼부제 의회는 귀족, 성직자, 도시 주민의 세 가지 원으로 구성되어 있었다. 이러한 신분제 의회에서는 의회 자체가 신분을 중심으로 이익대표체계가 분리되어 있을 수밖에 없었으며, 그 결과 왕권에 대항해서 일사분란하게 의회의 권력을 보호하는 데 한계가 있었던 것이다. 이와는 달리 지역대표성을 지닌 양원제 의회에서는 신분이나 계급을 중심으로 의회가 분리되어 있지 않았기 때문에, 훨씬 효과적으로 왕권을 견제할 수 있었다. 영국 의회에서 하원은 지역대표자들로 구성되어 있었고 상원은 귀족들로 구성되어 있지만 이들 또한 자신들의 영지(estates)가 있는 지역의 이익을 대표하였기 때문에, 영국 의회는 지역의 이익을 대표하는 기구로서의 성격을 처음부터 강하게 지니고 있었다.

그 결과 유럽대륙에서는 절대군주가 신분제 의회를 징세와 상비군

운영 등과 관련된 정책결정과정에서 배제했지만, 영국의 의회, 특히 하원은 이러한 배제에 성공적으로 저항할 수 있었다. 이렇게 볼 때, 영국의 국왕은 의회와 지방정부라는 절대주의 왕권을 제약하는 두 가지 장애물을 극복하는 데 실패했다고 할 수 있다. 유럽대륙에서는 절대주의의 발전에서 군주 개인이 주역이었다면 영국에서는 의회가 집합적인 주역이었고, 그 결과 영국은 절대군주가 아니라 의회의 권한을 인정한 입헌군주에 의해 통치되었던 것이다(Mueller, 1984; Poggi, 1990; Fukuyama, 2011).

1688년의 명예혁명은 귀족과 젠트리 계급에게 지방의 독립성과 국가적 정책결정과정에 대한 참여 권한을 다시 한번 확인해 준 계기였다. 절대주의를 추구한 왕권과 의회의 갈등에서부터 시작된 잉글랜드 내전은 명예혁명을 통해 대단원의 막을 내렸고, 의회 권력이 다시 회복되었다. 명예혁명과 권리장전(Bill of Rights)을 통해 헌법적인 측면에서는 의회의 동의 없이 왕이 군대를 육성할 수 없다는 원칙이, 재정적인 측면에서는 의회의 명백한 동의 없이 새로운 세금을 부과할 수 없다는 원칙이, 그리고 종교적인 측면에서는 가톨릭교도가 국왕이 될 수 없다는 원칙이 수립되었던 것이다(Fukuyama, 2011: 417).

영국에서는 명예혁명 이후 의회의 권한이 강해지는 동시에 행정부의 권한은 매우 작아지고 대부분의 법 집행은 중앙정부에 의해 고용되지 않은 지방 관료들에 의해 이루어진 것이 특징이다(Ertman, 1997; Silberman, 1993). 유럽 시각에서 보면 1688년의 명예혁명은 합의(consent)를 권위의 원리로 삼은 것이 급진적으로 보일 수 있지만, 영국 시각에서 보면 명예혁명은 중앙집권화하고자 하는 국왕에 대항해서 의회, 법원 그리고 지역공동체의 전통적인 권리와 위신 유지의 중요성을 확인한 보수적인 결과였다고 할 수 있다. 이와 같이 17세기부터 영국은 일반적인 유럽의 발전 패턴과는 전혀 다른 길을 걷게 되었으며, 그 결과 정치적·법적 의미의 국가(the state)라는 개념이 거의 사용되지 않게 되었던 것이다. 또한 영국에서는 국가나 국왕이라는 개념보다는 대표성의 개념이 훨씬 발달했으며, 국왕의 전통은 남아 있지만 행정권(executive power)은 의회로부터 나오는 것이라는 개념이 확립되었다. 다시 말해서, 영국에서는 의회를 통해 국민이 행정권과 연결된 것이 특징이다(Dyson, 1980).

영국에서 의회의 발달은 이후 영국이 세계의 중심으로 부상할 수 있었던 제도적 원천이라고 할 수 있다. 영국에서 의회는 보다 더 효과적으로 전쟁수행을 할 수 있는 제도를 만들고 유지하는 데 공헌한 동시에, 국제적 갈등 상황에서 합의형성의 핵심적 기구로 작동함으로써 영국이 강한 군사적 힘을 갖는 데 공헌하였던 것이다. 즉, 의회가 존재함으로써 정부가 외교정책과 군사적 전략을 공적 차원에서 논의하게 되었고 이를 통해 세금 인상 등과 같은 공공의 희생에 대한 정치적 지지를 확보할 수 있었던 것이다(Ertman, 1997).

3. 행정의 발달

행정국가의 형성이 17세기에 이미 시작된 유럽대륙 국가들과는 달리, 영국에서 행정국가의 발달은 19세기에 이르러서야 나타났다(Lynn, 2006). 섬나라라는 지정학적 요인 때문에 외적의 침입에 대해 염려할 필요가 없었고, 이에 따라 대규모 상비군이 필요 없었던 것이 영국의 기본적인 특징이다. 당시 영국은 상비군이 존재하지 않아 조세부담도 상대적으로 낮았고 조세 수취를 위한 인력 규모도 작은 편이었으며, 그 결과 관료들의 숫자 또한 상대적으로 작았다. 예를 들면, 1800년대 중반 빅토리아 여왕 시기에 공무원의 숫자는 40,000명에 미치지 못했으며 1861년에는 31,000명으로 감소하였다. 이 시기 지방공무원을 합친 전체 공무원의 수도 60,000명 정도에 불과했다. 같은 시기 프랑스 관료들의 수가 450,000명에 달한 것을 고려하면, 영국의 국가가 얼마나 소규모의 관료집단으로 구성되어 있었는지를 알 수 있다. 1881년에 영국 공무원의 전체 숫자가 80,000명으로 증가하였지만, 이 시기 독일의 공무원 수는 450,000명에 달하였다(Green, 2013: 218).

유럽대륙 국가들과 비교했을 때, 영국에서는 관료제의 규모가 상대적으로 작았을 뿐만 아니라 관료제의 전문화도 상대적으로 뒤늦게 이루어졌다. 명예혁명을 통해 의회가 영국에서 핵심적인 기구로 자리매김함에 따라 의회가 관료제를 압도하게 되었고, 그 결과 관직 임용에 대해 의회가 절대적인 영향력을 행사하게 되었다. 18세기 영국에서는 의원직 이외의 관직에 대해서는 의원의 소유권(property right)이 인정되었고, 관료 임용이 주로 엽관제에 의해 이루어졌다(Silberman, 1993; Finer, 1999). 이에 따라 18세기와 19세기에 걸쳐 영국의 관료제는 관직의 매매, 엽관제의 지속, 낮은 급여 등으로 효율성과 역량 면에서 심각한 문제점을 드러내고 있었다. 이러한 상황에서 정치인들 스스로가 관료제의 개혁을 요구하고 나서게 되었는데, 그 핵심적인 내용은 공개경쟁시험을 통한 실적제의 도입과 엽관제의 폐지, 그리고 관료제 개혁과 교육개혁의 동시적인 진행이었다.

영국에서 현대적 의미의 행정이 나타난 계기는 1854년에

Northcote와 Trevelyan이 제출한 '행정 조직에 관한 보고서(Report on the Organisation of the Permanent Civil Service)'—작성자의 이름을 따서 통상적으로 노스코트-트레빌리언 보고서—의 발간이다. 이 보고서를 작성하기 몇 달 전에 Trevelyan이 인도 행정개혁에도 관여하는데, 그 결과 같은 해인 1853년에 영국 의회가 인도법(The India Act of 1853) 제정을 통해 인도에서 공개시험에 의해 공무원을 채용하는 것을 승인한 바 있다. 인도의 행정개혁[1]은 영국 행정개혁을 위한 리허설의 성격을 띠는 것이었다(Mueller, 1984: 197). 이 보고서에서 경쟁시험에 의한 채용, 실적에 의한 승진, 지적 업무와 기계적 업무의 구분, 중앙집권적 급여체계 등의 도입을 주장하였고, 그 결과 영국에서 비로소 현대적 의미의 행정이 시작되었다고 할 수 있다. 1854년에 노스코트-트레빌리언 보고서가 발간되었지만, Gladstone이 총리로 취임한 1870년에 이르러서야 이 보고서의 제언이 수용되었다. 이 사이 발생한 주요 사건이 크림 전쟁(1853~56)이었는데, 이 전쟁에서 영국 군대의 비효율적인 관리가 문제가 되면서 군대뿐만 아니라 행정개혁에 대한 요구가 비등해졌기 때문이다(Gladden, 1972; Fukuyama, 2014). 어쨌건 이 보고서 이후에 이루어진 일련의 개혁의 결과로써 영국 관료제가 비로소 유럽대륙의 관료제와 유사한 형태를 띠게 되었다고 할 수 있다.

노스코트-트레빌리언 보고서는 엽관제를 폐지하는 대신 공직 채용의 최적의 방법으로 인문교육(liberal education)을 제안하고, 이를 위한 방법으로 공립학교와 Oxford, Cambridge 대학을 활용할 것을 제

1 공무원제도(civil service)라는 말 자체가 동인도회사의 민간(civil) 고용인을 군대(military) 고용인과 구별하기 위해 인도에서 '민간(civil)'이라는 표현을 사용한 데서 유래되었다(Fukuyama, 2014: 127).

안한 데에 특징이 있다. 사실, 이론적으로는 인문교육과 대학교육이 모든 사람들에게 개방되어 있지만, 현실적으로 Oxford와 Cambridge 대학에서 인문교육을 받을 수 있는 사람은 귀족과 젠트리 계급의 자녀들로 제한될 수밖에 없었다. 다시 말해서, 귀족과 젠트리 계급 등 극소수층만이 대학에서 인문교육을 받을 수 있는 영국 대학교육의 맥락에서 이루어진 행정개혁은 정치사회적인 측면에서 보았을 때 매우 보수적인 결과를 초래할 수밖에 없었던 것이다. 영국에서는 공개경쟁제도의 도입과 엽관제의 폐지가 중산층의 승리가 아니라 귀족과 젠트리 계급의 승리였던 것이다. Mueller(1984: 223)가 적절히 지적하고 있듯이, 공직 임용을 위해 공개경쟁시험제도가 채택된다 할지라도, 대학교육이 사회적으로 배제적이고 신분이 대학교육에 대한 접근에 결정적인 영향을 미친다면, 표면적으로 공개경쟁채용제도가 실질적으로는 귀속적인 결과를 낳을 수밖에 없는 것이다.

관직을 거의 독점하고 있던 귀족과 젠트리 계급이 1870년의 행정개혁을 지지했던 결정적인 이유는 1867년의 두 번째 선거권 확대에서 찾을 수 있다. 영국에서 선거권은 1832년에 산업 자본가에게 확대되었고, 1867년에는 도시 소시민(artisan)과 노동자에게까지 확대되었다. 이렇게 선거권이 도시 소시민과 노동자에게 확대될 경우, 귀족과 젠트리 계급이 엽관제를 통해 독점하고 있었던 관직을 계속해서 장악한다는 보장이 없었다. 선거권의 확대를 통해 엽관제가 다양한 계급의 유권자들에게 공직을 개방할 수 있는 위험성을 내포하고 있었기 때문이다. 결국, 1870년의 개혁을 통해 공직(특히, 고위공직)의 임용을 Oxford와 Cambridge 대학에서 인문교육을 받은 사람들에게 국한시킴으로써, 귀족과 젠트리 계급이 장악하고 있었던 고위공직을 계속해서 독점할 수 있었던 것이다(Mueller, 1984; Shefter, 1993).

행정개혁의 핵심적인 요소가 공개경쟁시험의 도입이었고 행정개혁과 대학개혁을 연계시켰다는 점에서 프로이센과 영국의 행정개혁은 공통점이 있다. 또한 영국과 프로이센 모두 공개채용제도의 도입은 대학교육에 대한 독점적 접근권을 향유하고 있었던 전략적 행동의 결과라는 점에서도 차이가 없다. 그러나 프로이센의 경우에는 이전에 관직을 독점하고 있던 융커(Junker) 계급[2]에 대항해서 자신들의 이익을 증진시키고자 했던 중산층이 고등교육과 공직임용시험의 연계를 강력하게 주장했다. 당시 프로이센에서는 대학생들의 대부분을 중산층 자녀들이 차지하고 있었고, 귀족계급의 자녀들은 극소수에 불과했기 때문이다. 이와는 달리 영국에서는 Oxford와 Cambridge 대학에는 주로 귀족과 젠트리 계급의 자녀들만이 다니고 있었기 때문에, 대학교육과 공직임용을 연계시키면 귀족과 젠트리 계급의 이익만을 보호할 뿐 성장하는 중산층이 배제될 수밖에 없었다. 결국 공개채용이나 교육과 같은 실적주의적 요소를 도입한다고 해서 귀속적인 결과를 자동적으로 배제하는 것은 아니며, 교육에 대한 접근이 불평등할 경우에는 교육에 바탕을 둔 실적주의가 얼마든지 귀속적인 결과를 낳을 수 있다고 할 것이다. 영국의 경우 실적주의적 충원방식으로의 전환이 전통적인 귀속적 결과를 형식상으로 근대화시키고 정당화시킨 데 불과했던 것이다(Mueller, 1984).

영국의 경우 선거권이 확대되는 상황에서 엽관제의 지속이 오히려 공직을 보다 더 넓은 사회계층에게 확대할 수 있었던 방법이라고 할 수 있으며, 이것이 미국과 매우 대비되는 영국의 특징이다. 영국의 경우에는 귀족과 젠트리 계급중심의 엽관제가 15년이라는 상대적으로

2 융커는 프로이센의 지배계급을 형성한 지주귀족으로서 농노의 부역에 의거하여 대농장을 경영했을 뿐만 아니라 프로이센의 고급관료와 장교의 지위를 독점하였다.

짧은 기간 동안 개혁되고 고등교육을 받은 전문 관료들로 대체되었지만, 후술하는 바와 같이 미국의 경우에는 엽관제를 개혁하는 데 약 60년이 소요되었다. 미국이 영국보다 60~70년 먼저 백인남성에게 선거권을 확대했고 이를 통해 대중적 정당이 성장했을 뿐만 아니라 이러한 대중적 정당이 공직배분을 중심으로 성장해 왔기 때문에 엽관제를 개혁하기 매우 어려웠던 것이다. 이와는 달리 영국에서는 대중적 정당이 득표 전략으로 공직을 활용하기 이전에 관료제를 개혁했기 때문에 정치적 저항 없이 엽관제를 철폐할 수 있었던 것이다(Shefter, 1993; Fukuyama, 2014).

여기서 주목해야 할 점은 영국 행정을 현대적 의미의 행정으로 이끌긴 했지만 노스코트-트레빌리언 보고서가 영국 행정의 프로이센화를 주장하지는 않았다는 사실이다. 관료교육의 방법으로 법학을 강조한 프로이센과 달리 공무원교육의 최적의 방법으로 인문교육을 강조한 것이 영국의 뚜렷한 차이점이다. 그 결과 영국에서는 일반행정가(generalist) 위주의 행정이 제도화되었다. 영국의 관료들은 특정 정책문제를 해결하기 위해서 특정한 학문분야에서 훈련받는 것이 아니라 정책에 대해 일반적인 능력을 발휘할 수 있도록 훈련받고 사회화되는 것이 특징이다. 공무원교육 또한 공직에 입문하기 이전에 개인이 습득한 지식에 기초하는데, 이 지식은 업무수행에 관련된 특정한 전문성이나 정보를 제공하는 것이 아니라 일상적인 행정문제를 분석하는 일반적인 패러다임을 제공하는 것일 뿐이다(Silberman, 1993; Greer & Jarman, 2011). 인문교육에 대한 강조 또한 기존의 귀족이나 젠트리 계급의 우월성을 확보하기 위한 방편이었음에 주목할 필요가 있다. 시험이 매우 좁은 영역의 지식만을 테스트하는 것으로 그치면, 아랫사람들이 좁은 영역의 지식에 자신의 모든 주의를 기울이게 되어 국가에 매우 가치 있는 기여를 할 수 있는 사람들을 능가할 수 있는 가능성이 있다. 그러나 시험이 매우 폭넓은 영역을 다루게 되면 능력 있는 사람들의 우월성이 분명히 드러날 수 있다는 것이다(Mueller, 1984).

관료 임용에 있어 인문교육에 대한 강조에 대해서 Silberman(1993)은 매우 흥미 있는 해석을 내놓고 있다. Silberman에 의하면 일반행정가 패러다임은 두 가지 아이디어에 기반하고 있다. 첫째, 문제해결은 정치 · 경제 · 사회이론에 기초한 전문지식에 의해 이루어지는 것이 아니라는 것이다. 대신 교육의 주된 목적은 상상력 · 이해력 · 논리력(reasoning) 등의 능력을 키우는 것이다. 둘째, 인문교육은 마음을 교육하는 것이다. 예를 들어 고전 언어는 논리적 능력, 특히 기억력을 함양하는 것이고, 고전 시는 상상력, 고전 레토릭은 도덕적 능력을 향상시키는 것이다. 이러한 인문교육 위주의 교육과 이에 기초한 관료 채용은 John Stuart Mill의 1867년 St. Andrews 대학교의 총장 취임 연설에서 매우 잘 드러난다. John Stuart Mill에 의하면 대학이 무엇이 아닌가에 대한 일반적인 합의가 존재한다. 대학교육은 개인을 유능한 법률가, 의사, 혹은 엔지니어로 만드는 것이 아니다. 사람들은 법률가, 의사, 상인, 제조업자 이전에 사람일 뿐이다. 따라서 사람을 능력 있고 센스 있는 사람으로 만들면, 그들이 그들 자신을 스스로 능력 있고 센스 있는 법률가와 의사로 만든다는 것이다(Silberman, 1993: 290에서 재인용). 예를 들면 의사는 의학교육 기간이 있긴 하지만 의대 졸업 후 수련의 과정을 거치면서 도제식 훈련을 통해 의사로 성장하는데, 공무원도 인문교육을 받은 후 도제식 훈련을 통해 전문성을 쌓게 된다는 것이다. 전문성(professionalism) 습득은 인문교육을 통해 개인의 능력을 향상시킴으로써 달성 가능하다고 보는 것이다. 결국 전문적인 관료제(professional bureaucracy)를 아마추어가 지배한다는 역설이 성립하는 것이다(Silberman, 1993).

이러한 일반행정가 위주의 평생 경력직을 특징으로 하는 영국의 행정은 이후 풀턴(Fulton) 보고서에서 상당한 비판을 받는다. 풀턴 보고서는 관료들의 기술적 능력(technical skills)을 향상시켜야 하며, 기술적 능력을 향상시키기 위해서는 일반행정가 위주, 협소한 교육배경, 평생 경력직을 줄여야 한다고 주장하였다(Greer & Jarman, 2011: 20). 어쨌건 영국의 행정은 1980년대 대처(Thatcher) 행정부의 신자유주의적 개혁에 의해 혁명적인 변화를 겪게 된다.

제4장

미국의 국가형성과 행정의 발달

1. 예외로서의 미국

현대 사회를 규정짓는 가장 중요한 거시적 제도가 자본주의, 민주주의, 그리고 국가 관료제라고 할 때, 유럽과 미국에서 이러한 제도들이 나타난 순서는 극명하게 대비된다. 유럽대륙에서는 국가체제의 영향 아래 절대왕정이 등장하고 이 과정에서 국민국가(nation-state)가 형성된 이후, 절대왕정의 외피 아래 산업화가 이루어지고 맨 나중에 민주주의가 성립한 반면, 미국은 대의기구, 민주적인 관습, 연방제가 형성된 이후 그리고 산업화가 상당 정도 진행된 시점에서 중앙집권화된 국가가 발달했다. 다시 말해서, 유럽에서는 국가 관료제의 성립, 산업화, 민주주의의 제도화라는 순서로 역사발전이 이루어진 반면, 미국에서는 민주주의가 정착된 이후 자본주의화가 이루어지고 국가 관료제의 발달은 가장 늦게 이루어진 경우이다. 따라서 유럽과 미국의 국가형성과정을 설명하는 데 있어서는 시점(timing), 순서(sequence), 그리고 경로의존(path dependence) 개념이 매우 중요하다.

유럽대륙 국가들과 비교했을 때 신대륙에서의 국가형성과정의 중요한 특징은 세계 국가체제에서의 군사적 갈등에 직접적으로 노출되어 있지 않았다는 점이다. 따라서 유럽과는 달리 전쟁수행을 위해 강력한 중앙집권화가 필요하지 않았고 주정부만으로도 충분한 상황이 오랫동안 지속되었다는 점이다. 사실, 미국에서 처음으로 국가형태가 나타난 것은 영국으로부터 독립을 쟁취하기 위한 전쟁수행의 필요성 때문이었는데, 바로 'United States of America'라는 표현이 이를 웅

변으로 보여준다. 우리가 흔히 미합중국이라고 번역하지만, '아메리카 주(정부) 연합'이라고 표현하는 것이 보다 정확할 것이다. 영국과의 독립 전쟁 이후에는 국가 간 군사적 갈등이 없는 상태였기 때문에 유럽처럼 대규모의 상비군을 유지할 필요가 없었으며, 그 결과 국가가 급속하게 약해졌다. Pollack(2009: 160)에 의하면, 독립 직후인 1784년 미국의 인구는 약 4백만 명이었는데, 상비군의 수는 700명에 불과했다고 한다. 대규모의 상비군이 유지될 필요가 없었기 때문에, 국가적 차원의 조세가 부과될 이유가 없었고, 중앙집권화된 관료제가 발달할 필요도 없었다. 바로 조세, 상비군, 관료제 없는 국가가 독립전쟁 이후 미국의 국가였던 것이다. 그리고 중앙집권화된 국가기구에 대한 거부가 독립전쟁의 원인 중 하나였기 때문에, 거대 국가기구의 출현은 미국 혁명에 대한 자기 부정일 수밖에 없는 것이었다(Skowronek, 1982; Pollack, 2009). 이러한 이유로 미국의 건국과 헌법 제정에 참여한 사람들은(이른바 Founding Fathers) 자의적 국가권력을 방지하기 위해 매우 의식적인 제도설계를 하는데, 입법-사법-행정부 간 견제와 균형, 양원제 의회 등은 특정 국가기구의 지배를 방지하기 위한 장치였고, 연방제는 중앙의 권력이 주정부의 독자적인 권한을 침해하지 못하도록 만든 장치였다(Skowronek, 1982: 21-22). 군사적 갈등과 전쟁의 부재와 함께 봉건제와 전통적 권위의 부재, 넓은 영토와 폭넓은 기회, 신대륙에서 자연발생적으로 나타난 풀뿌리 민주주의 등으로 인해 미국에서 강력한 중앙국가가 나타날 이유도 없었고 제도적 토양도 없는 상태였다. 이에 따라 정당을 중심으로 한 민주주의의 제도화와 함께 처음부터 개인주의가 강조된 것이 미국의 특징이다(Tocqueville, 2003).

미국에서 국가형성과 행정의 발달은 고도로 발달된 민주주의와 극도의 분권화(extreme decentralization)라는 제도적 맥락과 분리시켜 이해할 수 없는 현상이다. 유럽에서는 대중 민주주의(mass democracy)가 발달하기 이전에 강력한 관료제가 발달한 반면, 미국에서는 관료제가 발달하기 이전에 대중 민주주의가 발달해 있었다. 대중 민주주의는 곧 정당을 중심으로 한 선거 민주주의(electoral democracy)를 의미하는 것이었다. 또한 독립 전쟁 이전의 식민지들은 지역적 사안에 대해 자율적인 통제권을 갖고 있었으며, 나름의 정치제도, 법체계, 헌법, 군사력, 조세제도, 특히 대의기구를 갖추고 있었다(Pollack, 2009: 118). 따라서 미국에서는 정치권력이 국가 전체적인 차원에서 조직화되어 있었던 것이 아니라 극도로 분산되어 있었던 것이다. 극도의 분권화는 Skowronek(1982: viii)의 표현처럼 "정부 운영의 비일관성과 분절화(incoherence and fragmentation in governmental operations)" 그리고 "명쾌한 권위적 통제의 부재(absence of clear lines of authoritative control)"라는 현상을 초래했다. 이 상황에서 정부운영의 통합성과 질서를 확보해 준 기구가 정당과 법원이었다. 전국적으로 퍼져 있는 정당조직이 분절화되어 있는 정부를 수평적으로 연결하는 역할을 수행했으며, 법원은 정부 간 관계 그리고 정부 내 기관 간 관할권에 관한 논쟁을 최종적으로 중재함으로써 정부 운영에 있어서 일관성을 확보해 주는 역할을 수행했다. 적어도 19세기 후반까지 미국은 Skowronek(1982)이 표현한 대로 "법원과 정당의 국가(the state of courts and parties)"였던 것이다.

Skowronek(1982)의 지적처럼, 국가형성과정에서 미국이 예외적인 사례인 것은 국가가 존재하지 않는 무국가성(statelessness)이 아니라 국가권력이 조직화되어 있는 방식이 예외적이었기 때문이다. 프로이센이나 영국과 비교할 때 19세기 미국에서는 집권화 · 관료제화된 자율적 국가란 존재하지 않았으며, 법원과 정당이 국가를 대체했었다고 할 수 있다. 이러한 이유로 유럽의 의회제 국가에서는 예산편성이 주로 행정부에서 이루어진 반면, 미국에서는 의회 내 정당이 전적으로 예산편성을 담당했던 것이다(Fukuyama, 2014: 144). 그리고 미국의 이러한 역사적 · 제도적 전통으로 인해 여전히 미국 의회가 예산결정과정에서 전 세계에서 가장 강력한 영향력을 행사하고 있는 것이다.

결론적으로, 중앙으로 국가권력이 집중되기 이전에 극도의 분권화가 이루어져 있었고 민주주의가 고도로 발달되어 있었다는 점이 미국 국가형성과정의 가장 중요한 특징이며, 이러한 시작 단계에서의 제도적 조건은 이후 전개되는 미국의 행정발전과정에 결정적인 영향을 미치게 된다. 국가 없는 미국의 특징은 남북 전쟁으로 중대한 전환을 맞긴 했지만, 남북 전쟁에 의해 만들어진 재정적 · 군사적으로 강력한 국가는 전쟁 이후 급격하게 약화되었다. 제1차 세계대전 때에도 강력한 국가에 대한 요구가 나타났지만, 이 또한 전쟁 이후 약화되었다. 미국에서 연방정부의 기능이 강화되기 시작한 것은 1921년의 예산회계법(Budget and Accounting Act)의 제정이 결정적인 계기이며, 특히 뉴딜(New Deal)과 제2차 세계대전 이후의 일이다(Pollack, 2009: 19).

2. 민주주의와 미국의 관료제

미국에서는 민주주의의 주요 요소인 정당정치, 입법부, 사법부가 먼저 발달하고 산업화가 이루어진 후 관료제가 발달한 것이 기본 특징이다. 민주주의가 관료제의 발달에 선행했으므로 미국에서는 관료권의 제한을 고민할 이유가 없었으며, 대신 정당이 어떻게 관료제를 활용할 것인가에 대해서만 관심을 가질 뿐이었다. 그 결과 미국에서는 엽관제를 통한 관료 임용을 통해 정당이 정당체제를 공고화할 수 있었던 것이다. 이러한 이유로 19세기 미국에서는 엽관제가 행정개혁의 주요 대상으로 떠올랐다(Lynn, 2006; Robertson, 2010).

애당초 엽관제는 미국의 민주주의, 특히 정부 운영에 있어서 민주주의적 요소를 더욱 강화하기 위해 도입된 제도이다. 1828년 제7대 대통령으로 당선된 Andrew Jackson은 미국에서 처음으로 보통선거에 의해 당선된 대통령이며, 초대 대통령인 Washington을 제외하면 대학교육을 받지 않은 유일한 대통령이었다(차하순, 2015). Jackson 이전의 미국의 공무원들은 공직을 수행하기 위한 기본적인 능력, 즉 읽고 쓸 수 있는 능력을 갖추고 있는 지방의 유력인사들(notables)로 구성되어 있었다. 선거권이 재산을 갖고 있는 성인남자에만 제한적으로 허용되고 전반적인 교육 수준 또한 낮은 상황에서는 지역 유력인사들을 공무원으로 임용하는 것은 불가피한 선택이었다고 할 수 있다.

그러나 대중 민주주의가 확산되는 과정에서 재산과 학력을 갖추고 있는 사람들만을 공무원으로 임용함으로써 일반 국민에 대한 정부의 대응성이 점점 낮아질 수밖에 없는 상황이 나타났으며, 이 상황에서 등장한 대통령이 바로 Jackson인 것이다. 선거과정에서 정당을 지원한 사람들을 공무원으로 임용하는 엽관제는 평등사상에 부합하는 것이었고 더 많은 사람들에게 공직에 근무할 수 있는 기회를 부여함으로써 19세기 중반의 시대정신과 상황에 적합한 것이었다(Mosher, 1982; Raadschelders & Rutgers, 1996).

그런데 엽관제는 본질적으로 공직에 대한 임용이 4년 단위로 이루어지는 것을 특징으로 하는 제도이다. 엽관제를 도입함으로써 평생고용의 형태인 경력제(career system)로 공무원을 임용하는 것이 아니라 특정 직무에 공무원을 임용하는 관행이 제도화된 것이다. 직무 위주로 사람을 뽑게 되면, 먼저 직무의 성격을 정의한 후, 이렇게 정의된 직무를 가장 잘 수행할 수 있는 적절한 사람을 고용할 수 있으며, 궁극적으로는 직무수행의 결과에 대해 책임을 물을 수 있다. 공무원의 평생고용을 통해 효율성을 높일 수도 있겠지만, 이 제도는 개인에게 책임을 물을 수 있는 장치를 제대로 갖추고 있지 못하다. 따라서 Jackson은 행정의 '공공성'을 확보할 수 있는 방법으로 엽관제를 합리화 · 정당화하고자 했고, 이를 위한 수단이 정당이었던 것이다. 다시 말해서, 엽관제가 도입됨으로써 공직을 경력(career)으로서가 아니라 직무(job)로 정의하는 미국 행정의 기본적인 모습이 제도화된 것이다(Silberman, 1993).

정부운영에 있어서 민주성 · 대응성 · 책임성 그리고 공공성을 확보하기 위해 엽관제가 도입되었지만, 엽관제는 곧 상당한 문제를 드러내었다. 정부 교체에 따른 주기적인 혼란, 행정과 정치의 결합과 이에 따른 무능한 행정 등이 문제로 떠올랐다. 더 큰 문제는 대통령, 주지사, 시장 등 선출직 공무원들이 공직을 수행하는 내내 자신들의 지지자로부터 공무원 자리를 내어 달라는 엄청난 요구에 시달려야 했다는 것이다. 나아가 엽관제가 도입되었음에도 불구하고 대표성 · 대응성 · 책임성 · 투명성 차원에서 행정이 더 나아지지 않자 새로운 공직임용제도 그 자체의 정당성이 흔들리는 상황이 발생하게 되었다(Mosher, 1982; Silberman, 1993).

그러나 엽관제로부터 이른바 실적주의(merit system)로의 전환이 행정의 합리성을 제고하기 위한 노력의 일환으로 이루어졌던 것은 아니다. 거의 모든 제도의 변화가 그렇듯 미국에서 공무원 임용제도의 변화 또한 정치적 이득을 얻기 위한 정치인들의 전략적 선택의 결과로 나타난 것이다. 1880년에 있었던 대통령 선거에서 공화당이 신승(辛勝)을 거두어 James A. Garfield가 대통령으로 취임하게 되었다.[1] 그런데 2년 후 치러진 하원선거에서는 민주당이 하원을 장악하는 사태가 발생했고, 이에 따라 1884년 대선에서 민주당이 백악관을 탈환할 가능성이 매우 높아진 상태였다. 따라서 백악관을 장악하고 있던 공화당의 입장에서는 다음 대선에서 질 경우에 만약 엽관제를 유지한다면 공화당 지지자들이 차지하고 있는 공직을 모두 잃게 될 가능성이 매우 큰 것으로 인식하게 되었다. 이 상황에서 패배의 위험이 크다고 느끼는 공화당의 입장에서는 실적주의를 도입하게 되면, 일정 수준의 공직은 그대로 유지할 수 있을 것이라는 계산을 하게 되었고, 이것이 행정개혁이 이루어질 수 있었던 계기가 되었던 것이다(Silberman, 1993).

미국에서 엽관제를 개혁하고 실적주의를 도입한 법이 바로 1883년에 제정된 펜들턴법(Pendleton Act)이다. 펜들턴법이 제정될 당시 유럽과 달리 미국에서는 계급이나 대학교육에 기초한 관료 충원은 정치적으로 불가능한 것이었다. 특히 엽관제는 평등사상에 기초한 공무원 임용 방식이었고, 엽관제가 가진 허다한 문제점에도 불구하고 엽관제를 대체하는 공무원 채용제도 또한 이러한 평등사상을 유지할 수밖에 없었다. 이러한 이유로 미국의 행정은 계급, 가족 혹은 공식교육의 영향력이 의도적으로 최소화되는 개방형 체제를 갖추게 되었다(Mosher,

1 Garfield는 1881년 7월 2일 공직을 배정받는 데 실패한 선거운동원에 의해 피격되었고, 상당 기간 투병 후 사망하였다.

1982). 보다 중요하게는 펜들턴법을 통과시킴에 있어서도 기존의 정치 우위의 행정, 그리고 직무에 기초한 인사행정의 기본 틀은 그대로 유지되었다. 무엇보다도 정당이 관료제를 통제하던 엽관제를 폐지하면서도 여전히 미국의 정당 지도자들은 자율적인 관료제에 대해서는 매우 우려하고 있었다. 이러한 이유로 엽관제를 없앤다 할지라도 정치적 의지가 관료제에 대해 침투할(permeable) 수 있어야 하고, 행정의 독립성이 보장되는 경력제는 만들지 말아야 한다는 것이 정치인들의 뜻이었다. 이러한 정치인들의 의지가 반영된 것이 미국의 관료제이다(Silberman, 1993: 282).

그 결과 펜들턴법 이후의 공직 개혁에서도 역할구조를 경력이 아니라 직위(position)에 두는 개혁이 이루어지게 되었다. 이는 엽관제에서도 공직을 경력이 아니라 직무로 정의했던 그 경로를 그대로 따라간 것이라고 할 수 있다. 그리고 펜들턴법은 노스코트-트레빌리언 보고서에 의해 촉발된 영국의 행정개혁으로부터 영향을 받았는데, 그중 하나가 영국으로부터 공무원 입직을 위한 경쟁시험의 개념을 받아들인 것이다. 이때 경쟁시험은 실용적이어야 했다. 즉, 공무원시험은 학자적인 능력을 테스트하는 논술식의 시험이 아니라 앞으로 수행해야 할 직무가 요구하는 능력을 테스트하는 시험이어야 한다는 것이다. 이는 몇십 년 후 이른바 직위분류제가 나타나게 된 중요한 요인이었다. 시험이 '실용적'이기 위해서는 충원하고자 하는 직위가 분석되고, 이에 적합한 지식과 기술(skill)을 평가해야 하기 때문이다(Mosher, 1982: 69). 그리고 이러한 직위분류제가 도입되면서 정부와 민간부문 간 이동이 자유로운 충원구조가 마련되었던 것이다. 결국 펜들턴법에 의한 행정개혁에도 불구하고, 관료제에 대한 정치인의 통제를 쉽게 하는 동시에 공직을 경력으로서가 아니라 직무로 정의하는 엽관제 이래의 행정의 역할과 구조에 대한 정의를 공식화한 것이 펜들턴법이었다고 할 수 있다(Silberman, 1993).

펜들턴법이 통과되었다 할지라도 공무원 채용 방식이 실적주의로 급격하게 전환한 것은 아니다. 1890년에 경쟁시험을 통해 채용된 연방공무원의 비율은 10%에 불과했고 1910년경에도 거의 절반 정도의 공직이 실적주의의 대상이 되지 못했다. 펜들턴법이 통과된 지 약 40년이 경과한 1930년에 이르러서야 공직의 약 75%가 실적주의의 대상이 되었다(Johnson, 2010: 56).

3. 시정개혁운동과 과학적 관리법

미리 발달된 정당 민주주의는 처음에는 엽관제를 통해 그리고 이후에는 엽관제를 벗어나려는 노력에 의해 미국 행정에 영향을 미쳤다. 엽관제로부터 벗어나서 실적주의에 기초한 관료제를 구축하면서 나온 주장이 정치와 행정은 본질적으로 다르다는 주장, 이른바 정치-행정 이원론(politics-administration dichotomy)이었던 것이다. 이와 함께, 미국에서는 자본주의의 발달이 관료제의 발달에 선행했는데, 이는 행정이 현대적인 모습을 갖추기 이전에 '기업'이 정부의 모델로서 존재하고 있었다는 것을 의미한다. 그 결과 미국 행정은 처음부터 기업을 닮은(business-like) 행정을 추구한 것이 기본적인 특징이다. 다시 말해서, 행정은 정치와는 다르며, 오히려 행정은 기업과 유사하다는 기본 인식이 실제로서의 미국 행정과 학문으로서의 미국 행정학의 핵심적인 요소를 형성하게 된 것이다.

20세기 초반 미국 행정학이 태동할 당시 행정학에 결정적인 영향을 미친 경영기법이 바로 Frederick Taylor가 주창한 과학적 관리법(scientific management)이다. 과학적 관리법은 기본적으로 시간과 동작의 연구를 통해 가장 효율적으로 일을 할 수 있는 방법을 찾아냄으로써 기업의 효율을 향상시키고 궁극적으로 기업의 이윤을 극대화시키고자 한 경영기법이다. 이러한 과학적 관리법이 미국의 행정과 행정학에 영향을 미치게 된 배경에는 미국의 행정개혁운동이 도시, 특히 대도시에서 시작했다는 점을 들 수 있다. 즉, 미국에서 행정의 발달과 행정개혁은 국가 수준에서 시작한 유럽에서와 달리 시정부에서 시작해서, 주정부로 확산되었고, 마지막으로 연방정부에 영향을 미친 것이 특징이다(Mosher, 1975). 유럽이 일종의 하향식(top-down) 행정의 발달을 경험한 반면, 미국에서는 행정이 상향식(bottom-up)으로 발달한 것이다.

미국에서 행정개혁운동이 대도시에서 시작한 이유는 20세기가 시작될 당시 미국의 대부분의 정부는 지방정부(특히, 시정부)였을 뿐만 아니라 정부를 둘러싼 부정부패의 대부분이 시정부에서 나타났기 때문이다. 예를 들면, 1902년에 정부직접지출의 3/5은 지방정부의 지출이었고, 국방과 관련된 지출을 제외하면 지방정부 지출이 정부총지출의 3/4을 차지할 정도로 지방정부, 특히 시정부의 비중이 압도적이었기 때문에(Mosher, 1982: 74), 행정개혁에 대한 관심이 당연히 시정부에 집중될 수밖에 없었다. 또한 19세기 말부터 20세기 초에 걸쳐서 미국에서 나타난 사회개혁운동이 이른바 진보주의 운동(Progressive Movement)이었는데, 이 운동에 참여한 사람들의 일부가 사회개혁을 위해서는 정부개혁이 필요하다는 믿음을 가지고 있었고, 이들이 시정개혁운동에 참여하게 되었다. 시정개혁운동은 뉴욕과 시카고 등을 중심으로 나타났는데, 이 운동을 주도한 것은 1907년에 설립된 뉴욕시정연구소(New York Bureau of Municipal Research)이다. 뉴욕이 진보주의 운동과 시정개혁운동의 중심이 된 이유는 19세기 말과 20세기 초에 걸쳐 유럽으로부터 대규모 이민자들이 뉴욕을 통해 미국에 건너왔고 그 과정에서 많은 사회경제적 · 정치적 · 행정적 문제들이 뉴욕에 집중되었기 때문이다. 예를 들면 1890~1924년 사이 동유럽과 남이탈리아에서 약 23백만 명이 미국으로 건너왔는데 이 중 약 3/4이 뉴욕을 통해 미국에 들어왔다고 한다(Stivers, 2000: 18). 진보주의 시대의 개혁가들은 기존의 정부운영 방식이 이민자들이 모여들고 있는 도시의 위생과 안전 문제를 해결하고 이민자들이 의존하는 정치적 기제(political machines)의 부패문제를 해결하는 데 역부족이라고 여겼으며,[2] 이러한 문제를 해결할 수 있는 새로운 방식을 기업에서 활용하고 있는 과학적 관리법에서 찾게 되었던 것이다(Durant, 2010).

미국에서 행정개혁운동이 대도시를 중심으로 이루어졌기 때문에, 행정개혁의 과정에서 경영기법인 과학적 관리법에 손쉽게 기울어질 수 있었다. 과학적 관리법은 기본적으로 민간기업에 적용된 경영기법이다. 과학적 관리법의 성공적인 적용을 위해서는 달성하고자 하는 목표가 뚜렷해야 하며, 이러한 목표의 달성 정도를 측정할 수 있어야 하고, 조직구성원들이 목표 달성에 어느 정도 기여하고 있는지를 판

2 미국에서는 가난한 사람들과 이민자들이 넓은 프로그램 어젠다가 아니라 개별적인 편익의 분배에 기초해서 조직되었기 때문에, 영국이나 독일 등에서 나타난 노동자 혹은 사회주의 정당으로 이들을 끌어들이는 것이 어려웠다. 즉, 미국에서 사회주의가 뿌리내리지 못한 이유는 공화당과 민주당이 장기적인 프로그램 수준의 정책변화를 강구한 것이 아니라 단기적인 보상을 통해 노동자들의 표를 확보했기 때문이다(Fukuyama, 2014).

단할 수 있어야 한다. 기업에서는 이러한 것들이 별 문제가 되지 않는다. 기업의 목표는 이윤 극대화이고 이를 측정할 수 있는 단위는 돈이며, 이를 통해 기업 내부에서 비효율성을 제거할 수 있기 때문이다. 이윤과 돈은 특정적(specific)이고 계량화가 가능하다. 비록 시정부가 기업체는 아닐지라도 시정부가 하는 일은 기업과 유사한 측면이 많다. 시정부가 수행하는 대부분의 기능은 소방, 쓰레기 처리, 상하수도, 도로 보수 및 청소 등 일상적이고 물리적이며 가시성이 있는 기능이다. 시정부의 대부분의 목표는 '주어진 것(given)'이고 시정부의 산출물은 측정 가능한 것들이 대부분이다. 이에 따라 기업에서 증명된 원리와 방법들이 시정부의 활동에 쉽게 적용될 수 있었던 것이다.

과학적 관리법에서 시작된 "효율성의 복음(the gospel of efficiency)과 효율성을 제고하기 위한 전문성"(Johnson, 2010: 60)이 20세기가 시작될 즈음 행정학에 중대한 영향을 미치게 되었고, 바로 이러한 이유로 미국 행정학의 기원을 Taylor의 과학적 관리법이 시정부의 생산성 향상을 위한 수단으로 도입된 데서 찾는 것이며, 이때부터 기업을 닮은 행정의 추구가 미국 행정학의 본질적 모습을 형성하게 된 것이다(Waldo, 1948; Mosher, 1982; Schachter, 2010).

과학적 관리법을 인사행정에 적용하면서 정부가 하는 일을 미시적으로 쪼개어 각각의 직무(jobs)가 하는 일과 이를 위한 자격요건을 연구하게 되었다. 이에 따라 직무가 체계적으로 분화되고 유사한 요건을 갖춘 직군(classes)으로 표준화되었는바, 이것이 바로 미국 인사행정의 기초가 되는 직위분류제가 완성된 배경이다. 결국, 엽관제를 통해 경력직을 채용하는 것이 아니라 개인과 직무 중심으로 공무원을 뽑는 방식이 관행이 되었고, 이러한 관행이 실적주의로 전환되었음에도 불구하고 인사행정과 과학적 관리법의 결합을 통해 직위분류제로 제도화되었던 것이다(Mosher, 1982). 이와 함께 시정개혁운동가들은 행정의 효율성과 투명성을 제고하고 정부가 궁극적으로 시민들에게 책임질 수 있도록 하는 핵심적인 수단이 예산이라고 보았기 때문에, 효율성 · 투명성 · 책임성을 동시에 높일 수 있는 방식으로 예산개혁을 추구했으며 그 결과로 나타난 것이 이른바 품목별 예산제도(line-item budgeting)였던 것이다(Rubin, 1998; Stivers, 2000).

시정부 단위에서는 정부가 해야 할 일이 무엇인가에 대한 규범적 차원의 논쟁은 거의 발생하지 않는다. 그러나 중앙정부 혹은 연방정부 차원으로 가면 정부가 해야 할 일이 무엇인지, 정부 개입의 수준과 범위는 어느 정도가 적정한지에 대한 끊임없는 논쟁이 나타나기 마련이다. 시정부가 하는 일은 가시적이고 측정 가능한 것이지만, 중앙정부 혹은 연방정부 수준에서 제공하는 서비스는 가시적이지 않고 측정 불가능한 것들이 많다. 바로 이러한 이유로 시정부 차원에서는 커다란 정치적 고민 없이 이미 주어진 목표를 가장 효율적으로 집행하는 방법만 강구하면 되는 것이다. 미국 행정학이 시정개혁운동에서 시작했기 때문에 당시 문제가 되었던 시정부 행정에 대한 정당의 지배를 벗어나는 방법을 강구하는 외에 정치적인 문제를 고민할 필요가 별로 없었다. 미국 행정학에서 '정치'란 곧 정당정치를 의미하는 것일 뿐, '사회적 가치의 권위적 배분'이라는 정치의 본질적인 모습과 행정이 어떻게 상호작용하는지는 관심의 대상이 아니었다. 바로 이러한 이유로 미국의 행정학이 태동하던 시기에 아무런 거리낌 없이 정치와 행정의 분리가 주장되었던 것이다(Mosher, 1982).

행정이 거시적 측면에서 사회적 가치의 배분을 고민하는 영역이 아니라 오로지 주어진 목표를 효율적으로 달성하는 역할만을 수행하는 활동이라고 정의할 경우, 행정현상을 연구하는 행정학은 이러한 최선의 방법을 찾는 학문이라고 정의될 수 있다. 과학적 관리법이 기업의 이윤을 극대화할 수 있는 관리기법을 '과학적'으로 발견하기 위한 접근법이었다면, 행정학은 주어진 목표를 효율적으로 달성할 수 있는 최선의 방법을 '과학적'으로 탐구하는 학문일 수 있는 것이었다. 그리하여 시정개혁운동을 통해 미국에서 행정학이 학문영역으로 자리 잡기 시작할 때부터 미국의 행정학은 효율성에 대한 강력한 믿음, 과학과 과학적 방법론에 대한 전폭적인 신뢰를 특징으로 하게 되었다(Mosher, 1982; Stivers, 2000). 이러한 과학적 방법을 통한 행정현상 연구라는 미국 행정학의 특징은 이후 가치와 사실의 분리, 그리고 행태주의적 접근방법을 통해 행정현상을 분석하고자 했던 Herbert A. Simon에서 집대성된다. 그리고 Stivers(2000: 134)가 적절히 지적했듯이 과학은 관리를 위한 가장 효율적이고 효과적인 수단을 강구해주기 때문에 기업을 닮은 행정을 가능케 하는 것이었고, 동시에 과학은 행정의 효율성과 효과성 극대화를 통해 공익에 기여하기 때문에 민주적일 수 있는 것이었다. 이렇게 행태주의 패러다임에 기초한 경험적 연구와 이를 통해 발달한 사회과학적 지식체계를 학생들에게 교육하는 것이 미국 행정학의 주요한 특징이 된 것이고(Stivers, 2000), 바로 이러한 특징 때문에 제2차 세계대전 이후 미국의 행정학이 전 세계에서 가장 영향력 있는 행정현상을 연구하는 학문으로 자리 잡게 된 것이다. 그러나 과학적 원리 그리고 궁극적으로는 사회과학에 기초해서 행정학이 발달되었고 이것이 이후 전 세계적으로 행정학의 발달에 기여했지만, 구조와 실제(practice)로서의 미국 행정은 매우 예외적인 현상일 뿐이다(Lynn, 2006: 99).

결론적으로, 미국 행정학 출발의 역사적 시점과 제도발전의 순서 때문에 미국 행정학은 정치에 대한 불신, 행정과 정치의 분리, 기업을 닮은 행정, 그리고 과학에 대한 신봉을 그 특징으로 갖게 된 것이다. 이후 시정개혁운동은 연방정부로까지 영향을 미쳤는데, 미국 연방정부 차원에서의 행정개혁의 기념비적 사건인 1921년의 예산회계법과 이후 뉴딜정책으로 진화되었던 것이다. 어쨌건 시정개혁운동에서 시작된 행정개혁이 이후 연방정부 차원에서의 삼권분립과 결합되어 국가(국민)의지의 표현으로서의 국가, 국가의 표상으로서의 관료제라는 의미보다는 '개인'으로서의 '관리자(public manager)'의 의미가 처음부터 부각되었고 이러한 이유로 기술(craft)로서의 행정의 의미가 강조되었던 것이 미국 행정과 행정학의 고전적인 특징이다(Lynn, 2006). 유럽에서는 국가와 행정이 동의어라면, 국가 없는 행정이 미국의 특징이었을 뿐만 아니라 국가에 우선해서 존재하는 개인 간 갈등의 조정과 중재를 넘어서는 정부의 역할은 최소한에 머물러 있어야 한다고 보았던 것이다. 이에 따라 미국의 행정과 행정을 둘러싼 사회적 환경을 설명하는 주요 이론체계로서는 다원주의가, 그리고 행정현상을 설명하기 위한 방법론으로서는 행태주의가 자리 잡게 된 것은 결코 우연이 아니다.

제3부

한국의 국가형성과정과 행정의 역사적 전개

제5장

한국의 국가형성과정

한국의 국가형성과정은 불연속과 단절의 과정이었다. 유럽의 근대 국가형성이 세계국가체제 내의 국가 간 경쟁과정에서 나타난 현상이라면, 한국의 국가형성과정도 세계국가체제와 분리시켜서는 절대 이해할 수 없는 현상이다. 그러나 한국의 국가형성과정은 불연속과 단절의 과정이었을 뿐만 아니라, 그러한 단절이 세계국가체제로부터의 압력에 의한 수동적 과정이었다는 점이 커다란 차이점이다. 일부에서는 한국 근대국가의 원형을 군주제하에 중앙집권화되었고 과거제도를 통해 실적주의를 제도화시킨 조선으로부터 찾기도 하지만, 사실상 한국의 국가는 조선시대의 유산이라기보다는 일제식민지 통치, 미군정, 그리고 냉전체제하에 성립된 대한민국으로 이어지는 일련의 역사적 과정에서 형성되었다고 보는 것이 보다 정확하다. 이에 따라 이 장에서는 조선시대, 일제시대, 미군정, 그리고 대한민국 정부 수립으로 이어지는 일련의 과정을 추적하면서 국가형성과정을 살펴보고 있다.

Max Weber가 정의한 것처럼, 국가란 일정한 영토에 대해 독점적 폭력을 소유한 공동체이다. 근대 국가의 삼대 요소는 관료제, 조세제도, 상비군제도이며, 근대 국가의 완성은 법치(the rule of law)의 완성이라고 해도 과언이 아니다. 이러한 측면에서 이 장에서는 국가에 의한 폭력의 독점, 실적주의적 관료제의 성립, 국가에 의한 자원의 수취, 그리고 법치의 제도화에 초점을 맞추어 우리나라 국가형성과정을 설명하고 있다.

1. 조선의 국가

가. 집권화된 약한 국가

우리가 흔히 생각하는 조선의 국왕은 매우 강력한 권한과 지배력을 갖춘 군주이다. 그러나 이러한 일반적인 생각과는 달리 조선의 국왕은 서유럽에서 발견되는 절대군주와는 거리가 먼 존재였다고 할 수 있다. 국왕이 형식적으로 최고 권력자인 것은 분명하나 실질적으로는 양반관료들이 국왕의 권력을 부단히 견제하고 제약했기 때문에 그 권한을 행사하는 데에는 뚜렷한 한계가 있었다.

조선에서 재상의 권한을 강조한 대표적인 제도가 의정부서사제(議政府署事制)였다. 의정부서사제는 의정부가 각 관청의 업무 보고를 받고 이를 조정한 후 국왕과 의논하는 제도였다. 의정부서사제와 달리 국왕의 권한을 강화한 제도가 육조직계제(六曹直啓制)인데, 이는 실무 행정 부서인 육조(六曹)[1]가 모든 업무를 직접 국왕에게 보고하는 제도였다. 의정부서사제는 양반관료 지배체제의 공고화를 위해 조선 초부터 도입한 제도였지만, 왕권 강화를 도모했던 태종과 세조 때에는 이를 폐지하고 육조직계제로 전환하였다. 그러나 세조 때 폐지된 의정부서사제는 1516년(중종 11년)에 부활되어 조선왕조 말기까지 지속되었다. 의정부서사제의 부활과 지속은 이른바 약한 국왕과 강한 신하, 즉 군약신강(君弱臣强) 현상을 극명하게 보여주는 현상이라고 할 수

---

1 육조는 이·호·예·병·형·공 등 모두 6개의 조직으로 구성되어 있는데, 이러한 6조체제는 중국, 한국, 베트남에 공통된 것이었다. 이는 기원전 221년의 주례(周禮)에서 비롯된 것이다(Woodside, 2006: 25).

있다(이성무, 1988).

조선의 정치체제는 양반지주계급 및 관료제와 국왕이 일종의 균형 상태에서 권력을 공유한 체제였다고 보는 것이 보다 정확하다. 조선은 절대군주에 의해 지배되는 국가라기보다 중앙집권적인 양반관료 국가였으며, 조선의 국왕은 양반관료 국가의 수장 정도에 불과했던 것이다(이성무, 1988; 김운태, 1995; Eckert, 1991). 그리고 중앙집권적 양반관료 지배체제에서의 군약신강 때문에 나타난 현상이 양반관료들 간의 당쟁이었다고 할 수 있다.

조선시대의 당쟁은 왕과 관료들 간의 관계에 있어서의 양면적인 모습을 보여준다. 양반지배계급 간 당파싸움의 지속은 그것이 갖는 여러 가지 폐해에도 불구하고 이를 금지하지 못했다는 점에서 양반지배계급에 비해 왕권이 상대적으로 약했음을 보여주는 현상이다. 당쟁에 대해 왕이 할 수 있는 최대한의 조치는 이를 금지하는 대신에 여러 당파를 고루 등용하는 탕평책에 머무를 수밖에 없었던 것이다(이성무, 1988). 그러나 다른 한편 양반계급 간의 분열로 말미암아 양반계급이 왕권보다 우위에 설 수 없었고, 이로 인해 집권화된 행정이 유지될 수 있었다(Palais, 1975).

조선시대 양반계급, 특히 문관들은 지주인 동시에 지식인이었고 관료였다. Palais(1988: 101)의 표현처럼 관료와 왕의 관계는 "각각 상대편에 기식하면서 서로를 지지하는 공생의 관계"였던 것이다. 조선의 왕은 법의 제약을 받지는 않았으나, 사회적 실세인 양반지배계급의 실질적 제약을 받는 존재였다. 결론적으로, 조선의 국가는 중앙집권화되었지만 약한(centralized but weak) 국가였다고 할 수 있다(Palais, 1975).

나. 양반계급의 관료제 통제와 과거제도

조선시대 양반계급의 이대 지주는 농업 자산에 대한 광범위한 실질적 소유권과 면세, 그리고 중앙관료제에 대한 통제였다. 고려시대 광종 9년(958년)부터 시작된 과거제도는 조선시대에도 그대로 계승되었으며, 시험을 통한 관료충원이라는 실적제적 요소의 제도화는 이를 통과한 양반계급, 즉 학자관료(scholar official)가 상대적으로 강한 권력을 향유할 수 있었던 이유라고 할 수 있다.

그러나 과거제도가 순수하게 실적제적 요소만으로 운영되었던 것은 결코 아니었으며, 집안이라는 귀속적인 신분이 과거에 응시할 수 있는 실질적인 조건이 되었다. 과거시험[2]에 응시하기 위해서는 이른바 녹명소(錄名所)에 등록해야 하는데, 이때 응시자의 성명, 본관, 거주지뿐만 아니라 부, 조부, 증조부, 외조부의 사조단자(四祖單子)와 6품 이상 관료의 신원보증서를 제출하도록 되어 있어, 양반 집안이 아니면 사실상 응시할 수 없도록 되어 있었다(강재언, 2001; 김운태, 1995; Deuchler, 1988). 이와 같이 문벌과 혈통 등이 응시 자격을 제한했을 뿐만 아니라 유교 경전을 이해하고 시험을 치를 수 있는 수준에 도달할 수 있는 기회는 실질적으로 양반계급에게만 열려 있는 것이어

2 문과는 3년에 한 번 시행했는데, 이를 식년시(式年試)라고 불렀다. 문과의 시험은 초시(初試), 복시(覆試), 전시(殿試) 세 단계로 나누어 시행되었는데, 초시에서는 원칙적으로 330명, 복시에서는 33명의 합격자를 선발했다. 전시는 국왕의 친림아래 거행되었는데, 여기서는 복시에 합격한 33명의 성적순을 결정하였다. 갑과(甲科) 3명, 을과(乙科) 7명, 병과(丙科) 23명으로 석차가 매겨졌는데, 갑과의 수석 합격자를 장원급제(壯元及第)라고 불렀다. 결국 원칙적으로 3년에 한 번 거행되는 식년시에서 전국에서 33명의 합격자를 선발하였기 때문에, 과거에 급제하는 것은 매우 어려운 일이었다. 그런데 정기적인 식년시 외에 부정기 시험인 증광시(增廣試), 알성시(謁聖試), 춘당대시(春塘臺試), 절일제(節日製), 황감제(黃柑製) 등이 조선 후기로 오면서 빈번해져 관직에 비해 합격자의 수가 급격히 증가하는 문제가 나타났다(강재언, 2001: 234-35).

서, 조선의 경우 관직에 진출하는 데에는 신분과 실적제라는 이중의 제한이 있었다고 할 것이다. 결국, 과거제도가 현대적 의미의 실력에 의한 임용과 기회균등을 실현하는 수단이었다기보다는 한편으로는 실적에 의한 관직 등용이라는 측면에서 왕권을 제약하는 동시에, 다른 한편으로는 신분제와 실적제의 절묘한 결합을 통해 양반관료의 지배를 영속화시키는 수단으로 활용되었던 것이다.[3]

조선 후기로 오면서 과거 합격자가 몇몇 소수의 강력한 가문에서만 배출되는 현상이 심화되었고, 정기적인 식년시 외에 부정기적인 시험이 많아지면서 관직에 비해 합격자의 수가 대폭 증가하였다. 그 결과 과거 급제보다는 학벌 · 문벌 · 지벌에 의한 관직의 독점현상이 나타났고 관직 보유를 둘러싼 당쟁이 격화되었던 것이다.

조선의 관료는 곧 지식인이었고 지주세력이었다. 즉, 지주세력과 관료제가 분리된 것이 아니라 양반계급이 직접적으로 국가기구를 통제한 것이 조선의 특징이었는데, 유교적인 문신관료에 의한 관료제의 통제가 궁극적으로는 국가의 능력을 심각하게 약화시켰던 것이다.[4]

다. 중앙의 약한 지방 통제

조선의 국가가 외견상 중앙집권화(centralized)되어 있었지만, 이것이 곧 중앙의 권력이 지방에까지 깊숙이 침투한 것을 의미하지는 않

3 이는 프로이센과 영국에서도 동일하게 나타난 현상이다. 앞의 제2장과 제3장에서 설명한 바와 같이, 프로이센과 영국에서도 공개경쟁시험의 도입이 실력과 기회균등에 의한 임용으로 연결된 것이 아니라 신분질서를 공고히 하는 수단으로 활용되었다.

4 과거제도가 폐지되고 응시자격으로서의 계급적 구분이 철폐된 것은 1894년 갑오개혁 때이다.

는다. 조선은 전국을 8도체제로 정비하고 지방의 군현제를 개편하여 각도에 관찰사와 모든 군현에 수령을 파견함으로써 표면적으로는 전국토와 인구를 통제한 듯이 보였지만, 실질적으로 중앙정부의 지방정부에 대한 통제는 매우 약한 상태였다(김운태, 1995; Palais, 1975).

조선 관료제의 특징 중 하나는 정원 통제와 급료 지급이 중앙관료제에만 유효했다는 점이다. 조선왕조에서 중앙에 근무하는 이른바 경관은 정원제로 운영했지만 지방에 근무하는 외관에 대해서는 별도로 정원을 정하지 않았다. 더 큰 문제는 녹봉제가 경관에게만 적용되고 외관에게는 적용되지 않았다는 점이다. 그리하여 지방 수령의 필요에 따라 이서 혹은 아전을 임명할 수 있었고, 이렇게 임명된 아전들은 지방 토착민으로서 자신들의 생계를 위해 지방민들에 대해 가렴주구를 일삼았던 것이다. 그리고 지방 수령들의 임기는 매우 짧았기 때문에 지방에 대한 실질적인 통제권은 이들 아전에 귀속되어 있었다고 해도 틀린 말이 아니다.

정원도 제대로 정해져 있지 않은 지방 이속의 입장에서는 지속적인 신분불안을 경험하지 않을 수 없었고, 신분안정을 위해 상관에게 뇌물을 상납하는 동시에 자신의 생계를 위해 가렴주구를 일삼지 않을 수 없었다.[5] 그리고 지방 수령들은 이를 중앙의 세도가에게 바치는 일련의 먹이사슬 구조가 형성되었던 것이다. 결국 조선의 중앙집권화된 관료제는 외견상 효율적으로 보일지 몰라도 아랫사람의 뇌물과 윗사람의 특혜가 맞물려 돌아가는 구조였으며, 이러한 상호 위계적인 벌집구조가 국가의 거의 모든 중요한 제도들을 잠식시켰던 것이다(정약

5 수령과 이서층에 의한 부패와 불공정한 세금징수가 얼마나 심각한 불만과 분노를 낳았는지는 조선 후기 나타난 민란에서 타도 대상이 왕이나 체제가 아니라 지방수령과 이서층이었다는 데서 여실히 드러난다고 할 것이다.

용, 2019; Palais, 1988).

라. 약한 조세징수권과 조세수입

근대 국가의 가장 중요한 특징은 조세제도의 정비와 함께 상당한 세금의 징수이다. 그러나 조선의 중요한 특징은 거의 유일한 부의 원천이라고 할 수 있는 농업소득에 대한 조세징수가 매우 미미했다는 점이다. 이렇게 된 이유는 양반계급에 대한 조세징수가 실질적으로 불가능했기 때문이다. 이에 따라 조선 후기로 올수록 농민에 대한 광범위한 수탈이 진행되었고 그 결과 수많은 유랑민을 낳게 되어 농민의 저항이 지속적으로 나타났던 것이다.

표면적으로 조선의 토지와 인민은 국왕 소유이다. 이러한 왕토(王土) 사상과 왕민(王民) 사상에 입각하여 모든 백성은 조(租) · 용(庸) · 조(調)의 세 가지 부담을 지게 되어 있었다. 이때 조(租)는 토지에 대한 세금, 용(庸)은 노동력의 수취, 조(調)는 지방 특산물의 공납을 의미한다. 그러나 왕토 사상에도 불구하고 실질적으로 토지는 백성들의 사유재산으로 인정되었고, 이에 따라 세수입의 근간은 백성들의 사유지로부터 1/10씩 거두어들이는 조(租)로 구성되어 있었다. 그 결과 국가재정수입은 경작되는 토지의 양에 비례하게 되었으며, 재정수입을 늘리기 위해서는 조의 대상이 되는 토지의 양을 늘려야 했기 때문에 국가에서는 주기적으로(20년에 한 번씩) 토지의 규모와 생산물의 크기와 질을 결정하는 양전(量田)을 실시하였다(이성무, 1988).

그러나 이러한 제도적 장치에도 불구하고 국가의 토지에 대한 과세권은 실질적으로 대단히 제약되어 있는 상태였는데, 근본적인 이유는 조선의 양반은 지주와 귀족신분을 결합한 계급이었기 때문이었다. 그리하여 형식적으로는 국가가 토지에 대한 과세권을 지고 있었지만, 실질적으로는 양반계급이 세부담을 지지 않았던 것이다. 결국 집권화된 관료제는 존재하였으나 토지와 세수입에 대한 국가의 통제는 매우 약했던 것이 조선의 가장 중요한 특징이었다(Palais, 1975).

나아가 토지에 대한 실질적인 소유권은 양반에 귀속되어 있는 동시에 징세의 주체는 중앙으로부터의 통제가 매우 약하게 적용되었던 지방 수령과 이서들이었다는 점에 주목할 필요가 있다. 양반계급이 토지를 통제하고 있고 징세는 지방 수령과 이서들이 담당하고 있었기 때문에, 조선의 중앙정부는 총 조세수입의 약 20~30%만을 확보할 뿐이었다(Palais, 1975: 62). 더욱이 양전 또한 제때 이루어지지 않았기 때문에 토지에 대한 과세는 매우 비효율적으로 이루어질 수밖에 없는 상태였다. 임진왜란 이후에는 토지의 황폐화, 농업생산의 급감 등으로 인하여 국가재정이 더욱 어려워지게 되었다. 또한 조선 후기에 이르면 전정, 군정, 환곡 등 삼정의 문란이 발생함으로써 국가재정은 파탄에 이르게 되었다(김운태, 1995).

마. 약한 군사력

조선의 군사력은 약했는데, 이는 대외적 요인과 대내적 요인으로 나눠볼 수 있다. 조선은 존명사대(尊名事大)와 소중화(小中華)를 통해 중국중심의 동아시아 질서에 편입되면서 국방보다는 외교를 통해 국가의 안전을 보장받았다. 따라서 조선의 군대는 전쟁수행을 목적으로 하기보다는 국왕에 대한 시위(侍衛), 궁정과 수도 방위, 그리고 반란

진압을 주 목적으로 하는 군대였다. 더욱이 지식인 관료중심의 문치주의를 특징으로 하는 조선에서는 강력한 군사력이 쿠데타와 무인정치의 가능성을 높이는 것으로 치부되어 강력한 군대를 기르기 어려웠다(이성무, 1988; Palais, 1988).

대내적 요인으로는 허약한 조세체계와 군사제도의 한계를 들 수 있다. 강력한 군사력은 이를 뒷받침할 수 있는 풍부한 조세수입을 필요로 한다. 그러나 조선의 경제력과 허약한 조세체계로는 강군을 육성하기 거의 불가능했다고 할 수 있다. 이에 더하여 조선의 군사제도 또한 강군과는 거리가 먼 것이었다. 농업을 기본으로 하는 조선의 기본적인 군사제도는 농민을 중심으로 짜여 있었다. 조선 초기부터 양반계급은 군역이 면제되었으며, 대신 인구의 대다수를 차지하는 농민이 군역을 담당하는 병농일치제라는 일종의 의무병제도를 도입하였다. 그런데 이 제도하에서는 군인 자신이 스스로 무기, 식량, 여비 등 일체의 장비와 경비를 조달하도록 되어 있었기 때문에 강한 군대를 키우기에는 한계가 있었다(이성무, 1988). 병농일치제는 중종(1506~44) 때에 이르러 병역의무자들이 현역으로 근무하는 대신 군포를 바칠 수 있게 하는 일종의 용병제로 바뀌었다. 그러나 조선 후기로 갈수록 군역과 군포에 대한 회피가 일반화되면서 군사제도 자체가 무너지게 되었고 그 결과 국가의 방위력이 급격히 약화될 수밖에 없었다(김운태, 1995; Palais, 1988).

조선의 약한 군사력은 군대를 뒷받침할 수 있는 군역제도의 비효율과 불평등에서 비롯된 것이라고 할 수 있다. 전체 성인 남자 장정의 1/3을 차지하는 사노비는 군역과 군포의 부담으로부터 면제되어 있었다. 양반계급은 군역을 남자 양인에게 떠넘겼고, 부유한 양인들은 지방 수령과 이서들에게 뇌물을 바침으로써 군역을 피할 수 있었던 것이다(Palais, 1988). 조선의 군대가 얼마나 약했었는지는 1907년 조선군 해체 당시 조선군인의 수가 6,000명에 불과했던 데에서 여실히 드러난다(Henderson, 1968: 335).

바. 소결: 근대적 국가형성의 실패 원인

조선은 19세기 후반과 20세기 초에 걸친 국제정세의 변동에 효과적으로 대처하지 못하고 일본 식민지로 전락하고 만다. 조선이 일본의 식민지로 전락하는 데에 있어서 가장 큰 원인은 당연히 일본 제국주의의 조선 침탈이다. 그러나 조선이 국제정세의 변동에 효과적으로 대처하지 못한 내부적 요인은 수 세기에 걸쳐 조선의 안정을 가능케 한 요인들에서 찾을 수 있다. 조선 왕조의 가장 큰 특징은 왕권과 신권 사이의 힘의 균형(balance of power)과 국왕과 양반계급의 공생관계라고 할 수 있다. 이러한 힘의 균형이 수 세기 동안 조선이 안정을 유지할 수 있었던 이유이지만, 외부 압력이 강해지는 상황에서 이러한 공생관계는 왕권을 지속적으로 제약하였고 그 결과 국가개혁을 추진할 수 있는 가능성이 심각하게 훼손되었던 것이다.

지주이자 관료인 양반계급은 농업소득에 대한 거의 전적인 소유권을 행사했을 뿐만 아니라 조선시대 말까지 면세의 특권을 유지했었다. 또한 양반계급은 신분제와 실적제가 절묘하게 결합된 과거시험을 통해 관직을 배타적으로 독점하고 신분제를 공고히 했던 것이다. 더 큰 문제는 국왕과 양반계급의 공생관계가 일종의 정치적 균형 상태를 낳긴 했지만, 국가 발전에 필요한 자원의 동원과 배분을 위한 국가능력을 심각하게 훼손했다는 점이다(Eckert, 1991; Palais, 1975). 결국 서유럽 절대주의 국가에서 볼 수 있었던 조세제도의 정비와 이에 따른 세수입의 증가, 강력한 군사력의 건설, 그리고 이를 위한 효율적인 관료제의 건설에 실패한 것이 조선이 식민지로 전락하게 된 내부적 요인이었던 것이다.

2. 일본의 한국 지배

이홍영 교수(Lee, 2013: 4)가 지적했듯이, 20세기 전반부는 동아시아 국가들의 국가형성, 근대화, 산업화에 있어 중대한 전환점이라고 할 수 있다. 그런데 우리의 경우 20세기 전반부에 이루어졌던 국가형성, 근대화, 산업화 과정을 일본의 한국 지배와 분리시켜 생각할 수 없다. 여기서 일본의 한국 지배를 살펴보는 이유는 일본의 한국 지배가 한국의 근대화를 촉진시켰다는 차원이 아니라 그것이 국가형성에 어떤 영향을 미쳤는지를 객관적으로 검토하기 위한 것이다. 일본의 한국 지배는 다른 제국주의 국가의 식민지 침탈과 비교할 때, 몇 가지 중요한 특징을 지닌다. 제국주의 말기의 식민지 지배, 인접국의 식민지화, 쌀의 수취와 관료제의 전국적 침투, 일본의 국가 주도적 근대화 모델의 식민지 이식 등이 일본의 한국 지배의 중요한 특징이라고 할 수 있다. 그리고 이러한 특징들은 한국의 국가형성과정에 매우 중요한 영향을 미치게 된다.

가. 제국주의 말기의 식민지 지배

다른 제국주의의 식민지 건설과 비교할 때 일본의 한국 지배는 제국주의가 거의 막을 내리던 시기에 식민지를 건설했다는 점이 매우 중요한 특징이다. 서구 열강의 식민지 지배는 신대륙의 발견에 이은 스페인과 포르투갈의 식민지 지배, 그리고 영국과 프랑스의 북미대륙 지배로 이어지는 과정이었지만 18세기 말에는 식민지의 독립운동으로 서서히 막을 내리게 되었다(Fukuyama, 2014). 그러나 다시 1824년 영국-버마 전쟁을 계기로 영국이 인도차이나와 인도를 경영하기 시작했고 프랑스는 알제리를 1830년부터 지배하기 시작했는데, 이러한 제국주의의 두 번째 단계의 식민지 지배와 비교할 때에도 일본의 한국 지배는 다른 제국주의의 식민지 지배에 비해 근 1세기가 늦은 현상이었다.

이러한 뒤늦은 식민지 경영을 통해 일본은 다른 제국주의 국가들의 식민지 경영 경험을 모방할 수 있었다고 할 수 있다. 그러나 일본이 한국 지배를 시작한 시기는 다른 제국주의 국가들이 식민지 민중의 저항과 국제정세의 변화에 따라 식민지 경영으로부터 서서히 물러서려는 무렵이었다. 일본의 한국 지배 초기 단계인 1919년 미국의 윌슨 대통령이 제1차 세계대전의 처리를 위해 모인 파리강화회의에서 민족자결주의를 선언하였고 러시아에서는 1917년 볼셰비키 혁명이 성공하여 반제국주의·반자본주의를 주창하기에 이르렀다. 결국 시대착오적인 식민지 경영 때문에 일본은 식민지 민중의 강력한 저항에 직면할 수밖에 없었던 것이다.

나아가 일본은 다른 제국주의 국가들의 식민지 지배처럼(특히, 아프리카에서처럼), 국가가 존재하지 않던 지역에 들어가서 국경을 획정하고 근대 문화와 제도를 전수 · 이식하는 형태가 아니라, 수천 년에 걸쳐 국가형태를 유지하고 있었고 제도와 문화 면에서 일본에 뒤처질 것이 없었던 조선을 식민지로 지배하였다. 따라서 일본의 한국 지배는 식민지 건설 처음부터 강력한 저항에 직면할 수밖에 없었고, 이러한 식민지 민중의 저항을 억누르기 위한 헌병과 경찰 등 강제력이 유례를 찾아보기 힘들 정도로 발달했던 것이다(Cumings, 1981, 1984).

나. 인접국의 식민지화

일본의 한국 지배의 두 번째 특징은 인접국을 식민지로 지배했다는 점이다. 멀리 떨어져 있는 지역을 식민지로 지배했던 서구 열강들과 달리 일본은 이웃국가를 식민지로 지배했으며, 그 결과 일본으로부터의 이주민이 증가했고 이들이 국가기구, 산업과 상업을 장악했던 것이다. 일본으로부터 건너온 이주민의 수는 1890년 7,245명, 1900년 15,829명, 1910년 171,543명, 1920년 347,850명, 1930년 501,867명, 1940년 689,790명으로 매우 빠른 속도로 증가했으며, 해방 직전인 1944년에는 912,583명의 일본인이 한국에 거주했었다(Uchida, 2011: 65, table 1). 1940년 한국에 거주했던 일본인 689,790명 중 21.0%는 제조업에, 27.7%는 상업과 교통 분야에, 그리고 37.4%는 관료 혹은 전문직에 종사하고 있었다(Uchida, 2011: 68, table 4). 반면 1938년 통계에 따르면 한국인은 2.6%와 6.5%만 산업과 상업에 각각 종사했고, 인구의 대부분인 75.7%는 농업에 종사하고 있었다(Henderson, 1968: 75).

일본과 한국의 지리적 인접성으로 말미암아 일본과 식민지 간 교환이 매우 빠르게 이루어질 수 있었고 이를 현실화시키기 위한 방편으로 교통과 통신 등의 인프라를 식민지에 건설한 것이 특징이다. 식민지 경영 초기 단계에서 일본에게 있어 한반도의 가치는 쌀과 원료의 값싼 공급원으로서의 의미를 가졌기 때문에 이들 물자의 반출과 관련된 도로, 항만, 철도, 통신 등 최소한의 인프라를 건설할 뿐이었다(Eckert, 1991). 그러나 한반도와 만주를 통합하려고 시도한 1931년 이후에는 도로, 철도, 항만 및 통신 수단 등에 대한 대규모 투자가 이루어졌다. 그 결과 해방을 맞이하는 시점에서 한국은 아시아에서 일본 다음으로 광범위한 교통 및 통신 인프라를 갖추고 있었다(Cumings, 1981: 280).

나아가 1930년대부터는 대규모 산업화를 한국에 시도하기 시작했다. 그 결과 1910년에 상품생산에서 제조업의 비중이 3.3%에 불과하였지만, 1929년에는 이 비중이 12%, 1940년에는 22%로 증가하였다. 제조업 외에 다른 산업부문까지 포함할 경우, 전체 생산에서 산업생산의 비중이 1940년에는 40%에 육박하였다(Jones & Sakong, 1980: 23-24; Mason *et al.*, 1980: 70; Eckert, 1991: 50). 산업 노동자의 수는 1910년 10,000명 미만이었지만, 1943년에는 130만 명에 달할 정도로 증가하였다.

다. 쌀의 수취와 관료제의 침투

일본의 한국 지배 초기 단계에서 가장 중요한 목적은 쌀을 수취하는 것이었다. 한반도에서 일본이 반출할 수 있는 생산물이 커피 등 플랜테이션 농업의 대상이 아니라 쌀이었다는 사실은 이를 반출하기 위한 교통과 통신 인프라의 발달을 넘어 한국의 국가형성에 중대한 영향을 미치게 된다. 라틴 아메리카나 아프리카에서는 일차 산물 생산이 라티푼디아(latifundia)나 미니푼디아(minifundia)[6] 등의 엔클레이브(enclave)에서 생산해 내는 커피 등의 작물이었고 이러한 작물의 수취가 엔클레이브를 중심에 두고 식민지 모국과 식민지 사이에서 이루어짐으로써 식민지 내에서 항구 도시 등을 중심으로 하는 중심과 주변부로 이원화된 것이 특징이다.

반면, 쌀 생산은 관개나 품종개발 등 영농기술이 뒷받침되어야 했기 때문에 쌀 생산과 반출을 위해 관료제가 전 국토의 말단까지 침투하게 되는 현상이 나타났다. 또한 쌀 생산의 일차적인 주체는 전 국토에 걸쳐 있는 소농과 소작농이었던 만큼, 잉여의 수취가 대농 혹은 대자본에 의해 이루어진 것이 아니라 식민지 관료제에 의해 이루어진 것이 특징이다. 특히, 식민지 관료제가 생산자로부터 직접 쌀을 수취한 것이 아니라 지주를 활용하여 농민에 대한 지배권을 확립하고 소작농으로부터 쌀을 수취하였다. 이러한 이유로 식민지로 전락한 이후에도 지주계급이 온존될 수 있었지만, 지주가 관료제를 통제하였던 조선시대와는 달리 지주가 관료제에 예속될 수밖에 없었다. 나아가 지주들은 부일세력이라는 낙인과 함께 정당성의 상실을 경험할 수밖에 없었던 것이다. 결국 지주세력은 존속하지만 이들이 관료제를 통제한 것이 아니라 식민지 관료제가 지주계급 위에 군림하는 현상이 나타나게 된 것이다(Koo, 1987). 특히, 식민지 시대에는 쌀의 수취와 도로 등 인프라의 유지 등에 대한 일차적인 책임을 면장과 면사무소가 지게 되었는데(Hwang, 2016: 58), 이는 조선왕조와는 달리 국가 관

6 라티푼디아는 주로 노예노동에 기반한 대규모 농장을 의미하며, 미니푼디아는 농민들에 의한 자가생산을 위한 소규모 토지를 의미한다.

료제가 전국의 최말단까지 침투하였음을 보여주는 것이다.

라. 국가 관료제의 과대성장

메이지 유신 이후 아시아에서 가장 먼저 근대화의 길을 걸었던 일본이 닮고 싶었던 국가는 영국과 프로이센이었다. 메이지 유신의 주도세력은 서구문물의 수입을 위해 서유럽에 시찰단을 파견하는데, 해군의 군제, 교통체제, 입헌군주제는 영국에서 들여온 것이며 프로이센으로부터는 헌법과 행정체계를 수입하였다. 그리고 엘리트 행정 관료를 양성하는 기관으로 영국과 프로이센을 모방하여 프랑스가 세운 자유정치학교(École Libre des Sciences Politiques, 즉 시앙스 포 Sciences Po) 모델에 매혹되었고 프로이센으로부터 세부사항을 배워서 관료 양성 전문학교로서 완전히 새로운 대학, 즉 제국대학을 세우게 된 것이다.[7] 특히, 1890년 대일본제국 헌법을 제정하였을 때는 자신들을 동방의 프로이센이라고 자찬할 정도였다[8](위텐런, 2015). 한국에 이식된 일본의 관료제는 바로 프로이센 모델에 대한 일본식 해석의 산물이라고 할 수 있다(Woodside, 2006).

메이지 유신 이후 일본의 근대화 모델은 국가 주도적인 근대화 모델이다. 이러한 일본에서의 국가 주도적 근대화 모델이 그대로 한반

7 프로이센으로부터 관료제 모델을 도입한 대표적인 인물이 안중근 의사가 저격한 이토 히로부미인데, 이토 히로부미가 프로이센을 방문했을 때 만난 대표적인 인물이 예나 전투 패배 이후 프로이센의 관료제 개혁을 주도했던 슈타인(Stein)이었다.

8 일본에 대한 프로이센의 영향은 대일본제국 헌법이 제정된 1890년 일본의 프로이센 유학생 수는 165명에 달한 반면, 영국과 미국 유학생 수는 각각 15명과 4명에 불과했다는 점에서 여실히 드러난다(위텐런, 2015: 39).

도에 이식되었다. 그리하여 일제의 한국 지배를 통해 매우 조직화되고 국토의 말단까지 침투하는 국가 관료제가 형성되었던 것이다. 식민지 관료제의 팽창은 인력의 팽창에서 여실히 드러난다. 조선시대 말 수천 명에 불과했던 관료의 수는 일제 말기에 이르면, 약 9만 명으로 증가하는데 이 중 거의 절반이 한국인이었다. 1910~45년 사이 국가기구는 인력 면에서 4배, 인구와의 비중에서는 약 2배 증가하여, 1913년 인구 대비 0.31%였던 관료의 수는 1941년 0.68%로 증가하였다(Hwang, 2016: 67, table 3). 특히, 국가기구의 성장과 인력의 팽창은 식민지 지배 말기 10년 동안에 거의 이루어졌을 뿐만 아니라, 1930년대에 오게 되면 식민지 국가기구는 조선시대 관료제의 흔적을 거의 갖지 않게 되었다(Hwang, 2016: 15−16).

식민통치시대 전 기간에 걸쳐 조선총독은 장군 또는 제독이었으며 식민지 관료제는 과거 어느 때보다도 중앙집권화되었을 뿐만 아니라 그 영향력이 국토의 최말단까지 침투했었다. 특히, 조선총독부는 입법, 사법, 행정의 삼권을 독점한 전제적 체제였다(김운태, 1992; 한승연, 2013). 관료의 수는 거의 90,000명에 달하였는데, 1936년 87,552명의 관료 중 52,270명이 일본인, 35,282명이 한국인이었다. 그러나 해방 직전에는 한국인 관료가 절반을 넘게 되었다(Henderson, 1968). 중앙과 지방의 고위관직은 거의 대부분 일본인 차지였다. 칙임관(국장급)의 95%, 주임관(과장 · 계장급)의 87% 이상, 그리고 판임관급, 즉 상위 서기직의 2/3를 일본인이 차지하고 있었으며, 하위 서기직의 2/3를 한국인이 차지할 뿐이었다(이한빈, 1967: 4). 거의 9만 명에 달하는 관료의 수와 이 중 절반을 상회하는 일본인의 비중 그리고 그들의 고위직 독점은 다른 식민지 경험과 비교할 때 매우 이례적인 현상이다. 예를 들어, 프랑스가 베트남을 식민지로 지배할 당시 베트남에 있던 프랑스 관료의 수는 약 3,000명에 불과했다(Kohli, 2004: 35).

일본의 식민지 지배를 통해 한반도에는 조직화되고, 규율 잡힌, 그리고 사회의 말단까지 침투한 식민지 관료제가 전통적인 관료조직과 토착적인 계급을 대체하는 현상이 발생한 것이다. 헌병과 경찰조직을 중심으로 하는 강제력에 기반한 강력한 관료제가 일본 식민지 지배의 특징이다. 그리고 이러한 관료제는 엄격한 시험을 통한 관료 충원, 행정과 교육을 통한 전문성 고양, 능력에 의한 승진, 부패를 최소화하는 급여 체계의 도입 등 베버리안 관료제를 한국에 건설한 것이다. 그리고 일본이라는 요소를 제외하고는 이러한 관료제가 해방 이후 한국에 그대로 전수되어 한국 국가 관료제의 근간을 이루게 되었다(한승연, 2013; Henderson, 1968; Cumings, 1981).

일본의 식민지 지배의 또 하나의 유산은 일본이 해석한 프로이센의 법치주의를 한국에 이식한 것이다. 그러나 형식적인 측면에서의 법치주의 이식에도 불구하고, 일본의 한국 지배는 법치의 제도화에 커다란 그림자를 드리우게 되었다. 무엇보다도 한국에 도입된 일본의 법 체계는 피치자의 동의에 기반한 지배라는 법의 개념에 기초해서 정부의 억압으로부터 시민을 보호하는 것이 아니라 오히려 식민지 민중에 대한 억압의 수단으로 활용될 뿐이었다. 근대 국가의 가장 중요한 요소인 법치가 형식적으로만 이식됨으로써 법의 지배가 아니라 법에 의한 지배가 이루어졌고, 그 결과 식민지 한국에서는 법률 위반이 애국적인 것으로 간주되기에 이르렀으며, 해방 후에도 법규 만능주의와 법에 대한 경시 풍조가 팽배하게 되었던 것이다(이한빈, 1967; Henderson, 1968).

3. 해방 이후 한국의 국가형성과정

1945년 해방과 함께 우리나라의 국가형성과정은 또 한 번의 중대한 전환점을 맞게 된다. 해방은 우리가 쟁취한 것이 아니었으며, 미국의 승리로 귀결된 제2차 세계대전의 종전과 함께 한민족에게 외부로부터 주어진 것이었다. 그 결과 해방 이후의 국가형성과정은 세계국가체제의 동학(dynamics)에 결정적으로 영향을 받을 수밖에 없었다.

가. 미군정

1945년 9월 8일부터 1948년 8월 15일까지 약 35개월간 진행된 미군정은 결과적으로 한반도의 분단, 일제 관료제의 온존, 그리고 서구 민주주의 이념과 제도의 이식을 통해 이후 전개되는 한국의 국가형성과정에 결정적인 영향을 미쳤다. 무엇보다도 미군정 기간 동안 격화된 미 · 소 냉전과 반공의 보루로서의 한국의 역할 정립과 함께 미국식 민주주의의 이식을 통해, 한국의 국가형성과정은 '반공'과 '민주주의'라는 두 가지 근본적인 지향 속에서 그 구체적인 모습이 결정되었다(박명림, 1995).

해방 후 국가형성과정은 미군의 한반도 진주와 함께 시작되었다. 그러나 미국의 한반도에 대한 이해는 놀라울 정도로 무지에 가까웠고 진주 초기에는 한반도의 전후 처리에 관해 뚜렷한 계획조차도 없는 상태였다(Henderson, 1968). 미군정 초기의 최대 관심사는 남한 지역에서의 법과 질서의 유지였으며, 특히 새로운 질서에 강력히 저항하는 좌파세력의 척결이었다. 이러한 미군정의 기본 방향에 따라 '법과 질서'에 관련된 조직, 즉 법무부, 법원, 경찰조직은 조직형태를 그대로 유지했을 뿐만 아니라 조선총독부에 고용되었던 관료들과 경찰들이 그대로 유지되었다. 일제하 경찰조직과 한국인들을 그대로 계승한 이유는 좌파세력에 대응할 다른 대안이 없었기 때문이며, 일제 강점기의 한국인 경찰들이야말로 자신들의 이해관계에 정면으로 반하는 민족세력과 좌파세력을 척결하는 데에는 안성맞춤이었기 때문이다(Cumings, 1981). 법과 질서에 대한 강조 덕분에 일제 강점기 한국인 경찰의 약 85%가 미군정하 한국 경찰에 참여했으며, 특히 북한에서 부일 세력으로 비난받았던 일제 강점기 경찰들도 대거 한국 경찰에 합류하였다(Henderson, 1968). 미군정하 경찰의 수는 1945년 말의 1만 5천명에서, 1946년 7월 2만 5천명, 그리고 대한민국 수립 직전인 1948년 3월에는 3만 6천명으로 증가했다. 그리고 미군정은 행정경험이 일천했기 때문에 단순히 치안유지뿐만이 아니라 다양한 방면에서 경찰에 의존했었다(박명림, 1995; Henderson, 1968).

미군정은 남한 지역에 대한 통치를 위해 일제가 만들어 놓은 관료제를 그대로 온존시켰을 뿐만 아니라 식민지 관료제에 참여했던 사람들을 관료로 그대로 임용하였다. 미군정하 일반행정 공무원의 78.6%가 일제 관료출신이었다(원구환, 1989: 82; 박명림, 1995: 201). 그리하여 일제가 만들어 놓은 관료제 구조가 '일제의 지배'라는 요소만 빼고는 그대로 유지되었고, 이것이 정부 수립 후 이승만 정부에까지 그대로 계승되었던 것이다. 그러나 정부의 구조 측면에서는 미군정하에서 전환기적인 변화가 있었는데 그것은 우리 역사상 처음으로 삼권분립이 제도화되었다는 점이다. 즉, 미군정은 1945년 9월부터 1947년 6월까지 미군이 직접 통치한 이른바 직접통치기와 1947년 6월부터 1948년 8월까지 남조선 과도정부가 주도하는 간접통치기로 나눌 수 있는데, 남조선 과도정부의 출범으로 우리 역사상 최초로 형식적으로나마 입법, 사법, 행정의 삼권분립이 제도화되었던 것이다(김운태, 1992).

제2차 세계대전 이후 반공의 보루로서 남한을 위치지우면서 일본의 식민지 관료제 구조를 그대로 온존시킨 것과 동시에 미군정은 한국의 경제체제로서 자본주의를, 그리고 정치체제로서는 민주주의를 정착시킨 결정적 계기였다. 특히, 미국이 제2차 세계대전 후에 발표한 군정의 민주화에 관한 8개의 준칙은 주권재민의 원칙, 복수정당제, 자유선거를 통한 평화적 정권교체와 정책의 선택, 정당의 조직과 활동의 민주성, 국민의 기본권 보장, 여론형성의 자유보장, 법치주의 원칙, 그리고 정부권력분립 원칙이었는데(김운태, 1992: 299), 이러한 원칙하에 추진된 미군정의 민주화 정책은 한국에 서구 민주주의 제도를 이식시킨 결정적 계기였다.

결국 미군정 기간 동안 분단, 반공, 자본주의, 미국식 민주주의, 그리고 일제 식민지 관료제의 온존이라는 이후 대한민국의 발전경로에 결정적 영향을 미치는 핵심적 제도적 틀이 형성되었던 것이다.

나. 대한민국 정부 수립과 이승만 정부

1948년 8월 15일을 기하여 대한민국 정부가 수립되었다. 그러나 국가 관료제의 구조 측면에서 볼 때 신생 대한민국의 국가 관료제는 미군정의 관료제를 그대로 계승하였는데, 이는 곧 대한민국의 국가 관료제가 일제의 조선총독부 조직을 거의 그대로 계승했다는 것을 의미한다. 이승만 정부의 국가 관료제는 일제 강점기에 관료를 지낸 사람들이 고위직의 상당 부분을 차지함으로써, 인적 구성 면에서도 일제의 잔재를 떨쳐버리지 못하였다. 제1공화국 고위공직자의 경력을 보면 관료 출신이 43%를 차지하는데, 이들 대부분이 일제 강점기의 관료 출신이었다(정용덕, 2004: 142).

이승만 정부 초기 단계에서는 공무원의 수가 급팽창하여 1953년에는 일제가 한반도 전체를 대상으로 고용했던 관료의 세 배에 달하는 30만 명을 고용하기에 이르렀다(Henderson, 1968: 216). 이는 한국 전쟁을 거치는 과정에서 징병사무, 징세, 국내치안의 유지 등 정부의 일상 업무 수행에 대한 요구가 매우 높았기 때문이었다(이한빈, 1967).

근대적 의미의 국가형성과 관련하여 이승만 정부에서 눈여겨보아야 할 대목은 국가의 강제력이 빠르게 팽창했다는 사실이다. 대한민국 정부 수립 직전 군대(조선경비대)의 규모는 1946년 5천 명에서 1948년 3월에는 5만 명으로 증가해 있었으며, 정부 수립 이후 한국 전쟁을 거치면서 군대의 규모는 70만 명으로 늘어났다. 경찰의 규모는 1945년 말의 1만 5천 명에서 1948년 3월에는 3만 6천 명으로 증가했으며, 한국 전쟁을 거치면서는 7만 5천 명으로 증가하였다.[9] 대한민국 정부 수립과 한국 전쟁을 거치면서 국가의 강제력이 폭발적으로 증가한 것인데, 이러한 대규모 강제력을 보유함으로써 국가가 사회에 대해 높은 자율성과 권력을 향유하게 되었던 것이다.

미군정부터 시작되었지만 이승만 정부에 와서 완결된 토지개혁은 한국에서 국가-사회관계를 변화시킨 결정적인 계기였다. 미군정부터 한국 전쟁 직전까지 이루어진 일련의 토지개혁은 지주계급의 저항으

9 이후 경찰의 규모는 1956년 47,000명, 1958년 39,000명으로 꾸준히 감소했다(Henderson, 1968: 143).

로 대만이나 일본에 비해 철저하지는 못했으나, 계급구조에 엄청난 영향을 미쳤다. 토지개혁의 결과 약 70%의 농지가 재분배되었으며, 2백만 농민가구 중 백만 가구 이상이 혜택을 입은 것으로 알려져 있다. 무엇보다도 한 가구가 소유할 수 있는 농지의 상한을 3정보로 정함으로써 대지주의 몰락과 함께 소농중심으로 한국의 농촌 경제가 급격히 재편되었으며, 전시 인플레이션과 한국 전쟁을 통해 한국의 지주계급이 완전히 몰락하는 운명에 처하게 되었다. 그 결과 한국 사회가 가난하지만 매우 평등하고 유동성이 있는 사회로 급격히 재편되었다(Koo, 1987). 특히, 전통의 보루이자 근대화의 저항세력이라 할 수 있는 지주세력은 몰락한 반면, 한국 전쟁을 거치면서 국가의 강제력은 급격하게 증가했기 때문에, 한국에서 국가에 대항할 수 있는 사회계급은 아예 존재할 수 없는 상태가 도래한 것이다. 바로 이러한 이유로 토지개혁과 한국 전쟁은 한국에서 국가가 사회계급 위에 위치하면서 높은 자율성을 가지고 국가발전을 추동할 수 있는 결정적 계기였다고 할 수 있다.

다. 소결

해방 이후 한국에서의 국가형성과정은 세계국가체제의 동학과 분리시켜서는 결코 이해할 없는 현상이다. 소련의 남하를 저지하기 위한 동아시아 전진 기지로서 대한민국이 세계국가체제에 편입되었고, 이러한 세계국가체제로의 편입이 분단과 반공, 그리고 식민지 관료제의 온존이라는 기본적 제도의 틀과 역사적 유산을 남기게 된 것이다. 그리고 세계국가체제에 편입되고 약 3년간의 미군정과 한국 전쟁을 거치면서 국가가 정치, 경제, 사회의 모든 측면에서 지배적인 위치를 차지하게 되었다. 즉, 세계국가체제에의 편입, 토지개혁에 따른 계급구조의 변화, 식민지 지배의 유산으로서의 경찰과 관료제의 온존, 국가 강제력의 급격한 증가에 따라 국가권력의 공고화가 이루어졌던 것이다.

그리고 미국의 영향으로 형식적으로는 민주주의 제도가 이식되었지만, 민주정부는 없는 상태가 지속되었다(Palais, 1973). 다시 말해서, 국가의 권력엘리트들이 법 아래 존재하는 진정한 의미에서의 법치는 존재하지 않는 상황이 대한민국 정부 수립 이후에도 오랫동안 지속되었던 것이다.

제6장

수출지향 산업화로의 전환과 발전국가의 등장[1]

일제 지배하에서의 관료제의 양적 성장과 국토 말단까지의 침투, 해방 이후 세계국가체제로의 편입과 뒤이은 분단과 반공, 식민지 관료제의 온존, 그리고 한국 전쟁으로 인한 국가 강제력의 급격한 팽창으로 한국의 국가는 외형상으로는 근대 국가의 세 가지 요소인 관료제, 상비군, 조세제도 중 적어도 두 가지를 갖출 수 있었다. 또한 식민지 지배, 토지개혁, 한국 전쟁으로 이어지는 일련의 역사적 과정을 통해 국가에 대항할 수 있던 유일한 사회계급인 지주계급이 몰락한 반면 산업화가 진전되지 않아 자본가계급과 노동계급은 성장하지 못했기 때문에, 국가가 정치, 경제, 사회의 모든 측면에서 지배적인 위치를 공고히 할 수 있었다.

그런데 사회계급 간의 관계에서 국가가 자율성을 향유할 수 있는 객관적 조건이 구비되어 있었다 할지라도, 이로부터 국가가 사회경제적 발전을 견인하게 되는 것은 아니다. 다른 나라들의 경우 국가와 사회계급 간 상당한 힘의 불균형이 있는 경우, 국가가 발전을 이끄는 것이 아니라 오히려 국가엘리트들의 사적 이익만을 극대화하고 사회를 정체시키는 이른바 약탈적 국가(the predatory state)로 전락하는 경우는 얼마든지 있다. 이와는 달리 우리나라의 경우 높은 자율성에 기반해서 국가가 산업화 전 과정을 주도하는 이른바 발전국가가 등장하게 되었고, 이것이 우리나라의 국가와 행정을 다른 나라의 그것과 구분하는 결정적인 계기가 되었다. 다른 말로, 우리나라에서 1960년대 초반에 이루어진 수출지향 산업화로의 전환과 발전국가의 등장은 일제 식민지배, 해방, 한국 전쟁 등에 버금가는 역사적 전환점이었다고 할 수 있다. 그러므로 한국 행정의 역사적 전개과정을 제대로 이해하기

1 제6장은 하연섭(1993). "수출지향 산업화로의 전환: 국가중심론적 해석에 대한 비판을 중심으로."「한국정책학회보」2: 231–51을 책에 맞게 대폭 수정 · 보완한 것이다.

위해서는 왜 그리고 어떻게 한국 경제가 1960년대 초반과 중반에 걸쳐 수출지향 산업화로 전환하고 발전국가가 등장하게 되었는가를 구체적으로 해명하는 작업이 필요하다.

주지하다시피, 1960년대 중반 한국 경제는 이전의 수입대체 산업화(Import-Substituting Industrialization: ISI)에서 수출지향 산업화(Export-Oriented Industrialization: EOI)로 중요한 산업화 전략의 전환을 경험하게 된다. 이러한 전환의 형태는 경공업과 비내구성 소비재 중심의 제1차 수입대체 산업화(Primary ISI)의 위기에 직면하여 내구성 소비재와 중공업 위주의 수입대체 산업화 심화(ISI deepening)의 길로 들어선 라틴아메리카 신흥공업국들의 산업화 패턴과 한국의 산업화 패턴을 뚜렷이 구분해 주는 역사적 계기가 된다. 또한 이 시기에 자본축적의 주체는 민간자본이지만 산업화 전 과정을 국가가 주도하는 계획합리적인 발전국가(the plan-rational developmental state)[2]가 우리나라에서 등장한 시기이다. 대부분의 학자들은 1960년대 이후 한국 경제의 비약적인 발전의 근본적 원인으로서 이 시기에 이루어진 수출지향 산업화로의 전환과 발전지향성을 지닌 국가 관료제의 등장을 드는 데 주저하지 않는다.

통상적으로 우리나라에서 수출지향 산업화로의 전환에 대한 설명은 '국가주도성'에 대한 강조가 특징이다. 그리고 이를 뒷받침하는 이론이 국가중심론이다. 이와는 달리 이 장에서는 우리나라에서 수출지향 산업화로의 전환에 관한 국가중심론적 해석을 비판하면서, 산업화를 위한 재원의 조달과 배분 양식에 대한 분석을 기초로 하여 산업화

2 발전국가라는 개념은 전후 일본 자본주의 발전과정에서 주도적인 역할을 수행한 일본 통산성(Ministry of Inernational Trade and Industry: MITI)의 역할을 설명하면서 Chalmers Johnson(1982)이 만들어 낸 개념이다.

정책 전환과정에 대한 재해석을 시도하고 있다.

국가중심론에 의하면 수출지향 산업화 전략으로의 전환은 민간자본의 이해관계로는 설명이 되지 않는다. 오히려 수입대체 산업화 과정에서 지대추구행위(rent-seeking activity)로 이윤을 얻고 있던 민간자본의 반대에도 불구하고, 국가가 정치적인 격리성과 자율성(political insulation and autonomy)에 기반해서 외향적인 산업화 전략을 채택하고 추구해 나가게 되었다고 주장한다. 국가중심론은 국가의 정치적 격리성, 국가엘리트의 이데올로기적 정향, 그리고 정책집행에 필요한 국가능력의 향상이 산업화 전략의 전환을 설명하는 데 가장 중요한 설명변수라고 본다.[3] 결국 국가중심론의 핵심은 한국에서의 수출지향 산업화로의 전환은 국가 주도적(state-led)이었다고 주장하는 데 있다.

국가중심론은 정치적 · 제도적 변수들을 논의의 중심으로 끌어올렸다는 점에서 한국 산업화 과정에 관한 연구에 중요한 공헌을 했다는 점을 부인키 어렵다. 그러나 이러한 공헌에도 불구하고 정치적 변수에 대한 일면적 강조로 인하여 국가중심론 또한 정책전환에 대해 불충분한 설명을 하고 있다고 보여진다. 즉 국가와 경제의 관계를 무시한 채 단순히 국가와 사회세력 간의 관계 속에서만 조망된 국가자율성에 대한 논의는 국가자율성의 정도를 과장할 뿐만 아니라 산업화 전략의 전환을 둘러싼 역사적인 과정도 포괄적으로 설명하지 못하게 되는 문제점을 지니게 된다. 이러한 측면에서 이 장은 비록 국가가 수

3 국가중심론은 산업화 과정이나 산업화 전략의 변화를 설명함에 있어서 국가엘리트의 정책아이디어, 국가의 정치 · 제도적 측면 및 국가능력 변수를 주요 설명변수로 파악하는 이론체계 혹은 접근법을 의미한다. 그 대표적인 예로서 Haggard & Moon (1983); Haggard *et al.*(1989); Haggard(1990); 박종철(1988) 및 김석준(1991) 등을 들 수 있다.

출지향 산업화의 경향을 심화시키긴 했지만, 주도적으로 산업화의 방향을 재조정했던 것은 아니었다고 주장한다.

한국의 자본주의 산업화 과정에서 국가가 주도적인 역할을 수행한 것은 사실이지만, 그것이 장기적이고 전략적인 안목에 기초해서 산업화 전략까지도 국가가 주도적으로 전환시켰음을 의미하는 것은 아니다. 국가를 둘러싼 제약요인, 국가와 경제의 관계, 국가와 사회계급 간의 관계, 그리고 국가의 전략적 판단이 동태적으로 상호작용하는 가운데 산업화 전략이 변화하는 것이다. 이러한 동태적인 상호작용과정에 대한 면밀한 분석 없이 산업화 전략의 변화를 국가 주도적으로만 설명하게 되면 결과에 의해 사후적으로 원인을 설명해버리는 이른바 기능주의적 설명 방식의 오류에 빠지게 된다. 다시 말해서, 1950년대 산업화 패턴의 한계와 산업화 전략 전환기의 경제적 제약요인에 대한 국가의 대응 양식에 대한 면밀한 검토 없이 한국에서의 수출지향 산업화로의 전환을 '국가 주도적'이었다고 단정지을 수는 없다. 그러므로 수출지향 산업화로의 전환의 근본 이유와 그것을 둘러싼 역사적 과정을 설명하기 위해서는 한국에서의 수입대체 산업화의 특성과 위기의 성격, 전환과정에서 민간자본의 대응양식, 국제 정치경제적 환경의 변화 그리고 무엇보다도 구조적인 한계와 기회에 대한 국가의 점진적인 대응과정을 이해하지 않으면 안 된다. 이러한 목적에 따라 이 장에서는 먼저 1950년대 수입대체 산업화의 특성을 국가의 재정 · 금융정책을 중심으로 하여 살펴본 후, 이러한 특성들이 어떻게 수입대체 산업화의 위기로 이어졌으며 그리고 이러한 위기적 양상들이 수출지향 산업화로의 전환에 어떤 영향을 미쳤는가를 분석하고 있다.

1. 수입대체 산업화의 추진과 그 위기

가. 수입대체 산업화의 정치 경제

수입대체 산업화는 일정한 발전 전략적 고려에 의해 추진된 것이 아니라 한국 전쟁 이후 생필품의 부족현상과 급격한 수입증가에 대응하기 위한 자연스러운 결과였다.[4] 그런데 한국의 수입대체 산업화는 그 재원을 거의 전적으로 미국 원조에 의존하였다는 데서 그 특징을 찾을 수 있다. 1953~61년 사이에 미국의 경제원조(PL480 원조 포함)는 약 32억 달러, 군사원조는 약 17억 달러에 달하였다. 미국의 경제원조는 연평균 3억 5천만 달러에 달했으며, 미국 회계연도 기준으로 1956년도에 3억 8,650만 달러로 정점을 이루었다(U.S. AID, 1962). 1953~61년 사이에 경제원조는 한국 GNP의 8%, 총수입의 75%, 총고정자본형성의 80%에 해당하는 막대한 규모였다(U.S. Congress, 1978). 그런데 미국의 대한원조는 한국 경제발전을 위한 기반의 구축보다는 현상유지적인 성격을 강하게 띠었던바, 이는 이 시기 도입된 경제원조의 8할 이상이 원자재와 소비재를 중심으로 하는 비계획 원조로 구성되어 있었던 데서 여실히 드러난다 하겠다.

한국에 대한 미국 원조정책의 가장 중요한 특징은 그 목적에서 찾을 수 있다. 1950년대 미국의 대한 원조는 한국의 경제력을 훨씬 상회하는 군사력 유지를 위해 도입되었고, 이와 더불어 미국의 원조정

4 한국 전쟁 이후 생필품의 부족현상은 급격한 수입증가를 초래하게 되는데, 이는 수입에 대한 수출의 비중이 전전(戰前)인 1949년의 76%에서 전후인 1954년도에는 9%로 급격히 저하되는 데서 여실히 드러난다(Michell, 1988: 46).

책은 한국이 그 자체의 군사력을 유지할 수 있는 경제력의 배양을 목표로 하였다. 이러한 측면에서 미국의 대한 원조정책은 경제적 제국주의라기보다는 군사전략적인 의미를 강하게 띤 것이라고 할 수 있다. 따라서 미국 원조정책의 성공여부는 얼마나 빨리 미국이 한국에 대한 원조를 삭감하고 중지할 수 있느냐에 있었다고 해도 과언이 아니다(U.S. Congress, 1978: 159). 이러한 사실이 의미하는 바는 미국의 전략적 이해관계와 원조의 공여가 1950년대 한국 경제의 전개과정에 중대한 영향을 미치긴 했지만, 미국 원조정책에서 군사전략적 고려가 갖는 상대적 중요성으로 말미암아 경제적 의존정도가 단순히 의미하는 것 이상으로 한국의 국가가 자율적인 활동을 전개할 수 있는 여지와 기회가 많았다는 점이다.[5] 이는 비록 미국 정부가 원조의 전체규모를 결정했다 할지라도 원조의 배분방향에 대한 결정에서는 한국 정부가 깊이 관여할 수 있었다는 사실에서 증명된다. 그러므로 한국에서의 수입대체 산업화의 특징을 이해하기 위해서는 미 원조당국과 한국 정부 간의 갈등의 양상을 이해하는 것이 필수적이라고 하겠다.

한국 경제의 진로와 관련된 한국 정부와 미 원조당국 간의 갈등은 한국 경제가 전전의 생산 및 소비 수준을 회복하게 되는 1956년경에 이르러 현재화하게 된다. 한국에서의 미국 경제정책의 핵심은 경제의 안정이었다. 경제의 안정 없이는 가격기제에 기반한 시장기제의 자유로운 작동(the free play of market forces)과 경제성장을 기대키 어려운 것이었다. 그런데 막대한 재정적자와 정치적인 논리에 의해 결정되는 신용과 외환의 배분은 안정화 시책에 정면으로 배치되는 것으로서, 균형예산의 편성과 외환배분의 규제는 원조정책의 성공을 위해 필수

5 이 시기 미 원조당국과 한국 정부 간의 갈등에 관해서는 Steinberg(1985); Cole & Lyman(1971); Payer(1976); Mason *et al.*(1980) 및 Woo(1990)를 참고할 것.

적인 조건이 되는 것이었다. 이에 더하여 미 원조당국은 원조정책의 궁극적 목표, 즉 원조공여의 극소화(aid minimization)를 달성할 수 있는 내자동원(resource mobilization) 노력의 강화(즉 조세와 민간저축의 증대)를 한국 정부에 지속적으로 요구하였다.

그런데 여기서 우리가 간과해서는 안 될 중요한 사실은 미국 원조정책의 기조를 이루는 시장원리의 자유로운 작동이 한국의 국내경제에만 국한된 것은 아니었다는 점이다(Woo, 1990). 미국 원조당국의 입장에서는 국제적 수준에서 시장원리의 자유로운 작동이 전반적인 원조배분의 왜곡을 해소하는 데 필수적이었다는 점인데, 이는 비교우위 원칙에 입각해서 한국 내 생산구조와 자원배분의 결정이 이루어져야 함을 의미하는 것이다. 다시 말하면 이 시기 미국의 원조정책은 한국에만 국한되었던 것이 아니라 동아시아 지역 전체를 포괄했었고, 전체적인 원조공여의 극소화라는 미 원조정책의 궁극적 목표는 원조수원국들이 비교우위론에 입각하여 생산 활동을 수행할 때만이 달성될 수 있는 것이었다. 이 시기 한국 비교우위의 준거는 일본이었으며(Cole & Lyman, 1971), 이에 따라 미국 정부는 한국을 일본 공산품의 소비국인 동시에 일차산품 수출국으로 전환시킴으로써 전체 원조를 재순환시키고 이를 통해 궁극적으로 원조의 총규모를 줄이려고 시도했던 것이다. 이러한 목적을 달성하기 위해 미 원조당국은 무역장벽의 철폐와 비교우위 원칙에 입각한 산업구조의 재편 및 자원배분을 한국 정부에 지속적으로 요구하였다.[6]

미국 원조정책의 기조는 미국의 전략적 이해 안에서 보수적인 반공

6 일례로 미국은 1954년 이승만의 미국 방문 시 원조공여 조건의 하나로 최저 가격으로 구매할 수 있는 비공산권 국가로부터 원조물자를 도입할 것을 요구하는데, 이는 결국 일본 공산품의 수입을 요구하는 것에 다름 아니었다(Haggard *et al.*, 1989: 8).

정권을 지원하고 유지하는 동시에 시장기능을 활성화시키는 것이었지만, 이러한 미국 원조정책의 근본적 문제점은 두 정책이 상호 모순적이었다는 데 있다. 즉, 미국의 전략적 이해와 그 물질적 기반인 원조에 의존하여 정권을 유지하게 된 이승만 정권은 점증하는 정치적 반대에 봉착하게 되었으며, 그 결과 정권의 유지를 경찰조직과 국가 관료제에 의존케 되었던 것은 주지의 사실이다. 그런데 이는 체제유지 비용의 증가를 필연적으로 수반하는 것이었고, 이에 따라 정치자금의 원활한 공급이 정권유지의 필수조건이 되었다. 이승만 정권의 경우 정치자금의 원천은 원조물자의 특혜적 배분에 대한 반대급부로서 얻어지는 것이었다. 그리하여 원조공여의 극소화라는 미 원조정책의 기본목표와 원조배분과정의 통제를 통해 정권의 정치경제적 기반을 유지 · 강화하고자 했던 이승만 정부의 정치적 이해관계는 정면으로 배치될 수밖에 없었다. 이에 더하여 전체적인 원조정책의 조정이라는 목표에 기반한 일본중심의 동아시아 지역경제블록 재구성은 한국의 입장에서는 자유주의적 무역정책의 추진과 일본 공산품 시장으로의 재편을 의미하는 것으로서, 이는 반공정책과 배일정책으로 요약할 수 있는 이승만 정권의 상징적 자원의 하나를 상실하는 것을 의미했다. 결국 전후 일본 경제의 부흥에 한국 경제를 예속적으로 편입시키려는 미국 동아시아정책의 기조는 이승만 정권의 정치경제적 이해와는 정면으로 배치되었던 것이다.

한 · 미 간 한국 경제의 진로에 관한 심각한 갈등은 원조수입 극대화 대 원조공여 극소화, 수입대체 산업화 대 자유무역, 생산재산업 대 소비재산업 그리고 국가통제에 기반한 경제운용 대 시장지향적인 경제운용에 대한 상대적인 강조로 특징지을 수 있다. 요컨대 원조수입 극대화, 수입대체 산업화, 생산재산업의 육성 및 국가통제에 대한 강조가 한국 정부의 정책방향이었던 것이다(Payer, 1976). 그러나 산업화에 필요한 재원의 조달을 궁극적으로 원조에 의존하고 있을 뿐만 아니라 자립기반의 구축을 위한 생산재의 도입비중이 최소한의 수준에 머물러 있던 상황에서 한국 정부에 의한 이러한 정책의 추진은 미국의 압력에 의해 크게 제한받을 수밖에 없었으며, 바로 이 점이 1950년대에 일관된 산업화 전략을 발견하기 어려운 가장 중요한 이유라고 할 수 있다.

나. 수입대체 산업화기의 재정 · 금융정책

미 원조당국과 한국 정부 간의 경제정책 방향에 대한 갈등은 환율정책과 재정 · 금융정책에서 뚜렷이 드러난다. 환율은 기본적으로 원조액의 원 가치를 결정하는 중요한 요소였기 때문에 환율의 결정을 둘러싸고 미 원조당국과 한국 정부는 첨예한 갈등을 노정하지 않을 수 없었다. 한국 정부는 기본적으로 저환율정책을 통해 외환의 유입을 극대화하고자 했으며, 지속적인 인플레이션은 저환율정책의 계속적인 유지를 가능케 한 조건이었다. 더욱이 평가절상된 환율은 자본재와 중간재의 수입가격을 낮춤으로써 투자와 생산의 유인으로 작용하는 동시에 수출을 억제함으로써 원조의 필요성을 증대시키는 역할을 수행했다. 그러나 미국 정부는 지속적으로 환율의 현실화를 요구했는데, 이는 원화의 평가절하가 수입을 억제하는 동시에 수출을 장려할 뿐만 아니라 주어진 원조액으로도 더 많은 대충자금을 창출해 냄으로써 궁극적으로는 원조규모를 줄여나갈 수 있었기 때문이다(Cole, 1980: 21). 미국의 압력하에 한국 정부는 1953년 12월과 1955

년 8월에 환율을 재조정하긴 했지만 1960년까지 더 이상의 환율조정은 없었다. 그러나 국내 인플레이션율은 평가절하율을 훨씬 상회했었고, 이에 따라 공식 환율은 1950년대 전반에 걸쳐 지속적으로 평가절상되어 있었다.[7]

이러한 환율정책과 더불어 원조수입의 극대화를 위한 또 하나의 중요한 수단으로서 한국 정부는 국내재정 및 금융불균형(domestic fiscal and financial gaps)의 극대화를 추구하였다. 즉, 세입증대와 국내저축의 동원, 균형예산의 편성 그리고 은행융자의 억제 등을 통하여 경제안정화를 달성하려는 미국의 의도와는 달리 한국 정부는 내자의 동원은 의도적으로 무시하면서, 원조와 인플레이션에 의존하는 자원배분과정에만 정책의 주안점을 두었다. 그리하여 미국의 압력에도 불구하고 한국 정부가 취한 정책들은 조세정책에서는 낮은 세율, 중앙은행으로부터의 차입에 의존하는 적자재정, 저금리정책 및 무분별한 신용의 팽창으로 특징지어진다(Cole & Lyman, 1971: 170). 그 결과 수입대체 산업화 전 기간을 통하여 재정적자가 정부지출의 약 53%에 이르게 되었던바 이는 만성적인 인플레이션의 근본원인이었다. 이에 따라 금융기관의 실질 여 · 수신 금리는 모두 마이너스 이자율을 보이게 되어 저축성 예금이 전체 금융기관 융자액의 18%밖에 차지하지 못하는 심각한 금융불균형현상이 초래되었을 뿐만 아니라 자원배분과정에의 참여 그 자체가 막대한 이윤을 보장해 주는 것이 되어 이에 따른 대출수요의 무제한적 팽창은 금융불균형을 더욱 심화시키는 악순환을 초래하였다.

이러한 정책을 통하여 원조수입의 극대화와 정치적 기반의 유지라

7 서석태 교수의 연구에 의하면 수입대체 산업화 전 기간을 통하여 환율이 100% 이상 평가절상되어 있었다고 한다. Suh(1977) 참조.

는 이중의 목적을 달성하기 위해 이승만 정부는 재정불균형(fiscal gap, 즉 국가수입과 재정지출 간의 격차)과 금융불균형(financial gap, 즉 저축과 대출 간의 격차)을 의도적으로 창출해 냈던 것이다. 평가절상된 환율과 더불어 이러한 재정 및 금융 불균형, 즉 대내외불균형의 창출과 유지는 원조수입의 극대화를 위한 방편으로 이용되었지만, 원조공여의 최종적 결정권이 한국 정부의 통제하에 있지 않는 이상 원조의 삭감이 일어날 경우 이는 곧바로 심각한 국가의 재정 · 금융위기로 연결될 수 있는 것이었다. 원조에 기반한 심각한 재정 · 금융불균형의 존재, 즉 국가의 잠재적 재정 · 금융위기는 1950년대 한국 수입대체 산업화의 가장 중요한, 그러면서도 가장 모순적인 특징이었다고 할 수 있다.

1950년대 후반 원조감소에 따른 국가수입의 부족분을 상쇄하기 위하여 이승만 정부는 내자동원 노력을 강화하였지만, 이것이 기존의 대내외불균형정책으로부터의 탈피를 의미하는 것은 아니었다. 1957년 재정안정계획의 실시와 함께 조세부담률은 1957년의 8.6%에서 1958년의 10.0%, 그리고 1959년의 13.3%로 증가추세를 보였다. 그러나 이러한 조세부담률의 증가를 내자동원정책의 변화로 해석할 수는 없다. 그 첫 번째 이유는 비록 원조의 감소와 재정안정계획의 실시로 인하여 증세가 단행되었지만, 원조의 감소는 다시 경제성장률의 둔화를 초래하였으므로 GNP 대비 조세수입의 비율을 당연히 높이게 되었다는 점이고(김명윤, 1966: 191), 두 번째 이유는 이 시기 증세의 대부분이 법인세나 개인소득세 등 직접세의 증가에 의한 것이 아니라 이 기간 중 신설된 외환특별세와 교육세 등의 임시세와 물품세, 관세 등의 간접세 수입의 증대에 기인하였다는 점이다.[8] 여기서 외환세, 물

8 예를 들면 외환특별세는 1959년과 1960년도 조세총액의 22.3%와 20.2%를 각각 차지하였다.

품세, 관세수입의 증가는 이 시기 미국 원조의 집중적 도입과 관련된 것으로서(김명윤, 1966: 91-92), 원조의 감소분을 내자동원의 강화로 충당한 것이 아니라 원조 의존적 세제의 신설 내지 세율의 인상 등으로 대응했다는 점에서 1950년대 후반의 조세부담률 증가를 국가의 내자동원정책의 전면적 전환이나 '대내외불균형의 유지'라는 기존의 정책 기조를 포기한 것으로 볼 수는 없다.

수입대체 산업화기의 재정 · 금융정책과 관련하여 또 하나 특기할 만한 점은 1950년대 후반 원조의 감소와 그에 따른 재정투융자 절대액의 감소에도 불구하고,[9] 제조업부문 특히 생산재산업에 대한 국가의 지원이 더욱 강화되었다는 사실이다. 이는 수입대체 산업화 전 기간을 통하여 전체 금융기관 대출의 약 40%를, 그리고 시설자금 융자의 약 75%를 차지하였던 산업은행의 산업별 융자추이에서 뚜렷이 드러난다. 즉, 산업은행의 대출총액 중 제조업에 대한 대출의 비중이 1954년의 37.3%에서 1960년의 64.1%로 증가하였을 뿐만 아니라 제조업 중에서도 생산재공업 대 소비재공업의 대출비율이 1954~56년간의 4 : 6에서 1957~60년간에는 6 : 4로 역전되었다(김재훈, 1988: 151~160). 1950년대 후반 원조의 삭감이라는 객관적 제약요인에도 불구하고 제조업 특히 생산재부문에 대한 국가의 집중적 지원은 1950년대 이승만 정권하의 경제정책을 단순히 원조 기생적 차원으로만 이해할 경우 설명되지 않는다. 원조가 삭감될 경우 현상유지적인 정책이 가장 안전한 정책방향이지만 이승만 정부는 오히려 투자의 회임기간이 긴 생산재부문에 투자를 확대하는 일견 이해하기 어려운 정책을 펼쳤다. 그러나 1950년대 말에 나타난 정부의 투융자 방향은 일본 중

9 재정투융자 총액은 1957년의 13,462백만 원에서 1960년에는 7,836백만 원으로 거의 반으로 줄어들었다(김명윤, 1966 : 88).

심의 동북아시아 경제권 재편성을 도모하는 미국 원조정책의 궁극적 목표와 자립경제를 달성하려는 이승만 정부의 경제정책 사이에 상당한 갈등이 존재하고 있었음을 극명하게 보여주는 것이다. 물론 저금리정책하에서 이루어진 제조업부문 혹은 생산재부문에 대한 강조가 수입대체 산업화기의 지대추구행위를 부정할 만한 근거는 되지 못한다. 그러나 위의 경향이 의미하는 바는 원조물자 배분과정에의 참여와 저금리정책에 의한 이윤의 수취도 1950년대 말에 오게 되면 생산에 대한 참여를 그 전제로 하게 되었다는 것으로서, 이는 후술하는 바와 같이 한국 수입대체 산업화의 위기가 과잉시설의 존재와 가동률 저하현상으로 나타나게 되는 주요한 원인이 된다.

다. 수입대체 산업화의 위기

앞에서 살펴본 대로 1950년대 수입대체 산업화의 추진은 국가에 의한 대내외불균형의 창출과 유지에 기반하고 있었다. 그러나 이러한 전략의 모순성은 국가의 통제권 외에 있는 원조가 이러한 대내외불균형을 보충해 주고 있었다는 데 있다. 그리하여 한국의 수입대체 산업화는 원조의 감소라는 외적인 조건에 의해서 일순간 몰락할 수 있는 가능성을 항상 지니고 있었다고 할 수 있다. 제2차 세계대전 이후 서방진영에 대한 미국의 막대한 원조공여는 1950년대 후반 미국의 국제수지를 악화시키게 되었는데, 미국은 이에 대해 자연히 원조의 감축으로 대응하였다. 1957년에 이르러 미국은 한국에 대한 경제원조의 삭감을 결정하였고 이에 더하여 한국 정부에 원조지속의 조건으로서 안정화 시책을 강력하게 요구하였다. 안정화 정책은 자연히 통화팽창에 대한 통제와 재정적자의 축소를 그 주된 내용으로 하게 되어 인플레이션의 억제에는 상당히 기여하였다. 그러나 안정화 정책은 미 원조당국의 기대와는 달리 투자의 촉진은커녕, 오히려 민간부문의 소비와 투자를 위축시키는 결과를 초래하였다. 더욱이 원조의 삭감은 지속적인 수입대체 산업화에 필요한 원자재, 중간재 및 자본재 수입의 감소를 초래함으로써 1959년과 1960년에 이르러서는 경제성장률이 급격히 둔화하게 되었다.[10]

또한 비내구성 소비재에 의존하는 수입대체 산업화는 1950년대 말에 이르러서는 내수시장의 협소화(market saturation)라는 문제에 봉착하였다. 그런데 국내시장의 협소화가 제1차 수입대체 산업화 전략을 추구한 모든 국가가 공통적으로 경험하게 된 일반적 특성이라면, 한국 수입대체 산업화 위기의 독특성은 1950년대 국가의 재정 · 금융정책의 직접적인 결과로 초래된 민간부문에서의 과잉투자와 막대한 유휴시설의 존재에서 찾을 수 있다. 환차익과 저금리에 기반한 이윤창출이라는 원조의존 경제의 독특한 특성은 1950년대 상업자본의 발호를 가능케 한 조건이기도 했지만, 이러한 상황하에서도 국가의 수입대체 산업화 전략추구는 일변 산업자본의 성장도 동시에 가능케 했다고 할 수 있다. 즉 이 시기 원조물자의 배분은 원칙적으로 실수요자 원칙에 의하여 이루어졌는데, 이는 원조배분과정에의 접근에 의한 이윤의 창출이 단지 정치권력과의 유착에 의해서만 이루어진 것이 아니라 생산시설의 소유나 생산 활동에의 직접적인 참여를 그 기본전제로 했음을 의미하는 것이다. 따라서 한국에서의 수입대체 산업화는 민간부문에서 내수의 제한성에 구애받지 않는 생산시설의 확장, 즉 과잉

10 1957년과 1958년 각각 8.7%, 7.0%에 달하였던 경제성장률이 1959년에는 5.2%로, 그리고 1960년에는 2.1%로 저하된다.

투자와 과잉시설을 초래할 수 있는 가능성을 항상 지니고 있었다고 할 수 있다.

원조의 삭감에 대한 한국 정부의 대응양식은 이러한 경향을 더욱 심화시키는 방향으로 작용하였다. 원조의 배분과정이 본질적으로 정치적일 수밖에 없었던 상황에서 원조의 감소와 재정안정계획의 집행은 원조의 배분과정을 가격기제에 의한 수요와 공급의 균형이라는 방향으로 전환시킨 것이 아니라 원조 배분과정에 대한 국가의 행정적 통제를 더욱 강화시키는 방향으로 전개되었다. 수입규제의 강화와 실수요자 원칙에 의한 원조 배분방식은 수입원자재와 중간재 등의 상대적 가격을 자의적으로 낮추었고, 이에 더하여 민간기업은 생산 및 공급의 감소로 인하여 최종생산물의 가격을 손쉽게 올릴 수 있었던 것이다. 이러한 두 가지 경향은 민간기업이 전반적인 생산 수준의 저하에도 불구하고 단위당 생산에 대해서는 막대한 이윤을 얻을 수 있었다는 것을 의미한다(Cole & Lyman, 1971). 그리하여 민간의 투자 활동은 수입 원자재와 중간재를 경쟁적으로 확보하는 방향으로 진행되었고(Cole, 1980) 이는 자연히 수입대체 산업화기의 과잉투자와 과잉시설의 증가경향을 더욱 심화시키는 방향으로 작용하였다. 이러한 경향은 1955년과 1963년 사이 민간기업의 수가 8,628개에서 18,310개로 두 배 이상 증가한 데서 여실히 드러나고 있다(Lim, 1981: 49~50). 과잉시설의 문제는 수입 의존적이었던 소비재산업에서 극명하게 표출되었는데, 1961년도의 경우 제당산업의 가동률이 26.1%, 제분산업이 23.3%, 그리고 방직산업의 가동률은 49.2%에 머물렀다(박찬일, 1981: 92).

1950년대 수입대체 산업화의 또 다른 위기적 양상은 재정안정계획의 직접적 결과인 한국 농업의 피폐화에서 찾을 수 있다. 이 시기 물가의 안정은 미공법 제480조(PL480)에 의한 미 잉여농산물의 초과도입과 그에 따른 정부의 저곡가정책에 의해 뒷받침되었는데, 저곡가정책의 근본 목적이 물가안정을 통하여 원조수입의 극대화를 기하기 위한 환율의 유지에 있었음은 주지의 사실이다. 그리하여 1950년대 전 기간을 통하여 정부의 쌀 수매가격은 농가의 생산비에도 미치지 못하였고, 그 결과 1957~60년간 제조업의 연간성장률은 10%에 달하지만 농업의 성장률은 불과 1.6%에 머무르게 된다(Ban *et al.*, 1980: 240, Michell, 1988: 31). 잉여농산물의 대량도입에 의한 농산물가격의 하락과 농업의 빈곤화는 원조와 함께 농촌으로부터의 자원의 이전이 1950년대 수입대체 산업화를 지탱하는 이대 지주였음을 의미하는 것이다. 그런데 이 시기 GNP의 40% 이상을 그리고 노동력의 60% 이상을 차지하는 농업의 빈곤화는 결국 구매력의 상실, 즉 내수시장의 협소화로 귀결될 수밖에 없는 것이었다.

결론적으로 원조수입의 극대화를 위한 방편으로 이용되었던 재정 · 금융불균형의 유지 · 확대정책은 1950년대 후반 원조의 격감이라는 객관적 상황에서 곧바로 국가의 재정 · 금융위기로 귀결되었으며, 이는 산업부문에서의 과잉투자와 과잉시설의 존재 그리고 안정화 정책에 의한 농업의 빈곤화 및 그에 따른 유효수요의 부족, 즉 내수시장의 협소화와 더불어 1950년대 수입대체 산업화의 위기를 집약적으로 표현하는 것이었다.

2. 수출지향 산업화로의 전환

가. 전환기 자본의 성격과 수출지향 산업화

수출지향 산업화로의 전환에 관한 국가중심론적 해석의 핵심은 "수출 의존적 성장의 예견된 혜택에도 불구하고, 한국 정부는 경제정책에 대한 지속적인 반대에 직면할 수밖에 없었다."는 Haggard와 Moon의 주장에서 극명하게 드러난다(Haggard & Moon, 1983: 138). 그리하여 국가중심론에서는 이러한 수출지향 산업화의 예견된 혜택을 현실화할 수 있는 조건이 정치변동에 따른 국가의 정치적 격리성의 증대와 국가능력 향상에 의해 창출되어졌다고 주장한다. 그러나 한국에서 과연 수출지향 산업화로의 전환에 심각한 정치적 반대가 존재했었는가에 대해서, 그리하여 국가중심론의 기본명제에 대해서 우리는 깊은 의문을 제기하지 않을 수 없다. 수출지향 산업화로의 전환에 관한 국가중심론적 해석의 오류는 수입대체 산업화 위기의 특성과 전환기 자본의 성격에 관한 오해로부터 비롯된다.

앞에서 살펴본 대로 수입대체 산업화의 위기적 양상은 민간부문에서의 과잉시설의 존재와 가동률 저하로 나타났다. 이러한 과잉시설의 문제는 방직산업과 식품가공산업, 즉 수입대체 산업화를 주도했던 노동집약적인 비내구성 소비재산업에서 가장 심각하였는데, 내수시장의 한계에 직면하여 한국의 기업가들은 생존과 성장을 위한 대안을 모색치 않을 수 없었던 것이고 세계시장을 향한 생산만이 이 시기 자본축적의 위기를 극복할 수 있는 유일한 대안이었다고 할 수 있다.[11]

---

11 여기서 한국 제조업의 가동률이 1962년과 1971년 사이 두 배 이상 증가했다는 사실

이러한 측면에서 제1차 경제개발 5개년계획 실시 이전의 민간자본의 활력과 수출증가세를 과소평가해서는 안 된다. 1960년과 1961년도의 수출신장률은 각각 66%, 21%에 달했을 뿐만 아니라 대 일본 수출이 총수출의 47%를 차지하였다. 이것이 의미하는 바는 수입대체 산업화기 미국이 의도하였던 일본을 중심으로 하는 동북아경제권 재편이 1960년대 초반에 이미 한국 경제구조를 생산재부문의 대외의존성 심화와 소비재공업중심이라는 방향으로 재편시켰을 뿐만 아니라, 이러한 왜곡된 경제구조하에서 소비재산업 부문의 과잉시설의 존재는 미·일 수출시장 개척으로 귀결될 수밖에 없었다고 할 것이다.

제1차 경제개발 5개년계획의 원 계획안이 수출지향 산업화보다는 수입대체 산업화를 강조했었다는 점 또한 국가엘리트들의 주도에 의한 수출지향 산업화로의 전환이라는 국가중심론적인 해석에 대해서 의문을 제기케 하는 근거가 된다. 즉 제1차 경제개발 5개년계획은 애초 수입대체 산업화의 심화와 식량의 자급자족에 대해서만 강조를 했을 뿐 수출에 대한 강조는 농·광산물 수출만을 단순히 언급하고 있을 뿐이다(Cheng, 1990). 이러한 사실은 정권의 변화 이후에도 산업화 전략에 대한 국가의 기본방침이 이승만 정권하에서 미 원조당국과의 갈등요인이었던 생산재산업과 수입대체 산업화 심화에 대한 강조로부터 근본적으로 변화하지 않았음을 의미하는 것이다. 그러나 수출의 증가세는 예상치 못할 만큼 급속한 것이었다. 예를 들면 1963년에 제조업의 수출은 전년 대비 2천9백만 달러, 즉 4배의 급속한 신장률을 기록했을 뿐만 아니라 1966년에 오게 되면 경공업제품의 수출이 외환수입의 주요 원천이 된다(Cole & Lyman, 1971: 156; Hamilton, 1986: 44).

에 주목할 필요가 있다. Alam(1989)을 참조할 것.

그리하여 수입대체 산업화에 대한 계획상의 강조에도 불구하고 이러한 괄목할 만한 수출증가세는 국가의 산업화 정책이 수입대체 산업화에서 수출지향 산업화로 전환하게 되는 중요한 계기가 된다. 이는 곧 민간자본이 수출지향 산업화의 가능성을 증명한 이후에야 국가가 산업화의 기본 방향을 전환시키고 이를 강화시켜 나갔음을 의미하는 것이다.

국가중심론에 의하면 수입대체 산업화기에 나타나는 지대추구행위는 수출지향 산업화로의 전환에 따라 심각한 위협에 직면하게 되고, 이러한 지대추구행위와의 절연을 통한 산업화 전략의 전환은 국가의 정치적 격리성 및 독립성의 증대에 의해서만 이루어질 수 있다고 주장한다. 이는 곧 앞서 이야기한 산업화 정책 전환기의 민간자본의 정치적 반대를 암묵적으로 가정하고 있는 것이다. 그러나 이러한 주장 또한 수입대체 산업화 위기의 성격에 대한 오해에서 비롯되었다고 할 수 있다. 1950년대 자본가계급의 성장이 전체적으로 원조물자의 배분과정에서 발생하는 지대의 수취에 기반했던 것은 사실이다. 그러나 이와 동시에 원조배분과 생산 활동의 연계에 의한 산업자본의 성장과 그 결과로서 파생된 시설과잉의 문제는 지대추구의 주요한 원천이었던 원조의 감소에 따라 기업 이윤추구행위의 근본적 변화를 촉구하게 되는 결정적 요인으로 작용했음을 인식할 필요가 있다. 이러한 사실은 국내시장의 한계에 직면한 면방직공업에서 1950년대 후반부터 이미 과잉생산된 물품의 수출을 기도했을 뿐만 아니라 이를 위한 수출보조금 지원을 정부에 먼저 요구했었던 데서 단적으로 드러난다 (Amsden, 1989: 143). 이것이 의미하는 바는 국가중심론의 주장과는 달리 이 시기 한국의 민간자본이 수입대체 산업화의 지속에 대해 강한 집착을 가지고 수출지향 산업화로의 전환에 강력히 반발했던 것은 아니라는 점이다.

이렇게 볼 때, 국가중심론은 산업화 전략 전환기 국가의 상대적 자율성의 정도를 과대평가하고 있음을 지적할 수 있다. 즉 국가중심론은 이 시기에도 국가자율성이 자본의 요구에 의해서 구조적으로 제약받고 있었다는 사실을 무시하고 있는 것이다. 비록 이 시기에 자본가계급이 정치적 세력으로서는 상대적 열위에 있었다는 점을 인정한다 하더라도 국가는 기업의 신뢰를 회복해야 한다는 구조적 요구로부터는 자유로울 수 없었던 것이다. 따라서 산업화 전략을 전환시킴으로써 오히려 국가는 자본의 이익을 증진시킬 수 있는 제도적 장치를 마련했으며, 이는 국가엘리트들의 주도에 의한 정책변화가 아니라 민간자본에 의해서 변화된 자본축적 양식의 변화를 국가가 더욱 강화시킨 데 불과했다고 할 수 있다.

결론적으로 국가중심론의 문제점은 국가 주도성에 대한 강조로 말미암아 산업화 전략 변화과정을 지나치게 의도적인 것으로 파악하는 데 있다고 해야 할 것이다. 국가중심론은 전 단계 자본축적양식의 위기가 국가와 경제 및 사회세력 간의 동태적인 상호작용과정에서 어떻게 새로운 형태의 산업화 전략을 낳게 되었는가를 분석하지 않고 단순히 수출지향 산업화의 이점을 국가엘리트들의 독자성에 의해서 추구하게 되었고 이를 가능케 한 정치적 이유와 제도적 맥락만을 분석하고 있는 것이다. 이는 수출지향 산업화의 결과로서 나타나는 제 현상을 예견된 결과에 기반한 국가엘리트들의 정책집행으로 설명해 버리는 설명방식상의 오류를 범하는 것이라고 할 수 있다.

나. 국가의 재정 · 금융 위기와 수출지향 산업화로의 전환

수입대체 산업화를 위한 재원조달방식 또한 다음 단계 산업화 전략으로의 전환에 중대한 의미를 지니고 있다. 미국의 원조가 1950년대 수입대체 산업화의 주요한 원천이었다는 사실은 매우 중요한 의미를 가지고 있다. 앞서 살펴본 대로 1950년대 후반 미국의 국제수지 악화로 인한 원조의 감소에 따라 이 시기 산업화 패턴은 전반적인 위기에 직면하게 되고, 국가나 민간부문 모두 산업화를 위한 재원동원의 대안적 방법을 모색하지 않을 수 없었다. 여기서 주목해야 할 점은 천연자원의 부족이라는 객관적인 상황하에서 자원동원을 위한 대안적 방법의 모색은 수출지향 산업화의 촉진이라는 거창한 의미를 갖기 이전에 경제의 일상적 운용이라는 긴급한 문제의 해결을 위해서도 불가피했다는 것이다. 이 점은 농산물 및 지하자원 등의 수출에 의한 외환수입의 증가가 제1차 수입대체 산업화에서 수입대체 산업화 심화의 길로 전개되는 데 중요한 역할을 담당했었다고 평가되는 라틴아메리카에서의 산업화 정책 전환패턴과 한국의 경우를 뚜렷하게 대비시켜 주는 것이다.

산업화를 위한 재원의 부족은 내자동원의 강화에 의해서 해결될 수 있는 것이었지만, 이 시기 한국의 내수시장이 수입대체 산업화의 심화를 지탱해 줄 만큼의 규모를 갖지 못했던 것과 마찬가지로 내자동원의 가능성 또한 매우 제한되어 있었다. 이러한 상황하에서 외자의 도입은 필연적으로 한국 경제의 국제화를 그 전제로 하는 것이었다. 바꿔 말하면, 천연자원의 수출에 의한 외환수입의 증가가 크게 제약되어 있는 상황에서 원조와는 달리 상환의 부담을 갖는 외자의 도입은 종래 내수시장을 겨냥했던 경공업제품의 수출과 그에 따른 외환수입 증가라는 방향으로 산업정책의 방향을 전환시킬 것을 필연적으로 요구했다는 것이다. 같은 이유로 외자의 도입은 생산 활동에 기반한 이윤의 창출, 즉 산업자본의 위상을 강화시키는 주요한 계기도 되었다.

한국 경제에 대한 대부분의 글들은 한국 정부가 수출지향 산업화를 추구하기 위해 외자를 도입하게 되었다고 무비판적으로 가정한다. 물론 수출신장에 경제의 사활을 걸게 된 1960년대 이후 외자의 도입은 수출지향 산업화 정책의 집행에 필수적인 요소였다. 그러나 산업화 정책 집행단계와 정책의 전환단계는 분석적으로 분명히 구분되어야 한다. 이러한 측면에서 한국 정부가 수출지향 산업화를 추진하기 위하여 외자를 도입한 것이 아니라 외자의 도입을 위하여 경제의 기본 방향을 수정했다는 점을 인식하는 것이 무엇보다도 중요하다 하겠다. Krueger(1982)가 적절히 지적했듯이 한국 정부는 수출지향 산업화를 목적으로서가 아니라 수단으로서 추진했던 것이다. 즉 Hamilton (1986)이 지적한 대로 한국은 수출을 하기 위하여 수입을 한 것이 아니라 수입을 하기 위하여 수출을 했다고 해석하는 것이 이 시기 한국 경제상황을 올바로 평가하는 것이라 할 수 있다. 이는 1963~71년 사이 한국 경제가 수출지향적이긴 했어도 수출의존적이지는 않았다는 Michell(1988)의 주장과도 일맥상통하는 것이다. 즉 Michell에 의하면 이 시기 GNP 성장률에 대한 수출의 기여도는 30% 이하였다고 하는데, 이는 수출지향 산업화의 수단적 의미를 극명하게 보여주는 중요한 논거라고 할 수 있다.

결국 적극적인 수출지향 산업화 전략 추구의 근본적인 배경이 국가의 재정 · 금융위기를 해소하려는 노력이었음을 인식하지 않으면 안 된다. 다시 말해서 원조의 격감과 국가의 재정 · 금융위기 심화에 따라 국가는 산업화를 위한 재원조달의 대안적 방법을 모색할 수밖에 없었으며, 상환의 부담을 갖는 외자의 도입은 경제의 국제화를 필연적으로 요구했던 것이다. 이는 이 시기 기존 유휴시설의 가동률 급증에 의한 민간부문에서의 예상치 못한 수출증대와 함께 수출지향 산업화 전략으로의 전환에 대한 논거를 더욱 강화시켜 준 것으로 해석해야 할 것이다. 물론 우리는 여기서 한국 산업화 과정에서의 국가의 능동적 역할을 부정하려는 것은 아니다. 그러나 산업화 정책 집행과정에서의 국가의 능동적 역할이 산업화 전략 전환과정에서의 국가 주도성을 주장하는 근거일 수는 없다고 하겠다.

다. 정치변동과 산업화 전략의 변화

우리나라에서 수출지향 산업화로의 전환은 5·16 군사쿠데타라는 정치적 변동 이후에나 가능했다. 그러나 정치적 변동이 곧바로 산업화 전략의 변화를 가져온 것은 아니었다. Amsden(1989: 1)이 지적한 대로 5·16 주도세력은 투자정책이나 환율정책 등 경제이론에 근거하여 수출지향 산업화를 지향하는 구체적인 정책대안을 갖고 있지 않았다. 대신 5·16 이후의 초기 경제정책은 '중농정책'과 '수입대체 산업화의 심화'로 특징지을 수 있다. 단기적으로 군사정부는 1950년대 후반 미국의 압력하에 시행된 재정안정계획에 따른 경제성장률 둔화에 대한 대응으로서 중앙은행의 발권력에 의존하는 팽창적인 재정 · 금융정책으로 전환하는 동시에, 도시중산층 및 중소기업가 특히 농민의 이익을 일정하게 반영하는 부분적 민중주의 정책을 추진하였다. 초기 경제정책의 대표적인 예로서 공공사업 및 투자의 확대, 공무원 임금 인상, 중소기업은행 및 농협의 설립, 농어촌 고리채탕감 및 정부수매가 인상 등을 들 수 있다. 물론 이러한 정책은 쿠데타 주도세력의 지역적 출신배경과, 도시중산층과 농민의 지지에 기반한 정권의 정통성 확보라는 군부의 의도를 일정하게 반영하고 있다. 그러나 5·16 직후의 중농정책은 1950년대 후반 이후 현재화되기 시작한 1차 수입대체 산업화의 위기에 대한 정책적 대응의 성격이 더욱 강하다고 할 수 있다. 즉 5·16 직후 경제정책은 수입대체 산업화라는 기본적 정책 틀을 벗어나지 않은 상태에서 수입대체 산업화의 위기 해소를 시도한 것으로서, 내수시장의 한계와 과잉시설의 문제는 팽창정책과 부분적인 민중정책에 기반한 유효수요의 창출을 통해 해결하는 동시에, 원조의 삭감에 따른 외환부족의 문제는 농업생산의 증대와 그에 따른 농산물 수출의 증가로 해결하고자 했음을 의미하는 것이다.

이러한 단기적 정책과 더불어 경제위기에 대한 장기적 대응으로서 추진된 것이 제1차 경제개발 5개년계획인데, 이 계획의 원안은 수출지향 산업화가 아니라 전력 및 동력 자원에 대한 투자확대와 시멘트, 비료, 금속 및 제철 등의 기초산업에 대한 수입대체 산업화의 심화를 강조한 데 그 특징이 있다(Cole & Lyman, 1971: 159). 이러한 수입대체 산업화 심화정책 추진의 배경으로서는 제1차 경제개발 5개년계획이 이승만 정부하에서 수립되었던 경제개발계획을 수정 없이 그대로 받아들였다는 점과 함께,[12] 1950년대 발전경쟁에서 뒤진 남한의 생산력 체제를 정비하려는 북한과의 정치·경제적 대결양상을 들 수 있을 것이다. 또한 부국강병이라는 전전 일본의 발전모델에 영향받은 박정희와 쿠데타 주도세력에게는 중공업화야말로 국가안보를 위한 첩경으

12 앞에서 지적한 바와 같이 1950년대 후반 재정투융자는 비료산업과 전력산업 등 기간산업에 집중되고 있다.

로 인식되었음도 지적되어야 할 것이다.

그러나 미국 원조의 삭감과 이를 대체할 산업화를 위한 대안적 재원의 부재라는 객관적 상황하에서 추진된 초기 팽창정책과 과도한 수입대체 산업화 전략은 인플레이션을 심화시킴과 동시에 국제수지상황을 악화시킴으로써 장기적 자본축적을 위한 기반을 훼손하게 된다. 더욱이 1962년과 1963년에 걸친 흉작은 경제적 어려움을 더욱 심화시켰고, 인플레이션의 앙등, 식량부족 및 외환보유고의 격감은 한국정부로 하여금 외부압력에 대단히 취약하게 만드는 객관적인 요인으로 작용하였다. 즉, 경제상황의 악화는 국가예산의 절반 이상을 제공하는 미 원조당국의 협상력을 제고시킬 수 있게 한 조건이었다(Kim, 1975: 234-235). 1950년대 말과 마찬가지로 이 시기 경제운용에 대한 미국의 기본입장은 재정적자 및 은행융자의 축소, 조세 및 이자율 개혁에 의한 국내저축의 증대 그리고 환율의 현실화를 포함하는 안정화 정책으로 요약할 수 있다(U.S. Congress, 1978: 166).

미국의 압력에 의한 안정화 정책의 추진은 군부 내의 세력재편을 가져오게 되는바, 이는 궁극적으로 경제운용에서 전문 기술 관료들에 대한 군부의 의존증대로 나타났다. 더욱이 라틴아메리카와는 달리 미국의 강력한 압력에 의해 민선정부의 구성이 불가피한 정치적 과제가 되면서, 미국의 지속적인 지원의 확보와 함께 과시적인 경제성과의 달성은 정권의 사활을 좌우하는 문제로 등장하게 되었고[13](Payer,

13 1950년대 후반부터 본격화된 일반민중의 경제적 인식의 성장이라는 주관적인 상황과 경제위기라는 객관적인 상황하에서 1960년대의 어느 정권도 가시적인 경제성과의 창출 없이는 장기적으로 정권을 유지할 수 없었다고 할 수 있다. 이러한 측면에서 Cole과 Lyman(1971: 80)은 "회고해 보건대, 궁극적인 정당화 및 신정권에 대한 국민적 지지의 원천으로서 경제발전에 대한 점증하는 강조는 당연한 것이었다. 전 시기에 진행된 경제적 인식의 성장은 경제적 성취를 1960년 이후 정권을 유지하고자

1976), 공화당 창당이라는 정치적 상황과 맞물려 위의 경향을 더욱 심화시키게 되었다. 다시 말해서, 5·16 직후의 경제정책에 의한 경제위기의 심화와 미국의 압력으로 인해 군부 내에서는 원조당국의 정책에 보다 호의적인 분파가 그리고 국가 관료제 내에서는 전문 기술 관료들의 상대적 입지가 강화되는 조건이 제공되었다고 할 수 있다(Cole & Lyman, 1971; Payer, 1976; Haggard & Moon, 1983; Cheng, 1990). 이러한 기술 관료들의 입지는 주지하는 바와 같이 경제기획원 및 기타 경제부처의 재편성을 통하여 더욱 강화되고, 이는 국가가 사회세력들의 영향력으로부터 일정하게 정치적으로 격리될 수 있는 동시에 산업화를 위한 합리적·체계적 정책결정을 할 수 있는 제도적 장치를 마련한 것이라고 할 수 있다. 결국 군부와 기술 관료들 간 동맹을 통한 발전국가의 등장은 군부의 초기 민중주의적·팽창주의적 그리고 내부지향적 산업화 정책의 실패 이후에나 가능했던 것이며,[14] 나아가 이는 국가의 재정·금융위기로 특징지울 수 있는 한국에서의 수입대체 산업화의 위기는 이를 타개하기 위한 정책의 일대전환이 없이는 해소될 수 없었음을 뜻하는 것이라고 할 수 있다.

우리나라에서 수출지향 산업화로의 전환에 이르는 역사적인 과정은 국가의 선택폭을 넓혀 나간 것이 아니라 대단히 제약하는 방향으

하는 어느 정부에게나 필수적인 것(must)으로 만들어 놓았다."고 지적하고 있다. 그렇지만 군의 정통성 확보 노력이 경제발전으로 이어질 수는 있으나 그 자체가 수출지향 산업화라는 구체적인 산업화 전략의 채택을 설명해 주지는 못한다는 점을 인식할 필요가 있다.

14 이러한 군부와 기술 관료들 간 동맹의 형성은 미국과 일본에 의해 주도되는 동북아시아 지역경제 블록으로 한국 경제가 다시 편입되게 되는 중요한 내부적 계기가 된 것이라고 할 수 있다. 더욱이 부정축재자 처리과정 이후 군부와 재벌 간의 관계정상화와 함께 이러한 암묵적 동맹의 형성은 이후 군부, 기술 관료, 그리고 대기업에 기반한 한국의 발전연합 형성의 중요한 역사적인 계기가 되었다고 할 수 있다.

로 나아갔다는 것은 국가의 재정 · 금융위기 등의 개념을 통하여 이미 설명한 바와 같다. 그리하여 국가중심론은 수출지향 산업화 추진과정에서의 국가의 능동적인 역할을 산업화 전략 전환기의 국가자율성의 증대로 확대해석해 버리는 오류를 범하고 있다고 할 수 있다. 결론적으로 산업화 전략 변화를 설명하는 데 있어 경제적 제약요인만을 일방적으로 강조하는 것이 결정론적(deterministic) 설명 방식의 함정에 빠질 수 있다면, 정치적 변수에 대한 일면적 강조는 자원론적(voluntaristic) 설명 방식의 함정에 빠지게 된다. 이러한 측면에서 산업화 전략을 설명하기 위해서는 정치적 · 제도적 차원의 논의뿐만 아니라 국가와 경제의 관계, 특히 국가 활동에 대한 경제적 제약요인을 분석하지 않으면 안 된다. 이는 곧 경제적 요인과 정치적 변수의 동태적 상호작용을 고찰할 때만이 국가의 산업화 정책을 효과적으로 설명할 수 있음을 의미하는 것이다. 이와 관련하여 지적할 수 있는 것이 한국에서의 수출지향 산업화로의 전환에 있어 미국의 역할을 확대해석하는 설명 방식의 문제점이다. 미국의 압력이 위에서 살펴본 대로 군부 내 세력재편과 기술 관료의 입지강화를 가져오게 되는 역할을 수행한 점은 부인할 수 없다. 그러나 비록 미국이 원조를 이용하여 정치 · 경제적인 개혁을 강제했다고 하더라도, 수입대체 산업화에서 수출지향 산업화로의 전환이 미국 압력의 직접적인 결과였다고 단정지을 수는 없다.[15]

외부적 압력이 그렇게 지대한 영향을 미칠 수 있었던 원인은 오직 내재적 요인의 형성과 변화를 고찰한 이후에나 설명이 가능할 뿐만 아니라 외적인 압력은 단지 일정한 시기의 지배적인 산업화 전략의

15 한국에서의 수출지향 산업화로의 전환이 미국에 의해 결정된 것이었다고 주장하는 대표적인 문헌으로는 Cumings(1988)를 들 수 있다.

한계를 분명하게 해줄 뿐 그 자체가 다음 단계 산업화 전략의 구체성까지도 결정지어 주는 것은 아니기 때문이다.[16] 사실 경제정책 방향에 대한 미국의 압력은 지속적으로 존재했었지만, 심각한 경제적 위기 이후에나 미국의 압력은 심대한 영향력을 행사할 수 있었던 것이고, 이 점은 이 시기 한국 경제의 위기, 즉 수입대체 산업화 위기의 특징적 현상에 대한 이해가 다음 단계 산업화 전략으로의 전환을 설명하는 데 보다 중요한 요소임을 의미하는 것이다. 한국에서 수출지향 산업화 전략으로의 전환과정을 설명함에 있어 미국의 압력이라는 외부적 요인과 국가엘리트의 정책아이디어라는 정치적 측면에 대한 일면적 강조는 필연적으로 한국 산업화 과정에서의 내부적 · 경제적 요인의 무시라는 결과를 가져오게 된다. 결국 정치적 · 외부적 변수와 내부적 · 경제적 요인들과의 동태적인 상호작용에 대한 체계적인 분석을 통해서만 국가정책과 제도의 중대한 전환을 설명할 수 있는 것이다.

3. 소결

이 장에서는 우리나라에서 수출지향 산업화로의 전환에 관한 국가중심론적 해석을 비판하면서, 산업화를 위한 재원의 조달과 배분 양

16 예를 들면 원조감소에 따른 원자재 부족문제를 해소하기 위한 외환수입의 증대와 가동률 저하문제를 해소하기 위하여 면방직업계는 1950년대 후반부터 해외시장의 개척에 나서지만, 1960년대 중반까지 미국은 지속적으로 면방직산업의 수출산업으로의 전환에 반대하고 있다. 이는 미국이 한국의 수출지향 산업화로의 전환에 대해 일관된 지원을 제공한 것은 아니었음을 의미하는 것이다. Amsden(1989) 및 김양화(1985) 참조.

식에 대한 분석을 기초로 하여 산업화 정책 전환과정에 대한 재해석을 시도하여 보았다. 한국에서의 수입대체 산업화의 일차적 특징은 산업화를 위한 재원을 거의 전적으로 원조에 의존하였다는 사실에서 찾을 수 있다. 그러나 수입대체 산업화로부터 수출지향 산업화로의 전환을 설명하는 데 있어 보다 중요한 것은 원조 의존에 대한 단순한 강조가 아니라 원조의 도입과 배분 과정에서 파생된 수입대체 산업화기의 내재적인 정치경제적 특성들을 분석하고, 이러한 특성들이 원조의 감소에 따라 어떠한 위기로 전환되었는가를 설명하는 동시에, 한국에서의 수입대체 산업화 위기의 독특성들이 산업화 정책 전환기 국가 활동 영역을 어떻게 제약했으며 어떠한 기회를 제공했는가를 규명하는 작업이라고 할 수 있다. 이 장에서는 원조 의존적이었던 1950년대의 수입대체 산업화가 국가의 재정 · 금융위기, 과잉시설의 존재 및 가동률의 저하 그리고 농업의 빈곤화에 따른 내수시장의 협소화로 귀결되었으며, 수출지향 산업화는 궁극적으로 이러한 수입대체 산업화의 위기를 해소하기 위한 국가의 시행착오와 점진적인 대응과정의 결과였음을 밝혔다.

이러한 측면에서 국가중심론은 수입대체 산업화와 수출지향 산업화를 지나치게 단절적인 과정으로 파악함으로써 전 단계 산업화의 내재적 특성과 그 위기의 양상이 수출지향 산업화 정책으로의 전환에 어떤 영향을 미치게 되었는가를 고려하지 않는 문제점을 드러내고 있는 것이다. 따라서 산업화 정책의 전환을 설명하는 데 있어 국가엘리트의 선택과 그 제도적 맥락에 초점을 맞추는 이론적 공헌에도 불구하고 국가중심론의 설명 방식은 불충분(incomplete)하다고 할 수 있다. 결론적으로 한국 자본주의 발전과정에서의 중대한 전환점과 발전국가의 등장을 설명하기 위해서는 국가와 경제의 관계, 국가 활동을 둘러싼 경제적 제약 요인과 기회, 국가 활동을 둘러싼 정치적 · 제도적 요인을 균형 있게 그리고 동태적으로 고려하여야 할 것이다.

제7장

한국 관료제의 역사적 전개

역사의 무게를 도외시하고 한국 관료제의 전개과정을 설명하기는 어렵다. 제5장에서 설명한 바와 같이 대한민국 정부 수립 시에 한국의 관료제는 일제 식민지 관료제의 모습을 상당 정도 유지한 상태에서 미군정의 영향으로 서구식 민주주의 외양을 가지고 출발했다. 그러나 이후 한국의 관료제는 일제 식민지 지배와 미군정의 이러한 강한 영향에도 불구하고, 한국 사회의 정치경제적 변동에 따라 상당한 변화를 경험하게 된다. 그렇다고 한국의 관료제가 그때그때의 사회적 필요성에 따라 완전히 탈바꿈한 것은 절대 아니며, 사회경제적 발전에 따라 단선적인 합리화의 과정을 밟은 것도 아니다. 한국의 관료제는 그 이전 단계 관료제의 모습이 그 다음 단계 관료제의 모습에 지속적인 영향을 미치면서 진화해 왔으며, 동시에 한국 현대 정치의 커다란 역사적 사건에 따라 중대한 전환을 경험하기도 했다. 그리고 이러한 중대한 전환에도 불구하고 이전 단계의 관료제가 완전히 사라지지 않고 잔존함으로써, 현재의 한국 관료제의 모습은 각 단계의 특징적인 관료제의 모습이 병존하는 모습을 지니고 있다. 다시 말해서, 한국 관료제의 역사적 전개과정을 설명할 수 있는 핵심 개념은 역사적 제도주의의 주요 개념인 중대한 전환점(critical juncture), 경로의존(path dependence), 그리고 제도적 층화(institutional layering)라고 할 수 있다(염재호 외, 2004).

우리나라 관료제의 전개에 있어 몇 가지 중대한 전환점으로서는 대한민국 정부의 수립, 5·16 군사 쿠데타 이후의 발전국가의 등장과 이에 따른 억압·발전주의 관료제의 형성, 민주화와 신자유주의의 대두와 이에 따른 관료제의 변화를 들 수 있을 것이다. 이러한 중대한 전환을 겪으면서 관료제의 조직화 방식, 구성, 그리고 정향(orientations)이 커다란 변화를 경험한 바 있다. 그러나 정치·경제적 중대한 전환점을 맞았다고 해서 기존의 관료제가 완전히 새로운 관료제로 탈바꿈한 것은 아니며, 과거에 존재했던 관료제의 모습이 상당 정도 온존하는 이른바 경로의존의 모습을 보이는 경우가 많다. 예를 들면, 2000년대 이후 민주 · 복지사회의 요구 증대에 따라 관료제의 모습도 기존의 개발연대의 관료제에서 새로운 사회적 요구에 대응할 수 있는 관료제로 전환될 것이 요구되고 있지만, 여전히 우리나라의 관료제는 발전주의 관료제의 모습을 유지하고 있는 측면이 많다. 이에 따라 최근에 이르러 우리나라 관료제는 과거의 발전주의적 관료제의 모습, 신자유주의에 영향을 받은 시장친화적 관료제의 모습, 그리고 여기에 더해 사회투자복지 지향적 관료제의 모습이 병존하는 이른바 제도적 층화의 모습을 보이고 있다. 이 장은 먼저 우리나라 관료제의 역사적 전개과정을 각 단계별로 국가와 사회의 관계, 법치와 민주주의의 제도화 수준, 그리고 베버리안 관료제의 제도화 측면에서 살펴본 후, 이어서 우리나라 정부조직의 변화, 정부 인력의 변화를 살펴보는 순으로 구성되어 있다.

1. 한국 관료제의 전개과정

가. 형성기의 한국 관료제

1) 국가-사회관계

1950년대 한국 관료제의 형성기에 있어서 국가와 사회의 관계는 사회에 대한 국가우위가 기본적인 특징이다. 근대 이후 민주화와 자본주의화 과정에 가장 큰 영향을 미치는 사회계급은 지주세력이다(Moore, 1966). 그런데 조선시대에 가장 강력한 사회집단이었던 지주세력은 일제 식민지를 거치면서 일제의 식민지 경영을 위한 수단으로 전락했을 뿐만 아니라 해방 이후에는 농지개혁과 한국 전쟁으로 인해 몰락하게 되었다. 지주계급의 몰락으로 인해 1950년대에 이미 국가가 상당한 자율성을 향유할 수 있었으며, 이는 1960년대 이후 국가가 전근대적 세력의 저항 없이 국가 주도적인 산업화 정책을 원활하게 추진할 수 있었던 결정적 요인이라고 할 수 있다.

해방과 함께 남한에서는 자연스럽게 자본주의적 경제체제를 구축하게 되었지만, 자본주의 사회의 핵심적인 세력이라 할 수 있는 산업자본가계급의 성숙은 매우 뒤처진 상태였다. 자본가계급이 미성숙했을 뿐만 아니라 자본가계급의 성장 그 자체가 국가의 지원에 전적으로 의존했기 때문에, 국가가 자본가계급에 대해 거의 전적인 자율성을 향유할 수 있었다. 1950년대에 기업 활동을 위해서는 기본적인 자본을 마련하는 것이 급선무였는데, 이 시기 자본축적의 원천은 귀속재산과 외국원조에 대한 접근이었다. 귀속재산과 원조물자에 대한 특혜적 배분을 통해 국가가 기업의 생사여탈권을 쥐고 있는 상태에서는 자본축적 그 자체가 국가우위 상태를 보일 수밖에 없었던 것이다. 또한 산업화의 수준이 낮았기 때문에 산업노동자계급이 성장할 여지도 크지 않았으며, 기존의 농민과 노동자 계급도 농지개혁과 한국 전쟁을 거치면서 보수화 내지 약화되었기 때문에(김일영, 2000), 국가는 매우 높은 수준의 자율성을 향유할 수 있었다.

그러나 이 시기 한국의 국가는 높은 자율성과 낮은 능력이라는 자율성과 능력의 심각한 부조화를 특징으로 한다. 즉, 흔히 이야기하는 베버리안 관료제의 모습을 제대로 갖추지 못함으로써 부패 없는 몰인격적(impersonal) 행정을 추구하기 어려웠을 뿐만 아니라 발전을 추진할 정책적 능력 또한 부족했던 것이다. 나아가 원조물자에 대한 통제와 특혜적 배분을 통해 국가 관료제와 기업 모두 지대추구(rent-seeking)를 할 수 있는 상태에서는 도전적인 국가발전을 추진할 이유가 없었다고 할 수 있다. 결국 이 시기 국가는 높은 자율성을 향유하고 있지만 능력은 낮은 상태였고, 행정은 소극적이고 기득권에 집착하는 양상을 보였던 것이다(안병영, 1994).

2) 법치와 민주주의의 제도화

이승만 정부는 형식적으로는 민주공화국의 모습을 갖추고 출발하였지만, 법치의 제도화와 민주적 책무성의 확보 면에서는 매우 낮은 수준에 있었다. Palais(1973: 318)의 표현을 빌리면, “민주주의 제도는 있지만 민주정부는 없는 상황”이었던 것이다. 미국의 영향으로 입법-사법-행정의 삼권분립이 형식적으로는 이루어져 있었지만, 기능적 독립과 분화의 수준은 매우 낮았다. 정치와 행정은 미분화된 상태였으며 정치로부터 행정의 자율성은 존재하지 않았다. 관료제에 대해 권위주의적 정치지도자는 초월적 지배자로 군림하였으며, 관료제는 정권의 수족으로 기능할 뿐이었다. 사법부는 행정부 지배의 도구였을 뿐이며 국민권리의 수호자나 권력균형의 수단과는 거리가 멀었다. 특히, 형식적으로는 법치가 이루어지고 있었지만 국민의 권리를 보호하고 권력자의 자의적 지배를 막기 위한 수단으로서 법이 존재하는 것이 아니라 오히려 지배와 국민에 대한 통제의 수단으로서 법이 운용되는 법에 의한 지배가 존재할 뿐이었다. 그리하여 법이 의도하는 본래의 목적을 추구하기보다는 법의 형식요건에 집착하는 경향이 나타나게 되었던 것이다(안병영, 1994).

3) 베버리안 관료제의 제도화

이승만 정부 관료제는 일본 식민지 지배의 유산이었다. 형태는 근대적 의미의 관료제를 지니고 있었지만, 관료제의 실제는 베버리안 관료제와는 거리가 멀었다. Henderson(1968: 161)의 표현을 빌리면, "관료제의 형태는 일본이었고, 관료제의 기능과 정신은 여전히 조선시대였다."

베버리안 관료제의 제도화에서 핵심적인 내용은 실적주의에 의한 임용과 급료의 지불, 그리고 몰인격적인 행정이라고 할 수 있다. 그런데 이승만 정부하의 관료제는 이러한 내용과는 거리가 멀었다. 먼저, 이승만 정부에서 관료의 임용은 직무수행에 필요한 능력을 공개적으로 검증하여 충원하는 고등고시제도와 이를 거치지 않고 직무에 필요한 학식, 기술, 경험 등을 비공개적으로 인정해서 충원하는 전형 두 가지 방식에 의해서 이루어졌다. 그러나 1949~60년 사이 고등고시와 고등전형 합격자 총 7,440명 중 공개경쟁시험인 고시에 의한 합격자 수는 265명으로 전체의 3.6%에 불과한 반면, 나머지 7,175명(전체의 96.4%)은 전형에 의해 충원되었다(송혜경, 1998: 31). 즉, 연간 고등고시 행정과 합격자 수가 불과 20~30명에 불과하였는데, 이는 실적주의에 의한 관료 임용이 매우 제한적이었음을 보여주는 것이다. 게다가 고시과목도 대부분이 법률과목으로 구성되어 있어서 일본 식민지배의 유산인 의법관료제의 전통이 지속되었고(이한빈, 1967; 박종민·윤견수, 2014), 근대적 의미의 행정관리 능력을 측정하거나 새롭게 충원하는 공무원들이 이러한 능력을 습득하도록 유도할 수도 없는 상황이었다.

베버리안 관료제가 제도화되기 위한 조건 중의 하나가 관료에 대한 정기적 급료의 지급이다. 그런데 이승만 정부에서는 급료의 수준이 낮아 대부분의 공무원들의 생활비를 충족하기 어려웠다. 게다가 주사급 이상 전체 공무원의 수에 해당하는 만큼 많은 수의 임시직원들을 촉탁이라는 이름으로 활용하였는데, 촉탁 직원의 극히 일부에게만 정부예산으로 급료를 지불하고 나머지 촉탁 직원들에게는 '회사 티오(T/O)'라는 명칭하에 사기업체에서 급료를 지불하도록 하였다. 결국 상당수 공무원들의 급료를 사기업으로 하여금 지급하도록 함으로써, 부정부패가 생길 수밖에 없는 구조였을 뿐만 아니라 급료의 지급을 통해 공정한 법의 집행과 몰인격적 행정을 유도할 수도 없는 상황이었다(정용덕, 2004: 134-36).

나. 억압 · 발전주의 관료제

4·19 혁명을 통해 제2공화국이 출범했지만 뒤이은 5·16 군사 쿠데타에 의해 민주주의 실험은 매우 짧게 끝나고 말았다. 군부에 의해 출범한 제3공화국은 이후 1969년의 삼선개헌을 거쳐 1972년 유신헌법을 통해 제4공화국으로 전환했으며, 1979년의 10·26과 1980년의 광주항쟁 등을 거쳐 1981년 제5공화국으로 전환했다. 민정의 외양을 갖추고 있었지만 군부 출신에 의해 정권이 장악되어 있었고 사회의 다양한 요구를 억압한 상태에서 국가 주도적으로 산업화를 추구했기 때문에 이 시기의 관료제를 발전국가형 관료제 혹은 억압 · 발전주의 관료제라고 부른다.

1) 국가-사회관계

이 시기의 국가-사회관계도 기본적으로 국가우위를 특징으로 한다. 이승만 정부와 마찬가지로 지주계급은 몰락한 상태였고 아직까지 산업자본가계급은 성숙되어 있지 않은 상태였다. 그리고 정부가 본격적으로 산업화 정책을 추진한 이후에는 자본축적을 위해 필요한 차관과 금융의 배분권을 정부가 지고 있었기 때문에 정부-기업의 관계에서도 정부우위가 지속되던 시기였다. 산업화가 본격적으로 이루어지지 않아 노동자계급도 성숙되기 이전의 상태였기 때문에, 국가는 매우 높은 자율성을 가지고 정책을 추진해 나갈 수 있었다.

이승만 정부와 가장 큰 차이점이라면, 박정희 정부 이후 국가가 주도적으로 산업화를 추구해 나갔다는 점이다. 국가 주도적인 산업화를 추진한 가장 큰 이유로서는 1950년대 말부터 국제수지문제에 봉착한 미국이 대한원조를 급격히 줄여 나갔기 때문에 이를 대체할 새로운 수입원이 필요했다는 점을 들 수 있다. 새로운 수입원인 차관을 확보하기 위해서는 이를 상환할 수 있는 방법이 필요했고 이러한 필요가 산업화로 나타났던 것이다. 이와 동시에 북한과의 체제경쟁이 국가 주도적인 산업화를 촉발했던 핵심적인 이유였다고 할 수 있다. 5·16 군사 쿠데타를 통해 집권한 군부는 체제경쟁에서 남한이 북한에 비해 결코 유리하지 않은 상태에 있고 이것이 안보 위협으로 다가올 수 있다는 사실을 실감했던 것이다. 예를 들어 Henderson(1968: 330)에 의하면, 1949년 남한의 1인당 GNP 대비 73%에 불과했던 북한의 1인당 GNP가 1962년에는 남한의 150% 이상으로 급성장했다. 또한 한국 전쟁 이후 1963년까지 북한의 경제성장률이 평균 약 14%로 남한의 약 3배에 달했을 뿐만 아니라 북한에서는 중공업발전에 집중하고 있었는데, 이러한 경제적 성과의 차이는 언제든지 안보위협으로 전환될 수 있는 것이었다.[1]

결국 박정희 정부에 이르러서 국가가 자본주의 발전을 주도하는 국가 주도적 산업화가 한국의 대표적 특징으로 자리 잡게 되었다. 이에 따라 국가 관료제의 강화가 자본주의 발전으로 연결되었고, 자본주의 발전에 따라 노동자계급과 중산층의 성장이 나타나게 되어 그 결과 민주주의로 이행하는 관료제 발전 → 자본주의 발달 → 민주화라는

1 앞의 제6장에서 설명한 바와 같이 흔히 알려진 바와는 달리 박정희 정부의 초기 산업화 전략은 수출지향 산업화를 지향한 것이 아니라 수입대체 산업화를 지향하였었다. 수입대체 산업화, 특히 중공업을 중심으로 한 수입대체 산업화는 부국강병(富國强兵)을 위한 첩경이었기 때문이었다. 그러나 외환 부족 등의 이유로 수입대체 산업화에 실패한 이후에야 박정희 정부는 경공업중심의 수출지향 산업화로 산업화 전략의 대대적인 전환을 감행하였던 것이다. 그러나 부국강병과 체제경쟁에서의 승리라는 박정희 정부의 궁극적인 목표는 거의 10년 후에 1973년의 중화학공업화 선언으로 구체화되었다.

역사적 발전의 순서가 나타나게 된 것이다.

이승만 정부에서는 자유당이 집권의 기초였다면, 박정희 정부에서는 군대, 중앙정보부, 관료제가 집권의 기초였다(Henderson, 1968). 특히, 중앙정보부는 정치, 경제 등 거의 모든 영역에 걸쳐 국정기획에 깊숙이 관여했을 뿐만 아니라 이 시기 시민사회에 대한 억압을 대표하는 기구였고, 관료제 내에서는 경제기획원이 경제기획, 예산, 통계, 외화유치 기능을 통해 발전을 대표하는 기구로서 자리매김했다. 특히, 군부는 국가 관료제의 산업화 추진에 대한 외부의 영향력을 차단하는 역할을 수행했다. 이 시기 국가는 중앙정보부와 경제기획원으로 대표되는 관료제를 통해 경제발전계획 수립, 금융과 세제지원을 통한 산업육성 등의 기능을 담당했고, 기업은 국가 주도하의 산업화 추진에 참여했었기 때문에 국가와 기업 간 일종의 발전주의 연립이 형성되었다고 표현하기도 한다(안병영, 1994).

2) 법치와 민주주의의 제도화

지주세력의 몰락, 산업자본가와 노동자계급의 미성숙이라는 사회적 상황으로 말미암아 국가가 높은 자율성을 향유할 수 있는 객관적 상황에서 군부가 국가기구를 장악함으로써, "통치 권력에 의한 관료제의 예속과 관료제에 의한 사회의 예속"(안병영, 1994)이라는 현상이 나타나게 되었다. 군부와 중앙정보부를 핵심으로 억압적 발전주의가 뿌리를 내리기 시작했지만, 박정희 정부 초기에는 절차적 민주주의가 무시된 것은 아니었다. 민정이양 이후의 1963년 대선과 1967년의 대선 모두 절차적 민주주의가 살아 있는 상태에서 실시된 선거였다.

그러나 박정희의 장기 집권을 위해 실시된 1969년의 3선 개헌은 의회와 정당정치가 실종되는 계기였으며, 절차적 민주주의를 완전히 말살한 것이 1972년부터의 유신체제였다고 할 수 있다. 유신체제야말로 행정적 효율성이 정치를 완전히 대체한 시기였다. 결국, 우리나라에서 관료제의 자율성은 정치가 실종된 상태에서의 자율성이었다고 할 수 있다. 따라서 이 시기 관료제의 자율성과 이에 기반한 높은 경제적 성과는 모두 정당, 국회, 시민사회 모두가 정책과정에서 소외됨으로써 정책결정과정이 고도로 탈정치화되었기 때문에 가능한 것이었다(김일영, 2000). 이러한 이유로 이 시기를 관료적 권위주의(bureaucratic authoritarianism) 시기라고도 표현한다(O'Donnell, 1979).

결국 이 시기는 법치의 확립과 민주적 책무성(democratic accountability)의 제도화라는 측면에서는 정체된 시기였다. 절차적 민주주의가 약화되고 궁극적으로 말살된 시기였기 때문에 국민의 권리 보호와 집권자의 자의적 권력행사를 방지한다는 법치가 크게 훼손된 상태였으며, 사회 내의 다양한 이해관계의 조정, 중재, 통합 기능과 함께 국민에 대한 대응성(responsiveness)도 미발달된 상태였다.

3) 베버리안 관료제의 제도화

한국의 관료제가 실적주의에 의한 임용과 경력승진 등 베버리안 관료제의 모습을 제대로 갖추고 조직, 인력, 재정 면에서 본격적으로 확대되기 시작한 것은 1960년대 이후라고 할 수 있다. 그리고 베버리안 관료제의 제도화는 군부의 관료제 참여와 국가 주도적 산업화가 결정적 계기였다.

군대의 관료제에 대한 영향은 한국 전쟁 이후 1950년대 한국 사회의 변동이 낳은 결과물이다. 이한빈(1967)은 1950년대 한국 사회의 변동의 특징으로서 해방과 그에 따른 기회균등사상의 팽배, 농지개혁과 의무교육이라는 사회정책적 조치, 교육의 대대적 보급에 따른 대학의 급속한 팽창과 지식인층의 성장, 한국 전쟁 이후 군대의 급속한 팽창과 조직적인 훈련을 통한 군대의 내부적 근대화를 들고 있다. 이 중, 1960년 이후 한국 사회의 변동에 가장 큰 영향을 미친 두 가지 세력은 대학의 팽창이 낳은 거대한 지식층과 한국 전쟁이 낳은 근대화된 군대였다. 학생과 지식인 사회가 민주주의를 대표하는 세력이었다면, 군대는 한국 사회에서 반공을 대표하는 세력이었다. 민주주의를 대표하는 학생과 지식인 사회가 4·19 혁명을 촉발한 세력이라면, 반공을 대표하는 군대가 5·16을 주도한 세력이었던 것이다.

이 시기 군대는 70만 명에 달하는 거대조직이었을 뿐만 아니라 중등 교원의 수에 육박했던 장교집단은 미국에 의해 조직적으로 근대적인 교육을 받은 세력이었다는 점에 주목할 필요가 있다. 이한빈(1967)에 따르면, 이 당시 군대는 우리나라에서 처음으로 세밀한 상황분석, 행동방책을 모색하기 위한 대안분석과 의사결정으로 이어지는 미국식의 합리적 의사결정 등을 교육받은 최초의 조직화된 세력이었다. 이러한 군부가 국가 관료제에 참여하면서 미국식 관리방식이 관료제에 이식된 것이다. 또한 이승만 정부하의 관료제가 정실인사와 부패 등으로 얼룩져 있었기 때문에, 군부의 정치참여를 정당화하기 위해서는 국가 관료제를 이전의 관료제와는 전혀 다른 모습으로 탈바꿈할 필요성이 있었다고 할 것이다. 그 결과 새 정부하에서 공개경쟁에 의한 임용, 전문적인 교육훈련, 경력에 의한 승진 등 실적주의에 기초한 인사제도를 확립하였다. 1961년에 총무처를 신설하여 공무원 정원 개념을 도입하였고, 1963년에는 국가공무원법을 전면적으로 개정하였으며, 공개경쟁시험과목에서 법률과목의 비중을 줄이고 직렬별로 필요한 전문지식과 방법론을 측정하는 과목들을 늘린 것 등이 이 시기 공무원 제의 대표적인 변화이다(박종민 · 윤견수, 2014).

결국 제3공화국 이후부터 프로이센의 영향을 받아 형성된 일본 관료제의 잔재가 서서히 미국식 관리과학에 기초한 미국식 행정으로 전환하기 시작했던 것이다(이한빈, 1967; 박종민 · 윤견수, 2014).

다. 민주주의, 신자유주의와 관료제

1) 국가-사회관계

1987년의 개헌과 직선에 의한 대통령 선출은 우리나라에서 절차적 민주주의가 정립되는 계기가 되었다. 그 이후 김영삼 정부의 등장과 함께 약 30년 만에 민간인이 대통령이 되는 이른바 문민정부가 출현하고 뒤이어 진보세력이라 할 수 있는 김대중 정부가 등장함으로써 우리나라에서 절차적 민주주의는 완성 단계에 들어섰다고 할 수 있다. 그런데 우리나라에서 절차적 민주주의가 완성되는 시기는 세계적으로 글로벌화와 신자유주의의 물결이 거세게 몰아치던 시기로서, 우리나라에서는 민주화와 거의 동시적으로 '시장'을 중시하는 신자유주의가 강력한 영향을 미친 것이 특징이다. 우리나라에서 민주화와 함께 신자유주의가 강력한 영향을 발휘하게 된 데에는 민주화란 탈권위주의를 의미하는 것이고, 권위주의로부터 탈피하기 위해서는 지난 시절 권위의 상징인 강력한 국가를 약화시킬 필요가 있었으며, 국가의 약화를 위해서는 그 대안인 시장을 활성화시킬 필요가 있다는 인식을 주요 원인으로 꼽을 수 있다(하연섭, 2006). 즉, 정치적 민주화 = 탈권위주의 = 국가의 약화 = 시장 기제의 활성화라는 등식이 성립된 것이다. 어쨌건, 억압 · 발전주의 관료제가 한편으로는 정치적 민주화에 의해 그리고 다른 한편으로는 신자유주의의 대두에 의해 약화된 것이 1990년대 이후 한국 관료제를 둘러싼 맥락적 변화라고 할 수 있다.

이 시기에 들어서 한국의 국가는 사회세력과의 관계에서도 중대한 변화를 경험한다. 무엇보다도 1960년대 이후 국가의 특혜적 자원배분 과정에 참여함으로써 성장한 한국의 기업들(특히, 대기업들)이 무역자유화, 금융자유화 등 일련의 조치와 발 없는(footloose) 자본주의를 표상하는 글로벌화에 따라 국가가 무시할 수 없는 사회세력으로 성장하게 되었다. 이와 동시에 급속한 산업화, 특히 1970년대의 중화학공업화의 결과 노동부문이 급속하게 성장하고 조직화되었을 뿐만 아니라 중산층이 급속히 팽창하게 되었다. 그 결과, 약한 자본가, 약한 노동계급, 그리고 강력한 국가로 특징지을 수 있었던 국가–사회관계가 일대 전환을 경험하게 되었다. 이는 곧 개발연대 시절 한국 국가의 가장 중요한 특징이었던 국가 자율성이 급격히 약해졌음을 의미하는 것이다. 그러나 이전 시기에 비해 국가의 자율성이 약해졌다고 하더라도 국가 관료제의 역할이 축소되었다고 보기는 어려우며, 국가–사회관계도 사회우위라기보다는 기존의 비대칭적 역학관계에서 국가–사회의 대칭적 관계로 전환했다고 보는 것이 보다 정확할 것이다(안병영, 1994).

국가–사회관계의 변화와 국가 자율성의 약화는 몇 가지 중대한 과제를 한국 행정에 던져주고 있다. 첫째, 국가 자율성의 약화는 국가기구 내에 특수이익(particularistic interests)이 침투함으로써 개별 국가기구가 특수이익을 위해 봉사하는 국가기구의 분절화(이른바 balkanization)와 파당성의 문제를 야기하게 되었다. 따라서 국가기구의 분절화를 극복함으로써, 국가정책의 일관성(coherence) 확보가 새로운 과제로 등장한 것이다. 다시 말해서, 국가 전체의 시각에서 전략적 우선순위 설정 기능을 어떻게 복원하고, 조정과 통합 기제를 어떻게 활성화시킬 것인가가 새로운 문제로 등장하게 되었다는 것이다.

둘째, 절차적 민주화는 정당과 대의기구의 부활을 의미하며 이는 정책과정이 고도로 정치화될 수 있음을 의미한다. 정치의 복원으로 말미암아 국가 관료제 입장에서는 이전에 경험하지 못했던 새로운 정치적 통제를 경험하게 되었을 뿐만 아니라 더욱 중요하게는 정책과정에서 정치적 중립을 어떻게 유지할 것인가가 새로운 과제로 등장하게 되었다. 주기적인 정권교체, 특히 서로 다른 이념을 가진 집권세력의 교체에 따라 정치로부터 관료제가 어떻게 정치적 중립성을 확보할 수 있는지, 궁극적으로는 정치와 행정의 관계를 어떻게 설정할지가 새로운 과제로 등장하게 된 것이다. 또한 절차적 민주주의의 완성과 정치의 복원은 국가이익의 수호자로서의 관료제의 위상을 급격하게 약화시켰을 뿐만 아니라(박종민 · 윤견수, 2015), 더 나아가서는 정책과정에 대한 과도한 정치적 이익의 투입에 대해 관료제가 어떻게 대응할 것인가라는 새로운 문제를 던져주고 있다. 특히, 지역주의 정치 및 이익집단정치(이른바 pork barrel politics)와 국가 전체적인 이익을 어떻게 조화시킬 것인가가 핵심적인 문제로 대두된 것이다.

셋째, 민주화 이후 정치의 활성화뿐만 아니라 시민사회도 급속하게 성장하였으며 지방자치제의 실시로 지방정치도 활성화되었다. 이와 동시에 글로벌화, 디지털기술혁명 등에 따라 초연결사회가 등장하게 되었다. 특히, 우리나라에서는 정치적 민주화로 대의기구의 기능이 정상화됨과 거의 동시에 초연결사회에서 직접 민주주의적인 요소들이 발달하게 되었다. 이에 따라 기존의 통치하는 정부가 아니라 정부-시민사회-지방정부-전문가 등의 협치가 중요한 현상으로 등장하게 되었으며, 그 결과 정부(government)가 아닌 거버넌스(governance)가 한국 행정을 설명하는 주요 개념으로 등장하게 된 것이다.

2) 법치와 민주주의의 제도화

앞에서 살펴본 대로 유럽 국가에서 법치의 완성은 최고 권력자가 법위에 군림하는 것이 아니라 그 또한 법의 지배를 받는다는 것을 의미한다. 법치란 궁극적으로 정치와 행정이 민주적 책무성을 갖추었을 때 완성되는 것이다. 우리나라에서 절차적 민주주의의 완성은 비로소 법치와 민주적 책무성이 완성될 수 있는 제도적 장치를 구비했다는 것을 의미한다. 따라서 앞으로 투명성을 제고하는 가운데 정부의 전략적 우선순위 설정 기능과 조정·통합 기능을 유지한 상태에서, 궁극적으로 민주적 책무성을 어떻게 확보할지가 한국 행정의 핵심 과제로 등장하고 있다고 할 것이다.

3) 베버리안 관료제의 제도화

우리나라에서 절차적 민주주의의 제도화는 신자유주의의 거센 물결과 거의 동시에 이루어진 것이 특징이다. 이에 따라 민주정부가 들어서면서 강력한 구호로 등장한 것이 '작고 효율적인 정부'이다. 여기서 작은 정부란 단순히 규모가 작은 정부가 아니라 지나치게 시민사회에 간섭하는 권위적이고 개입적인 정부로부터의 탈피를 의미한다. 그러나 신자유주의의 거센 물결과 함께 '작고 효율적인 정부'는 국가와 시장의 관계 변화, 공공부문의 크기 축소뿐만 아니라 정부 내부의 운영에 있어서도 시장기제를 활성화하여야 한다는 이른바 신공공관리(new public management)로 그대로 연결되었다. 이에 따라 베버리안 관료제의 강화가 아니라 신자유주의와 신공공관리의 거센 물결 속에 기존의 전통적 관료제를 대체할 새로운 거버넌스 기제에 대한 관심이 증가한 것이 이 시기의 특징이다. 그러나 신자유주의와 신공공관리의 거센 물결 속에서도 여전히 한국 관료제의 운영은 실적주의 전통에 기반하고 있다는 것이 일반적인 관측이다(박종민 · 윤견수, 2015).

한국 행정에 대한 신공공관리의 영향을 논함에 있어서 그리고 한국의 경험과 다른 나라의 경험을 비교함에 있어서는 현대 사회의 세 가지 핵심적인 제도의 역사적 발전 순서에 주목할 필요가 있다. 신공공관리가 가장 강력한 영향력을 발휘했던 영국을 비롯한 호주, 뉴질랜드 등 영연방국가와 미국은 민주주의가 제도화되고 자본주의화가 이루어진 상태에서 관료제가 발달한 국가이다. 이러한 이유로 이 국가들에서는 정부보다는 시장이, 관료제보다는 정치가 항상 강조되어 온 것이 특징이다. 그러나 우리나라를 비롯한 프랑스, 독일 등 유럽대륙 국가들에서의 신공공관리의 영향은 제한적이었다. 이 국가들의 공통점은 국가 관료제가 발달한 이후 자본주의화가 이루어졌고, 민주주의가 발달했다는 점이다. 그 결과 신자유주의와 신공공관리의 세찬 흐름 속에서도 역사적 과정을 거쳐 형성된 관료제-정치-시장의 관계가 국가 관료제에 대한 시장메커니즘의 영향을 일정 정도 제약하고 굴절시켰다.

어쨌건, 절차적 민주주의의 제도화와 신자유주의 흐름 속에서 한국 관료제도 더 이상 전통적인 베버리안 관료제의 모습만을 유지하고 있지는 않다. 역사의 무게 속에서, 정치와 시장과의 부단한 상호작용 속에 한국 관료제가 끊임없이 진화해 나가고 있는 것이다.

2. 정부조직의 변화

관료제란 기본적으로 대규모 조직(large-scale organization)을 의미한다. 현대 사회에서 정부가 기능을 수행하기 위해서는 관료제라는 대규모 조직이 필요한데, 정부가 수행하는 기능이 복잡해지고 다양화되면 정부조직도 전문화되고 분화되는 과정을 겪게 된다. 따라서 정부조직의 변화를 통해 정부의 기능과 업무의 결합 방식의 변화를 살펴볼 수 있다. 다만, 정부의 조직 방식이 정부가 수행하는 기능과 기능 수행 방식을 완벽하게 보여주는 것은 아니라는 점을 명심할 필요가 있다. 왜냐하면 동일한 기능이라 할지라도 서로 다른 국가에서는 전혀 다른 방식으로 조직화될 수 있어 밖으로 드러나는 정부조직과 정부가 수행하는 기능 사이에는 일대일 관계가 성립하지 않기 때문이다. 그렇지만 우리나라 정부조직이 어떻게 변화해 왔는지를 살펴봄으로써 정치 · 경제 · 사회적 환경의 변화에 따라 정부 기능이 어떻게 변화해 왔고 어떤 기능이 중시되어 왔는지를 이해할 수 있을 것이다.

가. 정부 수립 단계의 정부조직

[그림 7-1]은 1948년 정부 수립 시의 정부조직을 보여주고 있다. 1948년 대한민국 정부는 11부 4처 3위원회 체제로 출범했다. [그림 7-1]은 이 시기 정부조직이 독립국가가 수행해야 하는 기본적인 기능 위주로 구성되어 있었음을 보여준다. 즉, 독립국가의 기본적인 외교

안보 기능을 위한 외무부와 국방부가 설치되었다. 1905년 을사늑약 이후 외교 기능을 수행하는 기구는 존재하지 않았는데 1948년에 와서야 비로소 외무부가 설치된 것이다. 국방부는 미군정 시절에 군대를 통괄하던 통위부를 격상시킨 것인데(정용덕, 2004), 이 또한 독립국가가 수행해야 할 가장 기본적인 기능과 관련된 조직이다. 이외에 법질서와 치안 유지를 위한 내무부와 법무부, 재정수입 확보를 위한 재무부, 교통통신 인프라와 관련된 교통부와 체신부, 경제활동을 지원하

그림 7-1 ▶ 정부수립(1948년) 시기의 정부기구도

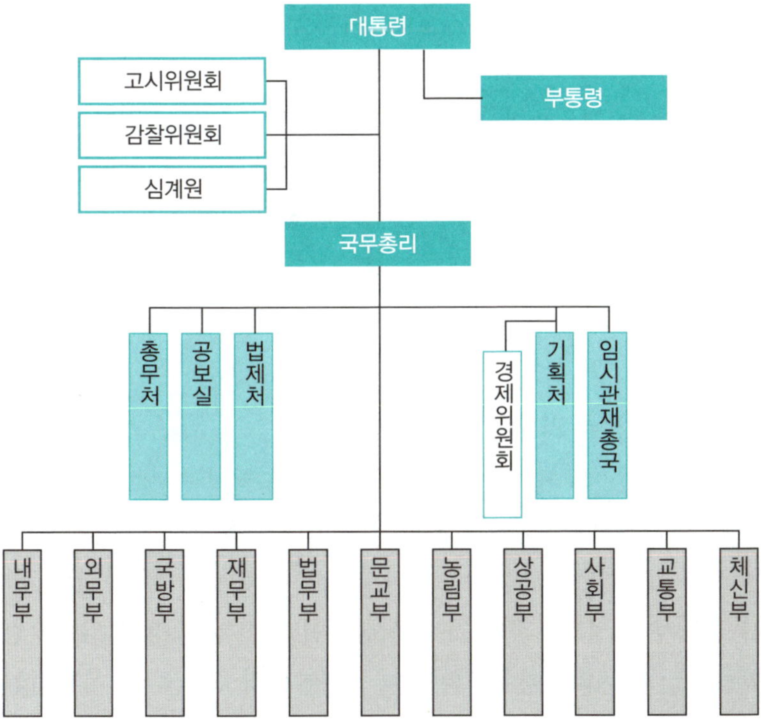

자료 : 행정안전부 정부조직관리정보시스템(http://www.org.go.kr/orgnzt/chart/viewGvrn.do)

기 위한 상공부와 농림부, 그리고 교육과 기본적인 사회정책 기능을 수행하기 위한 문교부와 사회부가 설치되었다. 이외에도 기본적인 정부 기능 수행을 위해 총무처, 공보실, 법제처, 기획처의 4처가 신설되었다.

1950년대에 몇 차례 정부조직 개편이 있었는데 이 중 가장 주목할 만한 조직 개편은 1955년 2월에 전후 복구를 비롯한 경제재건을 목적으로 부흥부를 신설한 것이다. 부흥부는 산업경제의 부흥에 관한 계획과 그 계획의 실시를 관리 · 조정하는 강력한 기구였으며, 그 산하에 외자의 도입과 도입된 외자를 관리하는 외자청을 두고 있었다. 그리고 1955년에는 1949년에 추가된 보건부와 이미 설치되어 있던 사회부를 통합하여 보건사회부를 설치하였다.

제2공화국의 정부조직 개편은 내각책임제, 양원제, 지방자치제 도입이라는 정치제도의 변화를 반영한 개편이었으나, 채 1년도 되지 않아 5·16 군사 쿠데타가 발생함으로써 이후의 정부조직 개편에 별 영향을 주지 못하였다.

나. 억압 · 발전주의 시기의 정부조직

1963년에 출범한 제3공화국의 정부조직의 특징은 산업화 추진을 위한 정부조직이었다고 할 수 있다. [그림 7-2]에서 볼 수 있는 바와 같이, 이 시기 정부조직의 가장 핵심적인 변화는 중앙정보부와 경제기획원의 신설이다. 경제기획원은 부흥부에서 건설부로 이관되었던 계획 기능과 외자도입 기능, 재무부의 예산국, 내무부의 조사통계국을 흡수하여 경제개발계획 수립, 외자유치, 예산, 그리고 사회경제 전

그림 7-2 ▶ 제3공화국(1963년)의 정부조직

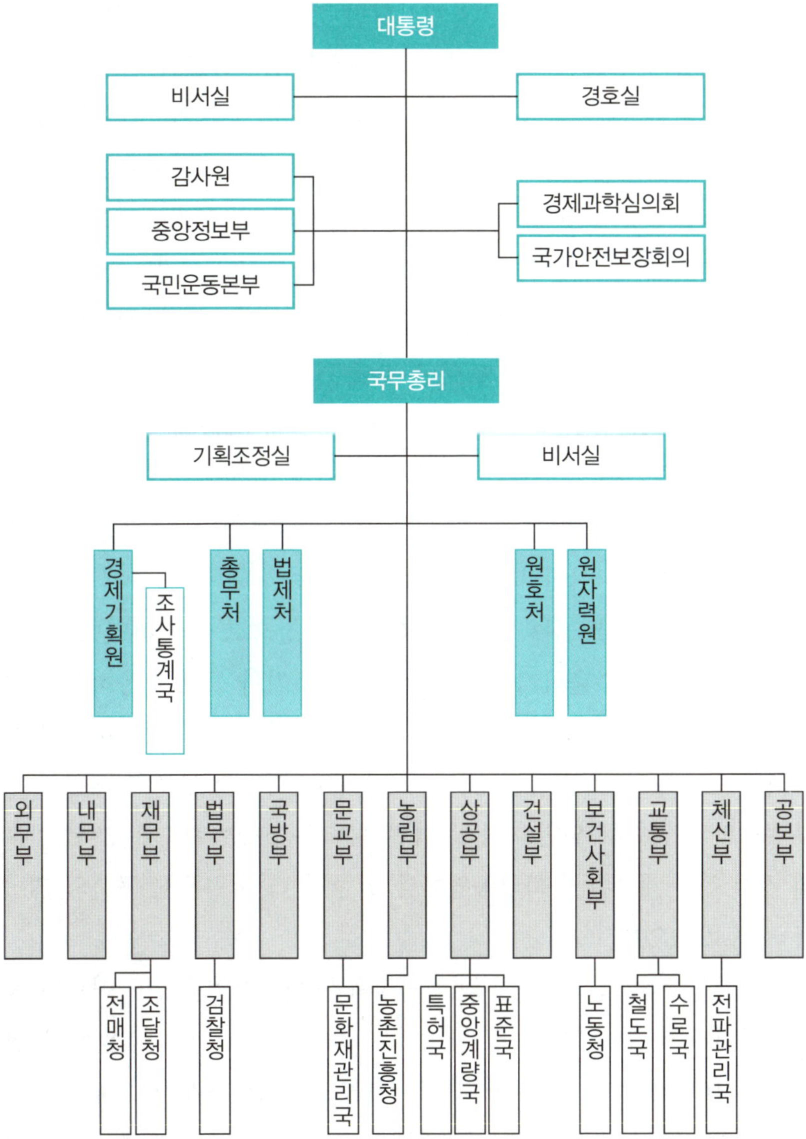

자료 : 행정안전부 정부조직관리정보시스템(http://www.org.go.kr/orgnzt/chart/viewGvrn.do)

반의 통계까지 관장하는 명실공히 개발연대 시대의 핵심 조직으로 자리매김한 조직이었다. 특히, 경제기획원 장관이 부총리를 겸임하도록 하여 경제발전이 모든 정부 기능의 중심에 위치하도록 하였을 뿐만 아니라 계획과 예산 기능을 지닌 부처가 모든 부처의 상위부처로서 정책조정을 담당하도록 하였다. 또한 1966년에는 국세청을 신설하여 내자동원의 첨병 역할을 수행하도록 하였으며, 과학입국이라는 기치 아래 1967년에는 과학기술처가 신설되었다. 또한 노동청, 철도청, 수산청, 산림청, 원자력청, 관세청이 모두 이 시기에 신설되는 등 경제개발 관련 집행기구가 대폭 늘어난 것이 특징이다.

1973년 중화학공업화 추진에 따라 정부조직도 중화학공업 육성에 맞추어 개편되기에 이르렀다. 1973년의 조직 개편에서는 상공부 산하에 공업진흥청과 공업단지관리청을 그리고 국무총리소속으로 중화학공업추진위원회를 신설하였으며, 1975년에는 교통부 산하에 항만청, 1976년에는 상공부 산하의 특허국을 특허청으로 승격하였다. 또한 1977년에는 석유수출국기구(OPEC)의 석유무기화 등에 대응하여 에너지자원의 확보와 효율적 정책 수립과 집행을 위해 동력자원부를 신설하였다(염재호 외, 2004). 결론적으로, 1960년대의 정부조직 개편이 정부주도의 산업화를 위한 기초를 마련하는 수준이었다면, 1973년 이후의 정부조직 개편은 중화학공업화를 위한 총력 지원체제 구축의 의미를 지니고 있었다.

이러한 조직 개편과 신설 등의 과정을 거쳐 1979년 말에 이르면 중앙행정기관의 총 수가 42개(2원, 14부, 4처, 15청, 4외국, 3위원회)에 달하여 2010년대 중반의 수와 비슷해진다. 1948년 18개에서 출발한 중앙행정기관의 수가 1963년 경제개발을 시작할 당시 31개로 증가했고 이것이 다시 중화학공업화를 시작하는 시점인 1973년에 37개로 증가했으며, 1978년에는 42개까지 증가함으로써, 조직의 측면에서는 이 시기에 이르러 중앙행정기구의 모습을 거의 완성하게 되었다고 할 수 있다.

제5공화국은 정치적으로는 권위주의 정부의 지속이라는 속성을 지니지만 경제정책 측면에서는 중화학공업화가 야기한 과잉투자와 과도한 국가개입으로부터 탈피하기 위한 방법으로 경제안정화와 경제자유화를 추진한 것이 특징이다. 또한 정권의 비민주적 성격을 완화하기 위한 노력의 일환으로 정부조직에서 사회정책적인 기능을 수행하는 조직을 신설하거나 격상시켰다. 1980년 중화학공업추진위원회의 폐지는 경제정책의 전환을, 그리고 같은 해 사회정화위원회의 신설, 1980년 노동청의 노동부로의 승격은 정권의 정당화를 위한 노력을 보여주는 조직 개편이었다. 그리고 아시안게임과 올림픽의 유치에 따라 1982년에는 체육부를 신설했다. 1981년 10월에는 1973년 이후 급격하게 팽창해 오던 실 · 국 · 과 등의 보조기관을 대국대과(大局大課) 원칙에 따라 통합 · 조정하여 그 수를 대폭 줄이는 행정개혁을 실시한 바 있다.

다. 민주화 · 시장화 시기의 정부조직

노태우 정부 시기의 정부조직 개편은 문화부와 공보처의 분리, 환경청의 환경처로의 격상, 국토통일원의 통일원으로의 변경, 체육 기능의 체육부 이관에 따른 문교부의 교육부로의 명칭 변경 등을 제외하면 전두환 정부 시기 정부조직의 기본 구도를 유지한 것이 특징이다.

대대적인 정부조직 개편은 김영삼 정부 들어서 이루어졌다. 30여

년 만에 민간인 출신 대통령이 취임하면서 정부의 명칭도 '문민정부'로 설정한 김영삼 정부는 이전 권위주의 정부와의 차별성을 부각시키려는 의도에서 대규모의 정부조직 개편을 추진하였다. 그리고 행정환경의 변화에 대한 대응이나 행정적 효율성 제고 차원보다는 정권 교체를 상징하는 차원에서 정부조직을 개편하는 관행이 이때부터 생겨났다고도 할 수 있다(정의창, 2012).

김영삼 정부 행정개혁의 목표는 '작고 효율적인 정부'의 구현에 있었으며, 3차에 걸쳐 정부조직 개편이 이루어졌다. 김영삼 정부의 정부조직 개편에서 가장 주목할 만한 변화로는 경제기획원을 폐지하고 재무부와 통합하여 재정경제원을 설립한 것이다. 이는 개발연대 국가주도적 산업화의 상징을 폐지한다는 의미를 지닌 것이었다. 이외에 주목할 만한 변화로는 문화부와 체육청소년부의 통합을 통한 문화체육부 설치, 상공부와 동력자원부 통합을 통한 상공자원부로의 개편과 뒤이은 통상산업부로의 개편, 체신부의 정보통신부로의 개편, 환경처의 환경부 격상, 공업진흥청의 폐지와 중소기업청 신설, 그리고 해양수산부 신설 등을 들 수 있다.

김대중 정부의 조직개편도 3차에 걸쳐 이루어졌는데, 주목할 만한 변화로는 기획예산처[2]와 중앙인사위원회 신설, 재정경제원의 재정경제부로의 개편, 통상교섭본부 신설에 따른 외무부 명칭의 외교통상부로의 변경, 내무부와 총무처의 행정자치부로의 통합, 여성부 신설 등을 들 수 있다. [그림 7-3]은 세 차례에 걸친 정부조직 개편을 거친 후의 정부기구도인데, 18부 4처 16청 1위원회로 구성되어 있었음을

2 김대중 정부 1차 조직 개편에서는 예산 기능이 대통령직속기구인 기획예산위원회와 재정경제부 산하의 예산청으로 분리되어 있었으나, 2차 조직 개편에서 기획예산처로 통합되었다.

그림 7-3 ▶ 김대중 정부(2001년)의 정부기구도

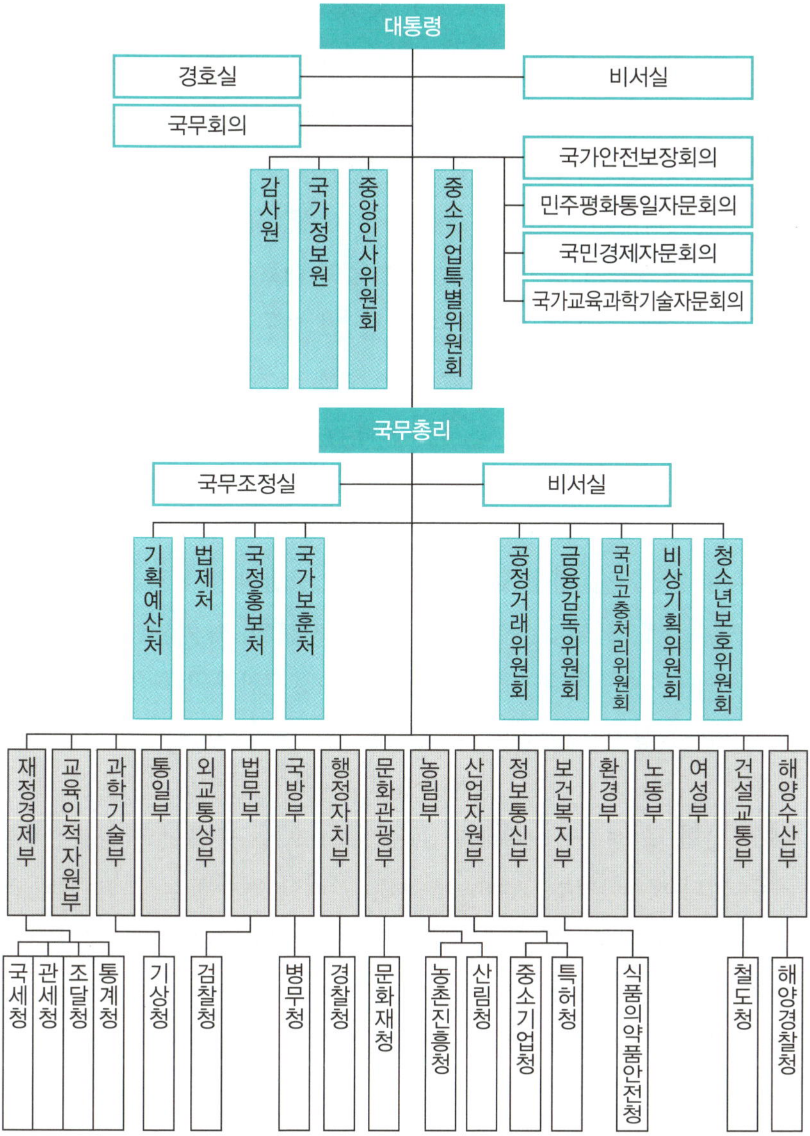

자료 : 행정안전부 정부조직관리정보시스템(http://www.org.go.kr/orgnzt/chart/viewGvrn.do)

볼 수 있다.

노무현 정부 때에는 대규모 조직 개편은 최소화하고 주로 기능조정을 활용한 것이 특징이다. 노무현 정부 때에 신설한 조직으로는 소방방재청, 방위사업청, 행정중심복합도시건설청을 들 수 있으며, 다양한 방법으로 위원회 조직을 활용한 것이 특징이다. 기능조정의 예로서는 보건복지부의 보육서비스 기능의 여성가족부 이관, 기획예산처의 행정개혁 기능의 행정자치부 이관 등이 대표적이다.

이명박 정부 출범과 동시에 다시 한 번 대규모 조직개편이 이루어졌는데, 이때는 기능과 조직을 광역화한 이른바 대부대국(大部大局) 원칙하에 유사·중복 기능을 통합하여 부처의 업무범위를 확대한 것이 특징이다. 대표적인 예로서는 기획예산처와 재정경제부를 통합한 기획재정부, 산업자원부와 정보통신부의 정보기술(IT) 산업정책, 과학기술부의 산업기술 연구개발(R&D)정책을 통합한 지식경제부, 농림부와 해양수산부의 어업수산정책, 보건복지부의 식품산업진흥정책을 통합한 농림수산식품부, 건설교통부와 해양수산부의 해양개발, 항만건설, 해운물류기능을 통합한 국토해양부, 교육인적자원부와 과학기술부를 통합한 교육과학기술부, 행정자치부와 중앙인사위원회, 비상기획위원회 및 정보통신부(전자정부, 정보보호)를 통합한 행정안전부를 들 수 있다(행정안전부, 2008: 33-34). 이러한 정부조직 개편 결과 노무현 정부 때 18부 4처 17청 1위원회였던 정부조직이 15부 2처 18청 4위원회로 축소되었다.

박근혜 정부의 정부조직은 이명박 정부 때와 유사하나 미래창조과학부와 산업통산자원부 설립이 가장 큰 특징이다. 또한 세월호 사건을 계기로 국민안전처와 인사혁신처를 설립하였다.

문재인 정부의 조직 개편은 최소한의 수준에 그쳤는데, 미래창조과

학부의 과학기술정보통신부로의 개편, 국민안전처 폐지와 행정안전부의 부활, 그리고 중소기업청을 중소벤처기업부로 격상한 것이 조직 개편의 대표적인 예이다.

라. 보조기관을 통해 본 정부조직 개편

부, 처, 청 등 중앙행정기관의 개편보다 차관보, 실, 국, 과를 의미하는 중앙행정기관의 보조기관 변천이 정부조직 개편의 경향을 더 분명하게 보여준다. 〈표 7-1〉은 보조기관의 변화가 심했던 해를 중심으로 1948~2017년까지 70년에 걸친 중앙행정기관 보조기관의 변천을 선별적으로 보여주고 있다. 〈표 7-1〉의 맨 오른쪽에서 두 번째 행은 모든 보조기관의 총수를, 그리고 맨 오른쪽 행은 전년 대비 보조기관 총수의 증감률을 보여주고 있다.

보조기관의 수가 전년에 비해 처음으로 급격하게 증가한 때는 1961년과 1962년으로서, 각각 전년 대비 14.3%와 15.6% 증가했음을 볼 수 있다. 이 시기는 중앙정보부와 경제기획원 설립 등 억압·발전주의 관료제가 구체적인 모습을 갖추어 나가던 시기로서 정부 기능의 강화를 위해 보조기관이 급팽창한 것이다. 보조기관 수가 전년 대비 35.4% 증가해서 역사상 최고 증가율을 기록한 해가 1973년인데, 이때는 바로 중화학공업화 추진을 위한 대대적인 기능 조정과 강화가 이루어지던 시기였다.

1981년 전두환 정부가 들어서면서 보조기관의 총수가 약간 감소(전년 대비 -6.1%)하기도 하였으나 곧바로 증가세로 돌아선 바 있다. 보조기관 총수가 전년 대비 11.9%가 감소한 해는 1994년인데, 이는

표 7-1 중앙행정기관의 보조기관 변천

연도	차관보	실	국	과	합계	증감률(%)
1948	–	15	73	314	402	–
1960	–	–	66	276	342	1.5
1961	–	–	77	314	391	14.3
1962	8	20	86	338	452	15.6
1972	12	22	112	380	526	5.0
1973	18	22	145	527	712	35.4
1980	20	28	197	706	951	2.6
1981	12	29	160	692	893	−6.1
1992	14	45	190	882	1,131	1.9
1993	16	42	190	877	1,125	−0.5
1994	11	43	158	779	991	−11.9
2004	10	38	182	819	1,049	6.4
2005	8	42	180	917	1,147	0.3
2006	6	45	196	1,036	1,283	11.9
2007	5	58	200	1,123	1,386	8.0
2008	3	52	149	1,212	1,416	2.2
2009	3	54	151	1,113	1,321	−6.7
2017	4	45	180	1,298	1,527	1.4

자료 : 총무처(1980). 「대한민국 정부조직변천사」.; 행정자치부. 「행정자치통계연보」.; 행정안전부. 「행정안전통계연보」.

1993년에 출범한 김영삼 정부에서 '작고 효율적인 정부'라는 기본 목표 아래 이루어진 대대적인 정부조직 개편의 영향 때문이었다. 김영삼 정부 초기의 정부조직 개편으로 인해 보조기관 수가 급감하기 이전인 1993년의 보조기관 총수는 1,125개였는데, 이 숫자를 회복한 해는 2005년이다. 노무현 정부에서는 대대적인 외형적 정부조직 개편은 없었지만 기능조정 등을 통하여 보조기관의 수는 집권기간 5년 동안 평균 7.6%가 증가하였다. 이러한 보조기관의 증가 경향을 역전시킨 것은 이명박 정부의 대부대국주의 원칙이었는데, 2009년에는 보조기관의 수가 전년도에 비해 6.7%나 감소했었다. 보조기관의 수는 이후 꾸준히 증가하여 2017년에 이르면 1,500개를 넘어섰음을 볼 수 있다.

3. 정부 인력의 변화

한국 정부의 인력규모는 몇 년 동안의 예외를 제외하고는 꾸준히 증가해 왔다. 〈표 7-2〉는 제3공화국 이후 역대 정부별 공무원, 행정부 공무원, 국가공무원, 지방공무원의 수와 증감률을 보여주고 있다. 앞에서도 설명했듯이 이승만 정부의 경우 공무원제도가 완벽하게 정비되어 있지 않았기 때문에 정부 인력규모의 변화에 대한 의미 있는 분석은 1960년대 이후에나 가능하다.

표 7-2 정부별 공무원 정원 및 증감률

(단위: 명, %)

구분	공무원		행정부 공무원					
			소계		국가공무원		지방공무원	
	정원	증감률	정원	증감률	정원	증감률	정원	증감률
~1962	253,186	–	249,211	–	127,234	–	121,977	–
1963~1972	438,573	84.7	433,415	73.9	362,396	184.8	71,019	−41.8
1973~1980	596,431	36.0	589,020	35.9	438,454	21.0	150,566	112.0
1981~1987	705,053	18.2	693,597	17.8	477,146	8.8	216,451	43.8
1988~1992	886,179	25.7	871,410	25.6	565,115	18.4	306,295	41.5
1993~1997	935,759	5.6	919,154	5.5	561,952	−0.6	357,202	16.6
1998~2002	889,993	−4.9	871,066	−5.2	562,373	0.1	308,693	−13.6
2003~2007	975,012	9.6	953,090	9.4	604,714	7.5	348,376	12.9
2008~2012	990,423	1.6	966,125	1.4	615,487	1.8	350,638	0.6
2013~2016	1,029,538	3.9	1,003,645	3.9	628,880	2.2	374,765	6.9

주 : 1) 공무원 수는 해당 기간 마지막 연도의 정원 기준임
2) 증감률은 해당 기간 전년도와 해당 기간 마지막 연도의 차이를 기준으로 계산
3) 1963년 공무원법 개정으로 국가공무원과 지방공무원의 분류 기준이 변경되었으므로 1963~72년 기간의 국가공무원과 지방공무원의 증감률은 별 의미가 없음

자료 : 총무처. 「총무처연보」.; 행정자치부. 「행정자치통계연보」.; 행정안전부. 「행정안전통계연보」.

〈표 7-2〉에서 볼 수 있듯이 공무원 수가 가파르게 증가한 시기는 제3공화국 때로 그 증가율이 무려 84.7%에 달하고 있다. 공무원 수의 증가세는 제4공화국에도 이어져 이 시기에도 공무원 증가율이 36.0%에 달하고 있다. 이는 우리나라에서 공무원 수가 비약적으로 증가한 시기는 국가 주도의 산업화가 이루어지던 1960년대와 1970년대였음을 보여주는 것이다. 증가세가 둔화되긴 했지만 제5공화국과 제6공화국 때에도 공무원 수의 증가율이 각각 18.2%와 25.7%에 달하여 상당히 높은 증가세를 보여주고 있다.

공무원 수의 증가세가 둔화된 시기는 김영삼 정부와 김대중 정부 때이다. 김영삼 정부 들어 공무원 수의 증가율이 5.6%로 낮아졌는데, 특히 국가공무원은 전 기간 대비 0.6%가 감소했음을 볼 수 있다. 김영삼 정부가 내걸었던 '작고 효율적인 정부'라는 기조가 정부 인력규모에 영향을 미쳤던 것이다. 공무원의 수가 전체적으로 감소한 시기는 김대중 정부 때인데, 전 기간 대비 전체 공무원의 수가 4.9% 감소했다. 특히 이 기간 동안 국가공무원은 전 기간 대비 0.1% 증가한 반면, 지방공무원은 13.6%나 감소했음을 볼 수 있다.

노무현 정부 때는 다시 전체 공무원의 수가 전 기간 대비 9.6% 증가했었는데, 이 중 국가공무원은 7.5% 증가한 반면 지방공무원은 12.9% 증가하여 지방공무원 수의 증가가 전체 공무원 수의 증가를 견인했음을 알 수 있다. 이명박 정부 때에는 증가율이 1.6%로 대폭 하락했다. 이는 2008년 이후의 글로벌 금융위기와 경제침체의 영향과 함께 이명박 정부가 추구한 시장지향적 정부개혁의 흐름을 반영한 결과라고 할 수 있다. 박근혜 정부 때에는 전체 공무원 수는 3.9% 증가했지만, 이 중 지방공무원이 6.9% 증가하여 이때도 지방공무원 수가 상대적으로 크게 늘었음을 알 수 있다.

[그림 7-4]는 전체 공무원 수, 행정부 공무원 수, 국가공무원 수, 지방공무원 수, 그리고 입법부 등 기타공무원 수의 연도별 추세를 보여주고 있다. 전체 공무원 대비 행정부 공무원의 비율은 1963년 98.8%에서 1968년과 1969년 99.0%로 정점에 달한 후 이후 조금씩 감소하여 2017년 현재 97.5%에 이르고 있다. 이러한 추세는 입법부 등에 속하는 공무원 수의 증가율이 행정부 소속 공무원의 증가율 보다 높기 때문에 나타나는 현상이다.

[그림 7-4]에서 모든 종류의 공무원 수가 1963년 이후 꾸준히 증가하다 1982년에 처음으로 전체 공무원 수와 국가공무원 수가 감소했음을 볼 수 있다. 또한 전체 공무원 수는 이후 1995년, 그리고 1998~2001년 사이, 그리고 글로벌 금융위기 때인 2008년 감소했음을 볼 수 있다. 국가공무원 수는 김영삼 정부의 '작고 효율적인 정부'기조에 따라 1994년과 1995년 감소했었고, 1998~2000년 사이, 그리고 2005년과 2011년 감소한 바 있다. 지방공무원 수는 지속적으로 증가하다가 1998년부터 2001년까지 4년간 감소했으며, 이후 2008년에 다시 한번 감소했다.

행정부 공무원 중 국가공무원 대 지방공무원의 비중은 1963년 85.7 : 14.3에서 1997년 61.1 : 38.9로 지방공무원의 비중이 꾸준히 증가하여 정점에 달한 후, 지방공무원의 비중이 약간의 감소세를 보여 2017년 현재는 국가공무원 대 지방공무원의 비중이 62.4 : 37.6을 보이고 있다.

우리나라 공무원의 수는 1960년 237,476명에서 1976년에는 502,702명으로 50만 명 선을 넘었다가 2014년에는 1,010,310명으로 100만 명을 넘어섰으며, 2017년 현재 1,048,831명에 달하고 있다. 1960년과 2017년을 비교하면 공무원의 절대 수가 4배 이상 늘어난

그림 7-4 ▶ 연도별 공무원 수의 변화

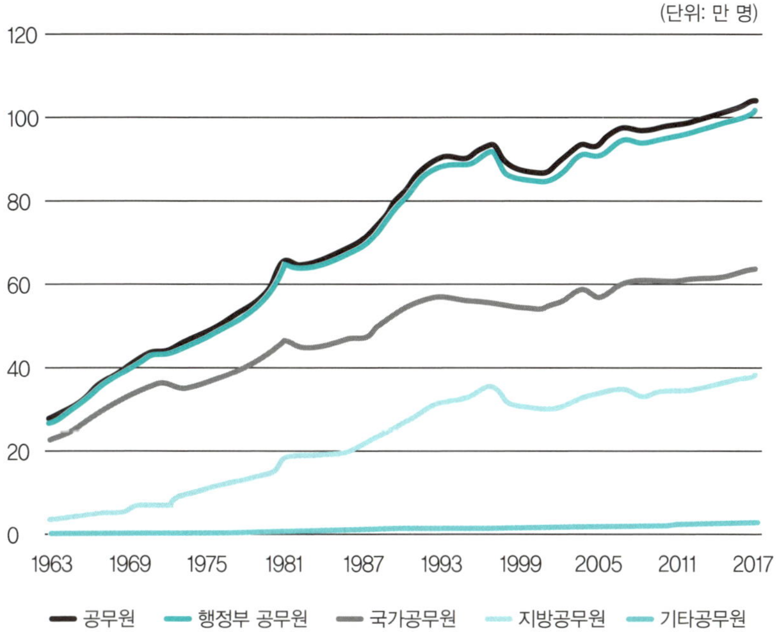

자료 : 총무처. 「총무처연보」.; 행정자치부. 「행정자치통계연보」.; 행정안전부. 「행정안전통계연보」.

것이다. 그런데 일반적으로 공무원 수는 인구가 늘어나면 자연히 늘어나게 되어 있다. 따라서 공무원의 절대 수만 갖고 공무원 인력의 증가를 판단하기는 어렵다. 시기별 혹은 국가 간 공무원 수를 비교하는 데 있어서 일반적으로 사용하는 방법은 인구 1천 명당 공무원 수의 비교이다.

〈표 7-3〉과 [그림 7-5]는 인구센서스가 행해진 해를 기준으로 인구 1천 명당 공무원 수를 보여주고 있다. 1960년에 인구 1천 명당 공무원 수가 9.5명이었던 반면, 2017년에는 20.5명으로 이 기간 동안

인구 1천 명 대비 공무원 수는 약 2배 증가했음을 알 수 있다. 인구 1천 명 대비 공무원 수의 증감률을 보면 1960~66년 사이와 1966~70년 사이에 각각 20.1%와 18.4%가 증가하였고, 1975~80년 사이에는 15.5%가 증가하여 수출지향 산업화 시기와 중화학공업화 시기에 공무원 수가 급격히 증가하였음을 알 수 있다. 인구 1천 명당 공무원 수는 1995년에 20.3명으로 정점을 찍은 후 2000년에는 18.9명으로 감소하였다가 이후 다시 상승 추세를 보인 후 2015년에 19.9명으로 다시 감소하였다. 그리고 2017년 현재 20.5명으로 다시 증가하는 추세

표 7-3 인구 천 명당 공무원 수

(단위: 명)

연도	공무원 정원(A)	인구 수(B)	천 명당 공무원 수	증감률(%)
1960	237,476	24,989,241	9.5	-
1966	332,688	29,159,640	11.4	20.1
1970	417,348	30,882,386	13.5	18.4
1975	478,562	34,706,620	13.8	2.0
1980	596,431	37,436,315	15.9	15.5
1985	670,637	40,448,486	16.6	4.1
1990	818,121	43,410,899	18.8	13.7
1995	905,390	44,608,726	20.3	7.7
2000	869,676	46,136,101	18.9	-7.1
2005	930,759	47,278,951	19.7	4.4
2010	979,583	48,580,293	20.2	2.4
2015	1,021,347	51,422,507	19.9	-1.5
2017	1,048,831	51,069,375	20.5	3.4

자료 : 국가통계포털.; 총무처. 「총무처연보」.; 행정자치부. 「행정자치통계연보」.; 행정안전부. 「행정안전통계연보」.

이다. 이러한 추세는 김영삼 정부와 김대중 정부 당시의 인력 감축, 그리고 다시 이명박 정부 때의 인력 감축을 반영하는 것이다.

그림 7-5 ▶ 인구 천 명당 공무원 수

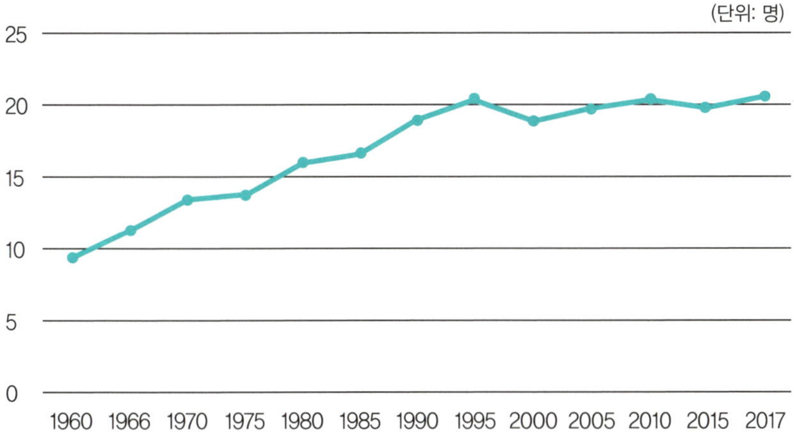

자료 : 국가통계포털.; 총무처. 「총무처연보」.; 행정자치부. 「행정자치통계연보」.; 행정안전부. 「행정안전통계연보」.

우리나라 정부 인력은 꾸준히 상승하는 추세이지만, 그 구성을 보면 매우 흥미 있는 현상을 발견할 수 있다([그림 7-6] 참조). 무엇보다도 비시장적 공공재의 성격을 갖는 서비스를 제공하는 일반직 공무원의 수가 상당히 낮은 수준이라는 것이다. 일반직 공무원의 절대 수는 1990년대 초반을 제외하면 10만 명 미만 수준이었고, 2007년 이후에야 10만 명을 상회한 수준을 유지하고 있다. 국가공무원에서 일반직 공무원이 차지하는 비중도 거의 모든 시기에서 16~18% 수준을 유지하다가 2013년 이후에 24% 수준으로 높아졌다. 반면, 우리나라 국가공무원 중 교육공무원이 차지하는 비중은 매우 높은 편이다. 교원의

그림 7-6 ▶ 국가공무원 및 일반직 공무원, 교원

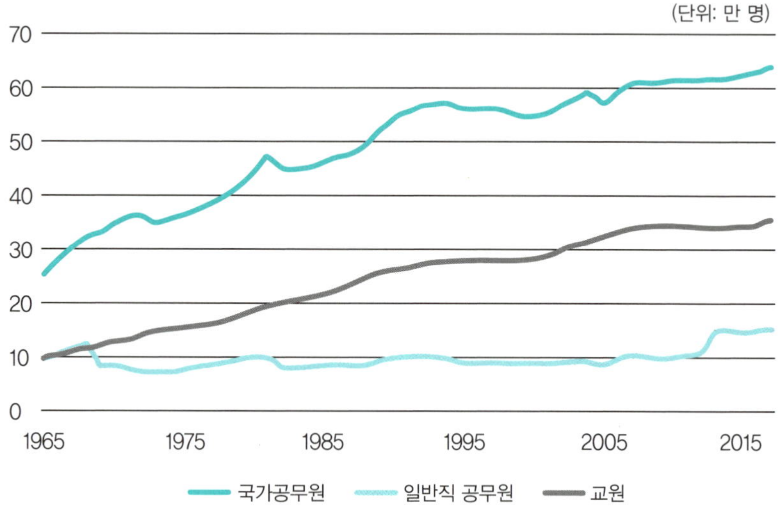

자료 : 총무처. 「총무처연보」.; 행정자치부. 「행정자치통계연보」.; 행정안전부. 「행정안전통계연보」.

수는 1982년에 20만 명 선을 돌파하였고 2003년에는 30만 명을 넘어섰으며 2017년 현재 약 35만 명에 달한다. 국가공무원 대비 교원의 비중을 보면 1960년대에는 30%대 후반을 유지하다가 1973년에 40%를 넘어섰고 1989년에 50%선을 넘어섰으며 2017년 현재 55.5%에 이르고 있다. 이렇게 볼 때 국가공무원 수가 꾸준히 증가한 가장 큰 이유는 교원의 지속적인 증가 때문이라고 할 수 있다. 그러나 향후 학령인구의 감소, 고령화, 복지수요의 증가에 따라 교원의 지속적인 증가보다는 복지와 사회서비스에 종사하는 공무원에 대한 수요가 증가할 전망이다. 따라서 앞으로 인력 운영의 경직성을 어떻게 해소함으로써 사회경제적 변화에 대응할 것인가가 중요한 과제로 등장하고 있다고 할 것이다.

4. 소결

조직과 인력의 측면에서 볼 때, 흔히 개발연대라고 부르는 1970년대 말 혹은 1980년대 초에 전체적인 국가의 기본 틀이 완성되었다고 할 수 있다(안병영 외, 2007). 그리고 민주화와 동시에 힘을 발휘하기 시작한 신자유주의의 영향 아래 조직과 인력의 축소 내지는 구조조정의 과정을 거친 것이 특징이다. 다시 말해서, 조직, 인력 및 운영 측면에서 이른바 베버리안 관료제의 모습이 완성된 이후 한국의 관료제는 민주화와 신자유주의의 영향 아래 놓이게 되었다고 할 수 있다. 그리고 1990년대 이후의 사회경제적 변동, 즉 글로벌화, 시민사회의 성장, 저출산 · 고령화 등에 따른 인구구조의 변화, 디지털혁명 등에 따라 정부의 역할에 대한 새로운 요구가 증가하고 있다.

그러나 사회경제적 환경이 변화하고 정부의 역할에 대한 수요가 변화한다고 해서 정부의 조직과 인력이 항상 탄력적이고 신축적으로 대응하는 것은 아니다. 기존 조직과 인력의 기득권 유지를 위한 노력과 함께 관성적인 정부 운영은 정부 구조와 인력의 유연한 변화를 가로막는 요인이다. 이러한 이유로 정부조직과 인력구조의 경로의존적 변화현상이 관찰되는 것이다. 그리고 환경변화에 따라 조직과 인력이 빠르게 탈바꿈하는 것이 아니기 때문에, 각기 다른 시기에 그 시기가 당면하고 있던 문제를 해결하기 위해 도입된 조직과 인력구조가 공존하게 되는 이른바 제도적 층화현상도 나타나게 된다. 우리의 경우 개발연대에 도입된 조직과 인력구조가 온존되고 그 위에 신자유주의의 물결에 따라 새로운 조직형태와 운영 방식이 겹쳐지고, 또 그 위에 복지사회의 요구에 대응하는 조직과 인력구조가 중층적으로 놓이는 현상이 나타나고 있는 것이다. 따라서 조직과 인력 측면에서 한국 관료제의 앞으로의 과제는 사회변화에 탄력적으로 대응할 수 있는 기능적 신축성의 제고와 정부 운영의 유연성 향상, 그리고 서로 다른 요구와 기능 간 통합과 조정 능력 제고라고 할 것이다.

제8장

한국 재정의 역사적 전개

재정은 정치, 경제, 관리가 교집합을 이루는 영역이라고 할 수 있다. 재정활동은 기본적으로 정부가 누구로부터 얼마나 거두어들여서 누구를 위하여 어디에 사용하는가를 결정하는 활동이다. 정부활동에 따른 부담과 편익의 사회적 배분을 결정한다는 측면에서 재정운용은 본질적으로 정치적인 행위이다. 따라서 재정의 구체적인 모습은 국가와 사회의 관계, 사회집단의 성숙 정도, 사회집단 간 힘의 균형 등을 반영할 수밖에 없다. 사회집단이 상대적으로 미성숙하고 정치적으로 배제되어 있던 해방 이후의 원조경제 기간과 억압 · 발전주의 시기 동안 국가는 상당히 자율적인 상태에서 재정의 구체적인 모습을 결정해 나갈 수 있었다. 그러나 경제성장의 결과 성장한 사회집단 그리고 정치적 민주화는 국가와 사회의 관계를 변화시킬 수밖에 없었으며, 이는 재원조달과 재원배분의 구체적인 모습 또한 변화시켰다.

재정활동은 정치적인 동시에 경제적 활동이다. 재정을 통해 정부는 공공재 공급 등 자원배분 기능, 소득분배, 그리고 경제안정과 성장 기능을 수행하기 때문에 재정활동은 본질적으로 경제적 활동이다. 따라서 정부의 재정활동을 분석함으로써 경제에 대한 국가의 개입 양식과 특징 등을 이해할 수 있다. 나아가 지정학적 요인 때문에 정부 수립 이후 상당 기간 재정수입의 대부분을 미국의 원조에 의존하였고 그 이후에는 세계 자본주의 체제 내에서 고도성장을 구가하기 위한 수단으로 재정을 활용한 우리나라의 경우에는 정부의 재정활동이 국제정치경제체제의 영향과 이를 매개하는 국가의 역할 또한 반영하고 있다.

정부의 재정활동은 이를 가능케 하는 틀(framework)이 있어야 한다. 재정을 둘러싼 국가와 사회의 관계, 행정부와 입법부의 관계, 행정부 내에서 예산당국과 실무부처들 간의 관계, 예산과정 내에서의 참여자들 간의 관계 등에 대해 틀을 지어주는 것이 예산제도이며, 이러한 예산제도하에서 구체적인 관리행위가 이루어진다.

특정 시점에 존재하는 국가와 사회의 관계, 사회집단 간의 관계 속에서 특정 시점의 구체적 문제를 해결하거나 특정 목적을 달성하기 위한 수단으로서 재정의 구체적인 모습이 결정되며, 이를 뒷받침하기 위해 특정한 재정제도들이 형성된다. 그러나 특정 시점에서 형성된 재정과 제도의 구체적인 모습들은 당면한 문제를 해결하는 가운데 의도하지 않았던 문제들을 야기하게 되며, 이러한 문제를 해결하기 위해 노력하는 과정에서 다음 단계의 재정활동과 재정제도의 구체적인 모습이 형성된다. 다시 말해서, 특정 시기의 당면문제를 해결하기 위해 시도된 재정의 구체적인 모습과 결과가 다음 단계에는 정책유산(policy legacy)으로 작용하게 되며, 다음 단계의 재정은 이러한 정책유산하에서 이전 단계가 넘겨준 문제들을 해결해 나가는 과정에서 구체적인 모습이 형성되는 것이다.

이렇게 볼 때, 한국 재정의 역사적 전개과정도 정치와 경제의 상호작용을 통해 재정의 특징적인 모습이 형성된 중대한 전환점과 이러한 전환점에서 형성된 재정의 모습이 새로운 차원의 문제를 낳게 되고, 이러한 정책유산에 대응하는 과정에서 새로운 재정의 모습이 형성되는 일종의 경로의존현상이 나타났다고 할 수 있다. 그러나 이러한 경로의존은 다음 단계 정책선택에 대한 구조적 제약으로 작용하는 것이 아니라, 다음 단계 정책결정자들의 정책선택의 폭을 제한하는 수준이었다고 할 수 있다. 다시 말해서, 중대한 전환점, 경로의존, 정책선택의 상호작용에 의해 한국의 재정이 진화해 왔다고 할 것이다.

한국의 재정은 크게 정부형성과 원조의존 시기(1948~61년), 억압 · 발전주의 고도성장기(1962~79년), 경제 안정화 · 자유화 · 민주화 등의 전환기(1980~97년), 그리고 경제위기와 재정개혁의 시기(1998년 이후)

로 구분할 수 있다. 이 장은 각 시기별로 재정의 구체적인 모습을 형성한 역사적 요인과 이러한 역사적 요인하에 이루어진 정책선택, 그리고 이러한 정책선택이 다음 단계 재정의 구체적 모습에 미친 영향에 주목하면서 각 시기별 재정의 특징을 설명하고 있다.

1. 정부형성과 원조의존 시기(1948~61년)[1]

한국 전쟁 이후 정부 경제정책의 주안점은 자연스럽게 구호와 경제재건에 두어졌으며, 그 결과 정부예산이 빠르게 팽창하여, GNP 대비 정부지출의 비중이 1954년 20.2%에서 1960년에는 29.2%로 증가하였다. 이 시기는 원조에 기초해서 수입대체 산업화가 이루어진 시기였는데, 수입대체 산업화는 특별한 발전 전략적 고려에 의해 추진된 것이 아니라 한국 전쟁 이후 생필품의 부족과 급격한 수입증가에 대응하기 위한 자연스러운 결과였다.

1948년 정부 수립 이후 1950년대 전 기간에 걸쳐 한국 정부의 살림살이는 거의 전적으로 미국의 원조에 의존하였다. 1953~61년 사이에 미국의 경제원조(PL480 원조 포함)는 약 32억 달러, 군사원조는 약 17억 달러에 달하였다. 미국의 경제원조는 연평균 3억 5천만 달러에 달했으며, 미국 회계연도 기준으로 1956년도에 3억 8,650만 달러로 정점을 이루었다(U.S. AID, 1962). 1953~61년 사이에 경제원조는 한국

1 1절과 2절의 논의는 저자의 기존 논문 하연섭(1993a)과 Ha(1993)를 수정 · 보완한 것임을 밝힌다.

GNP의 8%, 총수입의 75%, 총고정자본형성의 80%에 해당하는 막대한 규모였다. 이 시기 미국 경제원조는 대부분 상품수입형태를 띠었는데, 이를 시장에 판매함으로써 얻은 수입을 재원으로 한 대충자금회계가 1954~61년까지 재정수입의 49.5%, 그리고 국방예산의 2/3를 차지하였다(기획재정부 예산실, 2010; U.S. Congress, 1978).

표 8-1 1950년대 세입규모 및 구성변화 추이(1953~61) (단위: 백만 원, %)

연도	조세	전매익금	국채	대충자금	기타	합계
1953	2,096 (31.4)	400 (6.0)	703 (10.5)	796 (11.9)	2,688 (40.2)	6,683 (100.0)
1954	5,199 (34.8)	585 (3.9)	1,628 (10.9)	4,470 (30.0)	3,038 (20.4)	14,920 (100.0)
1955	11,054 (34.1)	1,000 (3.1)	3,329 (10.3)	15,054 (46.5)	1,941 (6.0)	32,378 (100.0)
1956[1)]						
1957	11,763 (27.6)	1,620 (3.8)	4,487 (10.6)	22,451 (52.9)	2,138 (5.0)	42,459 (100.0)
1958	14,659 (30.7)	2,121 (4.4)	2,649 (5.6)	24,580 (51.5)	3,701 (7.8)	47,710 (100.0)
1959	22,086 (48.5)	2,270 (5.0)	710 (1.6)	18,910 (41.5)	1,564 (3.4)	45,540 (100.0)
1960	24,971 (51.5)	2,300 (4.7)	1,191 (2.5)	16,763 (34.6)	3,231 (6.70)	48,456 (100.0)
1961	23,199 (37.8)	2,645 (4.3)	3,684 (6.0)	24,058 (39.2)	7,768 (12.7)	61,354 (100.0)

주: 1) 1956 회계연도 수치가 누락된 이유는 회계연도 개시일을 4월 1일에서 1월 1일로 변경하기 위하여 1954 회계연도를 1954.4.1.~1955.6.30.로 변경하고 1955 회계연도를 1955.7.1.~1956.12.31.로 조정하였기 때문임.

자료 : 한국재정40년사 편찬위원회(1991). 「한국재정40년사」. 표 3-3.

그리고 이 시기 도입된 미국의 원조는 전적으로 동아시아 반공의 전초기지인 한국을 방어하기 위한 군사전략적 고려에 의해 이루어졌다. 한국에 대한 미국의 원조는 한국의 경제력을 훨씬 상회하는 군사력 유지를 위해 도입되었는데, 미국의 입장에서 한국에 대한 원조정책의 성공여부는 얼마나 빨리 한국 정부가 자체 군사력을 유지할 수 있는 자생적인 경제(self-sustaining economy)를 건설함으로써 궁극적으로 미국의 원조를 줄일 수 있는가에 달려 있었다(U.S. Congress, 1978). 이러한 미국 원조정책의 궁극적 목표를 달성하기 위해 미 원조당국은 시장기제의 자유로운 작동과 이를 위한 안정화정책, 균형재정의 달성 그리고 세입과 민간저축 증대를 통한 내자동원의 강화를 한국 정부에 지속적으로 요구하였다.

그러나 이러한 미국의 원조정책은 이승만 정부의 정치적 기반과는 양립하기 어려운 것이었다. 이승만 정부 입장에서는 국내 정치적으로 부담이 되는 내자동원 노력의 강화보다는 원조수입의 극대화(aid maximization)가 정치적으로 유리한 선택일 수밖에 없었을 뿐만 아니라 원조의 배분과정에 대한 통제야말로 정권의 정치경제적 기반을 유지 · 강화할 수 있는 최선의 방법이었다. 원조의 도입과 배분을 둘러싼 한 · 미 간의 갈등 상황에서 1950년대 재정의 구체적인 모습이 형성되었던 것이다.

한 · 미 간의 갈등은 환율과 재정 · 금융정책에서 첨예하게 나타났다. 환율을 통해 원조액의 원가치가 결정되기 때문에, 이승만 정부는 미국의 지속적인 압력에도 불구하고 1950년대 전 기간 동안 원화가치의 평가절상을 통해 외환의 유입을 극대화하고자 하였으며, 지속적인 인플레이션은 이를 가능케 한 조건이었다. 환율정책과 더불어 미국은 균형예산의 편성과 은행융자의 억제 등을 통해 경제안정화를 추구했지만, 이와는 달리 이승만 정부는 내자동원은 의도적으로 무시하면서 지출과 은행융자 등 자원의 배분에만 관심을 가질 뿐이었다. 그 결과 1953~61년 사이 재정적자가 정부지출의 52.9%에 이르게 되었고 인플레이션적 방법과 미국 원조를 통해 재정적자를 보전할 수 있었다 (Bahl *et al.*, 1986). 이러한 재정불균형에 더해 이 시기 전체 금융기관 융자액의 약 18%만을 저축성 예금이 충당해 주는 심각한 금융불균형 현상이 나타났다. 이러한 재정 · 금융의 불균형현상은 원조수입의 극대화를 위한 방편으로 이용되었지만, 원조공여의 최종결정권이 한국 정부의 통제하에 있지 않는 이상 원조의 삭감이 일어날 경우 이는 곧바로 심각한 경제위기로 연결될 수 있는 것이었다. 원조에 기반한 심각한 재정 · 금융불균형의 존재는 1950년대의 가장 중요한 동시에 가장 모순적인 특징이었다고 할 수 있다.

제2차 세계대전 이후 유럽과 동아시아 등에 대한 막대한 원조공여의 결과 1950년대 중반에 오게 되면 미국이 국제수지(balance of payments)문제에 봉착하게 되는데, 이러한 이유로 1950년대 중반부터 미국 정부는 우방국들에 대한 원조를 줄이기 시작했다. 한국도 예외가 아니어서 1957년부터 미국의 원조가 줄어드는데, 이때부터 미국의 강력한 압력에 의해 재정안정계획을 수립 · 실시하게 되었다. 재정안정계획은 통화팽창의 억제와 재정적자의 축소를 기본 목표로 하는 것이었다.[2]

2 1950년대 재정정책의 특징에 관한 보다 자세한 논의는 앞의 제6장을 볼 것.

2. 억압 · 발전주의 고도성장기

가. 수출지향 산업화와 재정

억압 · 발전주의 고도성장기는 5·16 군사 쿠데타 이후 경공업 위주의 수출지향 산업화를 추구한 시기와 1970년대 자주국방과 중화학공업화 시기를 포함한다. 5·16 군사 쿠데타와 함께 산업화 전략과 재정정책은 중대한 변화를 경험하는데, 이 시기부터 재정정책은 국가의 산업화 전략을 뒷받침하는 가장 중요한 정책수단으로 자리매김한다.

1960년대 이후 한국의 고도성장을 가능케 한 가장 중요한 요인으로서 흔히 수출지향 산업화를 들지만, 5·16 군사 쿠데타 직후 정부 경제정책의 방향은 수출지향 산업화가 아니라 수입대체 산업화의 심화였음에 주목할 필요가 있다. 사실 5·16 직후 추진한 경제정책의 큰 방향은 '중농정책'과 '수입대체 산업화의 심화'였다. 중농정책은 1950년대 말 추진된 재정안정계획의 결과 피폐화된 농촌의 구매력 향상을 통해 내수시장의 한계를 극복하는 동시에 군사 쿠데타에 대한 지지세력을 확보하려는 노력의 일환으로 추진되었다(Michell, 1988). 경제위기에 대한 보다 근본적인 대응으로 추진한 것이 제1차 경제개발 5개년계획인데, 이 계획의 원안은 수출지향 산업화가 아니라 수입대체 산업화의 심화를 강조하는 데 그 특징이 있었다(Cheng, 1990; Kim, 2014). 중화학공업 육성을 의미하는 수입대체 산업화의 심화는 북한과의 체제경쟁에서 우위를 차지하고자 했던 5·16 주체세력들이 초기에 강력하게 추진하였던 정책이었다.

그러나 원조의 격감이라는 객관적인 상황하에서 수입대체 산업화의 심화라는 정부의 초기 시도는 산업화를 위한 재원의 부족이라는 한계에 직면하게 되었고, 이를 해소하기 위해 중앙은행의 발권력에 의존하는 팽창정책으로 선회하였다. 그러나 연 60%를 상회하는 악성 인플레이션은 자본축적 그 자체의 기반을 훼손하는 동시에 경제안정화를 지속적으로 요구하는 미 원조당국의 정책방향과 상충되는 것이었다. 정부예산의 거의 절반을 공여하는 미국의 압력과 인플레이션의 앙등, 그리고 외환보유고의 격감이라는 객관적 상황으로 말미암아 한국 정부는 경제정책의 일대 전환을 시도하게 되었던 것이다. 새로운 경제정책의 핵심인 안정화 정책은 정부지출과 은행융자의 감축, 증세, 이자율개혁, 그리고 수출 진흥을 위한 환율정책의 변경 등 미국이 한국 정부에 대해 지속적으로 요구하던 내용들을 포함하였다(U.S. Congress, 1978). 이 상황에서 한국 정부는 수출지향 산업화로 산업화 전략을 전환하였을 뿐만 아니라, 재정정책의 기본 방향도 근본적으로 바꾸게 되었다. 그 결과 1962~64년 사이에 정부지출이 GNP의 33.7%에서 16.9%로 격감하였고, 보다 중요하게는 정부가 내자동원에 대해 처음으로 정책적 관심을 갖게 되었다.

이전 시기 의도적 재정불균형 유지를 증명이라도 하듯, 1964년 이후의 내국세 수입의 급격한 증가는 조세구조나 세율의 변화가 아니라 세무행정의 변화에 의한 것이었다. 세정분야에서 가장 중요한 변화는 1966년 2월에 있었던 국세청의 설립이었다. 세법과 징세 사이의 괴리 때문에 세입을 늘릴 수 있는 가장 효과적인 방법은 세율 인상이 아니라 세정의 강화였던 것이다. 1962~64년 사이에 조세부담률이 10.6%에서 7.1%로 하락했지만, 국세청 설립 이후 조세부담률이 1965년의 8.6%에서 1967년에는 12.1%로 급격하게 증가했다. 재정정책의 기본 방향이 전환되고 조세행정이 정상화되자 비로소 조세구조와 세율의 변화가 세수입에 중대한 영향을 미치기 시작했다. 1967년에는 대규모 내국세와 관세에 대한 세제개혁이 있었는데, 그 결과 1965~71년 사이 조세수입이 연평균 41.4%나 증가하였다. 특히, 주목할 만한 변화는 직접세 비중의 급격한 증가였는데, 조세수입 중 개인소득세와 법인세 세수의 비중이 1965년 29.9%에서 1971년 36.3%로 증가한 것이 그 예이다. 이러한 내국세 수입의 급격한 증가로 말미암아 미국 원조에 대한 의존이 크게 줄어들어, 대충자금 수입이 총세입에서 차지하는 비중이 1963년의 34.7%에서 1971년에는 2.2%로 감소하였다.

이 시기 정부지출은 경제개발 지원을 위한 재정투융자를 중심으로 지속적으로 증가하였다. 1962~69년간 중앙정부 지출(일반회계와 특별회계의 순계)은 연평균 25.2% 증가하였다(기획예산위원회 · 예산청, 1999). 1960년대 초반 적자재정이 초래한 인플레이션 때문에 정부지출규모가 급감하였으나, 그 이후 정부지출이 증가세로 돌아서 고도성장기 전체를 통틀어 정부지출은 GNP의 25% 선을 유지하였다.

[그림 8-1]은 1962~70년 동안 일반재정부문 세출 중 국방비, 경제개발비, 사회복지비, 교육비의 추세를 보여주고 있다. 억압 · 발전주의 고도성장기 동안 국방비와 경제개발비가 일반재정부문(혹은 일반회계)의 절반 이상을 차지하고 있음을 볼 수 있다. 국방비는 거의 전 기간에 걸쳐 가장 높은 비중을 차지하였고 그 다음으로 경제개발비는 정부지출의 25~30% 수준을 점하고 있었다. 민간의 장기투자에 대한 지원은 주로 재정투융자사업에 의해 이루어졌는데, 1962~71년 사이 정부예산의 규모가 약 5배 증가한 데 반해, 재정투융자특별회계의 규모는 약 7배 증가했다. 재정투융자사업은 이 시기 국내총고정자본 형성의 30%에 달할 만큼 막대한 수준이었다(재무부, 1982). 재정투융자

그림 8-1 ▶ 분야별 재원배분 추이(1962~70년)

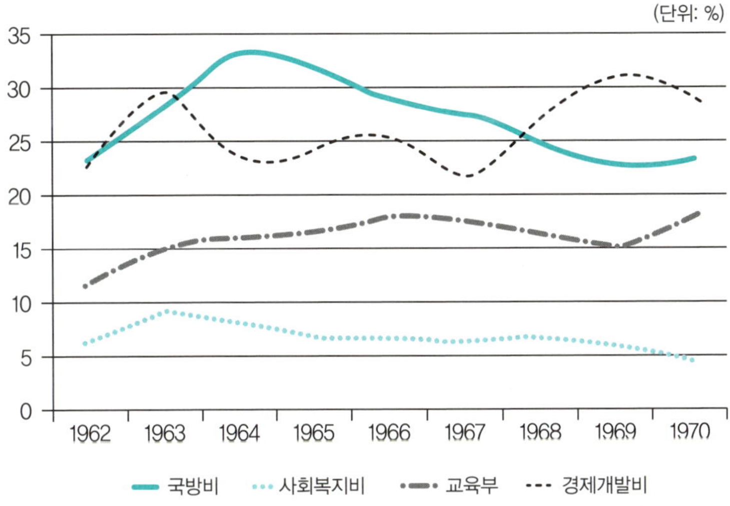

주 : 경제개발비는 1970년까지의 예산분류체계에서 경제사업(1963년까지는 경제적 경비)에 공익사업비를 합한 금액임(공익사업비는 도로 및 수로, 소방수도 및 위생, 기타공익사업을 포함하는 항목임)

자료 : 한국재정40년사 편찬위원회(1991). 「한국재정40년사」. 표3-9.

사업 간에는 뚜렷한 역할 분담이 있었는데, 재정투자가 주로 인프라 투자에 집중되어 있었다면, 재정융자는 주로 공기업이나 민간 기업에 대한 저리의 자금지원에 집중하고 있었다.

국방과 경제개발 예산의 급격한 팽창과는 달리 교육과 사회복지지출은 최소한의 수준에 머물러 있었다. 교육과 사회복지를 합한 사회개발비의 비중이 정부예산의 20% 이하 수준에 머물러 있었다. 그리고 교육예산의 비중이 사회복지에 비해 거의 3배에 달한 것이 이 시기 사회개발예산의 특징이었다. 그러나 사회개발비 내에서는 상대적으로 높은 비중에도 불구하고 이 시기 교육예산은 공교육비의 1/3에 불과한 수준이었을 뿐만 아니라 교육예산의 80% 이상은 초등학교 의무교육에 투자되고 있었다(McGinn *et al.*, 1980: 15–27). 이러한 교육예산의 배분 패턴에 따라 초등학교 교육을 제외한 단계에서는 민간부담에 기초한 민간공급 위주로 교육의 기본 틀이 형성되었을 뿐 아니라 고등교육단계에서는 거의 전적으로 민간부담에 의존하는 패턴이 굳어지게 되었다고 할 수 있다.[3]

교육을 제외한 나머지 보건, 복지, 사회 서비스에 대한 예산배분은 최소한의 수준에 머무른 것이 이 시기의 특징이다. 이에 따라 사회서비스에 대한 수요는 기본적으로 민간에 의한 서비스 공급과 민간 지출(private expenditures for private services)로 충족된 것이 특징이다. 이 시기 낮은 사회복지지출은 노동자계급과 중산층의 미성숙, 북한과의 대치에 따른 이데올로기적 동질화, 억압과 권위주의적 정치 등에 의한 것이라고 할 수 있다. 상대적으로 낮은 사회개발비 비중으로 말미암아 공공서비스 공급의 민간화와 민간지출에 대한 과도한 의존이 초래되었는데, 이러한 민간에 의한 서비스 공급과 민간지출은 사실상 오늘날까지도 지속되고 있는 패턴이다.[4]

국방과 경제개발 일변도의 지출 패턴과 낮은 사회복지지출에도 불

3 이러한 교육예산 투자 패턴은 1969년의 초등학교 의무교육, 1975년의 중학교 의무교육에 따라 초등 일변도에서 초·중등 교육지원중심으로 바뀌게 되지만, 이러한 초·중등 교육중심의 교육투자 패턴은 오늘날까지도 그대로 유지되고 있다. 이러한 개발연대 교육투자 패턴으로부터 어떻게 벗어나는가가 한국 교육재정의 핵심적인 이슈라고 할 수 있다.

4 대표적인 예가 영유아 보육과 교육이라고 할 수 있다. 영유아 보육과 교육은 서비스가 갖는 공공성에도 불구하고 1960년대부터 거의 전적으로 민간에 의해서 공급되었고 민간부담에 의해 유지된 것이 특징이다. 우리나라에 광범위하게 존재하고 있는 민간어린이집과 민간유치원은 바로 민간서비스 공급에 대한 민간지출 패턴의 직접적 결과라고 할 수 있다. 그리고 이렇게 형성된 기본 패턴 때문에 2000년대 이후 정부의 교육과 사회복지 지출이 증가하게 되면서 서비스 공급은 민간에 의존하되 재원은 정부예산에 의존하는 독특한 서비스 공급 형태가 자리잡게 되었던 것이다.

구하고 산업화 과정에서의 광범위한 국가개입과 수출기업에 대한 특혜적 자원배분으로 말미암아 1970년대 초반에 오게 되면 재정적자가 급증하게 된다. 1972년도에 이르면 정부지출의 약 22.5%를 국내외 차입에 의존하게 되고, GNP 대비 재정적자는 4.6%에 달하게 된다.[5] 그러나 수출지향 산업화 전략의 한계는 재정적자의 급증보다는 민간기업의 재무구조 악화로 더 극명하게 표출되었다. 1960년대 중반 이후 수출신장에 대한 전면적인 강조와 이를 뒷받침하기 위한 특혜적 금융정책으로 인해 수출금융 등의 특혜적 융자체계에 접근할 수 있는가의 여부가 민간기업의 사활을 좌우하게 됨에 따라 개별 기업들로서는 단기적 이윤증대를 추구하기보다는 규모의 팽창과 외형적 수출신장에 총력을 기울이는 현상이 나타나게 되었다. 또한 특혜적 융자체계는 기업의 부채 의존을 높임으로써 궁극적으로 기업의 재무구조를 악화시키게 되었다. 예를 들면 제조업의 부채비율이 1965년의 93.7%에서 1971년에는 394.2%로 급격하게 상승하였다.

이러한 자금에 대한 만성적인 초과수요에 따라 1960년대 말과 1970년대 초반에 오게 되면 외자와 사채에 대한 기업의 의존이 매우 심화되는 상황이 나타나게 된다. 외채의 급격한 증가는 부실기업의 증가로 귀결되는데, 1969년에는 90개 이상의 기업이, 그리고 1971년에 이르면 200개 이상의 외자도입 기업이 부실화되었다. 기업의 부실화에 따라 민간자본의 이윤율도 빠르게 하락했는데, 총자본에 대한 기업의 평균이윤율이 1962년의 9.09%에서 1968년에는 5.33%로, 그리고 1971년에는 0.89%로 급락하였다(Michell, 1988: 88). 이러한 경제위기를 박정희 정부는 가히 혁명적인 방법으로 극복하는데, 이것이

5 GNP 대비 4.6%에 달하는 1972년의 재정적자규모는 안정화 시책을 본격적으로 추진하는 계기가 되는 1980년대 초반의 재정적자규모와 맞먹는 수준이었다.

바로 사채의 동결로 나타난 '경제안정과 성장에 관한 대통령 긴급명령', 즉 8 · 3 조치였다. 8 · 3 조치에 의한 사채의 동결이란 국가통제권 외의 재원을 초법적인 방법으로 기업자금으로 전환시킨 것에 다름 아니었다. 8 · 3 조치에 의해 보고된 기업의 총부채는 이 시기 통화량의 80%에 달할 만큼 막대한 규모였다.

나. 중화학공업화와 재정

1970년대 초반 박정희 정부는 경제정책의 기본 방향을 기존의 수출신장에 대한 전적인 강조로부터 수입대체 산업화의 심화와 수출신장을 동시에 달성하려는 전략산업 위주의 중화학공업화로 전환시킨다. 중화학공업화의 추진은 전 단계 경제에 대한 국가개입 양식의 한계를 극복하는 동시에 국제안보환경의 변화에 대한 전략적 대응이라는 의미를 지니는 것이었다. 즉, 1970년대 초반의 경제위기를 8 · 3 조치라는 가히 혁명적 방법을 통해 단기적으로 극복한 후 박정희 정부는 수출산업에 대한 무차별적인 지원을 대폭 삭감하는 동시에 궁극적으로 그 자체의 이윤창출을 통해 재투자와 부채상환을 할 수 있다고 여겨지는 전략산업에 대해서만 재정 · 금융지원을 집중하기 시작했다. 이와 더불어 중화학공업화는 닉슨독트린과 미군철수로 대표되는 이 시기 안보환경의 악화에 대응하여, 자주국방 달성의 기초가 되는 방위산업육성을 위해 강력하게 추진되었다. 특히, 5 · 16 군사 쿠데타 이후 부국강병과 북한과의 체제경쟁에서 승리하기 위한 목적으로 추진했던 수입대체 산업화의 심화를 재원 부족과 미국의 압력 때문에 포기했던 박정희 정부로서는 거의 10년 만에 당초의 계획을 실행에 옮기게 되었던 것이다. 그러나 중화학공업화 추진에 있어서 이러한 군사전략적인 고려는 비교우위보다는 산업별 자급률에 대한 강조로 이어지고, 이는 이 시기 산업정책이 경제적 합리성을 무시하게 되는 원인이 되었다.

중화학공업화 시기의 조세정책은 산업화 전략 추진의 강력한 수단으로 자리매김하였다. 1970년대 초 민간기업의 사채위기에 직면한 정부는 조세정책의 기본 방향을 내자동원의 강화에서 민간투자의 촉진으로 전환하게 되었다(Bahl *et al.*, 1986: 107). 그 결과 1972~74년 사이 조세부담률이 급락하는 동시에 총조세수입에서 법인세가 차지하는 비중도 급격하게 하락하였다. 즉, GDP 대비 조세부담률은 1971년의 14.4%에서 1973년에는 12.0%로 하락하였으며, 내국세 중 법인세의 비중은 1971년의 15.9%에서 1973년에는 11.3%로 급격하게 감소하였다. 1970년대 초반의 법인세 비중 감소는 거의 전적으로 8 · 3 조치에 의해 이루어진 조세감면 때문이었다.

그러나 중화학공업화를 추진하기 위해서는 단순히 민간투자에 대한 세제상 인센티브 제공뿐만 아니라 투자재원의 마련이 필요하였다. 이에 따라 중화학공업화의 시작과 함께 '내자동원'과 '민간투자 활성화'가 조세정책의 두 가지 목표로 설정되었으며, 그 결과 조세부담률이 1973년의 12.0%에서 1979년에는 16.9%로 상승하였다. 그러나 '내자동원'과 '민간투자의 활성화'라는 두 가지 상충되는 목표는 간접세중심으로 조세체계를 고착화시키는 근본적인 배경이 되었다. 내국세 중 직접세의 비중이 1970년의 50.5%에서 1979년에는 37.5%로 낮아진 반면, 간접세의 비중은 같은 기간 중 49.5%에서 62.5%로 상승하였다. 이와 더불어 전략산업의 육성은 수출산업에 대한 조세지출을 삭감하는 동시에 중화학공업에 대한 광범위한 조세감면의 제공으로 나타났다. 예를 들면, 1973~80년간 법인세 감면비율은 경공업부문의 경우 7.5%에 머무르지만 중화학공업의 경우는 40.1%에 달하였다 (Choi & Lee, 1990: 58).

1970년대 중반은 우리나라 조세체계의 골격이 형성되는 시기였는데, 직접세 부문에서 1975년의 종합소득세 도입과 간접세 부문에서 1977년의 부가가치세 도입이 바로 그것이다. 특히, 부가가치세의 도입은 우리나라 조세체계의 중대한 전환점이라고 할 만하다. 부가가치세는 1970년대 초반부터 도입을 준비하다가 1977년 7월부터 도입되었는데 당초 13%로 설정했던 세율을 민간의 조세저항을 우려하여 잠정적으로 10%로 낮춘 상태에서 출발하였다. 부가가치세가 갖는 역진성을 완화하기 위해 동시에 도입한 조세가 특별소비세였으며, 이 두 가지 조세는 1970년대 말에 오게 되면 내국세 수입의 절반 이상을 차지하는 세목으로 자리매김하였다. 부가가치세는 납세자 간 상호 견제를 통해 탈세를 방지할 수 있을 뿐만 아니라 수출에 대한 영세율제도를 통해 수출과 민간투자를 활성화시킬 수 있는 세목으로서, 이 시기 조세정책의 두 가지 목표인 '내자동원'과 '민간투자 활성화'라는 목표를 동시에 달성할 수 있는 최적의 조세였다고 평가할 수 있다.

중화학공업화 시기 정부지출은 방위산업육성을 위한 방위비의 지속적인 증가와 재정투융자의 급속한 팽창을 특징으로 한다. 중앙정부 예산에서 방위비가 차지하는 비중은 1970년 22.7%에서 1970년대 후반기에는 30% 이상으로 증가했다([그림 8-2] 참조). 그리고 방위산업 육성을 뒷받침하기 위해 정부는 1975년에 목적세로서 방위세를 도입했는데,[6] 방위세 도입으로 GDP 대비 조세부담률은 1974년의 13.1%

6 방위세는 1990년 말 폐지되었다.

그림 8-2 ▶ 중앙정부 통합재정지출 및 순융자의 분야별 배분(1970~79년)

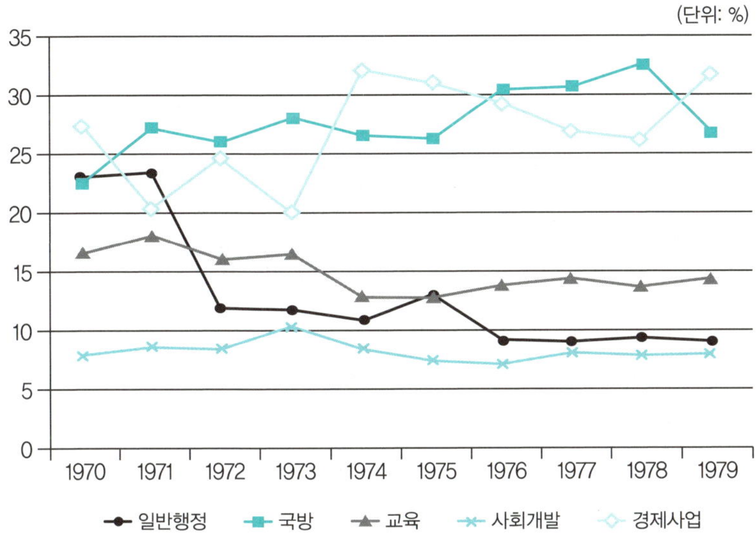

주 : 사회개발비는 보건, 사회보장 및 복지, 주택, 지역개발을 포함.
자료 : 재무부(1980). 「한국의 재정통계」.

에서 1979년에는 16.9%로 상승하였다.

중화학공업화 추진과 함께 전체 예산 중 재정투융자의 비중이 높아졌을 뿐만 아니라 투융자의 상대적 비중도 변화하였다. 1960년대에는 정부예산에서 재정투융자가 차지하는 비중이 30%에 미치지 못했지만 1979년에 이르면 재정투융자가 전체 예산의 40%를 상회하게 되었다. 특히, 이 시기에는 재정투융자 중 재정융자의 비중이 급격하게 상승하는데, 1973년 11.2%에 불과했던 재정융자의 비중이 1979년에는 24.5%로 상승하였다. 이러한 재정융자의 급속한 팽창이 사실상 이 시기 재정투융자의 증가를 견인하였는데, 이는 중화학공업화 추진과정에서 정부의 특혜적 지원이 대기업에 집중되었음을 반영하는 변화이다. 그리고 재정융자 자금을 마련하기 위해 1974년에는 국민투자기금을 설치하였는데 이 기금 재원은 국민저축조합 조합원의 저축자금, 정부 각 회계로부터의 전입금 또는 예탁금뿐만 아니라 금융기관이 국민투자채권의 매입 방법을 통하여 출연하는 예금재원까지 포함하였다. 국민투자기금은 1974~79년 사이 정부융자기금의 약 2/3에 해당하는 막대한 규모였을 뿐만 아니라, 국민투자기금의 약 60%는 중화학공업에 투자되어 이 시기 중화학공업화 추진에 있어 가장 중요한 자금의 원천이 되었다고 할 수 있다.

방위비와 재정투융자를 중심으로 한 경제개발비의 증가 이면에는 사회개발비의 정체가 자리하고 있었다. 1960년대와 마찬가지로 사회복지지출은 매우 낮은 수준에 머물러 있었는데 1977년의 경우 중앙정부 통합재정지출 대비 보건, 사회보장 및 복지 등 사회개발비의 비중이 7.2%에 불과했다. 참고로 같은 해 전체 예산 중 사회개발비의 비중이 브라질 42.6%, 멕시코 28.7%, 그리고 대만 14.2%에 이르렀다(World Bank, 1980, 1983). 사회개발비는 이른바 '노동의 사회적 임금(social wage of labor)'을 결정짓는 주요 변수로서 최소 수준의 사회복지예산과 저임금 그리고 역진적 간접세에 대한 과도한 의존은 중화학공업화 시기 노동의 사회적 배제를 의미하는 것에 다름 아니었다.

그런데 이 시기 사회개발비의 구성과 관련해서 주목해야 할 내용은 전체 예산과 GNP 대비 교육예산의 상대적 감소였다. 즉, 1971년 교육예산이 중앙정부 통합재정지출에서 차지하는 비중이 18.0%(GNP 대비 2.9%)였지만, 1975년과 1979년에는 이 비중이 각각 12.7%(GNP 대비 2.1%)와 14.4%(GNP 대비 2.7%)로 하락하였다. 교육예산 비중의 하락은 중화학공업화의 전면적 추진에 따라 고정자본형성을 위한 투자만 일방적으로 강조한 반면 인적 자본에 대한 투자는 소홀히

했음을 보여주는 것이다. 이러한 지출 패턴에 따라 1970년대 말에 오게 되면 숙련노동의 부족문제가 심각해지게 되었고 그 결과 대졸자를 중심으로 임금이 급격하게 상승하는 문제에 직면하게 되었다.

방위비와 재정투융자를 중심으로 하는 경제개발비의 급속한 팽창으로 말미암아 낮은 수준의 복지지출에도 불구하고 중화학공업화 시기 전 기간에 걸쳐 재정적자가 나타나게 되었다(〈표 8-2〉 참조). 또한 이 시기에는 양곡관리기금과 비료계정에서 막대한 적자가 발생했는데, 이 두 기금의 적자는 본질적으로 높은 정부구매가격과 낮은 정부판매가격 때문에 나타나는 현상이었다. 양곡관리기금과 비료계정의 적자는 기본적으로 쌀에 대한 가격지지정책으로서 한편으로는 박정희 정부의 정치적 지지 세력인 농민을 보호하는 동시에, 다른 한편으로

표 8-2 통합재정 수지(1970~79년) (단위: 10억 원, %)

연도	통합재정 지출 및 순융자	통합재정수입	통합재정적자	GDP 대비 통합재정적자 비율
1970	515.4	487.6	27.8	1.0
1971	642.1	565.7	76.4	2.3
1972	846.5	654.0	192.5	4.6
1973	844.7	757.7	87.0	1.6
1974	1,418.6	1,117.7	300.9	4.0
1975	2,518.6	1,692.5	466.1	4.6
1976	2,909.7	2,511.4	398.3	2.9
1977	3,660.5	3,184.9	475.6	2.7
1978	5,001.0	4,385.2	615.8	2.5
1979	6,210.1	5,769.8	440.3	1.4

자료 : 재무부. 「한국의 재정통계」. 각 연도; 한국은행. 「한국의 국민소득」. 각 연도.

는 도시 임금노동자 생계비의 상당 부분을 차지하는 쌀 가격을 낮춤으로써 임금 상승을 억제하는 효과를 동시에 갖는 정책의 결과가 재정에 반영된 것이었다.

중화학공업화 시기에 지속적으로 나타난 재정적자를 메울 수 있는 방법은 외채와 통화증발밖에 없었다. 1973~79년간 도입된 외자의 약 1/4은 재정적자를 보전하기 위해 사용되었으며, 통화증발로 인하여 1973~79년 사이 도매물가 상승률은 19.2%에 이르렀다. 그리고 외채의 증가와 인플레이션과 함께 중화학공업화에 참여하기 위한 민간기업의 과도한 경쟁으로 말미암은 과잉투자와 과잉시설의 존재는 1970년대 말에 오면 자본축적 그 자체의 기반을 흔드는 것이었다. 이제 정부는 새로운 경제운용 방식을 고민하지 않을 수 없는 상태에 직면하게 된 것이다.

3. 전환기의 한국 재정: 경제안정화와 민주화[7]

가. 경제안정화와 초긴축 재정기조로의 전환

박정희 정부에 뒤이은 전두환 정부(1981~88년)는 억압적 권위주의를 그대로 유지했다는 점에서는 정치적으로 별 차이가 없지만, 경제정책에서는 상당한 차별성을 보였다. 1970년대 말에 오게 되면 중화

7 이 부분의 논의는 저자의 기존 논문 하연섭(1993a), 하연섭(1996), Ha(1997)를 대폭 수정 · 보완한 것이다.

학공업화 전략의 추진에 따른 부작용이 속출하는데, 재정적자의 확대와 무분별한 통화팽창 및 이에 따른 인플레이션의 앙등은 성장 기반 그 자체를 훼손할 위험성을 지닌 것으로서 정부의 경제정책 방향이 경제안정화로 급선회하게 된다. 사실, 경제안정화 정책은 박정희 정부에서 대통령의 반대에도 불구하고 경제기획원 관료들의 강력한 요청과 설득에 의해 1978년에 '경제안정화종합시책'이라는 이름으로 이미 시작된 것이었다. 1979년 말부터 1981년에 이르는 정치적 격변 때문에 경제안정화 정책은 전두환 정부 등장 이후에나 본격적으로 추진되었지만, 전두환 정부는 경제안정화를 거의 '신념' 수준에서 끌고 간 것이 특징이다. 경제안정하 정책의 중요 수단이 예산팽창이 억제, 특히 일반회계의 팽창 억제였다. 긴축재정 기조는 1980년대 전 기간에 걸쳐 지속되는데, 정부예산 팽창의 억제는 수단으로서가 아니라 그 자체가 목표일 정도로 철저하게 시행되었다.

예산통제의 방법도 권위주의 시절에나 가능한 방법이었다. 예산증가 억제를 위해 1982년 1월에 영기준예산제도(zero-based budgeting)를 도입했는데, 그 적용 대상은 1983년 예산안이 아니라 국회를 막 통과한 1982년 예산이었다. 또한 1984년 예산안을 전년도 수준으로 동결함으로써 일반회계의 재정수지가 적자에서 흑자로 전환되었는데, 예산동결은 물가상승을 고려할 때 실질적으로 예산을 감축한 것으로서 사회적 이익을 철저하게 억압 · 배제할 수 있는 권위주의 시절에나 가능한 일이었다(기획재정부 예산실, 2010; 재경회 · 예우회, 2011).

1980년대 초반 정부에 의해 강력하게 추진된 안정화 정책은 GDP 대비 재정적자를 1981년의 4.5%에서 1986년에는 0.1%로 축소시켰다. 이는 정부지출의 삭감 내지 동결에 의해 달성된 것이었는데, GDP 대비 중앙정부 통합재정지출 및 순융자의 비중이 1981년의

23.0%[8]에서 1986년에는 15.9%로, 그리고 1988년에는 1973년 이래 최저 수준인 15.3%까지 하락하였다. 이렇게 재정지출 증가를 극도로 억제한 결과, 1987년과 1988년에는 통합재정수지가 작성된 이래 처음으로 흑자를 시현했다. 정부지출의 삭감은 전면적으로 이루어졌지만, 그중에서 가장 영향이 컸던 부문은 사회간접자본에 대한 투자, 공공부문 임금 인상 억제, 그리고 농산물수매가격 인상 억제였다. GDP 대비 사회간접자본투자 비율이 1981년 1.5%에서 1984년에는 1.3%, 그리고 1988년에는 1.0%로 지속적으로 하락하였다. 공무원 임금인상률은 1982년 3%였지만, 1983년에는 동결되었고, 1984년에도 3% 인상에 그쳤다. 공무원 임금 인상 억제에 따라 제7장에서 본 것처럼 1980년대 초반 공무원 수 자체가 줄어드는 현상이 나타났던 것이다.[9] 농산물수매가격은 1980년 25%가 인상된 후, 1982년에는 인상률이 7.3%로 하락했고, 1983년에는 아예 동결되었다.

이 시기 재정건전성 회복은 세입확대보다는 주로 지출통제를 통해 이루어졌다. 조세부담률은 1980년 17.0%에서 1983년 17.4%로 소폭 상승했으나 다시 하락하기 시작하여 1986년과 1987년에는 각각 16.1%와 16.5%에 머물렀다. 그런데 지출통제를 중심으로 하는 긴축재정 기조의 유지가 재정적자의 해소에는 기여했지만, 한국 재정운용에는 상당한 왜곡을 낳았다는 점을 지적하지 않을 수 없다. 대표적인 현상이 1980년대 말부터 현재화하기 시작한 사회간접자본의 부족과 물류비용의 상승, 그리고 부동산가격의 폭등이었다고 할 수 있다(재경

8 1981년의 GDP 대비 23.0%에 달하는 중앙정부 통합재정규모는 1998년에 와서야 회복되었다.

9 공무원 임금 인상 억제가 재정적자 감축에 어느 정도 기여하긴 했지만, 보다 중요한 목적은 민간부문에서의 임금 인상 억제를 위한 본보기를 보이는 것이었다고 할 수 있다.

회 · 예우회, 2011). 1980년대 중반 사회간접자본에 대한 재정투자규모가 GDP의 1.3% 아래로 하락함에 따라 수송비, 하역비, 보관비, 포장비 및 정보비를 포함하는 물류비용이 1980년의 6조 7,945억 원에서 1990년에는 16조 8,130억 원으로 급증하였다(한국산업은행 조사부, 1993: 54). 결국 지출통제를 통한 긴축재정 기조의 유지는 재정지출을 통한 민간생산 활동의 보조라는 재정 본연의 기능마저도 위축시킴으로써 경제 각 분야에서 원활한 경제 활동을 제약하는 결과를 낳았던 것이다.

나. 민주화와 재원배분 패턴의 변화

전두환 정부가 억압적 권위주의의 지속을 통해 경제안정화 정책을 강력하게 추진했다면, 뒤이은 노태우 정부(1988~93년)와 김영삼 정부(1993~98년)는 정치적 민주화와 사회집단의 성장에 따른 분배 요구에 직면했을 뿐만 아니라 이전 정부의 긴축재정 기조가 야기한 경제문제를 해소하는 방향으로 재정을 운용한 것이 특징이다. 그리하여 이 시기에는 기존의 억압 · 발전주의에서의 재원배분 패턴이 근본적으로 변화하는 전환기를 맞이한다.

[그림 8-3]에서 볼 수 있는 것처럼, 전두환 정부는 군부 출신이라는 배경에도 불구하고 경제안정화를 위해 국방예산까지도 삭감하였다. 그 결과 1981년에 통합재정지출 및 순융자 대비 28.0%에 달했던 국방비의 비중이 1987년에는 25.5%로 하락하였다. 국방비 비중의 하락 추세는 이후에도 계속 이어져 1991년에는 국방비의 상대적 비중이 경제사업비보다 낮아지는 현상이 나타났으며, 이후 이 경향은 지속된

그림 8-3 ▶ 중앙정부 통합재정지출 및 순융자의 분야별 배분(1981~97년)

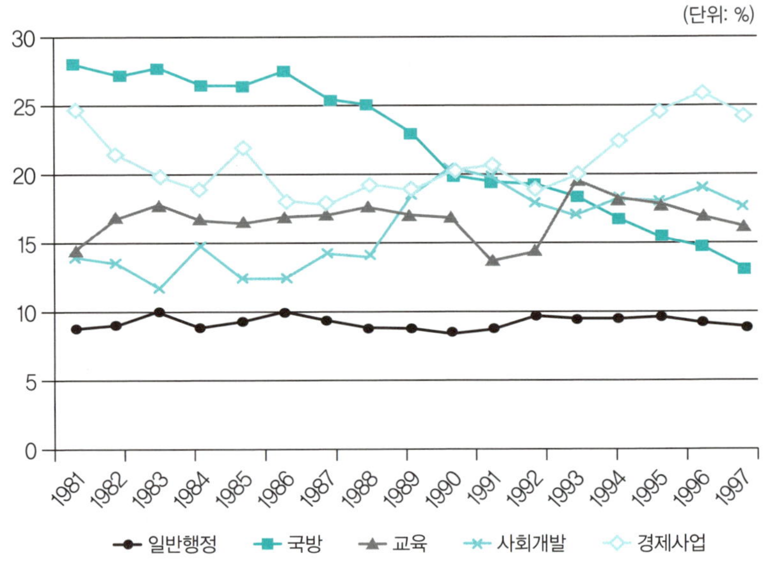

자료 : 재정경제원, 「한국통합재정수지」, 각 연도.

다. 통합재정지출 및 순융자 대비 국방비의 비중은 김영삼 정부 마지막 해인 1997년에는 13.1%까지 낮아졌다.

경제사업비도 통합재정지출 및 순융자에서 차지하는 비중이 1981년 24.7%에서 1987년에는 17.7%로 하락하였다. 경제사업비는 노태우 정부부터 상승 추세를 보이다 김영삼 정부 시기인 1994년부터는 빠르게 증가하기 시작했는데, 이는 주로 사회간접자본 확충과 농어촌 투자 때문이었다. 김영삼 정부는 이를 위한 재원을 마련하기 위하여 휘발유와 경유에 부과되던 특별소비세를 목적세인 교통세로 전환하였으며, 농어촌 투자재원을 확보하기 위해 10년간 한시적 목적세로서 1994년에 농어촌특별세를 신설하였다(재경회 · 예우회, 2011).

사회개발비는 전두환 정부에서 하락 추세를 보였지만 대통령 선거가 있었던 1987년부터 증가하기 시작해서 1990년에는 통합재정규모 대비 20.4%에 도달했다. 그러나 사회개발비의 비중은 김영삼 정부 들어서는 오히려 줄어드는데, 이는 김영삼 정부에서는 사회간접자본 확충과 국가경쟁력 강화를 위해 경제지원 예산을 대폭 확대했기 때문이다. 그럼에도 불구하고 1994년에는 통합재정규모 대비 사회개발비의 비중이 18.3%로 16.7%에 그친 국방비 비중을 사상 처음으로 앞질렀는데, 이후 이러한 경향이 지속되었을 뿐만 아니라 그 격차도 계속해서 벌어졌다.

결국 전두환, 노태우, 김영삼 정부 동안 재원배분 패턴의 변화를 살펴보면 국방비의 비중은 지속적으로 감소한 반면, 사회개발비는 증가 추세로 돌아섰고 경제사업비는 감소 후 증가하는 추세를 보임으로써 억압 · 발전주의 시기의 재원배분 패턴이 근본적으로 변화하는 전환기적 성격을 보여주었다고 할 것이다.

다. 민주화와 비전형적 지출의 증가

노태우 정부와 김영삼 정부 재정운용의 가장 중요한 특징으로서는 이른바 비전형적 지출(non-conventional expenditures)의 증가를 들 수 있다(Schick, 1986). 전두환 정부에서 강력하게 시행한 경제안정화 정책과 일반회계를 중심으로 한 긴축재정 기조는 이를 우회할 수 있는 지출수단이 확대되는 계기가 되었다. 이에 더하여 6 · 10 항쟁과 6 · 29 선언 그리고 대통령 직선이라는 정치 민주화에 따라 사회집단의 이익이 국가기구에 침투하고 이것이 재정에 반영되는 현상이 나타나기 시작했다. 무엇보다도 정치적 민주화 이후 나타난 가장 큰 변화로서는 사회적 이익의 다원화와 이익집단의 성장을 들 수 있는데, 이는 다른 한편으로는 정책 결정과 집행에 있어서 국가의 자율성을 제약하는 변화였다고 할 수 있다. 또한 사회적 압력의 증가에 따라 국가 관료제 내부에서의 정책조정이 어려워지고 부처 할거주의가 심화되는 현상이 나타났다(Ha, 1997). 사회적 이익의 다원화와 이것이 국가기구에 투영된 부처 할거주의가 재정 측면에서는 비전형적 지출의 지속적인 증가로 나타났다. 1980년대 중반 이후 나타나기 시작한 특별회계와 기금의 팽창 및 조세지출의 증가현상은 1990년대 민주화 이후에 더욱 심화되는데, 이는 국가가 전략적 우선순위에 따라 자원을 배분할 수 있는 능력을 심하게 훼손하는 것에 다름 아니었다.

산업지원 조세체계는 1980년대 초반 시장 기능의 활성화라는 목표 아래 기존의 전략산업부문에 대한 집중적인 지원으로부터 탈피하여 기능별 지원 방식으로 전환하였고 이에 따라 1980년대 초반에는 조세지출의 규모가 줄어들었다. 그렇지만 1985년 이후 구조불황산업에서의 부실기업정리를 지원하기 위해서 조세감면을 확대함에 따라 조세감면규모가 다시 증가하였다. 예를 들면, 1982~85년 사이 직접세 감면액은 직접세 징수액 대비 평균 15.7%에 머무르고 있으나 1986~91년 사이에는 19.0%로 증가하였던 것이다(윤건영 · 임주영, 1993: 23).

조세지원체계가 1980년대 들어 이렇게 다기화 · 복잡화된 이유로서는 첫째, 긴축재정 기조의 유지가 주로 세출의 통제를 통해서 이루어지는 과정에서 예산배분과정을 거친 세출의 증가에 의해서가 아니라 예산배분과정의 전 단계에서 세입정책에 의해서 특정 정책목표를 달성하기 위한 수단으로 조세지출제도가 활용되었기 때문이다(Steinmo, 1989, 1993). 둘째, 긴축재정 기조의 유지에도 불구하고 조세지출을 통하여 부문별 특수이익(particularistic interests)이 보장될 수 있었을 뿐만 아니라 이에 더하여 조세지원제도가 점차 기득권화되었기 때문이라고 할 수 있다.

이와 같은 현상은 조세지출뿐만 아니라 특별회계의 경우에도 예외 없이 나타나고 있는데, 긴축재정 기조의 유지가 주로 일반회계규모의 팽창억제를 중심으로 이루어짐에 따라 이를 회피하기 위한 수단으로서 특별회계의 수와 규모가 1980년대 말 이후 급격히 증가했다. 특별회계의 수는 1981년의 18개에서 1989년에는 16개로 감소하였지만, 1990년 이후 8개의 특별회계가 신설되고 단 1개의 특별회계만이 폐지됨으로써 1993년에 이르면 기타특별회계 19개, 기업특별회계 4개

그림 8-4 ▶ 특별회계의 수와 일반회계 대비 비중(1983~97년)

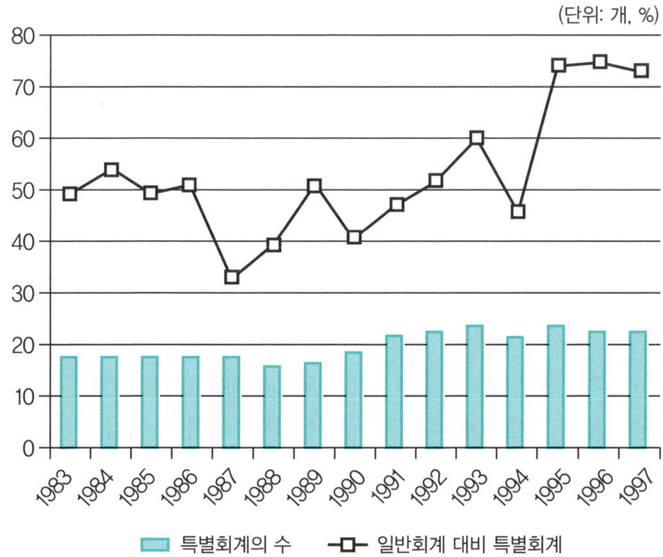

자료 : 경제기획원. 「재정관련통계집」. 각 연도; 경제기획원. 「결산개요 통계편」. 각 연도.

로 특별회계의 수는 모두 23개에 달하게 된다.

이러한 현상은 특별회계의 규모에서도 그대로 나타나는데, [그림 8-4]에서 볼 수 있는 바와 같이 1983년의 경우 중앙정부 특별회계 세출규모는 일반회계의 48.9%를 차지하였으나 1987년에는 일반회계의 32.6%로 감소하였다. 그런데 이러한 경향이 1980년대 말부터 역전되어 1993년에 이르면 특별회계의 세출규모는 일반회계의 59.8%에 달하게 된다. 특별회계의 규모는 지속적으로 증가하여 1996년에는 일반회계의 74.5% 수준에까지 이르렀다.

특별회계의 수와 규모의 팽창은 정부의 일반적인 목적을 위한 예산운용이 아니라 '예산운용의 특수목적화 경향'이 증대되고 있음을 의미하는 것이다. 이러한 특정 목적을 달성하기 위한 특별회계의 설치와 운용은 국회의 심의를 거치게 되어 있지만, 이와는 달리 기금의 경우는 국회 예산심의의 예외, 즉 예산외로 운영될 수 있기 때문에 지출통제를 회피할 수 있는 최적의 제도였다고 할 수 있으며, 바로 이러한 이유 때문에 1980년대 이후 한국 재정의 가장 중요한 특징은 기금의 난립과 규모의 팽창이라고 할 수 있다.

1984년 47개였던 기금의 수는 1980년대 중반 이후 빠르게 증가하여 1988년 67개에 달하였고 1993년에는 81개로 정점에 달한 후 1996년에는 72개로 다소 감소하였다. 기금의 난립에 따라 기금의 운용규모도 1980년대 이후 급격하게 증가하고 있는데 [그림 8-5]에서 볼 수 있는 바와 같이 1984년의 경우 일반회계 대비 기금의 운용규모는 76.5%였으나 1988년에 이르면 이 비중이 96.3%로 증가하였고, 기금의 팽창현상은 1990년대 들어 더욱 심화되어 1995년에는 기금의 운용규모가 일반회계 대비 109.6%에 달할 정도로 급속히 팽창했다. 특별회계와 기금의 팽창으로 말미암아 국가적 우선순위에 따라 자원을

그림 8-5 ▶ 기금의 수와 일반회계 대비 비중(1984~96년)

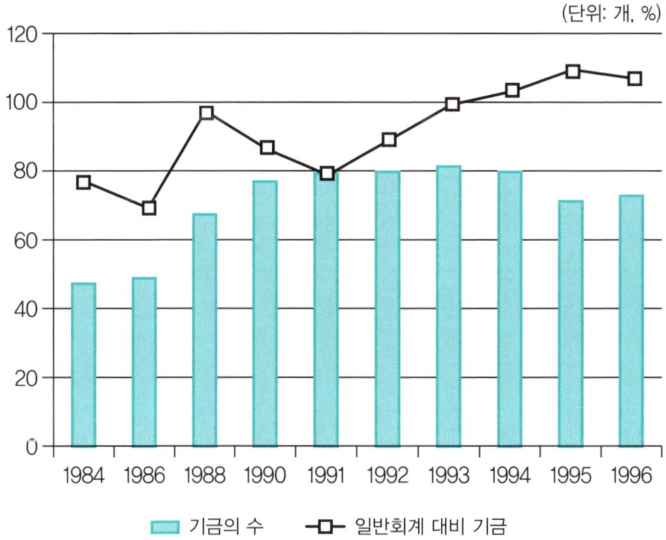

자료 : 기금의 수는 국회예산정책처 재정경제통계시스템(www.nabostats.go.kr); 기금 운용규모는 재정경제원, 「재정관련통계집」, 각 연도; 재정경제원, 「기금백서」, 각 연도.

전략적으로 배분할 수 있는 정부의 능력을 심각하게 훼손하게 되었다고 할 수 있다.

이와 함께 정치논리에 의한 재정지출의 증가를 극명하게 보여주는 현상이 노태우 정부에서는 추가경정예산의 급격한 증가이다. 〈표 8-3〉에서 볼 수 있는 것처럼, 1987년 이전에는 본예산에 대한 추가경정예산의 비율이 1~2%대에 불과하였던 반면, 1989~91년 사이에는 이 비율이 14%를 넘어서서 1990년에는 21.0%에 달하고 있다. 본예산과 달리 추가경정예산은 거의 대부분 재량지출에 충당되었는데, 이는 추가경정예산이 사회집단의 요구를 재정에 반영하는 또 다른 우

표 8-3 추가경정예산의 추이(1984~92년)

(단위: 10억 원)

연도	본예산규모(A)	추가경정예산규모(B)	B/A(%)
1984	10,966.7	206.2	1.9
1985	12,275.1	257.2	2.1
1986	13,800.5	–	–
1987	15,559.6	500.0	3.2
1988	17,464.4	964.7	5.5
1989	19,228.4	2,818.5	14.7
1990	22,689.4	4,766.3	21.0
1991	26,979.7	4,402.5	16.3
1992	33,200.0	301.7	0.9

자료 : 재정경제원.「재정관련통계집」. 각 연도.

회 경로로 활용되었음을 보여주는 것이다.

결론적으로 1980년대 이후 조세지출, 특별회계 및 기금의 난립과 팽창은 1980년대 초반 경제안정화 정책의 추진과 1980년대 중반 이후 무역수지 흑자에 따른 유동성 증가를 억제하기 위한 방편으로서 지속적으로 추진된 긴축재정 기조와 함께 1987년 이후 진행된 정치민주화 과정에서 사회이익이 국가기구에 침투함으로써, 재정운용이 정치화되는 현상을 반영하고 있다. 그렇지만 이러한 비전형적 지출의 팽창에도 불구하고 재정이 일반회계를 중심으로 운용됨으로써 예산의 투명성을 확보하는 데 실패했다고 할 수밖에 없다. 또한 일반회계가 재정운용의 기초통계로 사용됨으로써, 재정의 국민경제적 효과를 파악하는 데도 곤란을 겪을 수밖에 없었다. 나아가 예산에 대한 통제와 정치민주화는 부처 간 할거주의를 심화시키는 동시에 부문별 특수이익의 개별 국가기구에 대한 침투를 가능케 함으로써 국가기구 내부에서의 분화현상, 즉 국가가 예산운용에 있어서 단일성(unity)과 일관성(consistency)의 약화를 경험하게 되는, 그리하여 국가적 우선순위에 따라 자원을 배분할 수 있는 국가의 능력이 현저하게 약화되는 현상을 초래했던 것이다.

4. 경제위기와 재정개혁의 시기[10]

가. 경제위기 극복과 재정[11]

김대중 정부(1998~2003년) 출범 이후 지난 20년간의 재정운용은 크게 두 가지 흐름을 반영하고 있다. 첫 번째는 경제적 측면에서의 변화로서, 1997년 말에 한국 경제를 강타한 금융·외환위기와 2007~08년의 세계금융위기에 대응하는 과정에서 재정이 적극적인 역할을 수행한 결과 재정지출규모가 확대됨과 동시에 균형재정으로부터 이탈하기 시작했다는 점이다(구정모 외, 2012). 두 번째는 민주주의의 제도화, 사회집단의 성장, 저출산·고령화로 대표되는 인구구조의 변화 등 한국 사회의 근본적 변화에 따라 복지지출의 증가를 특징으로 하는 재원배분 패턴의 변화, 국민부담률의 가파른 증가, 재정지출규모

10 이 부분의 논의는 저자의 기존 논문 하연섭(2000), Ha(2004), Ha(2014)를 수정·보완한 것이다.
11 재정적자와 국가채무에 관련된 한국과 주요국 간의 비교는 제11장을 볼 것.

의 확대 등이 나타났다는 것이다. 지난 20년간 한국의 재정은 이러한 정치 · 경제 · 사회적 변화를 반영하는 동시에 이러한 변화에 적극적으로 대응하려는 일련의 제도개혁 노력들이 상호작용하는 가운데 그 구체적인 모습이 형성되었다고 할 수 있다.

김대중 정부의 재정운용은 금융 · 외환위기 극복을 위한 노력의 연속이었다고 할 수 있다. 무엇보다도 금융 · 외환위기에 뒤이은 경기침체에 따라 세수는 감소한 반면, 금융구조조정과 사회안전망 구축을 위한 세출증가에 따라 적자재정으로 전환할 수밖에 없었고, 이는 국가채무의 급증으로 나타났다. 〈표 8–4〉에서 볼 수 있는 바와 같이 GDP 대비 관리재정수지의 적자가 1996년에는 0.9%였으나 1998년에는 사상 최대인 4.7%까지 상승하였으며, 이러한 적자추세는 2001년까지 계속되었다. 이렇게 볼 때 금융 · 외환위기는 한국 재정이 균형재정으로부터 이탈하는 결정적인 계기였다고 할 수 있다. 이후 관리재정수지는 2002년, 2003년, 2007년 세 차례를 제외하고는 지속적으로 적자를 보이고 있다.

재정적자가 지속됨에 따라 GDP 대비 국가채무의 비중도 증가하여 1996년 9.5%에서 1997년에는 11.4%로 상승하여 사상 처음으로 10%대를 넘어섰고, 이후 계속 상승하여 2003년에는 20.4%로 20%대를 돌파하게 되었다. 세계금융위기 극복과정에서 재정적자가 증가함에 따라 2009년에는 GDP 대비 국가채무 비중이 30%를 넘어섰으며 2017년에는 거의 40%에 육박하고 있다.

경제위기 극복과정에서 재정이 적극적인 역할을 수행함에 따라 통합재정규모가 증가하여 GDP 대비 비율이 1996년의 17.5%에서 1998년에는 22.0%로 상승하였으나 이후 GDP 대비 통합재정의 비중은 오히려 줄어드는 경향을 보였다. 통합재정규모는 2007~08년의 세계금

표 8-4 주요 재정지표(1996~2017년)

연도	GDP (조 원)	통합재정 규모 (GDP 대비, %)	통합재정 수지 (GDP 대비, %)	관리재정 수지 (GDP 대비, %)	국가채무	
					규모 (조 원)	GDP 대비 비율(%)
1996	481.1	17.5	0.2	−0.9	45.6	9.5
1997	530.3	18.9	−1.3	−2.4	60.3	11.4
1998	524.5	22.0	−3.6	−4.7	80.4	15.3
1999	576.9	21.0	−2.3	−3.5	98.6	17.1
2000	635.2	20.4	1.0	−0.9	111.2	17.5
2001	688.2	19.9	1.1	−1.2	121.8	17.7
2002	761.9	17.9	3.0	0.7	133.8	17.6
2003	810.9	20.3	0.9	0.1	165.8	20.4
2004	876.0	19.8	0.6	−0.4	203.7	23.3
2005	919.8	20.3	0.5	−0.7	247.9	27.0
2006	966.1	21.1	0.6	−0.9	282.7	29.3
2007	1,043.3	19.8	3.6	0.7	299.2	28.7
2008	1,104.5	21.3	1.4	−1.1	309.0	28.0
2009	1,151.7	23.3	−1.5	−3.8	359.6	31.2
2010	1,265.3	20.1	1.3	−1.0	392.2	31.0
2011	1,332.7	20.5	1.4	−1.0	420.5	31.6
2012	1,377.5	21.3	1.3	−1.3	443.1	32.2
2013	1,429.4	21.0	1.0	−1.5	489.8	34.3
2014	1,486.1	21.0	0.6	−2.0	533.2	35.9
2015	1,564.1	21.7	0.0	−2.4	591.5	37.8
2016	1,641.8	21.6	1.0	−1.4	626.9	38.2
2017	1,730.4	21.9	1.4	−1.1	660.2	38.2

주 : GDP는 2010년 기준임.
자료 : 국가통계포털(www.kosis.kr)

융위기에 대응하는 과정에서 다시 빠르게 늘어나 2009년 GDP 대비 23.3%까지 늘어났으나, 경제위기 극복 이후 이명박 정부에서 추진한 신자유주의 정책과 감세정책으로 인해 다시금 상대적인 비중이 줄어드는 경향을 보였다.

이 시기 재정에 있어 특징적인 변화는 조세부담률은 완만하게 증가한 반면, 국민부담률은 매우 빠르게 증가했다는 것이다. 조세부담률은 국민이 납부하는 국세와 지방세 총액이 GDP에서 차지하는 비율을 나타내는 반면, 국민부담률은 국민이 부담하는 조세에 더해 국민연금, 공무원연금, 사학연금, 군인연금, 건강보험, 고용보험, 산업재해보상보험, 노인장기요양보험 등의 사회보장기여금이 GDP에서 차지하는 비중을 나타내는 지표이다.[12] [그림 8-6]에서 볼 수 있는 바와 같이 조세부담률이 2001년 17.3%에서 2017년 18.8%로 1.5%p 증가한 반면, 국민부담률은 같은 기간에 21.1%에서 25.4%로 4.3%p 증가했다. 또한 이명박 정부의 감세정책에 따라 조세부담률은 2009~15년의 7년 동안 감소했지만, 국민부담률은 조세부담률의 하락에 따라 2009년과 2010년 일시적으로 하락했을 뿐 그 이후에는 상승 추세를 보였음을 알 수 있다. 조세부담률과 국민부담률 증감 추세의 이러한 차이는 2000년 이후 연금과 사회보험 등이 한국 재정의 변화를 견인하는 이른바 복지국가 재정의 모습을 나타내기 시작했음을 보여주는 것이다.

---

12 조세부담률 = 조세총액/GDP × 100
국민부담률 = (조세총액 + 사회보장기여금)/GDP × 100
OECD 통계에서 tax-to-GDP ratio는 조세부담률을 의미하는 것이 아니라 국민부담률을 의미하는 지표로서, 한 나라 국민들이 일반정부에 납부하는 부담금을 측정할 때는 조세부담률보다는 국민부담률을 일반적으로 사용한다.

그림 8-6 ▶ 조세부담률과 국민부담률 추이(2001~17년)

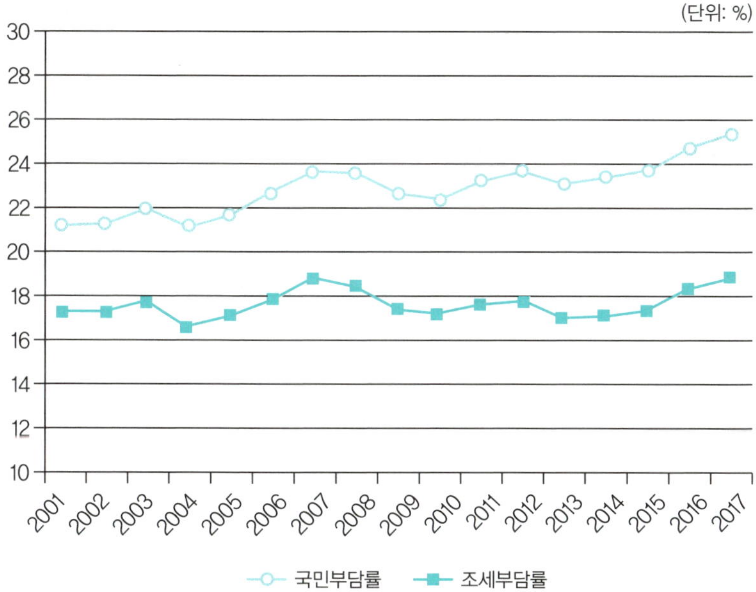

주 : GDP는 한국은행 신계열 GDP 기준임(2015년 기준).
자료 : 국회예산정책처(2019). 「2019년도 대한민국재정」.

김대중 정부 이후 한국 재정의 변화를 가장 극명하게 보여주는 것은 재원배분 패턴의 변화이다. [그림 8-7]은 통합재정 기준 재원배분 추이를 보여주는데, 가장 중요한 변화는 사회개발비의 비중이 급격하게 상승했다는 점이다. 즉, 중앙정부 통합재정지출 및 순융자 대비 사회개발비의 비중이 1998년 18.2%에 불과했으나 이 비중이 2017년에는 36.7%에 달하여 20년 동안 2배 이상 증가했다는 것을 볼 수 있다. 같은 기간 경제사업비의 비중은 26.2%에서 12.4%로 절반 이상 하락했다. 보다 자세히 들여다 보면, 노무현 정부 첫 해인 2003년 사상 처음으로 사회개발비의 비중이 경제사업비의 비중을 앞지르는데(23.1%

그림 8-7 ▶ 중앙정부 통합재정지출 및 순융자의 분야별 배분(1998~2017년)

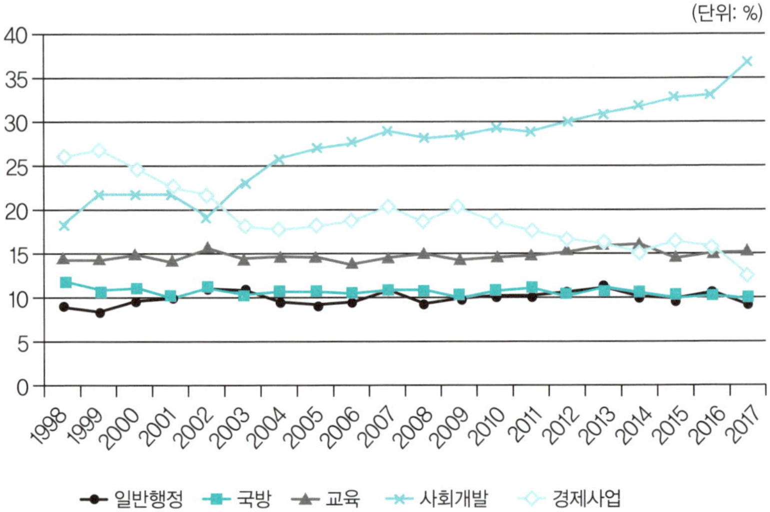

주 : 사회개발비=보건+사회보장 및 복지+오락 · 문화 · 종교+주택건설 및 지역사회개발
경제사업=경제사업
국방=국방
교육=교육
일반행정=일반 공공행정+공공질서 및 안전

자료 : 기획재정부. 「한국통합재정수지」. 각 연도.

대 18.2%), 이러한 경향이 시간이 지날수록 심화되었음을 볼 수 있다. 국방비의 비중은 1998년 11.8%에서 2017년 9.9%로 하락했으며, 교육비 비중은 지난 20년 동안 큰 차이가 없다.

나. 신자유주의, 민주주의, 그리고 재정개혁

시민사회와 국가의 관계를 변화시킨 전환점이 6 · 10 항쟁, 6 · 29 선언과 그로부터 이어진 일련의 정치적 자유화와 민주화였다면, 경제에 대한 정부개입의 방식의 전환점은 1997년의 금융 · 외환위기였다고 할 수 있다. 금융 · 외환위기에 따른 IMF의 긴급구제금융에 따라 우리 정부는 IMF로부터 경제에 대한 국가개입 방식의 전면적 재조정을 요구받게 되었고, 그 결과 정부는 금융, 기업, 노동, 공공부문 등의 4대 개혁 영역을 선정하게 되었다.

개혁 대상으로 공공부문을 선정하게 된 것은 매우 단순한 논리에 기반하고 있었다. 즉, 경제에 대한 정부의 과도한 개입과 정부의 비효율성이 민간부문의 경쟁력 약화와 경제위기의 주원인이기 때문에, 경제위기를 극복하기 위해서는 정부실패를 교정하는 것이 매우 중요하다는 인식이 자리 잡고 있었던 것이다. 정부실패를 교정하기 위한 방법으로 정부는 크게 두 가지 길을 모색하였다. 즉, 한편으로는 민영화와 규제 완화를 통해 공공부문의 크기 그 자체를 축소하려고 노력하는 동시에 다른 한편으로는 정부 운영에 시장 원리를 도입하고자 노력했던 것이다. 이러한 공공부문 개혁 노력은 이른바 신공공관리 개혁을 추구하는 것에 다름 아니었다. 공공부문 개혁 방안 중 재정개혁은 재정적자를 감축하는 동시에 정부지출의 효율성을 제고하기 위한 목적으로 시행되었다.

그러나 금융 · 외환위기에 뒤이은 김대중 정부의 정부개혁 노력을 단순히 IMF 등의 압력에 의한 것이라고만 볼 수는 없다. 이보다는 금융 · 외환위기와 이에 따른 IMF의 구제금융 조건이 김대중 정부로 하여금 인기 없는 정책을 강력하게 추진할 수 있었던 정치적 계기를 마련해 준 것으로 해석할 수도 있다. 다시 말해서, 김대중 정부는 금융 · 외환위기와 IMF의 구제금융 조건으로 창출된 개혁의 모멘텀을 정치적으로 극대화했던 것이다(Shin & Ha, 1999).

김대중 정부 재정개혁의 성과와 한계가 가장 뚜렷하게 나타나는 영역이 비전형적 지출의 개혁이다. 1980년대 이후 한국 재정의 가장 중요한 특징이 특별회계, 기금 등 비전형적 지출의 급격한 팽창이었으므로, 예산구조의 단순화와 통합은 투명하고 효율적인 재정운용을 위한 전제조건이었다. 김대중 정부 예산개혁의 가장 중요한 성과는 기금제도의 정비였다고 할 수 있다. 2002년에 김대중 정부는 기금을 정부관리기금과 민간기금으로 구분하던 기존의 구분을 철폐하는 대신 기금을 단일 유형으로 정리했을 뿐만 아니라 예산외로 운영하던 기금을 재정운용 틀 내에 포함시키게 되는데, 이때부터 기금도 국회심의의 대상이 되었다. 기금제도의 정비에 따라 1997년 76개에 달하였던 기금의 수가 2002년에는 58개로 줄어들었으며, 운용규모도 2000년에는 일반회계 대비 255.3%에서 2002년에는 186.0%로 감소했다. 그러나 이러한 기금제도의 정비에도 불구하고, 기금의 수는 여전히 60개를 상회하였으며 그 규모도 일반회계를 훨씬 상회하였다(기획재정부 내부자료).

이보다 더 심각한 문제는 김대중 정부에서도 특별회계와 목적세 정비에는 실패했다는 점이다. 김대중 정부 초기에는 목적세와 이와 연관된 특별회계를 포함한 특별회계 정비를 발표했지만, 김대중 정부 기간에 목적세와 특별회계 정비는 전혀 이루어지지 않았다. 오히려 목적세가 조세수입에서 차지하는 비중은 1995년 13.7%에서 2001년에는 16.3%로 증가했다. 우리나라에서 복잡다기화되어 있는 예산제도는 다양한 사회경제적 이해관계를 정부가 적절히 조정하고 전략적 우선순위에 따라 정책을 설계하고 집행할 수 있는 능력이 심각하게 훼손되고 있음을 의미하는 것에 다름 아니다. 따라서 특별회계와 기금 등 칸막이식 재정운용의 지속은 예산이 특수이익의 포로가 되는 봉토(fiefdom)현상을 보여주는 것이다(하연섭, 2018).

이외에도 김대중 정부에서는 다양한 형태의 재정개혁을 시도하는데, 조세감면에 대한 통제, 정부회계제도 개혁, 성과주의 예산제도 도입 등이 대표적이다. 먼저, 김대중 정부에서는 조세감면에 대한 통제를 시작해서, 1999년에 사상 최초로 직접세 감면액을 대상으로 국회에 조세지출보고서를 제출하였고, 2000년에는 포괄범위를 간접세 감면액으로 확대하였으며 2001년에는 관세 감면액을 포함하는 조세지출보고서를 국회에 제출하였다. 조세지출에 대한 통제는 이명박 정부 때인 2010년 국회에 조세지출예산서를 제출하는 것으로 완성되었다고 할 수 있다

김대중 정부에서는 뉴질랜드, 호주, 영국 등의 예를 따라 정부회계 개혁에도 착수했는데, 처음 김대중 정부는 2000년까지 복식부기로 전환할 것을 천명했지만 이는 현실적으로 불가능한 것이었고, 이후 지방자치단체에 대한 시범사업을 거쳐 노무현 정부 때인 2007년에 지방정부를 대상으로 복식부기와 발생주의 회계제도로 전환했다. 그리고 정부 전체를 대상으로 이명박 정부 때인 2011년에 복식부기와 발생주의 회계제도로 전환했다.

성과주의 예산제도 도입도 김대중 정부 때 시작되었다. 김대중 정부는 2000년에 성과주의 예산제도 시범사업 기관으로 16개 기관을 지정했으며, 2001년과 2002년에 시범사업 대상기관을 28개와 39개로 늘린 바 있다. 그러나 김대중 정부에서는 시범사업단계를 넘어 정부 전체를 대상으로 성과주의 예산제도를 확대하지는 못했으며, 성과주의 예산제도의 전면적 도입은 노무현 정부에서 완성되었다.

재정성과관리제도가 사후적 평가 시스템이라면 김대중 정부에서 1999년 도입한 예비타당성조사제도는 정부투자사업에 대한 사전적

평가 시스템이라고 할 수 있다. 예비타당성조사제도는 총사업비가 500억 원 이상이고 국가의 재정지원규모가 300억 원 이상 투입되는 사회간접자본투자 사업을 대상으로 사업의 타당성을 사전적으로 검토하는 제도이다. 예비타당성조사제도는 공공투자관리에 있어서 전환점이라고 할 수 있는데, 이때부터 의사결정기준과 사업평가기법 등이 개발되기 시작했다. 예비타당성조사제도는 처음 도입될 당시에는 사회간접자본투자 사업만을 대상으로 했으나, 그 대상 범위가 2007년에는 R&D와 정보화 예산으로 확대되었고, 2009년에는 사회복지, 보건, 교육, 문화 등의 분야로 확대되었다.

이처럼 우리나라 재정운용의 기본 틀을 형성하는 일련의 재정개혁이 김대중 정부에서 시작되었다. 김대중 정부의 공공부문개혁과 재정개혁은 1997년의 금융·외환위기에 대한 대응 차원에서 이루어진 것이었지만, 정치 민주화와의 관련성도 빼놓을 수는 없다. 즉, 사상 처음으로 정권 교체에 의해 정부를 구성한 김대중 정부에서는 민주화란 권위주의로부터의 탈피를 의미하는 것이었고, 권위주의는 '관치'와 동일시되었다. 이에 따라 민주화란 경제에 대한 정부의 과도한 개입으로부터 탈피하는 것이었고 이는 곧 시장기제의 활성화를 의미하는 것에 다름 아니었다. 바로 이러한 이유로 금융·외환위기라는 충격이 개혁의 시발점이었지만 민주주의의 제도화를 추구하던 김대중 정부에서 신자유주의와 신공공관리가 아무런 저항 없이 정부운영의 원리로서 도입되었던 것이다.

김대중 정부에서 시작된 일련의 재정개혁이 노무현 정부(2003~08년)에서 완성되었다고 할 수 있는데, 노무현 정부의 재정개혁은 국가재정운용계획, 탑다운 예산제도, 재정성과관리제도, 그리고 디지털예산회계시스템 등 이른바 4대 재정개혁으로 구성되었으며, 이러한 재정개혁은 2007년 국가재정법의 제정으로 제도화되었다고 할 수 있다. 우선, 노무현 정부에서는 중·장기적 시계에서의 재정운용, 포괄적 차원에서의 재정운용, 전략적 우선순위에 기초한 재원배분을 위해 스웨덴, 노르웨이 등에서 시행 중이던 중기재정계획체계(Medium-term Expenditure Framework: MTEF)를 국가재정운용계획이라는 이름으로 도입했다. 또한 사전적 지출한도 설정을 통해 총량적 재정규율 확보를 목적으로 하는 탑다운 예산제도를 도입했으며, 이의 주요 요소로서 대통령이 주재하는 국가재원배분회의[13]를 신설하여 재원배분에 관한 국무위원 간 토론과 정부 전체적인 방향 설정의 기회로 삼기 시작했다.

김대중 정부에서 시작한 성과주의 예산제도 도입은 노무현 정부 들어 완성되었다. 2003년에 노무현 정부는 성과관리목표제를 도입했으며, 2005년에는 미국 부시 행정부에서 운용하고 있던 Performance Assessment Rating Tool(PART)을 모델로 하여 재정사업자율평가제도를 도입하였고, 2006년에는 심층평가제도를 도입하였다. 이렇게 함으로써 우리나라 재정성과관리제도의 삼대 축이라 할 수 있는 세 가지 제도가 모두 도입된 것이다. 특히, 재정성과관리제도의 골간을 이루는 재정사업자율평가제도는 2003년 도입된 국가재정운용계획과 탑다운 예산제도를 통해 예산편성단계에서 실무부처가 예산편성의 자율권을 확대하였기 때문에 그 반대급부로서 사후적 책무성을 확보하기 위한 차원에서 도입된 것이다. 또한 노무현 정부에서는 통합적인 차원에서의 재정운용의 기초가 되는 디지털예산회계시스템을 도입하였다.

13 이후 국가재원배분회의의 명칭은 국가재정전략회의로 바뀌었다.

그런데 노무현 정부에서의 재정개혁은 단순히 재정건전성 회복을 목적으로 한 것은 아니었음에 주목할 필요가 있다. 〈표 8-4〉에 제시되어 있는 것처럼 금융 · 외환위기가 재정적자와 국가채무의 급증으로 연결되지는 않았었다. GDP 대비 국가채무 비율이 1997년 11.4%에서 1998년 15.3%로 그리고 2003년에는 20.4%로 증가했지만, 건전재정 기조를 흔들 만큼의 수준은 아니었다. 대신, 노무현 정부에서는 기존의 정책결정 방식과 재원배분 패턴을 변화시키기 위한 정치적 목적으로 재정개혁을 추구했다고 보는 것이 보다 정확한 해석이다. 즉, 노무현 정부는 출범 직후부터 지난 수십 년간 강력한 파워집단으로 군림해 온 예산당국의 힘을 약화시킬 필요가 있다고 판단했으며, 이에 따라 '참여와 분권'이라는 기치 아래 재정당국으로부터 실무부처로 예산편성의 권한을 재배분하기 위해 노력하게 되는데, 이를 위한 수단으로 강력하게 추진하였던 것이 국가재정운용계획과 탑다운 예산제도였던 것이다(Ha *et al.*, 2012).[14]

이와 함께 노무현 정부에서의 재정개혁은 기존의 재원배분 패턴을 변화시키고자 하는 의도도 포함하고 있었다. 앞에서 설명한 바와 같이 우리나라 재정의 기본 골격은 박정희 정부에서 완성되었는데, 이후의 정책기조의 변화에도 불구하고 여전히 개발연대의 재원배분 패턴이 그대로 유지되고 있었다. 즉, [그림 8-7]에서 볼 수 있는 바와 같이 경제사업비가 2000년대 초반에도 여전히 높은 비중을 차지하고 있는 반면, 사회복지지출은 상대적으로 낮은 수준에 머물러 있을 뿐이었다. 예를 들면, 2004년 현재 중앙정부 통합재정지출 및 순융자에

14 그러나 노무현 정부의 초기 의도와는 달리 구체적인 재정개혁을 당시의 기획예산처가 주도하게 됨에 따라 예산편성권의 재배분이라는 목표는 달성하지 못했다고 할 수 있다. 탑다운 예산제도 도입에 관한 보다 자세한 논의는 Ha *et al.*(2012)을 볼 것.

서 경제사업비가 차지하는 비중은 17.9%이고 사회개발비는 25.9%를 차지하였던 반면, 같은 해 OECD 국가 평균은 경제사업비가 9.7%인 반면 사회개발비는 34.8%에 달하고 있었다(Ha *et al.*, 2012). 노무현 정부 입장에서는 기존의 상향적 예산과정이 지속되는 한, 기존의 재원배분 패턴을 변경시키는 것은 불가능하다고 판단했던 것이다.

민주화 이후 역대 정부에서 나타난 흐름 중 하나는 이전 정부에서 도입한 각종 제도를 다음 정부에서는 아예 폐지하거나 무력화시키는 경향이다. 그러나 노무현 정부에서 도입한 4대 재정개혁은 이념 성향이 다른 이명박 정부와 박근혜 정부에서도 그대로 계승되어 오늘날까지도 그대로 유지되고 있다. 이는 4대 재정개혁이 우리 재정의 현안과 미래 과제에 효과적으로 대응할 수 있는 기본 틀을 제공해 주기 때문이라고 할 수 있다. 노무현 정부의 재정개혁은 김대중 정부가 마련한 기초 위에서 가능했다고 할 수 있다. 김대중 정부에서 기금제도의 정비 등 예산 포괄범위의 확대라는 기초를 놓지 않았다면 통합재정에 기초한 국가재정운용계획의 도입은 사실상 불가능한 것이었다.[15] 또한 통합재정의 기초가 놓이지 않은 상태에서 총지출한도와 분야별 지출한도 등 탑다운 예산제도의 핵심 요소를 도입할 수는 없었던 것이다. 앞에서도 논의한 바와 같이, 재정성과관리제도는 김대중 정부에서 시작한 성과관리제도를 확대 발전시킨 것이었다고 할 수 있다.

15 노무현 정부에서는 통합재정의 범위에 지방정부를 포함함으로써, 명실상부하게 통합재정중심의 재정운용을 가능하게 하였다.

5. 소결

우리나라에서 재정은 이를 둘러싼 역사적 맥락, 특히 경제에 대한 국가의 개입 양식에 의해 그 구체적인 모습이 결정되어져 왔다. 무엇보다도 한국의 산업화 과정을 특징짓는 대표적인 내재적 요인으로서 사회 · 경제적인 영역에서의 광범위한 국가개입을 들 수 있을 것이며, 한국 산업화 과정에서의 국가의 이러한 능동적인 역할은 기본적으로 재원의 흐름에 대한 국가의 통제와 조작에 기반한 것이었다.

한국의 재정에 있어서도 중대한 전환점이 관찰된다. 첫 번째는 동아시아 반공의 전초기지라는 지정학적 요인에 의한 막대한 원조수입과 이로부터 비롯된 1950년대의 수입대체 산업화로부터 1960년대 이후 경제와 산업에 대한 광범위한 국가개입을 특징으로 하는 발전국가형 재정으로의 전환이 그것이다. 억압 · 발전주의 시기에는 사회적 배제라는 기본 특징 위에 재원이 국방과 경제개발 위주로 배분되었지만 과도한 국가개입의 결과 자원배분의 효율성이 심각하게 저해되는 문제가 발생하였다. 뒤이은 경제안정화는 자원배분에 있어서 시장 기제를 활성화하기 위한 시도였으며 경제안정화를 위한 강력한 수단이 초긴축재정 기조였다. 그 결과 GDP 대비 통합재정규모는 1980년대 초반 이후 20% 이하로 하락하여 1998년이 되어서야 재정규모가 20%를 회복하였다. 1987년 6·10 항쟁 이후에는 정치민주화가 진행되면서 과거의 억압적 권위주의와는 달리 다양한 사회집단의 요구가 재정에 반영되기 시작하였다. 초긴축재정 기조를 우회하는 동시에 사회이익의 국가기구에 대한 침투를 보여주는 현상이 비전형적 지출의 증가였다. 김대중 정부 이후에는 두 번의 경제위기를 극복하는 과정에서 재정이 적극적인 역할을 수행하였다. 그 결과 기존의 균형재정으로부터 적자재정으로 전환하는 계기가 되었으며 국가채무도 지속적으로 증가하는 추세에 있다. 또한 이 시기에는 민주주의의 정착에 따라 복지요구가 분출하고 이것이 재정에 반영됨으로써 사회개발비는 급격히 증가하는 반면, 경제사업비와 국방비의 상대적 비중은 지속적으로 감소하는 경향을 보이고 있다.

세 번의 중대한 전환점을 겪으면서 한국 재정의 구체적 모습은 사뭇 달라져 왔지만, 각 시기 국가개입과 재정운용 방식은 이전 시기 국가개입과 재정운용이 초래한 문제가 국내외적 충격을 받으면서 증폭되는 가운데 변화되어 왔다. 그리고 재정운용 방식의 변화는 이전시기 국가개입 방식의 결과인 정책유산과 전환기 재정을 둘러싼 국가-사회관계의 변화를 반영하고 있다. 결국, 우리나라 재정의 역사적 전개는 중대한 전환점, 경로의존, 그리고 전략적 선택이 동태적으로 상호작용한 결과라고 할 수 있다.

제4부

한국 행정의 비교 분석

제 9 장 한국 행정의 국제 비교

제10장 신공공관리와 정부개혁

제11장 글로벌 금융위기와 재정건전화

제9장

한국 행정의 국제 비교

1. 비교를 위한 국가유형 구분

한 나라 행정체제의 특징은 다른 행정체제와 비교되었을 때 비로소 그 특징이 분명하게 드러난다. 그러므로 한국 행정의 특징을 이해하기 위해서는 다른 나라와의 비교가 필수적이다. 한국 행정을 다른 행정체제와 의미 있게 비교하기 위해서는 다른 나라를 한데 뭉뚱그려 비교하기보다는 다른 나라들을 일정한 기준에 따라 유형으로 구분하고, 이러한 유형에 속하는 대표적인 국가들과 한국을 비교하는 방법이 한국 행정의 특징을 보다 선명하게 부각시킬 수 있는 방법이다.

여기서는 세 가지 방식에 따라 국가유형을 구분하고자 한다. 첫 번째는 비교행정의 차원에서 행하는 유형 구분이다. 이 유형 구분에서는 주로 국가-사회의 관계, 법적 전통, 정치와 행정의 관계를 중심으로 국가 유형을 구분한다(Painter & Peters, 2010; Kuhlmann & Wollmann, 2014). 두 번째 유형 구분은 복지국가를 유형 구분하는 방식으로, Esping-Andersen(1990)에 의한 유형 구분이다. 세 번째 유형 구분은 자본주의의 제도적 틀에 따라 유형을 구분하는 방식으로 이른바 자본주의 다양성(varieties of capitalism) 혹은 생산레짐(production regime)에 의한 유형 구분이다.

가. 비교행정에서의 유형 구분

국가-사회관계, 법적 전통, 행정적 전통에 따라 선진 자본주의 국가들을 유형 구분할 경우 통상적으로 앵글로-색슨 모델, 유럽대륙 모델, 그리고 북유럽 모델로 구분한다.

앵글로-색슨 모델에 속하는 국가들로서는 영국, 아일랜드, 미국, 호주, 캐나다, 뉴질랜드 등을 들 수 있다. 이 유형에 속하는 국가들의 첫 번째 특징은 국가에 대한 개념이다. 이 모델에서는 계약론적 · 자유주의적 · 공리주의적 · 도구주의적 시각에서 국가를 이해하며, 정부와 구별되는 국가라는 개념이 존재하지 않는다. 또한 정치와 사회에 대한 다원주의적 시각, 국가개입에 대한 반감, 자치와 자발적 조직에 대한 강조가 두드러진다. 이에 따라 미국과 영국 등은 흔히 국가 없는 사회(stateless society)로 묘사된다. 이 모델에서는 국가와 사회의 경계가 뚜렷하지 않으며, 국가 혹은 정부에 비해 시장과 시민사회의 역할이 현저한 것이 특징이다. 이러한 이유로 이 모델에서는 민간영역에서 발달한 개념과 관리기법 등이 손쉽게 공공부문으로 전파될 수 있다고 믿으며, 그 결과 신자유주의와 신공공관리가 앵글로-색슨 국가에서 맹위를 떨칠 수 있었던 것이다(Painter & Peters, 2010; Kuhlmann & Wollmann, 2014).

국가에 대한 이러한 개념과 직접적으로 연결된 것이 법에 대한 생각이다. 앵글로-색슨 모델의 또 다른 특징은 성문법 체계가 아니라 보통법 체계를 따르고 있다는 점이다. 보통법은 개별 판례의 누적에 기반한 귀납적이고 절차적인 방법에 의존하는 것이 특징으로서, 연역적이고 세밀한 법령화로 대표되는 로마법 전통과 구별된다. 유럽대륙 국가에서는 행정이란 일차적으로 법을 집행하는 것이라고 보는 반면, 앵글로-색슨 국가에서는 행정이란 정부 프로그램을 관리하고 프로그램의 효과를 높이기 위해 더 나은 방법을 찾는 과정으로 이해한다. 책무성 확보 방법도 법적 방법보다는 정치적 방법에 의존하며, 행정도

법의 집행이라기보다는 관리와 정책이라고 보는 것이 특징이다(Painter & Peters, 2010; Kuhlmann & Wollmann, 2014).

앵글로-색슨 모델의 세 번째 특징은 정치와 행정의 엄격한 구분이다. 앞의 제3장과 제4장에서 살펴본 바와 같이 미국에서는 의회와 민주주의의 발달이 전문 관료제의 발달에 선행했으며, 영국의 경우에는 의회의 발달이 전문 관료제 발달에 선행했지만 전문 관료제의 발달이 대중 민주주의의 발달보다는 앞선 것이 특징이다. 의회-전문 관료제-민주주의의 발달 순서에서 약간의 차이는 있지만, 미국과 영국 모두 전문 관료제의 발달보다 의회제도의 발달이 선행했기 때문에, 전문 관료제의 발달을 위해서는 정치로부터 행정의 독립이 관건이었다. 이러한 이유로 앵글로-색슨 모델에서는 정치와 행정의 엄격한 구분이 특징이다. 그러나 미국의 경우에는 선거권 확대에 기초한 정당정치의 발달이 전문 관료제의 발달에 약 60년 정도 선행했기 때문에 미국에서는 관료제 상층부에 상당한 수의 정치적 피임명자가 있는 반면, 영국에서는 선거권의 확대와 관료제 발달이 거의 동시에 이루어졌기 때문에 관료제에 이러한 정치적 피임명자가 없는 것이 차이점이다(Gladden, 1972; Fukuyama, 2014). 이러한 차이점에도 불구하고 전체적으로 볼 때, 미국과 영국 모두 행정의 정치적 중립성이 강조되는 것이 특징이다.

유럽대륙 모델은 크게 나폴레옹 전통과 독일 전통으로 구분된다. 나폴레옹 전통의 대표적인 국가는 프랑스, 이탈리아, 스페인, 그리스, 포르투갈 등이며, 독일 전통의 대표적인 국가는 독일, 오스트리아, 스위스 등이다. 유럽대륙 모델에서 행정은 절대주의의 제도적 유산이며, 국가-사회관계에 대한 유기체적 시각(organic view)이 특징이다. 이 모델에서 국가란 공익을 정의하고 이를 실현하는 주체로서의 의미를 지닌다. 유럽대륙 모델의 또 다른 특징은 성문법 체계에 기초한 법치라고 할 수 있다. 프로이센의 전통을 이어 받은 독일이 법치국가(Rechtstaat) 전통의 대표적인 사례이지만, 나폴레옹 모델에서도 법치가 가장 중요한 특징이다. 이 유형의 국가들에서 법은 서로 다른 사회적 행위자들 간의 갈등조정의 수단이라기보다는 국가가 사회에 개입하기 위한 수단으로서의 의미를 지니며, 사법과 구분되는 공법체계가 국가와 시민 간의 관계를 규율하는 것이 특징이다. 이러한 특징을 공유하면서도 나폴레옹 모델과 독일 모델이 구분되는 가장 중요한 차이점은 중앙과 지방의 관계인데, 나폴레옹 모델은 강한 중앙정부, 중앙집권화된 관료제, 단방제가 특징인 반면, 독일 모델은 연방제가 특징이다. 독일 모델에서는 중앙정부의 역할이 상대적으로 제한되는 반면, 보충성(subsidiarity)의 원칙에 따라 지방정부가 상당한 권한과 자율성을 향유한다(Painter & Peters, 2010; Kuhlmann & Wollmann, 2014).

북유럽 모델의 대표적인 예는 덴마크, 스웨덴, 노르웨이, 핀란드 등이다. 북유럽 모델 또한 로마법 전통에 기초하고 있으며 지방정부의 역할을 중시한다는 점에서 대륙계 독일(혹은 연방제) 모델과 유사하다. 그리고 북유럽 모델은 정책결정과 정책집행이 뚜렷하게 구분되어 있어, 정책결정은 정부부처(ministry)에서 하지만 정책집행의 책임은 단일 목적의 조직(single-purpose organization)인 이른바 책임운영기관(agency)에 귀속되어 있는 것이 특징이다. 이에 따라 정부부처의 크기는 매우 작은 반면, 대부분의 인력은 책임운영기관에 속해 있다. 스웨덴에서 부처 수준에 고용된 공무원의 수는 2,000명 정도에 불과하다(Kuhlmann & Wollmann, 2014). 또한 행정의 투명성, 공개성, 행정에 대한 시민참여 등이 상대적으로 발달되어 있다. 무엇보다도 북유럽 모델을 다른 모델과 구분하는 특징은 보편적인 복지국가라는 점에 있다. 즉, 광범위한 복지서비스, 영유아 보육과 교육 등 인적 자원에 대한 투자, 그리고 고용보호와 실업보호, 그리고 적극적 노동시장정책(active labor market policy) 등이 특징이다.

나. 복지국가 유형론

Esping-Andersen(1990)은 복지국가 모델을 자유주의 복지국가 모델, 보수주의-조합주의 복지국가 모델, 사회 민주주의 모델 세 가지 유형으로 구분한 바 있다. 자유주의(liberal) 복지국가 모델에서는 사회적 위험에 대한 대처가 개인과 시장 중심으로 이루어지며, 정부의 역할은 시장이 할 수 없는 영역에서 최소한의 복지를 제공하거나 혹은 사적으로 제공되는 복지서비스를 지원하는 잔여적(residual) 역할에 머무른다. 이 모델에서 복지서비스의 대상은 저소득층에 국한되며, 자산조사(means-test)가 이루어지고, 전통적인 근로윤리가 강조되며, 복지 혜택의 수혜자에게는 낙인 효과가 나타난다. 이 모델에서는 이른바 탈상품화(de-commodification) 효과가 최소한의 수준에 머무르며, 보건, 교육, 복지 등에 대한 개인의 권리를 의미하는 이른바 사회적 권리(social rights)를 별로 인정하지 않는다. 자유주의 복지국가 모델의 대표적인 예로서는 미국, 캐나다, 호주 등을 들 수 있다.

보수주의-조합주의(conservative-corporatist) 모델의 예로는 오스트리아, 프랑스, 독일, 이탈리아 등을 들 수 있다. 이 모델에서는 자유주의 복지국가 모델과는 달리 시장의 효율성과 상품화에 대한 신화는 존재하지 않으며, 사회적 권리 부여가 정치적인 쟁점으로 부상하지도 않는다. 그러나 이 유형의 국가에서는 신분의 차이(status differentials)와 계층화가 존속되고, 그 결과 사회적 권리도 계층과 신분에 연계된 것이 특징이다. 이 모델에서는 복지의 공급 주체로서 국가가 시장을 대체하기 때문에 사적 보험과 직장에서의 부가급여는 최소 수준에 머무른다. 그러나 신분의 차이를 유지하기 때문에 재분배 효과는 매우 제한적이다. 그리고 가톨릭 교회의 영향이 매우 크기 때문에 전통적인 가족 가치와 가족의 역할이 유지된다. 보육 등 가족지원서비스의 발달이 상대적으로 뒤처지고, 가족이 구성원을 보호할 능력이 소진했을 경우에나 국가가 개입하는 보충성의 원칙이 강조되는 것이 특징이다.

사회 민주주의(social democratic) 모델에서는 보편성의 원리와 사회적 권리의 탈상품화가 기본적인 특징이다. 이 모델의 대표적인 국가들은 스웨덴, 덴마크, 핀란드 등 북유럽 국가들이며, 보편성(universality), 연대성(solidarity), 개인의 독립성(individual independence)을 중심으로 평등한 동시에 높은 수준의 복지를 지향한다. 보수주의-조합주의 모델과는 달리 사회 민주주의 모델에서는 가족 돌봄에 대한 국가의 책임을 강조하여 가족 돌봄 관련 비용의 사회화를 추구한다. 이 유형에 속하는 국가들에서는 가족에 대한 의존보다는 개인이 독립성을 향유할 수 있는 능력을 극대화하는 것이 주된 목표이다. 이에 따라 아동, 노인, 장애인 돌봄 서비스에 대한 국가의 책임을 강조하는 동시에, 여성이 가사로부터 독립해서 가정 밖에서 일할 수 있는 여건을 조성하는 것이 특징이다. 보편성과 연대성을 강조하기 때문에 복지혜택의 수준이 높으며, 이를 충당하기 위한 국민부담(조세부담+사회보장기여금)의 수준도 높다. 또한 정부가 직접 제공하는 공공서비스의 비중이 높기 때문에 정부에서 일하는 인력의 비중도 높다. 보편적 복지를 유지하기 위한 비용이 매우 높은 수준이기 때문에, 복지에 대한 의존을 최소화하기 위해 전 국민의 근로를 강조하는 것 또한 이 모델의 특징이다(안병영 외, 2007; Esping-Andersen, 1990: 26-28).

다. 자본주의 다양성 이론

국가유형 구분의 또 다른 예는 각 국가에 고유한 제도의 모습을 통해 경제적 성과(economic performance)의 차이를 설명하고자 하는 이른바 자본주의 다양성 이론 혹은 생산레짐 모델이다.[1] 자본주의 다양성 이론이나 생산레짐 모형에서는 선진 자본주의의 제도적 틀을 크게 자유시장경제(liberal market economies)와 조정시장경제(coordinated market economies)로 구분한다. 자유시장경제에서는 기업들이 시장을 중심으로 기업행위를 조정하는 반면, 조정시장경제에서는 비시장적인 관계를 통해 기업행위를 조정하는 특징을 지니고 있다(Hall & Soskice, 2001). 자유시장경제를 다른 말로 주주 자본주의(stock market capitalism) 혹은 앵글로-색슨 자본주의(Anglo-Saxon capitalism)라고 표현할 수 있는데, 대표적인 예가 미국과 영국이다.

조정시장경제는 다시 산업별 조정(industry-based coordination)을 특징으로 하는 경제와 그룹별 조정(group-based coordination)을 특징으로 하는 경제로 나눌 수 있다. 독일과 대부분의 북유럽 국가들이 산업별 조정을 특징으로 하는 국가들이다. 산업별 조정경제에서는 기업간 조정이 산업부문 내에서 이루어진다. 즉, 산별노조, 산업 내 기술

1 이 부분에 대한 논의는 하연섭(2011) 제11장의 내용에 크게 의존하고 있다.

이전과 확산, 산업 내 기술규범의 설정, 산업별 직업훈련 등이 특징이다. 그룹별 조정의 예는 일본과 한국에서 발견할 수 있다. 그룹별 조정경제에서는 기업별 노조, 재벌그룹 내에서의 기술이전과 확산, 재벌그룹 내 기술표준의 설정, 기업별 직업훈련 등이 나타난다(Hall & Soskice, 2001; Soskice, 1999).

자본주의 체제를 구성하는 대표적인 제도로서는 금융제도, 노사관계, 교육 및 훈련제도, 복지제도, 그리고 기업 간 관계 등을 들 수 있는데, 자유시장경제와 조정시장경제에서는 이러한 제도들 각각의 특징과 결합 방식이 서로 다르게 나타난다. 조정시장경제는 장기적 시계를 강조하는 금융제도, 협력적인 노사관계, 초기 직업훈련에 대한 강조, 기술 및 표준 설정에 있어서의 기업 간 협력이 특징이다. 조정시장경제에서는 기업 특정적(firm-specific)이거나 산업 특정적(industry-specific) 숙련을 위한 직업훈련이 이루어지는데, 이러한 장기적인 투자가 가능하기 위해서는 장기적인 금융이 뒷받침되어야 한다. 또한 가로채기(poaching)의 위험성을 최소화하기 위해서 기업 간 협력적인 임금설정이 필요하며, 고숙련 노동자들로부터의 협력을 얻어내기 위해서는 협력적인 노사관계가 필요하다(Soskice, 1999).

자유시장경제는 단기적인 시계를 가지지만 고도의 위험을 용인하는 금융제도, 비규제적인 노사관계와 약한 노조, 일반교육을 강조하는 교육 및 훈련제도, 기업 간 협력보다는 기업 간 경쟁을 촉진하는 제도 등을 특징으로 한다. 자유시장경제에서도 제도의 요소들 간 강력한 상호보완성이 존재한다. 단기적인 시계를 가진 금융제도하에서는 기업들이 새로운 활동으로 재빠르게 전환하며, 이에 따라 노동에 대한 고용과 해고가 자유롭게 이루어져야 한다. 그 결과 노동시장에 진입하고자 하는 젊은 세대들은 특정 기업이나 특정 산업에 자신을 얽매이게 하는 특정 숙련(specific skills)을 추구하기보다는 다양한 상황에 대한 빠른 적응을 가능케 하는 일반교육을 받고자 한다(Soskice, 1999). 또한 자유시장경제는 갈등적인 노사관계를 특징으로 하며, 기업가나 노동자 모두 숙련에 투자할 유인을 갖지 못한다. 요약하자면, 자유시장경제는 시장형 조정(market coordination)에, 조정시장경제는 전략적 조정(strategic coordination)에 의존하는 것을 특징으로 한다(Hancké, *et al.*, 2007; Hall & Soskice, 2001; Hall & Gingerich, 2009).

이상에서 비교행정에서의 국가유형 구분, 복지국가 유형론, 그리고 자본주의 다양성 이론에서의 국가유형 구분을 살펴보았다. 유형 구분의 기준과 분석의 초점이 다르긴 하지만 비교행정에서의 유럽대륙형 국가, 복지국가 유형론에서의 보수주의-조합주의 모델, 그리고 자본주의 다양성 이론에서의 조정시장경제(특히, 산업별 조정시장경제)는 거의 유사한 국가들을 포함하고 있다. 대표적인 예로서는 프랑스와 독일을 들 수 있다. 비교행정에서의 앵글로-색슨 모델, 복지국가 유형론에서의 자유주의 복지국가 모델, 그리고 자본주의 다양성 이론에서의 자유시장경제 또한 매우 유사한 국가들을 포함하고 있다. 대표적인 예로서는 영국과 미국을 들 수 있다. 비교행정에서의 북유럽 모델, 복지국가 유형론에서의 사회 민주주의 모델, 자본주의 다양성 이론에서의 조정시장경제의 교집합을 이루는 국가들로서는 스웨덴과 노르웨이를 들 수 있다. 이상에서 살펴본 유형론에서는 빠져 있지만, 일본은 발전국가의 주도적인 역할을 통해 경제성장을 이룩한 대표적인 예로서 경제 영역에서의 개입주의적 국가, 작은 정부, 그룹별 조정경제, 복지에 있어서 제한적인 국가역할을 특징으로 한다. 이러한 이유로 이 장에서는 한국 행정의 비교 대상으로 유럽대륙계 국가의 예로서 프랑스와 독일, 앵글로-색슨 국가의 예로서 영국과 미국, 북유럽 사회 민주주의 국가의 예로서 스웨덴과 노르웨이, 그리고 동아시아 모델의 예로서 일본 등 일곱 국가를 중점적으로 살펴보고 있다.

2. 비교의 준거

국가 간 행정을 비교할 때는 통상적으로 정부의 범위와 규모(scope and extent)에 초점을 맞춘다. 이때 가장 많이 활용되는 비교의 준거는 정부 재정과 정부 인력의 크기이다. 그리고 이때 정부란 일반정부(general government)를 의미한다.

국가 간 행정을 비교할 때 봉착하는 가장 큰 어려움은 국가마다 정의하는 정부의 범위와 규모가 사뭇 다르다는 점이다. 동일한 기능이라 할지라도 정부에서 수행하는 경우가 있는가 하면 민간에서 수행하는 경우도 있고, 특정한 기능을 중앙정부에서 담당하는 경우가 있는가 하면 지방정부에서 담당하는 경우도 있다. 그러므로 국가 간 비교를 위해서는 모든 나라에 통용되는 정부의 범위를 정할 필요가 있는데, 이러한 필요에 따라 개발한 개념이 바로 일반정부라는 개념이다.

먼저, 한 나라 경제는 크게 민간부문과 공공부문으로 구성되어 있는데 우리가 관심을 갖는 정부는 넓은 의미에서는 공공부문을 의미하고, 좁은 의미에서는 일반정부를 의미한다. 이때 공공부문과 일반정부에 대한 정의는 UN에서 만든 SNA(System of National Accounts)를 따른다.[2] SNA에 의하면 공공부문은 일반정부와 공기업으로 구성되

2 현재는 2008년 SNA를 따르고 있다.

며, 다시 일반정부는 중앙정부, 지방정부, 그리고 사회보장기금으로 구성된다. 그리고 중앙정부와 지방정부는 공공비영리단체를 포함한다. 다음의 [그림 9-1]은 공공부문의 체계를 보여준다.

그림 9-1 ▶ 공공부문 체계

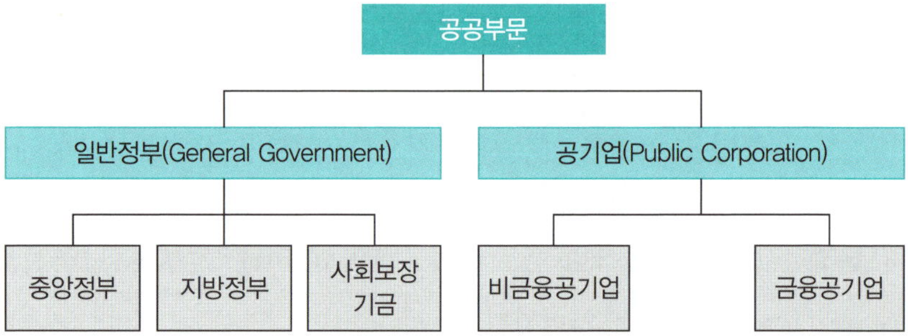

보다 구체적으로 일반정부는 중앙 · 지방정부로 운영되는 거주자 제도 단위로서 공권력에 의해 지배받는 모든 정부 단위, 공공비영리단체, 사회보장기금을 포함한다.

표 9-1 일반정부의 범위

구분	내용
중앙정부	부 · 처 · 청 등 중앙정부와 중앙정부의 지배를 받는 공공비영리단체로 구성
지방정부	지방정부, 지방정부의 지배를 받는 공공비영리단체로 구성
사회보장기금	정부기관이 통제할 수 있는 사회보험제도

자료 : 통계청(2019).

이렇게 일반정부를 기준으로 국가 간 비교를 하지만, 재정과 인력을 기준으로 우리나라 행정을 다른 나라와 비교하는 데에는 적지 않은 어려움이 따른다. 가장 큰 이유는 국제 비교가 가능한 수준에서 일반정부 기준에 따라 재정과 인력에 관한 통계를 작성한 역사가 그리 길지 않기 때문이다. 그나마 재정의 경우에는 큰 어려움이 없다. 재정의 경우에는 우리 정부도 일반정부 기준으로 재정통계를 작성해 왔기 때문에, 다른 나라(특히, OECD 국가)와의 비교가 상대적으로 용이하다. 그렇지만 이 경우에도 유의미한 비교는 2000년 이후에나 가능하다. 인력의 경우에는 다른 OECD 국가들은 일반정부 기준으로 인력규모를 추계한 반면, 우리나라는 일반정부 기준으로 통계를 작성한 적이 없다. 일반정부 기준으로 공공부문 일자리 통계를 발표한 것은 문재인 정부가 출범한 직후인 2017년 6월부터이다. 따라서 한국 정부의 국제 비교에서 시계열 분석까지 가능한 것은 재정에 관련된 비교만 가능하며, 인력에 관한 국제 비교는 제한된 범위 내에서 이루어질 수밖에 없다.

3. 우리나라 재정의 국제 비교

〈표 9-2〉는 일반정부 지출의 증가 추이를 보여주고 있다. 이 표는 1996년까지의 통계는 Tanzi와 Schuknecht(2000)에 기초하고 있고 2000년부터는 OECD에서 발간한 *Government at a Glance*에 기초하고 있으며, 우리의 비교 대상인 유럽대륙계 국가인 프랑스, 독일, 북유럽 국가인 스웨덴, 노르웨이, 앵글로-색슨 국가인 영국과 미국, 그리고 동아시아 국가인 일본 등 7개국 각각에 대한 통계와 7개국의 평

균(단순 평균)을 보여주고 있다. 우리나라 통계는 2000년 이후에나 동일한 기준에 따라 제시가 가능하기 때문에 OECD 평균도 2000년부터 제시하고 있으며, 2000년 이후에는 참고를 위해 7개국에 대한 평균도 제시하였다.[3]

1870년은 정확히 1870년이라기보다는 가까운 해의 통계 중 입수 가능한 통계를 제시하고 있다[4](다만, 논의의 편의를 위해 1870년이라고 지칭한다). 〈표 9-2〉에서는 1870년 이래로 정부지출이 꾸준히 증가했음을 볼 수 있다. 모든 나라에서 증가율이 동일한 것은 아니었지만, 국가유형의 차이에도 불구하고 모든 나라에서 정부지출의 증가는 공통된 현상이었음을 볼 수 있다.

1913~20년 사이에는 GDP 대비 일반정부 총지출의 7개국 평균이 13.1%에서 19.6%로 증가했는데, 이는 제1차 세계대전에 따른 국방비 지출 증가와 함께 종전 이후에도 전시 부채 등의 상환을 위해 지출을 늘릴 수밖에 없었기 때문이다. 특히, 프랑스, 독일, 영국 등 제1차 세계대전의 직접적 당사자들의 경우에는 GDP 대비 정부지출의 비중이 25%를 상회하였다. 1937년에 이르면 GDP 대비 정부지출의 비중이 평균 23.8%로 증가해서 1913년 수준의 거의 2배로 증가하였다. 이는 세계대공황에 따라 서서히 각국 정부들이 지출을 늘려나갔기 때문이기도 하지만, 대공황으로 GDP 자체가 감소했기 때문에 나타난 현상이기도 하다(Tanzi & Schuknecht, 2000: 9). 1937~60년까지는 정부지출이 완만하게 증가(23.8%에서 29.2%)했으며, 증가의 대부분은 제2차 세계대전으로 인한 국방비지출의 증가였다. 이렇게 볼 때, 1870년 이후 1960년까지의 정부지출 변동은 제1차, 제2차 세계대전에 따른 국

3 이는 앞으로 제시하는 재정 관련 통계에 공통된 사항이다.
4 이는 앞으로 제시하는 재정 및 인력 관련 통계에 공통된 사항이다.

방비지출의 증가와 대공황에 따른 거시경제안정화를 위한 정책 때문이었다고 할 수 있다.

표 9-2 GDP 대비 일반정부 총지출의 추이(1870~2017) (단위: %)

	1870	1913	1920	1937	1960	1980	1990	2000	2009	2017
프랑스	12.6	17.0	27.6	29	34.6	46.1	49.8	51.6	56.0	56.5
독일	10.0	14.8	25.0	34.1	32.4	47.9	45.1	45.1	47.5	43.9
스웨덴	5.7	10.4	10.9	16.5	31.0	60.1	59.1	55.1	55.2	49.4
노르웨이	5.9	9.3	16.0	11.8	29.9	43.8	54.9	42.3	46.3	49.9
영국	9.4	12.7	26.2	30	32.2	43.0	39.9	39.1	51.6	41.0
미국	7.3	7.5	12.1	19.7	27.0	31.4	32.8	33.9	42.2	38.0
일본	8.8	8.3	14.8	25.4	17.5	32.0	31.3	39.1	37.1	38.7
7개국 평균	8.5	11.4	18.9	23.8	29.2	43.5	44.7	43.7	48.0	45.3
한국	–	–	–	–	–	–	–	22.4	30.5	32.4
OECD 평균	–	–	–	–	–	–	–	41.9	46.2	40.4

자료 : 1996년까지는 Tanzi & Schuknecht(2000); 2000년부터는 OECD, *Government at a Glance 2011 & 2019*.

〈표 9-2〉에서 주목할 만한 내용은 정부지출이 1960~80년 사이에 가장 빠르게 증가했다는 사실이다. 이 기간 동안 7개국의 경우 GDP 대비 정부지출이 평균 29.2%에서 43.5%로 급격히 증가했음을 볼 수 있다. 이는 1960년대부터 본격적으로 선진 자본주의 국가들이 복지국가로 전환했음을 보여주는 것이다. 특히, 주목해야 할 사실은 1960년대 이후의 정부지출 증가는 거의 전적으로 복지국가로의 전환 때문이며, 이전의 정부지출 증가를 견인했던 전쟁과는 무관하게 나타난 현상이라는 점이다. 이 시기는 대공황과 같은 심각한 경제 불황도 없었

고, 인구구조의 변동도 거의 없었던 시기였다. 1980년에 이르면 스웨덴의 경우에는 정부지출이 GDP 대비 60%를 넘어섰고, 전통적으로 작은 정부를 지향했던 미국과 일본의 경우에도 각각 31.4%와 32.0%에 달하였음을 볼 수 있다.

다음 장에서 보다 자세하게 논의하겠지만, 1980년대부터는 신자유주의와 신공공관리의 시대로서, 정부부문의 축소가 강력하게 추진되던 시기이다. 그러나 신자유주의와 신공공관리에도 불구하고 1980년대 이후 정부지출의 비중은 줄어들지 않고 오히려 완만하게나마 증가한 것을 볼 수 있다(그러나 1960~80년과 비교할 때 지출의 증가폭은 매우 줄어들었음을 아울러 볼 수 있다.). 1980년과 2000년을 비교하면 GDP 대비 정부지출의 비율이 7개국에서 43.5%와 43.7%로 거의 유사하다. 신자유주의 정책이 강력하게 추진되었던 영국과 미국의 경우에도 정부지출의 감축이 거의 이루어지지 않았으며, 미국의 경우에는 오히려 더 증가한 것을 볼 수 있다.

2000년대에 오면 2009년에 GDP 대비 정부지출의 비율이 OECD 평균 41.9%에서 46.2%로 오히려 증가(7개국의 경우 43.7%에서 48.0%로 증가)한 것을 볼 수 있는데, 이는 2008년 글로벌 금융위기에 대응하기 위해 각국이 적극적 재정정책을 추구했고 그 결과 정부지출이 늘어났기 때문이다. 그러나 경제위기가 어느 정도 진정된 이후에는 각국 정부들이 재정건전화(fiscal consolidation) 정책을 추구하면서 2017년에 오면 OECD 전체적으로 GDP 대비 정부지출의 비율이 40.4%로 감소한 것을 볼 수 있다.

〈표 9-2〉는 앞에서 논의한 국가유형 구분이 매우 유의미하다는 것을 보여준다. 2017년 현재 유럽대륙 국가인 프랑스와 독일의 GDP 대비 일반정부 지출의 비중은 각각 56.5%와 43.9%이며 북유럽 국가인

스웨덴과 노르웨이의 경우도 이 비중이 각각 49.4%와 49.9%이다. 이와는 대조적으로 앵글로-색슨 국가인 영국과 미국의 경우 GDP 대비 일반정부 지출의 비중이 각각 41.0%와 38.0%이며, 일본의 경우에도 이 비중이 38.7%에 불과해서 앵글로-색슨 국가와 일본이 상대적으로 작은 정부를 특징으로 하고 있음을 알 수 있다. 그런데 정부지출의 증가 추이에서 매우 흥미 있는 국가유형이 스웨덴과 노르웨이 등 북유럽 국가이다. 스웨덴과 노르웨이는 1937년까지는 GDP 대비 정부지출의 비중이 7개국 평균에 미치지 못하는 작은 정부를 갖고 있었으나 1960년부터는 7개국 평균을 상회하기 시작해서 1990년에 오게 되면 가장 큰 정부를 가진 국가들로 등장하며 이후 이러한 경향을 계속 유지하고 있음을 볼 수 있다(Tanzi & Schuknecht, 2000: 21).

우리나라 재정의 가장 중요한 특징으로서는 상대적으로 작은 재정 규모를 들 수 있는데, 이러한 사실은 〈표 9-2〉를 통해 쉽게 확인할 수 있다. 2017년 현재 우리나라 일반정부 총지출은 GDP 대비 32.4%로서 OECD 평균 40.4%에 비해 낮은 수준이다. 같은 해 프랑스와 스웨덴의 GDP 대비 일반정부 총지출의 비중은 각각 56.5%와 49.4%로 나타나고 있으며, 상대적으로 정부의 크기가 작은 것으로 알려진 미국과 일본의 경우도 이 비중이 각각 38.0%와 38.7%로서 우리나라보다는 상대적으로 큰 규모임을 알 수 있다. 그리고 2017년 현재 우리나라 GDP 대비 정부지출의 비율이 32.4%인데, 이는 비교 대상으로 삼는 7개국의 1960년대 초반 당시의 평균에 해당하는 비율이다. 또한 [그림 9-2]는 2017년 현재 OECD 국가들의 GDP 대비 정부지출의 비율을 보여주고 있는데, 우리나라는 멕시코와 아일랜드를 제외하면 정부지출 측면에서는 가장 작은 정부에 속함을 볼 수 있다.

그림 9-2 ▶ GDP 대비 일반정부 지출의 비중(2017)

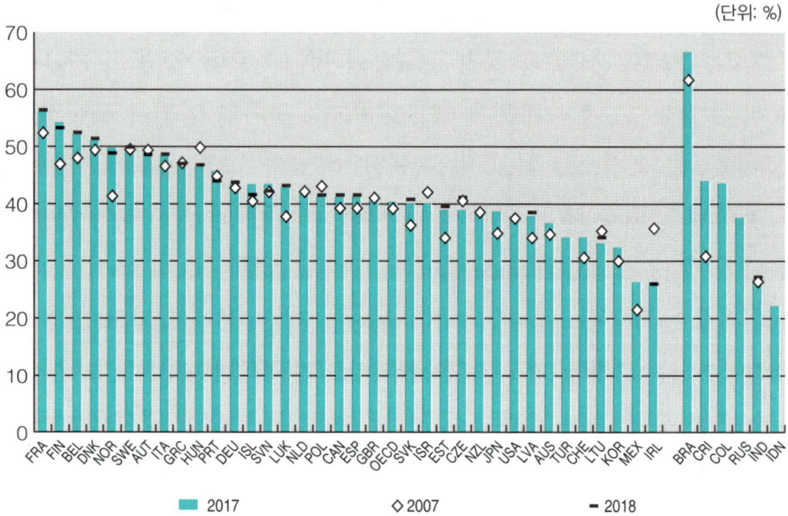

자료 : OECD(2019). *Government at a Glance 2019*.

그런데 〈표 9-2〉는 우리나라의 재정규모가 2000년 이후 매우 빠르게 팽창하였음을 동시에 보여주고 있다. 즉, GDP 대비 일반정부 총지출의 비중이 2000년에는 22.4%에 불과했으나, 2009년에는 이 비중이 30.5%로 높아졌고 다시 2017년에는 32.4%로 높아져 정부규모가 매우 빠르게 팽창하고 있음을 볼 수 있다. 그 결과 2000년의 경우 OECD 평균과 비교할 때 우리나라의 GDP 대비 일반정부 총지출의 비중이 약 절반 수준이었으나, 2017년에는 거의 4/5 수준에 도달하였음을 볼 수 있다. 사실, 최근 10년만 놓고 보면 우리나라의 정부지출 확대 속도가 OECD 국가 중 가장 빠른 편에 속한다([그림 9-3] 참조).

그림 9-3 ▶ 1인당 일반정부 지출의 연평균 증가율(2007~17)

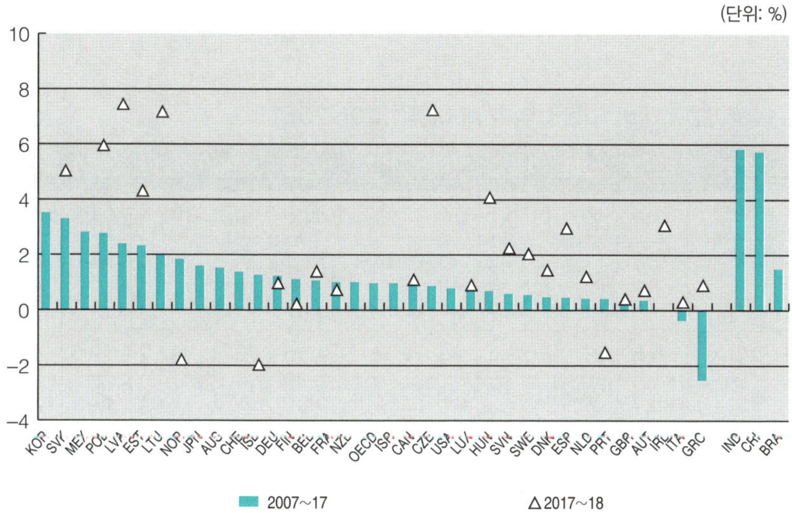

자료 : OECD(2019). *Government at a Glance 2019*.

〈표 9-3〉은 GDP 대비 일반정부 부채 비율을 보여주고 있다. 〈표 9-3〉은 높은 부채 수준이 최근의 일만은 아님을 보여주고 있다. 1870년경에도 프랑스, 영국, 미국의 부채 수준은 40%를 넘고 있다. 또한 제1차 세계대전의 영향으로 1920년에 프랑스와 영국의 GDP 대비 일반정부 부채 비율은 130%를 넘고 있다. 이 시기 독일의 부채 비율이 낮은 이유는 재정건전성 때문이 아니라 이 당시 독일의 악성 인플레이션 때문이었다. 1937년에는 경제 불황 등의 영향으로 GDP 대비 일반정부의 부채 비율이 더 상승했음을 볼 수 있다. 그러나 1970~90년 시기에는 복지지출의 빠른 증가에도 불구하고 부채 비율은 상당히 안정적인 상태를 유지하였는데, 그 이유는 경제가 빠르게 성장하는 시기였고 그에 따라 세수입이 빠르게 증가했을 뿐만 아니라 실질

이자율도 낮은 상태에 머물러 있었기 때문이다(Tanzi & Schuknecht, 2000).

표 9-3 GDP 대비 일반정부 부채 비율(1870~2017)

(단위: %)

	1870	1913	1920	1937	1970	1980	1990	2000	2010	2017
프랑스	51.4	66.5	136.8	137.2	53.1	30.9	40.2	65.6	94.1	123.0
독일	–	–	4.2	17.4	18.4	31.1	45.5	60.4	87.0	72.4
스웨덴	–	–	21.5	26.5	30.5	44.3	44.3	64.3	49.1	49.8
노르웨이	6.8	27.9	28.4	28.0	47.0	47.6	32.5	32.7	49.5	42.8
영국	40.2	30.4	132.0	188.1	81.8	54.0	39.3	45.1	82.4	116.3
미국	43.9	2.5	31.0	43.7	45.4	37.0	55.5	54.5	93.6	106.1
일본	0.6	53.6	25.6	57.0	12.1	51.2	65.1	135.4	199.7	222.1
7개국 평균	28.6	36.2	54.2	71.1	41.2	42.3	46.1	65.4	93.6	104.6
한국	–	–	–	–	–	–	–	19.0	33.9	43.2
OECD 평균	–	–	–	–	–	–	–	59.4	74.2	110.3

자료 : 1990년까지는 Tanzi & Schuknecht(2000); 2000년부터는 OECD, *Government at a Glance 2011 & 2019*.

재정규모가 상대적으로 작은 동시에 재정건전성을 유지하고 있는 것이 우리나라 재정의 또 다른 특징이다. 〈표 9-3〉과 [그림 9-4]에서 볼 수 있는 것처럼, 2017년 현재 우리나라의 GDP 대비 일반정부 부채의 비중은 43.2%로서 OECD 평균 110.3%의 약 1/3에 불과하다. 특히, 다른 OECD 국가들은 2000년대 말의 세계금융위기를 극복하는 과정에서 국가채무가 빠르게 늘어난 데 비해, 우리나라의 국가채무는 아직까지는 낮은 상태이다. GDP 대비 일반정부 부채의 비율이 OECD 평균 59.4%에서 2017년에는 110.3%로 증가한 데 비해, 우리나라의 경우에는 그 비중이 19.0%에서 43.2%로 증가하였을 뿐이다. 특히, 일본의 경우는 1990년 GDP 대비 65.1%에 불과했던 일반정부 총부채의 비중이 20년 후인 2010년에는 199.7%로 급상승하였고, 2017년에는 다시 222.1%로 상승하여 OECD 국가 중 가장 빠른 증가세를 보여주고 있다. 그런데 일본의 재정건전성이 급격히 악화된 원인으로서는 저출산 · 고령화라는 인구구조의 변화와 성장잠재율의 하락 등에 대한 정책적 대응의 실패 등을 들 수 있는데, 이는 우리나라에서 인구구조의 변동과 사회복지지출 수요의 증가에 대한 전략적 대응과 재정건전화 노력이 매우 중요한 과제임을 시사한다. 특히, 최근 우리나라의 정부부채의 증가 속도가 매우 빠른데, 이는 매우 우려스러운 현상이다.

그림 9-4 ▶ GDP 대비 일반정부 부채의 비율(2007과 2017)

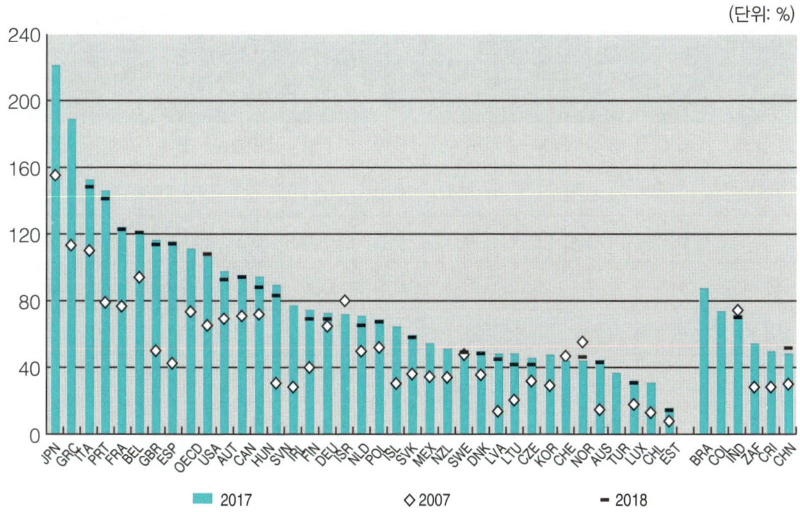

자료 : OECD(2019). *Government at a Glance 2019*.

〈표 9-4〉는 정부지출의 기능별 분류(Classification of the Functions of Government: COFOG)에 기초하여 각 기능별 지출의 GDP 대비 비율을 보여주고 있다. 2017년 기준으로 각 기능별 지출 비중을 OECD 평균과 비교할 때 우리나라 지출구조의 특징은 국방, 경제활동, 환경보호, 주거 및 지역사회시설, 휴양·문화·종교, 그리고 교육에 대한 지출이 OECD 평균보다 높은 반면, 일반공공행정, 공공질서 및 안전, 보건, 그리고 사회보호에 대한 지출은 OECD 평균보다 낮다. 특히 눈여겨 보아야 할 지출분야가 경제활동, 보건, 사회보호인데, 경제활동의 경우에는 GDP 대비 비율의 OECD 평균이 3.8%인 데 반하여 우리의 경우에는 4.9%로 매우 크다. 이와는 달리 보건분야 지출의 OECD

표 9-4 기능별 일반정부 지출구조(GDP 대비 비율, 2017) (단위: %)

	일반공공행정	국방	공공질서 및 안전	경제활동	환경보호	주거 및 지역사회시설	보건	휴양·문화·종교	교육	사회보호
프랑스	6.0	1.8	1.6	5.9	0.9	1.0	8.0	1.4	5.4	24.3
독일	5.6	1.0	1.5	3.1	0.6	0.4	7.1	1.0	4.1	19.4
스웨덴	6.7	1.2	1.3	4.1	0.3	0.8	6.9	1.1	6.8	20.2
노르웨이	4.5	1.7	1.2	5.3	0.9	0.8	8.5	1.6	5.6	19.8
영국	4.7	1.9	1.8	3.1	0.7	0.7	7.4	0.6	4.6	15.2
미국	5.6	3.2	2.0	3.8	0.5	0.6	9.3	0.3	6.0	7.6
일본	3.8	0.9	1.2	3.6	1.2	0.6	7.6	0.4	3.3	16.1
한국	5.2	2.5	1.3	4.9	0.8	0.8	4.3	0.8	5.2	6.6
OECD 평균	5.4	2.1	1.8	3.8	0.5	0.6	7.8	0.7	5.1	13.3

자료 : OECD(2019). *Government at a Glance 2019*.

평균은 7.8%인 데 반해 우리나라는 4.3%이며, 사회보호는 OECD 평균이 13.3%인 데 반해 우리나라는 6.6%에 불과하다. 따라서 향후 우리나라의 지출구조조정의 큰 방향은 개발연대 정부개입의 유산인 경제활동분야에 대한 지출의 상대적 비중을 줄이는 대신, 한국 사회 전체의 삶의 질을 높이기 위한 보건과 사회보호 분야에 대한 지출증가에서 찾아야 할 것이다.

〈표 9-5〉는 각 분야별 지출이 총지출에서 차지하는 비중이 2007~17년 사이에 어떻게 변했는지를 보여주고 있는데, OECD 전체적으로는 보건과 사회보호 분야의 지출만 증가하였을 뿐, 다른 분야의 지출은 유지 내지 감소하였음을 볼 수 있다. 우리나라는 이 기간 동안 경

표 9-5 GDP 대비 기능별 일반정부 지출구조의 변화(2007~17) (단위: %)

	일반 공공 행정	국방	공공 질서 및 안전	경제 활동	환경 보호	주거 및 지역 사회 시설	보건	휴양·문화·종교	교육	사회 보호
프랑스	-1.3	0.1	0.2	1.6	0.1	-0.1	0.6	0.0	0.1	2.7
독일	-0.5	0.1	0.1	-0.1	0.1	-1.4	0.8	0.2	0.2	0.6
스웨덴	-0.9	-0.4	0.0	0.2	0.0	0.1	0.5	0.1	0.5	0.0
노르웨이	-1.3	0.1	0.3	1.6	0.3	0.2	1.6	0.4	0.7	4.6
영국	0.5	-0.2	-0.5	0.2	-0.2	-0.4	1.0	-0.3	-1.0	0.9
미국	-0.5	-0.3	0.0	-0.1	0.0	-0.2	1.1	0.0	-0.2	0.9
일본	-0.5	0.1	0.0	0.2	0.0	-0.1	1.5	0.0	-0.1	2.8
한국	0.0	0.1	0.1	-1.1	-0.1	-0.3	1.1	0.1	0.6	2.1
OECD 평균	-0.5	-0.3	0.0	-0.1	0.0	-0.2	1.1	0.0	-0.1	1.5

자료 : OECD(2019). *Government at a Glance 2019*.

제활동, 환경보호, 주거 및 지역사회시설 분야의 비중이 줄어든 대신, 국방, 공공질서 및 안전, 보건, 휴양·문화·종교, 교육, 사회보호 분야의 지출이 증가하였다. 특히, 경제활동 지출의 비중은 상당히 큰 폭으로 낮아진 반면, 보건과 사회보호의 비중이 각각 1.1%p와 2.1%p로 빠르게 늘어났음을 볼 수 있다.

〈표 9-6〉은 GDP 대비 일반정부 수입의 추이를 보여주고 있다. 여기서 정부수입이라 함은 조세수입뿐만 아니라 연금과 건강보험 등 사회보장기여금 수입까지도 포함하는 개념이다. 비교의 대상으로 삼은 7개국의 경우 정부수입이 뚜렷하게 증가한 시기는 1937~60년 사이

표 9-6 GDP 대비 일반정부 수입의 추이(1870~2017)

(단위: %)

	1870	1913	1937	1960	1980	1990	2000	2009	2017
프랑스	15.3	13.7	20.5	37.3	46.1	48.3	50.2	48.4	53.7
독일	1.4	3.2	15.9	35.2	45.0	43.0	46.4	44.5	45.6
스웨덴	9.5	6.7	8.5	32.5	56.1	63.3	58.7	54.2	50.9
노르웨이	4.3	7.7	10.9	32.4	49.0	52.3	57.7	56.2	54.9
영국	8.7	11.2	22.6	29.9	39.6	38.7	40.4	40.4	38.1
미국	7.4	7.0	19.7	27.0	30.0	30.8	35.4	31.0	33.8
일본	9.5	–	–	18.8	27.6	34.2	31.4	35.0	35.8
7개국 평균	9.0	7.9	14.7	30.4	41.9	44.4	45.7	44.2	44.7
한국	–	–	–	–	–	–	27.9	33.4	35.3
OECD 평균	–	–	–	–	–	–	42.2	41.4	38.2

주 : 1) 독일, 스웨덴은 1937년까지는 중앙정부만 대상
2) 1937년까지는 독일, 스웨덴을 제외한 5개국 평균

자료 : 1990년까지는 Tanzi & Schuknecht(2000); 2000년부터는 OECD, *Government at a Glance 2011 & 2019*.

이며(이 기간 동안 GDP 대비 정부수입의 비중이 두 배 이상 증가한 다.), 1960~80년 사이에도 정부수입이 빠르게 증가했음을 볼 수 있다. Tanzi와 Schuknecht(2000)에 따르면 대체로 1970년까지는 일반정부 지출과 수입의 증가가 거의 비슷하게 이루어져 재정이 균형 상태로부터 크게 이탈하지는 않았다고 한다. 이러한 균형 상태로부터 이탈하는 시기가 1970년경인데, 1960~80년 사이에는 GDP 대비 일반정부 지출의 비율이 14.3%p 증가한 반면, 일반정부 수입의 비율은 11.5%p 증가하는 데 그쳤다.

정부지출의 증가 패턴과 마찬가지로 1980년 이후에도 정부수입이 증가하기는 했지만, 증가속도는 매우 완만해졌음을 아울러 볼 수 있다. 또한 GDP 대비 일반정부 지출의 비중과 마찬가지로 GDP 대비 일반정부 수입에서도 국가유형 간 뚜렷한 차이가 나타남을 볼 수 있다. 즉, 2017년 현재 유럽대륙 국가인 프랑스와 독일의 경우 GDP 대비 정부수입의 비중이 각각 53.7%와 45.6%이고 북유럽 국가인 스웨덴과 노르웨이의 경우 이 비중이 각각 50.9%와 54.9%인 반면, 앵글로-색슨 국가인 영국과 미국의 경우에는 GDP 대비 정부수입의 비중이 각각 38.1%와 33.8%로 낮으며, 일본의 경우에도 이 비중이 35.8%에 불과하다.

우리나라의 GDP 대비 일반정부 수입의 비율은 2000년에는 27.9%로 OECD 평균 42.2%에 비해 매우 낮은 수준으로서, 다른 7개국의 1960년 평균 수준에도 미치지 못하였음을 볼 수 있다. 그런데 이 비율이 2009년에는 33.4%, 2017년에는 35.3%로 빠르게 증가했음을 볼 수 있다. 2017년 우리나라의 GDP 대비 일반정부 수입 비율 35.3%는 여전히 OECD 평균보다는 낮지만 OECD 평균에 근접한 수준이고 미국의 33.8%보다는 높은 수준이다.

그림 9-5 ▶ GDP 대비 일반정부 수입의 비율(2007과 2017)

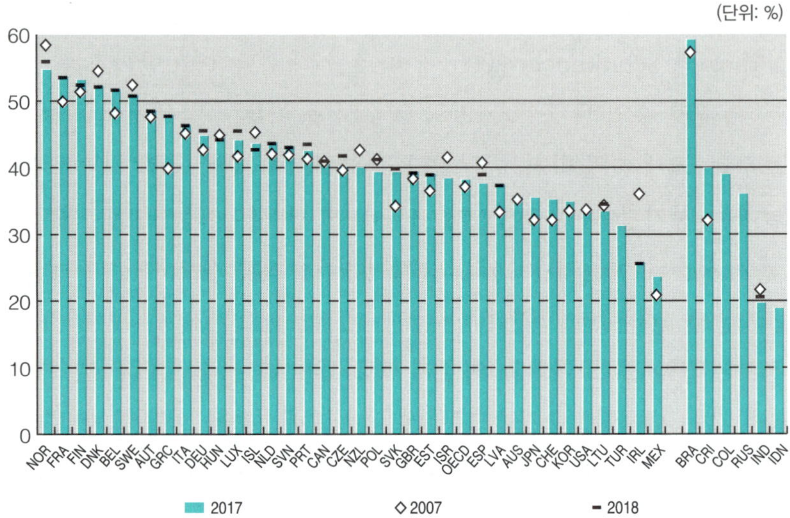

자료 : OECD(2019). *Government at a Glance 2019*.

[그림 9-5]는 OECD 국가들을 중심으로 2007년과 2017년 기준 GDP 대비 일반정부 수입의 비율을 보여주고 있다. 그리고 [그림 9-6]은 2007~17년 사이 1인당 일반정부 수입의 연평균 증가율을 보여주고 있는데, 우리나라의 증가율이 OECD 국가 중 슬로바키아에 이어 두 번째로 높아 국민부담이 매우 빠르게 증가하고 있음을 알 수 있다.

그림 9-6 ▶ 1인당 정부수입의 연평균 증가율

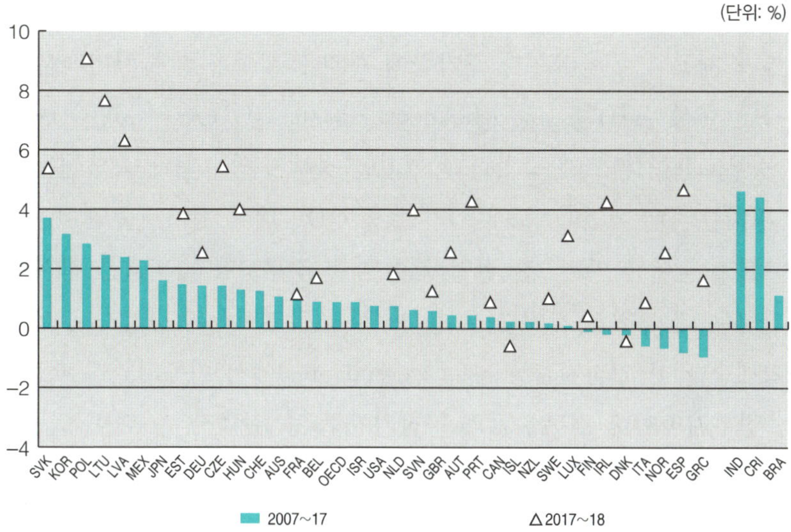

자료 : OECD(2019). *Government at a Glance 2019*.

4. 우리나라 인력의 국제 비교

〈표 9-7〉은 총 취업자 수 대비 일반정부 고용의 비율 추이를 보여주고 있다. 비교의 대상으로 삼은 7개국에서 총 취업자 수 대비 일반정부 고용의 비율이 가장 빠르게 증가한 시기는 1937~60년 사이로 이 비율이 거의 2.5배 증가했음을 볼 수 있다. 이는 GDP 대비 정부지출의 비율이 같은 기간 중 약 5%p 상승(〈표 9-2〉 참조)한 것과는 대조를 이루는 현상이다. 이런 현상이 나타난 이유로서는 제2차 세계대전

종전 이후 선진국들이 국방비를 줄이는 동시에 대공황에 대처하기 위해 증가시켰던 경기대응 지출을 줄이는 대신, 제2차 세계대전 이후 정부가 제공하는 서비스가 증가함에 따라 정부고용을 늘렸기 때문에 나타난 현상이다(Tanzi & Schuknecht, 2000: 27). 1960~80년 사이에도 정부고용이 빠르게 증가하긴 했지만 정부지출의 증가 속도에는 한참 뒤지는 수준이었다. 즉, 동 기간 중 GDP 대비 정부지출의 비율은 약 14%p 늘어난 반면, 총 취업자 수 대비 정부고용의 비율은 약 5%p 증가하는 데 그쳤던 것이다. 이는 이 시기 정부지출의 증가가 주로 복지확대를 위한 이전지출(transfer expenditures)에서 비롯되었기 때문이다. 정부지출이나 정부수입과 마찬가지로 총 취업자 수 대비 일반정부 고용의 비율도 1980년 이후에는 증가 속도가 매우 완만해지거나

표 9-7 총 취업자 수 대비 일반정부 고용의 비율 추이(1870~2017) (단위: %)

	1870	1913	1937	1960	1980	2000	2008	2009	2017
프랑스	2.5	3.0	4.4	-	20.0	21.8	21.9	22.6	21.9
독일	1.2	2.4	4.3	9.2	14.6	11.1	9.6	11.3	10.5
스웨덴	2.2	3.5	4.7	12.8	30.3	27.7	26.2	29.4	28.8
노르웨이	2.2	3.4	4.7	-	23.2	29.5	29.3	29.3	30.3
영국	4.9	4.1	6.5	14.8	21.1	16.8	17.4	19.6	16.1
미국	2.9	3.7	6.8	14.7	15.4	14.8	14.6	16.7	15.1
일본	1.0	3.1	5.0	-	6.7	7.7	6.7	6.1	5.9
7개국 평균	2.4	3.3	5.2	12.9	18.8	18.5	18.0	19.3	18.4
한국	-	-	-	-	-	-	5.7	-	7.7
OECD 평균	-	-	-	-	-	-	15.0	18.4	17.7

자료 : 1996년까지는 Tanzi & Schuknecht(2000); 2000년부터는 OECD, *Government at a Glance 2011 & 2019*.

혹은 오히려 줄어들고 있음을 볼 수 있다.

앞에서도 언급한 바와 같이 재정과는 달리 우리나라에서 정부 인력에 대해서 국제 비교가 가능한 통계를 작성한 것은 최근의 일로서, 2000년 이후에도 시계열적 비교는 가능하지 않다. 우리나라는 2017년 현재 총 취업자 수 대비 일반정부 고용의 비율이 7.7%로서 OECD 평균 17.7%에 비해 매우 낮은 수준이며, OECD 전체 국가 중 일본에 이어 두 번째로 낮은 국가이다([그림 9-7] 참조).

그림 9-7 ▶ 전체 취업자 수 중 일반정부 취업자의 비중(2017)

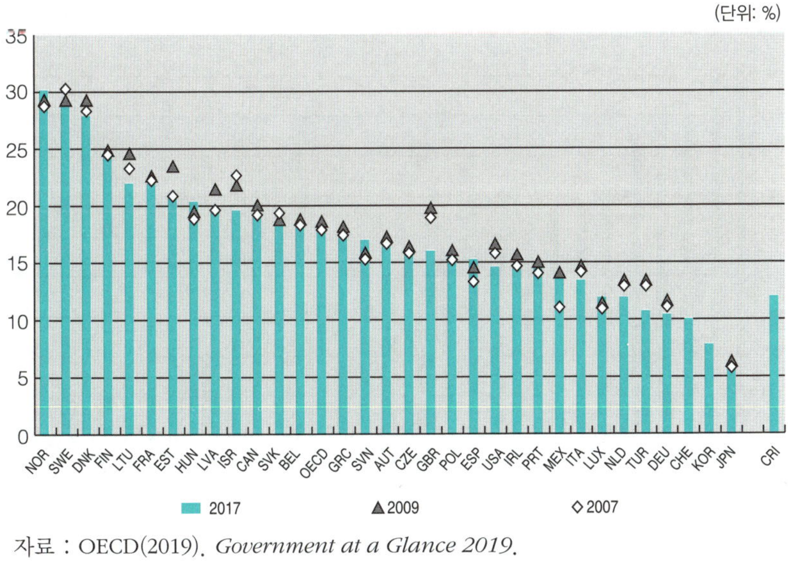

자료 : OECD(2019). *Government at a Glance 2019*.

[그림 9-8]은 일반정부 일자리 중 중앙정부 일자리의 비중을 보여주고 있다. 우리나라는 일반정부 일자리 중 중앙정부 일자리의 비중이 2017년 현재 37.5%로 나타나고 있다. 그리고 다른 OECD 국가들

의 경우에는 국가유형 구분에서 언급한 중앙과 지방의 관계가 고용 비율에서 그대로 드러나고 있음을 볼 수 있다. 즉, 연방제 국가이거나 북유럽 국가들인 경우에는 일반정부 일자리 중 중앙정부 일자리의 비중이 매우 낮게 나타나, 독일 10.7%, 스웨덴 17.5%, 미국 18.3% 등 인력 측면에서 중앙정부의 규모가 매우 작음을 알 수 있다. 이와는 달리 단방제인 영국의 경우에는 일반정부 일자리 중 중앙정부 일자리의 비중이 58.8%로 매우 높음을 볼 수 있다.

그림 9-8 ▶ 일반정부 일자리 중 중앙정부 일자리의 비중

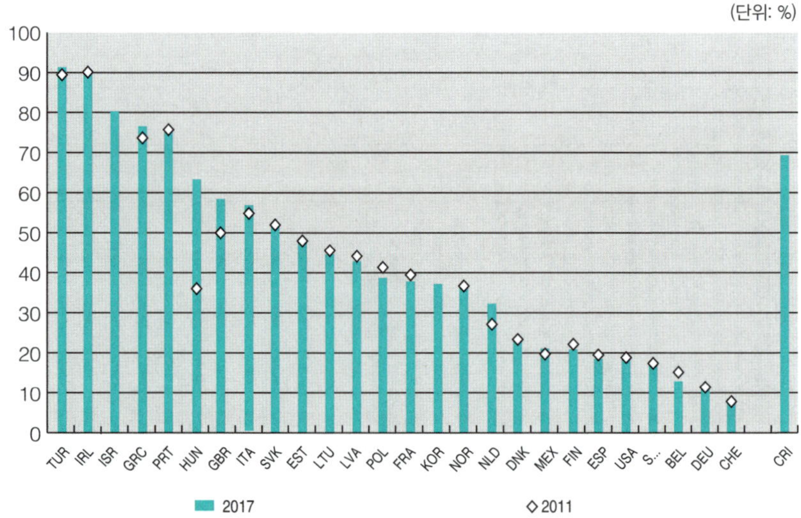

자료 : OECD(2019). *Government at a Glance 2019*.

고용 측면에서 우리나라의 독특성은 GDP 대비 일반정부 총지출의 비율과 GDP 대비 일반정부 총수입의 비율을 비교하면 더욱 뚜렷하게 드러난다. 〈표 9-8〉에 정리해 놓은 바와 같이 2017년 현재 우리나라의 GDP 대비 총지출의 비율은 OECD 평균 약 80.2% 수준이며, 총수입의 비율은 OECD 평균 약 92.4% 수준이다. 그런데 총 취업자 수에 비교하면 우리나라의 일반정부 고용의 비율은 OECD 평균의 약 45% 수준에 불과하다.

표 9-8 지출, 수입, 고용 측면에서의 한국과 OECD의 비교(2017) (단위: %)

	한국	OECD 평균	한국/OECD
GDP 대비 일반정부 총지출의 비율	32.4	40.4	80.2
GDP 대비 일반정부 총수입의 비율	35.3	38.2	92.4
총 취업자 수 대비 일반정부 고용의 비율	7.7	17.1	45.0

자료 : OECD(2019). *Government at a Glance 2019*.

〈표 9-9〉는 2017년 현재 정부지출의 기능별 구성과 정부 인력의 기능별 구성을 비교한 표이다. 색으로 표시한 부분은 지출에 비해 인력이 크거나 혹은 인력에 비해 지출이 큰 분야들이다. 〈표 9-9〉에서 볼 수 있는 것처럼, 공공행정, 국방, 공공질서 및 안전 등 국가유지와 관련된 기능과 교육 분야에서는 인력의 상대적 비중이 지출의 상대적 비중보다 높아 이 서비스들이 노동집약적으로 제공되고 있음을 알 수 있다.[5] 경제활동, 환경보호, 주거 및 지역사회시설 등의 분야는 지원 기능이나 규제 기능이기 때문에, 인력보다는 지출의 비중이 매우 높음을 볼 수 있다. 휴양 · 문화 · 종교 분야는 지출의 상대적 비중과 인력의 상대적 비중이 거의 일치하는 분야이다. 지출의 상대적 비중과

5 공공부문 일자리 통계에는 사립학교 교직원, 사립 유치원 · 어린이집 교직원, 의무복무 중인 사병은 제외하고 있음에도 불구하고 국방과 교육에서는 고용의 상대적 비중이 높게 나타나고 있다.

표 9-9 우리나라 정부지출과 정부인력 구성의 비교(2017) (단위: %)

	정부 총지출 대비 비율	정부 총인력 대비 비율
일반공공행정	16.0	32.0
국방	7.7	11.8
공공질서 및 안전	4.0	9.7
경제활동	15.0	6.3
환경보호	2.5	0.7
주거 및 지역사회시설	2.5	0.0
보건	13.3	1.3
휴양 · 문화 · 종교	2.5	2.3
교육	16.0	33.4
사회보호	20.3	2.4

자료 : 통계청(2019). 「2017년 공공부문 일자리통계」; OECD(2019). *Government at a Glance 2019*.

인력의 상대적 비중을 비교함에 있어서 매우 독특한 현상은 서비스 제공 영역으로서 노동집약적인 기능임에도 불구하고 보건과 사회보호 분야에서는 지출의 상대적 비중이 인력의 상대적 비중보다 매우 높게 나타나고 있다는 것이다. 이는 우리나라에서 정부는 예산을 지원하지만, 보건과 사회보호 영역에서 서비스 제공은 주로 민간에 의해 이루어지고 있기 때문에 나타나는 현상이라고 할 수 있으며, 바로 이것이 우리나라가 GDP 대비 정부지출의 비율에서는 OECD 평균에 상당히 근접하고 있는 반면 총 취업자 수 대비 일반정부 고용의 비율에서는 OECD 평균에 상당히 미치지 못하고 있는 중요한 이유라고 할 수 있다.[6]

6 이에 대한 보다 자세한 논의는 김태일(2012)을 참조할 것.

제10장

신공공관리와 정부개혁

유럽대륙에서는 17세기 이래 절대왕정의 성립, 법치주의의 완성, 자유주의와 민주주의의 대두 등 일련의 역사적 과정을 거치면서 베버리안 관료제가 완성되었다. 영국과 미국의 경우에도 역사발전의 경로는 상이했지만 19세기에 이르러 실적주의 원칙의 확립을 통해 베버리안 관료제가 뿌리내리게 되었다. 국가형성과정의 경로는 상이했지만 20세기에 이르러서는 선진 자본주의 국가들의 공통적 특징으로 자리잡은 것이 바로 베버리안 관료제였다. 이러한 베버리안 관료제의 성립이 가능하도록 한 중요한 계기가 바로 각국에서 있었던 행정개혁(civil service reform)이었다. 그리고 이러한 관료제를 제도적 기반으로 하여 1930년대 대공황 이후 거시적 측면에서 경제의 성장과 안정을 위해 정부가 주도적인 역할을 담당하는 이른바 케인지안 국가(the Keynesian state)가 나타나게 되었으며, 제2차 세계대전 이후에는 정부가 본격적으로 건강, 기초교육, 최저소득보장 등 사회적 권리까지도 보호하는 이른바 복지국가로 전환하게 되었다. 이러한 국가를 케인지안 복지국가(the Keynesian welfare state)라고도 부르는데, 제2차 세계대전의 종전 이후 1970년대 말까지 30여 년에 걸친 기간 동안 선진 자본주의 국가들을 이끈 가장 중요한 제도적 장치라고 할 수 있다.

제2차 세계대전 이후 약 30년의 기간, 특히 1950년대와 1960년대는 세계경제가 매우 빠르게 팽창한 시기인 동시에,[1] 정부의 사회경제적 역할이 가장 빠르게 팽창한 시기이기도 하다. Tanzi와 Schuknecht (2000: 6–7)에 의하면 주요 선진국에서 GDP 대비 정부지출의 비율이

1 예를 들면 1961~70년 10년간 세계경제의 1인당 GDP 실질성장률이 연평균 3.3%에 달했는데, 이는 1970년대의 1.9%, 1980년대의 1.3% 등과 비교하면 매우 높은 수준임을 알 수 있다. World Bank GDP per capia(annual %), https://data.worldbank.org/indicator/NY.GDP.PCAP.KD.ZG

1920년 18.7%에서 1960년에는 27.9%로 증가하였으며, 1980년에는 43.1%로 급격하게 증가하였다. 정부지출 증가의 핵심적인 요인은 복지지출의 증가였으며, 특히 선진 자본주의 국가에서는 1950년대와 1960년대를 거치면서 이른바 복지수급의 자격만 갖추면 자동적으로 지출이 이루어지는 의무지출의 일종인 보장적 지출(entitlement spending)이 빠르게 증가하였다. 복지지출의 지속적인 증가가 견인하는 정부지출의 팽창을 위한 전제조건은 지속적으로 증가하는 세입이었다. 세입 증가가 한계에 도달하면 이른바 케인지안 복지국가의 지속 가능성이 위협받을 수밖에 없는 구조였던 것이다. 그런데 1970년대 초반 브레튼우즈 체제의 와해, 두 차례에 걸친 석유수출기구의 석유수출 제한 조치 등을 통해 세계경제의 지속적인 성장이 한계에 도달하면서, 경제성장률의 둔화가 세수입의 감소를 초래한 반면, 다른 한편으로는 대부분 의무지출의 성격을 지닌 복지지출은 지속적으로 증가함으로써 1970년대 후반에 이르면 선진 자본주의 국가에서 국가의 재정위기(the fiscal crisis of the state)가 현재화되었다.

또한 정치적으로는 복지국가 발전의 초기단계에서 복지 프로그램의 팽창을 주도한 노동당, 사회민주당 등 좌파정당을 지지했던 노동계급이 경제성장, 복지 프로그램의 팽창 등의 결과로 중산층으로 성장하고 이들이 복지 프로그램에 필요한 세부담을 짊어져야 하는 상황이 초래되자, 국가 역할과 세부담 축소를 주장하는 정당 지지로 선회하는 형태로 정치지형에도 변화가 발생했다. 결국, 제2차 세계대전 이후 선진 자본주의 국가들은 지속적으로 성장하는 경제, 지속적으로 증가하는 복지지출, 이에 기반한 정치적 안정을 구가하고 있었기 때문에 경제위기는 곧 바로 재정위기로, 그리고 재정위기는 정치의 위기로 직결될 수밖에 없었던 것이다.

이와 동시에 정부지출의 팽창은 관료제의 팽창을 수반할 수밖에 없었으며, 복지 프로그램 운영에 있어서의 관료제의 기여에도 불구하고 과도하게 팽창한 관료제가 관료제적 경직성과 비효율을 초래하게 되면서 정부 관료제가 시민으로부터 멀어져 있다는 비판과 함께 재정위기를 심화시키는 주범으로 공격의 대상이 되었다. 정부 관료제에 대한 이러한 인식을 극명하게 보여주는 것이 바로 1981년 미국의 Ronald Reagan이 대통령 취임식 연설에서 행한 내용이다. 즉, "정부는 우리 문제의 해결책이 아니다. 정부가 문제이다(Government is not the solution to our problem. Government is the problem)."

결국, 1970년대 말에 오게 되면 19세기에 이루어졌던 행정개혁의 결과 탄생한 베버리안 관료제, 정부의 지속적인 팽창, 그리고 베버리안 관료제에 기반해서 성장한 복지국가에 대한 공격이 정치적 차원과 학문적 차원에서 동시에 이루어진다. 사회경제적 영역에서의 정부의 적극적인 역할과 복지국가에 대한 공격의 선봉장이 신자유주의(neo-liberalism)였으며, 베버리안 관료제에 대한 공격의 첨병이 신공공관리(new public management)였다.[2] 19세기의 행정개혁에 의해 완성된 베버리안 관료제가 행정에 있어서 패러다임 전환이었다면, 1980년대 이후의 신공공관리 개혁은 행정에 있어서 또 한 번의 패러다임 전환이었다고 할 수 있다. 이러한 이유로 신공공관리와 그 영향을 이해하지 않고서는 1980년대 이후 선진 자본주의 국가뿐만 아니라 우리나라 행정을 제대로 이해하기 어렵다.

이 장은 다음 순서로 구성되어 있다. 우선 다음 절에서는 신자유주

2 신공공관리라는 표현은 1989년 영국의 Christopher Hood 교수가 1970년대와 1980년대 영국, 호주, 뉴질랜드, 캐나다, 미국의 유사한 행정원리(administrative doctrines)를 특징지으면서 처음 사용한 표현이다.

의와 신공공관리의 특징에 대해 살펴본다. 특히, 전통적 행정과의 비교를 통해 신공공관리의 특징을 보다 자세히 살펴본다. 제2절에서는 신공공관리 개혁이 실제 어떻게 이루어졌는지를 영국, 뉴질랜드, 미국, 프랑스, 독일, 스웨덴을 중심으로 살펴본 후, 제3절에서는 우리나라의 신공공관리 개혁을 논의한다. 제4절에서는 설문조사 결과를 중심으로 우리나라 공무원과 학자들이 신공공관리 개혁을 어떻게 받아들이고 평가했는지를 살펴본다. 제5절에서는 신공공관리 정부개혁 이후 핵심적인 논쟁점이었던 민주주의와 신공공관리의 관계를 논의한 후, 끝으로 제6절에서는 정부개혁의 미래를 조망하면서 결론을 맺고 있다.

1. 신자유주의와 신공공관리

신자유주의의 기본 특징은 다음과 같다. 첫째, 신자유주의는 자원배분 메커니즘으로서 시장의 효율성에 대한 절대적인 믿음이 특징이다. 이에 따라 신자유주의는 시장의 자유로운 작동을 방해하는 존재인 국가의 역할은 최소한의 수준에 머물러야 한다고 주장한다. 이런 측면에서 유럽에서 절대군주로부터 신흥 자본가계급의 자유로운 경제활동을 신장하기 위한 사상적 기반이었던 자유주의(liberalism)의 부활이라는 의미에서 신자유주의(neo-liberalism)라고 부르는 것이다. 신자유주의에서는 국가는 사유 재산권의 보호, 안전과 질서의 유지, 공정한 경쟁규칙의 제정과 집행, 그리고 개인이나 집단 간 갈등 조정을 위한 심판관의 역할에 머물러야 한다고 주장한다.

둘째, 모든 경제관계에 있어서 시장원리의 확대를 강조한다. 신자유주의는 대외경제관계에 있어서는 무역자유화, 자본자유화를 강조하며, 국가-사회관계에 있어서도 시장논리와 경쟁원리의 확대를 중시한다.

셋째, 신자유주의는 국가기구 내부의 운영도 시장원리에 따라야 한다고 주장한다. 이에 따라 공공부문의 축소, 민영화, 시장화(marketization)가 주요 주장으로 등장한 것이다.

넷째, 경제정책에서는 공급 측면(supply-side)과 통화주의(monetarism)에 대한 강조를 특징으로 한다. 신자유주의의 주요한 정책지향으로는 감세, 복지지출 축소, 민영화, 규제완화, 노동시장의 유연성 제고 등을 들 수 있다(하연섭, 2006).

새로운 국가-시장관계를 정의하는 아이디어가 신자유주의였다면, 정부의 역할과 정부 운영 방식에 초점을 맞추는 새로운 정책 아이디어가 신공공관리이다. 신자유주의가 기존의 국가개입 방식에 대한 비판으로부터 나타난 아이디어라면, 신공공관리는 관료제적 관리 방식에 대한 비판을 기본으로 하는 것이다.

신공공관리가 극복의 대상으로 삼은 것은 전통적 행정 혹은 진보주의 행정이었다. 전통적 행정(traditional public adminstration)을 진보주의 행정(progressive public administration)이라고 부르는 이유는 20세기 이후 실제로서의 행정과 학문으로서의 행정학이 대두하게 된 결정적인 배경이 20세기 초반 미국의 진보주의 시대에 나타난 행정학이기 때문이다. 전통적 행정(학)은 Max Weber의 관료제론과 Woodrow Wilson의 행정이론으로 대표되는 이론체계이다.

Peters(1996)와 Kettl(2002) 등에 의하면 전통적 행정은 다음과 같은 여섯 가지 특징을 갖는다.

첫째, 비정치적(apolitical) 행정이다. 이는 정치와 행정의 엄격한 구분(politics-administration dichotomy)과 관료제의 중립적 능력(neutral competence)을 강조하는 개념이다. 정치와 행정을 엄격하게 구분하는 동시에, 민간행정과 공공행정을 엄격하게 구분하는 것이 특징이다. 즉, 관리방법, 조직원리, 인사관리 등에서 민간행정과 공공행정은 엄격하게 구분된다는 것이다.

둘째, 전통적 행정의 핵심 단어는 계층제(hierarchy), 권위(authority), 그리고 규칙(rules)이다. 전통적 행정은 기본적으로 정부조직의 절차와 구조에 대한 관심으로부터 출발하였으며 정부의 효율성을 제고할 수 있는 전략을 찾는 것을 목적으로 하였다. 전문화와 분업으로부터 협업을 이끌어 내고 조정할 수 있는 방법으로 등장한 것이 계층제, 권위, 규칙이었다. 관료제는 계층제적 조직을 특징으로 하고, 정치인과 행정인의 행위는 절차적 규칙에 의해 통제되며, 국가기구 내에서 관료들 간 행위의 조정은 권위와 규칙에 의해 이루어진다.

셋째, 전통적 행정은 영속성(permanance)과 안정성(stability)을 특징으로 한다. 관료제의 운영은 몰인격성(impersonality)에 기초하고 있으며, 이를 통해 조직과 인사의 계속성과 안정성을 유지할 수 있는 것이다.

넷째, 전통적 행정은 제도화된 행정(institutionalized civil service)을 특징으로 한다. 관료제는 단순한 부분의 합이 아니라 유기체적 존재(a corporate body)로서 기능하는 것이다.

다섯째, 전통적 행정은 내적 통제(internal regulation)를 특징으로 하는데, 이는 행정은 정치인의 정책방향에 순응해야 한다는 것이다.

마지막으로, 전통적 행정은 평등(equality)을 강조하는데, 이는 인사행정에 있어서 동일 직급에서의 급료와 고용조건의 평등을, 그리고 행정 외부와의 관계에서는 고객에 대한 평등성을 의미하는 것이다.

1980년대 이후 등장한 신공공관리는 기본적으로 공공부문의 비효율성과 관료제적 경직성 제거를 주요 목표로 하였다. 이러한 신공공관리의 특징도 다음과 같이 여섯 가지로 정리할 수 있다.

첫째, 신공공관리는 정부 관료제의 독점(monopoly)이 공공부문의 비효율성과 관료제적 경직성의 원인이라고 인식하는 데에서 출발한다. 대규모이며 독점적인 관료제적 조직구조로 인해 정부가 환경변화에 신속하고 유연하게 대처하지 못하고 비효율적으로 운영되고 있다는 것이다. 그리고 이러한 대규모 독점적인 조직은 국민에게 봉사하기보다는 관료들의 사적 이익 추구의 수단으로 전락했다고 본다. 영국의 Thatcher 수상이 한때 장관들에게 Niskanen의 책[3]을 읽고 책에서 제시하고 있는 정책방향을 따르도록 권고했다는 에피소드가 신공공관리 시각에서의 문제 인식을 극명하게 보여주는 것이다(Peters, 1996: 22). 독점의 반대말은 경쟁이다. 따라서 정부의 비효율성과 관료제적 경직성을 해결하기 위해서는 정부부문에도 경쟁이 도입되어야 한다. 경쟁은 정부조직 간의 경쟁뿐만 아니라 정부조직과 민간조직 간의 경쟁도 포함하며, 민간위탁(contracting-out) 등 공공서비스 공급에 있어서의 경쟁체제를 강조한다. 경쟁 활성화를 위한 수단에는 분

3 여기서 Niskanen의 책이란 William A. Niskanen, Jr.(1971). *Bureaucracy and Representative Government*를 의미한다. 이 책은 공공선택이론 관점에서 관료제를 분석하고 있는 대표적인 책으로서, Niskanen은 관료들도 사적 이익의 극대화를 추구하는 존재라고 주장한다. 그런데 민간기업과는 달리 정부 관료제는 이윤극대화를 추구할 수 없기 때문에, 관료들은 이윤이 아니라 위신, 사회적 명성 혹은 권력을 극대화하기 위해 노력한다. 그런데 이러한 것들은 관료들의 통제하에 있는 예산의 규모가 증가할수록 커지므로 관료들은 예산극대화를 추구하게 되며, 그 결과 정부예산이 필요 이상으로 증가한다는 것이 Niskanen의 기본 주장이다.

권화(decentralization)도 포함되는데, 이는 중앙정부만이 서비스를 공급할 경우에는 서비스 공급자가 하나이지만 지방정부에게 기능을 이양할 경우 복수의 서비스 공급자가 생기게 되고 이를 통해 경쟁을 활성화할 수 있기 때문이다. 또한 공공서비스를 공급하는 복수의 지방정부가 생기게 되면, 시민들이 획일화된 서비스를 소비하는 것이 아니라 자신이 가장 선호하는 공공서비스의 조합이 제공되는 지방정부를 선택해서 거주하게 됨으로써 궁극적으로 공공서비스의 소비자들이 효용을 극대화할 수 있다고 본다. 이것이 곧 티부(Tiebout)가 제시한 이른바 발에 의한 투표(voting with one's feet)인데, 이를 통해 시장과 비슷한 형태로 공공서비스의 공급이 가능해진다고 본다.

둘째, 신공공관리는 관리에 있어서는 공공부문과 민간부문을 구분하는 것이 의미가 없다고 본다. 공사 구분이 의미가 없을 뿐만 아니라 민간부문의 관리가 공공부문의 관리에 비해 본질적으로 우월하므로 기업의 관리기법을 노입함으로써 공공부문의 효율성과 생산성이 향상될 수 있다고 본다. 공공부문의 효율성과 생산성 향상이 중요하므로, 이를 측정할 수 있는 성과지표의 개발, 성과측정, 성과에 대한 보상 등이 강조된다. 이에 따라 인사관리에서는 성과급(pay for performance), 재무행정에서는 지출의 가치(value for money), 감사에서는 경제성, 효율성, 효과성이 중시된다.

셋째, 정부가 문제의 중심에 있으므로 정부의 행동반경을 축소하려는 최소화(minimization)를 주장할 뿐만 아니라 그래도 남아 있는 정부 관료제의 병리현상을 없애기 위해 정부조직의 운영 방식도 시장 메커니즘을 따르도록 하는 동시에 경제적 유인구조를 강화하는 이른바 시장화(marketization)를 지향하는 것이 특징이다(Pollitt & Bouckaert, 2017).

넷째, 전통적 행정의 핵심 단어가 계층제, 권위, 규칙이라면 신공공관리의 핵심 단어는 시장, 경쟁, 계약관계이다. 즉, 통제, 규칙, 절차에 대한 강조로부터 시장 기제에 기반한 경쟁 그리고 이로부터 나타나는 결과를 중시하는 것으로 강조점이 변화한 것이다. 과정과 구조가 아니라 산출과 결과를 중시하며, 결과를 창출할 수 있도록 수단을 선택함에 있어서는 정부조직의 자율성을 확대한 것이 특징이다(Kettl, 2000).

다섯째, 관료제적 조직, 대규모 복합기능 조직보다는 소규모로 특화된 평평한 조직을 선호한다. 특히, 신공공관리에서는 단일한 서비스를 제공하는 소규모 조직(small single-purpose organization)으로 개편하는 것이 바람직하다고 본다. 이러한 단일 목적의 소규모 조직이 우리나라에서는 책임운영기관이라는 이름으로 도입한 에이전시(agency)이다. 원래 에이전시는 단일 목적의 집행전담 조직으로서 스웨덴, 노르웨이 등 북유럽 국가에 고유한 정부조직형태이다. 이른바 노딕 모델(the Nordic model)이라고 불리는 북유럽 국가들의 정부조직 형태는 정책결정을 전담하는 부처(ministry)와 정책집행을 전담하는 에이전시로 분리되어 있다. 스웨덴의 경우 부처는 매우 소규모이며 대부분의 정부기능은 에이전시에서 수행한다. 이러한 에이전시 모델을 따를 경우 정책결정과 정책집행이 분리되어 정책집행의 효율성을 측정하기 용이할 뿐만 아니라, 단일 목적의 조직이기 때문에 조직의 성과를 정의하고 측정하기 용이하며, 조직에 대한 효과적인 모니터링이 가능해진다. 바로 이러한 이유로 신공공관리 개혁이 이루어지면서 영국과 뉴질랜드 등에서 이러한 에이전시 모형을 도입한 것이며, 이 나라들을 통해 에이전시 모형이 확산된 것이다. 또한 신공공관리에서는 기업가적 행정(entrepreneurial activity)과 개인의 책임을 제고하기 위해서는 계층제보다는 평면조직(flat organization)으로 전환할 필요가 있다고 주장한다.

여섯째, 신공공관리에서는 관료제적 경직성을 해소하기 위해 행정에 고객(customer) 개념을 도입할 것을 주장한다. 즉, 정책 설계자, 서비스 공급자, 서비스 관리자가 중요한 것이 아니라 서비스 제공의 대상인 시민이 가장 중요하며, 수동적인 존재로서가 아닌 선택권을 지닌 주체로 시민을 위치시키기 위해 시장에서 활용하는 개념인 고객 개념을 도입하게 된 것이다.

2. 신공공관리 개혁의 실제

바로 앞에서 설명한 신공공관리의 주요 주장은 이론적으로 가장 순수한 형태의 신공공관리의 내용이라고 할 수 있다. 전통적 행정에 대한 반작용으로 나타난 신공공관리 모델은 한 가지라고 할 수 있지만, 이의 현실 적용은 국가마다 매우 다른 형태로 나타난 것이 사실이다. 신공공관리 개혁은 행정과 관료제에 대한 동일한 이론적 모델에 기반한 개혁이었지만, 각 국가의 고유한 역사와 제도적 맥락, 그리고 경로의존으로 말미암아 각 국가에서 실제적으로 나타난 정부개혁 프로그램의 내용과 효과는 매우 상이하게 나타났다(Kuhlmann & Wollmann, 2014).

신공공관리가 완전한 형태로 적용된 사례는 영국과 뉴질랜드 정도이며, 다른 국가에서는 신공공관리의 일부분만이 적용되어 전통적 행정을 대체하기보다는 부분적으로 보완하는 식의 개혁이 이루어졌다(Dunleavy *et al.*, 2006). 다른 유럽 국가들의 경우에도 프랑스와 독일 등 법치국가의 전통을 강하게 지니고 있는 국가들의 경우에는 신공공관리의 적용이 매우 제한된 범위에서 이루어졌을 뿐이며, 스웨덴의 경우에는 국가의 축소를 지향한 것이 아니라 복지국가의 지속을 위해 국가운영을 효율화하고 이를 통해 정부에 대한 국민들의 신뢰를 회복하기 위한 방편으로 정부가 조직 · 운영되는 방식만을 개혁하는 관리지향적 개혁을 지향한 것이 특징이다(Pollitt & Bouckaert, 2017; Schick, 1997; Kettl, 2000).

신공공관리 개혁이 가장 철저하게 이루어진 국가는 영국과 뉴질랜드이며, 이 두 나라에는 미치지 못하지만 호주와 미국에서도 신공공관리 개혁이 비교적 강하게 이루어졌다. 이 국가들은 앵글로-색슨 국가인 동시에 국가형성과정의 독특성으로 인해 '국가 없는 행정(stateless public administration)'을 공통된 특징으로 하고 있다는 점에 주목할 필요가 있다. 즉, 이 국가들에서는 '국가'라는 개념 자체가 매우 생소한 개념인 것이다. 정부는 필요악으로 이해되며, 공무원은 국가를 대표하는 고차원의 임무를 가진 특별한 신분집단이 아니라 정부를 위해서 일하는 시민에 불과하다. 다양한 사회집단 간의 경쟁을 통해 정책이 만들어지면, 정부의 역할은 중립적인 심판자에 불과하다고 본다. 이렇게 국가의 개념이 존재하지 않는 상태에서 정부의 역할 자체가 상대적으로 낮게 평가되고, 국가 혹은 정부의 독특성이나 특수성이 인정되지 않기 때문에 정부 운영에 민간관리 기법과 시장 메커니즘의 적용이라는 신공공관리 개혁이 앵글로-색슨 국가에서 강하게 나타날 수 있었던 것이다(Pollitt & Bouckaert, 2017).

미국의 경우에는 Ronald Reagan이 이끄는 공화당이 '작은 정부'를 기치로 신자유주의적 경제정책을 추구했지만, 시장지향적 정부개혁은 주로 지방정부를 중심으로 이루어졌을 뿐이고, 성과향상을 위한 정부개혁은 Clinton 행정부에 와서야 정부 재창조(Reinventing Government)라는 이름 아래 연방정부에서는 제한된 범위에서만 이루어졌다. 미국에서 진보주의 운동(Progressive Reform Movement)과 행정학의 발달이 도시정부에서 시작되었던 것처럼, 미국에서 신공공관리 개혁을 대표하는 Osborne과 Gabler의 정부재창조(Reinventing Government)도 도시정부를 배경으로 한 것이었다. 사실, 지역공공재(local public good) 공급을 주 임무로 하고 주민들이 공공서비스에 대한 수요를 보다 직접적으로 표출할 수 있는 지방정부 차원에서 시장지향적 개혁을 추구하는 것은 상대적으로 어려운 일이 아닐 수 있었다(Peters & Pierre, 1998). 그러나 이러한 소규모 도시정부의 경험을 대규모 연방정부 차원에 적용하는 것은 미국의 경우에도 쉬운 일은 아니었다.

신공공관리 개혁이 상대적으로 철저하게 이루어졌지만, 개혁 프로그램이 실행되었다는 것과 실행된 개혁 프로그램이 소기의 성과를 거두었는가는 별개의 문제이다. 정부개혁의 성과를 체계적으로 평가하는 일이 쉬운 일이 아니기 때문에, 이에 대한 종합적인 연구는 의외로 적다. 그러나 영국에서 30년 동안 이루어진 신공공관리 개혁의 성과에 대한 평가를 행한 Hood와 Dixon(2015)에 의하면 신공공관리 개혁의 결과는 기대에 크게 못 미치는 것으로 나타났다. 이들에 의하면 영국에서 신공공관리 개혁은 행정비용의 증가를 초래하고 정부의 일관성과 공평성에 대한 불평의 증가로 나타났다.

국가 없는 행정을 특징으로 하는 앵글로-색슨 국가와는 달리 법치국가의 전통을 갖고 있는 프랑스와 독일 등에서는 신공공관리의 적용은 매우 제한된 수준과 범위에서 이루어졌다. 법치국가에서 국가란 사회와 구분되는 실체일 뿐만 아니라 사회 내 통합을 이루는 핵심적인 기제이다. 법치국가는 법적 권위에 대한 존중, 고도로 규제된 절차, 위계적 조직, 광범위한 숙의, 법 앞에서의 평등 등을 특징으로 하며, 법치국가 모델에서 국가의 이러한 속성은 시장기제의 적용과 경쟁을 특징으로 하는 신공공관리와는 조화되기 어려운 것이었다(Peters & Pierre, 1998; Pollitt & Bouckaert, 2017). 다시 말해서, 애당초 신공공관리는 베버리안 관료제가 갖는 비효율성과 경직성을 극복하기 위한 방편으로 추진된 정부개혁 노력이었지만, 베버리안 관료제가 국가행정의 근간으로 자리 잡은 법치국가 모형에서는 정작 적용이 매우 제한적인 수준에서 이루어진 반면, 국가 없는 행정을 특징으로 하는 국가들에서만 광범위하게 적용되었던 것이다. 한 나라에 고유한 국가 형성의 역사와 제도의 모습이 신공공관리의 적용에 결정적인 영향을 미쳤다고 할 수 있다.

프랑스와 독일 등 대륙계 법치국가에 비해 상대적으로 신공공관리 개혁에 더 개방적이었던 국가들이 스웨덴을 비롯한 북유럽 국가들이라고 할 수 있는데, 이는 이 국가들이 법에 대한 강조로부터 어느 정도 벗어나 있고 정부운영에 대한 접근성과 투명성을 더욱 강조하고 있기 때문이다(Pollitt & Bouckaert, 2017: 63). 다만, 신공공관리 개혁을 추구하긴 했지만, 북유럽 국가들은 정부의 규모와 범위에 관련된 개혁은 추구하지 않고 시장 메커니즘에 대한 의존은 상대적으로 높지 않은 대신 조직개편(reorganization)과 예산개혁에 치중한 것이 특징이다(Kettl, 2000).

스웨덴의 경우, 국가개입을 최소화하는 것이 아니라 국가 운영 방식을 효율화함으로써 복지국가의 정당성을 다시 확보하는 것이 정부개혁의 목표였다(Pollitt, 1999). 우파정당이 신자유주의 정책이나 신공공관리를 추구했던 1980년대 영국이나 미국과는 달리 스웨덴의 정부개혁은 사회민주당 정부가 추진한 것이 특징이다. 스웨덴 사회민주당 입장에서는 자신에 대한 지지를 회복하고 복지국가 프로그램을 지속하기 위해서는 관료제적 경직성을 완화하고 국가와 시민 간의 간격을 줄이는 것이 필요하다고 판단했기 때문에, 시장 지향적인 정부개혁이 아니라 분권화와 서비스 지향적인 복지국가의 강화를 지향했던 것이다(Premfors, 1998; Kettl, 2000, Ha, 2002). 나아가 복지국가의 지속에 필요한 높은 세부담에 대한 일반국민들의 지지를 유지하기 위해서 정부의 비효율성을 줄이는 동시에 지출의 가치를 극대화하는 방향으로 일련의 예산개혁이 매우 철저하게 이루어진 것이 특징이다. 이러한 이유로 스웨덴의 예산개혁이 중기재정계획체계와 탑다운 예산제도의 도입 등 1990년대 이후 우리나라를 비롯한 OECD 국가들에서 이루어진 예산개혁의 선도 모델로 자리 잡게 되었던 것이다.

1980년대와 1990년대에 걸쳐 신공공관리는 마치 전 세계 정부개혁의 모델인 것처럼 소개되었지만, 사실 신공공관리는 '국가 없는 행정'을 특징으로 하는 앵글로-색슨 국가에서만 맹위를 떨쳤을 뿐, 법치국가의 전통이 강하고 베버리안 관료제가 제도화된 서유럽 국가들이나 큰 규모의 복지국가를 갖고 있는 북유럽 국가에서의 영향은 제한적이었다. 서유럽 국가들과 북유럽 국가들에서의 이러한 정부개혁 경험을 들어 Pollitt과 Bocukaert(2017)는 이들 국가들을 네오 베버리안 국가(Neo-Weberian State: NWS)라고 부른 바 있다. 네오 베버리안 국가는 국가를 축소하고 관료제에 시장 메커니즘을 도입하려고 시도하기보다는 관료제를 보다 전문화되고, 효율적이며, 시민 친화적으로 만들어서 전통적 관료제를 현대화하려고 시도하는 것이 특징이다. 즉, 신공공관리의 특징이 최소화와 시장화라면, 네오 베버리안 국가는 행정의 현대화(modernization)를 시도하는 것이 특징(Pollitt & Bouckaert, 2017: 120)이다.

3. 우리나라의 신공공관리 개혁

선진 자본주의 국가들에서 신자유주의적 경제정책과 신공공관리 개혁이 복지국가의 팽창에 따른 국가의 재정위기와 국가 관료제의 경직성과 비효율성을 극복하기 위한 노력이었던 반면, 우리나라에서 신자유주의 정책과 신공공관리 개혁은 발전국가의 위기를 극복하기 위한 노력이었다는 점에서 큰 차이가 있다. 또한 우리나라의 경우에는 국가 주도적 발전을 이끈 정부가 억압적 권위주의 정부였기 때문에 경제에 대한 국가의 통제와 권위주의 정부가 동일시되었고, 이에 따라 정치민주화가 경제에 대한 국가통제의 완화를 의미하는 것으로 해석되었다. 다시 말해서, 정치민주화란 권위주의적 질서로부터의 탈피를 의미했고, 권위주의적 질서로부터의 탈피는 곧 자유화와 관치로부터의 탈피를 의미했으며, 관치로부터 탈피하기 위해서는 시장의 활성화가 필요한 것으로 이해되었던 것이다. 이에 따라 우리나라에서는 정치민주화와 경제자유화가 동일시됨으로써, 시장 지향적 개혁이 발전국가의 위기 극복과 정치적 권위주의로부터의 탈피를 위한 효과적인 방법으로 여겨졌던 것이다. 1980년대 이후 선진 자본주의 국가에서 시도한 것과 동일한 신자유주의 정책과 신공공관리 개혁이 우리나라에서 시행되었지만, 이러한 개혁이 이루어진 역사적 배경과 제도적 맥락이 전혀 달랐기 때문에 우리나라에서의 정부개혁은 그 내용과 효과 면에서 매우 다른 양상을 보이게 되었다고 할 수 있다. 발전국가의 위기 극복, 정치적 권위주의로부터의 탈피, 경제 운용 방식에서 관치의 극복이라는 매우 당연시되는 목표 때문에 우리나라에서 신자유주의와 신공공관리는 아이디어 차원에서는 매우 강력한 영향력을 행사했었고 유행처럼 번져나간 것이 특징이다.

우리나라에서 신자유주의 정책이 처음으로 시도된 때는 제8장에서 설명한 바와 같이 1970년대 말 과도한 국가개입으로 초래된 중화학공업화의 위기에 대응하기 위해 경제안정화와 경제자유화 정책으로 선회한 때라고 할 수 있다. 1970년대 말 중화학공업화의 위기는 국가의 특혜적 자원배분에 따른 전략산업부문에서의 과잉투자와 과잉시설로 표출되었는데, 경제정책의 일대 전환을 시도한 경제기획원 중심의 정책엘리트들은 이러한 현상이 초래된 원인을 과도한 국가개입에 따른 금융자원의 비효율적 배분과 시장기제의 왜곡에서 찾았던 것이다. 문제의 원인이 시장기제의 왜곡이었으므로, 이를 해결하기 위해서는 국가역할의 축소와 시장기제의 활성화가 필요하다는 것이 경제안정화와 경제자유화 정책의 핵심적인 내용이었다. 이에 따라 경제안정화와 경제자유화 정책은 재정적자의 축소, 금융자율화, 경쟁 환경 조성, 수입자유화, 외국인 직접투자의 자유화 등을 주요 내용으로 하였던 것이다(하연섭, 1993a; 하연섭, 2006). 1980년대의 경제자유화 정책은 정치적으로는 억압적 권위주의가 지속되는 가운데 경제에 대한 국가의 개입 방식을 바꾸었다는 것이 특징이다.

정치민주화가 진행된 이후에도 경제자유화 정책은 지속된다. 특히, 김영삼 정부에서 추진한 이른바 '세계화' 정책은 신자유주의적 경제정책을 강화시킨 계기였다고 할 수 있다. 왜냐하면 본질적으로 세계화란 국가 간 경계를 넘어 상품과 자본이 자유롭게 이동하는 것을 전제로 하는 것으로서, 세계화를 정부정책의 주요 기조로 설정한 이상 경제자유화를 지속적으로 추진하는 것은 불가피한 일이었다. 이와 함께 경제에 대한 국가의 통제가 권위주의와 동일시되었기 때문에, 민주화된 상황에서는 '관치'로부터 벗어나는 것이 권위주의를 청산하는 길이라는 믿음이 민주화 이후 경제자유화를 강화시킨 또 다른 요인이라고 할 수 있다. 그리고 김영삼 정부 행정개혁의 기조가 '작은 정부'의 구현에 있었기 때문에, 적어도 아이디어 차원에서는 축소지향의 정부개혁을 추진했었다고 할 수 있다.

1980년대 이후 신자유주의적인 경제정책이 힘을 얻고 있었지만 정부개혁의 모델로 신공공관리가 힘을 얻게 된 결정적인 계기는 1997년의 금융 · 외환위기였다고 할 수 있다. 금융 · 외환위기를 극복하기 위해 김대중 정부에서는 금융, 기업, 노동 부문 개혁과 함께 공공부문을 4대 개혁부문으로 설정했는데, 그 논리적 근거는 정부의 과도한 개입이 민간부문의 경쟁력을 약화시키고 경제위기를 초래한 주된 원인이라는 것이었다. 이러한 진단에 따라 민영화와 규제완화를 통한 공공부문의 축소 그리고 정부 운영에 시장원리의 도입이 공공부문 개혁의 기본 방향으로 설정되었던 것이다(Ha, 2004). 정부개혁 프로그램은 김대중 정부와 노무현 정부에서 집중적으로 추진되었는데, 공공관리에 있어서는 총액인건비제, 성과연봉제, 개방형임용제, 목표관리제, 민간위탁, 책임운영기관제도, 성과계약제, 직위공모제, 고위공무원단, 팀제 등이 대표적인 개혁 프로그램이었다. 또한 예산과 재무행정에 있어서는 기금제도의 개혁, 조세지출예산제도, 복식부기와 발생주의 회계제도, 예비타당성조사제도, 성과관리제도 등이 김대중 정부에서 시작되어 이후 노무현 정부나 이명박 정부에서 완성된 개혁 프로그램들이다. 노무현 정부에서는 이른바 4대 재정개혁으로 일컬어지는 국가재정운용계획, 탑다운 예산제도, 재정성과관리제도, 디지털예산회계제도 등이 도입된 바 있다.

김대중 정부 이후 본격적으로 신공공관리에 입각한 정부개혁이 추진되었지만, 우리나라 신공공관리 개혁의 특징은 다음과 같이 네 가지로 요약할 수 있다. 첫째, 아이디어와 담론 차원에서는 신공공관리가 강력한 영향력을 행사했지만, 실제 적용에 있어서는 영국이나 뉴질랜드 등과 비교할 때 매우 온건한 수준에 그쳤다는 점이다. 둘째, 신공공관리는 정부역할의 최소화와 시장화를 특징으로 하지만, 우리나라에 적용된 신공공관리 개혁은 국가 최소화의 핵심 수단인 민영화는 매우 약한 수준에서 이루어졌을 뿐이고 대신 규제완화가 상대적으로 강조되었다. 셋째, 정부 운영에 시장 메커니즘을 도입하려는 시도가 아주 없었던 것은 아니지만, 정부 운영에 대한 개혁은 주로 관리적 차원에서 이루어졌다. 넷째, 김대중 정부 이후 정부개혁이 지속적으로 이루어졌지만, 이러한 개혁이 논리적 일관성을 지니고 이루어진 것은 아니라는 점이다.

우리나라에서 신자유주의 경제정책과 신공공관리가 적어도 아이디어 차원에서는 강력한 영향력을 행사할 수 있었던 이유는 무엇보다도 발전국가가 역사적 사명을 다했다는 믿음이 공유되었기 때문이다(하연섭, 2006). 발전국가는 사회 각 영역에 대한 국가의 광범위하고 깊숙한 개입을 특징으로 하기 때문에, 발전국가로부터의 탈피를 모색하는 과정에서 개입적 국가를 대체할 수 있는 단순 명쾌한 대안이 필요했는데 이것이 바로 '시장'이었던 것이다. 여기에 더하여 역사적 배경과 제도적 맥락은 다르지만 복지국가의 위기에 대한 대응으로서 영국과 뉴질랜드를 비롯한 선진 각국에서 신자유주의 정책과 신공공관리 개혁이 대두되고 있었기 때문에 아주 손쉽게 이러한 대안적 정책 아이디어를 차용하게 된 것이다. 김대중 정부 당시 기획예산처 정부개혁실을 중심으로 정부개혁을 위해 '뉴질랜드를 배우자'는 슬로건이 등장한 것도 이러한 흐름을 반영한다.[4] 이처럼 우리나라에는 뉴질랜드를 비롯한 앵글로-색슨 국가의 정부개혁 전략과 경험이 매우 강한 영향을 미쳤는데, 이렇게 된 이유로서는 언어와 학문적 배경을 들 수 있다. 즉, 신공공관리의 선두 주자들이 모두 앵글로-색슨 국가이며 영어를 사용하는 국가들이라는 점이다. 영어가 거의 세계 공통어로 쓰임에 따라 이들 국가에서 이루어지는 신공공관리 개혁이 마치 지배적인 조류인 것처럼 해석되었던 것이다(Pollitt & Bouckaert, 2017: 12). 특히, 우리나라의 경우 대부분의 학자들이 미국에서 공부했고 또한 영어 문헌에만 거의 전적으로 의존하기 때문에 앵글로-색슨 국가에서 이루어지는 정부개혁이 정부개혁의 전부인 것처럼 해석하게 되었던 것이다. 이에 더하여 해외유학을 경험한 사회과학자들의 대부분이 미국에서 공부했기 때문에 영어 문헌 밖에는 해독할 능력이 없고 특히, 경영 · 경제학자들의 경우에는 평소 신봉하는 시장을 정책수단으로 내세우는 동시에 경제이론에 입각한 합리적 선택이론을 적용할 수 있는 공간이 활짝 열렸었기 때문에 우리나라에서 신공공관리가 강력한 힘을 발휘할 수 있었다고 할 것이다.[5]

또한 아이디어는 아이디어로서만 끝나는 것이 아니라 어떤 아이디

4 이때 나왔던 대표적인 책들의 제목이 「350만의 드라마: 뉴질랜드의 경제사회혁명은 이렇게 성공했다」, 「정부개혁의 모델 : 뉴질랜드에서 배운다」 등이다.

5 후술하는 것처럼 행정학자들에 비해 우리나라의 경영 · 경제학자들이 시장지향적 개혁에 대해 훨씬 호의적인 태도를 가지고 있었다.

어가 정책으로 채택되는가에 따라 조직 내에서의 권력관계가 바뀌게 된다. 즉, 아이디어를 통한 문제 해결 노력(puzzling) 그 자체가 권력 다툼(powering)이라고 할 수 있는 것이다(Genieys & Smyrl, 2008). 문제가 존재하고 이 문제를 해결하기 위해서 해결책이 제시되는 것이 아니라 해결책이 존재하고 (혹은 이를 수입한 상태에서) 이 해결책을 적용할 수 있는 문제를 찾아내고, 해결책과 문제를 연결시켰을 때 조직 내에서 권력을 행사할 수 있는 것이다. 발전국가의 위기가 찾아왔을 때, 발전국가의 문제를 단순명쾌하게 규명하고 해결책을 제시할 수 있는 아이디어가 있을 경우 이 아이디어를 통해 조직 내에서 권력을 행사할 수 있었다고 할 수 있다. 1990년대 말 금융 · 외환위기가 닥쳤을 때에도 이러한 위기를 단순 명쾌하게 해석하고 설득력 있는 해결책을 제시할 수 있다면, 아이디어는 단순히 아이디어 차원에서만 끝나는 것이 아니라 정책으로 채택되고 아이디어의 주창자는 정책과정에서 영향력을 행사할 수 있었던 것이다. 바로 이러한 아이디어가 신자유주의와 신공공관리였기 때문에, 아이디어와 담론 차원에서 이들이 강력한 영향력을 행사할 수 있었던 것이다. 특히, 우리나라에서 신자유주의와 신공공관리는 발전국가의 위기에 대한 해결책이었을 뿐만 아니라 IMF라는 국제기구가 이전과는 다른 국가개입 양식을 요구한 데에서 더 큰 힘을 가질 수 있었다고 할 것이다.

그러나 아이디어 차원에서의 강력함에 비추어 볼 때 우리나라에서 신공공관리 기법의 적용은 그리 광범위하지는 않았다. 무엇보다도 신공공관리의 핵심 지향인 최소화와 시장화가 매우 제한된 수준에서만 이루어졌다. 영국의 Thatcher 정부가 민영화를 강력하게 추진한 데에는 경제에 대한 국가의 개입 범위를 축소하겠다는 목적과 함께 신자유주의 정책에 대한 최대 저항세력인 공공부문 노조를 약화시키겠다는 정치적 동기가 강력하게 작용했었다. 그러나 우리나라의 경우에는 경제에 대한 국가의 직접적 참여 수준이 상대적으로 높지 않았기 때문에 민영화를 추진할 여지가 그리 많지 않았을 뿐만 아니라 대기업의 경제 장악력이 높은 상황에서 민영화가 경제력 집중을 더욱 심화시킬 수 있는 위험성이 있었기 때문에 민영화에 대한 국민 일반의 지지도 그리 높지 않아, 이를 추진할 정치적 유인 또한 높지 않았다. 그 결과 우리나라의 신공공관리 개혁은 민영화보다는 규제완화와 공공부문의 효율성을 제고할 수 있는 관리적 측면의 개혁이 주를 이루었다는 점이 특징이다.

사실, 우리나라에서 정부는 강한 정부로 인식되고 있지만 강한 정부가 큰 정부를 의미하기보다는 오히려 개입적인 정부를 의미하는 것이라고 보아야 한다. 억압적 권위주의 시절 국가의 개입이 생산 활동에 대한 직접적 참여보다는 주로 명령, 통제, 규제로 이루어졌었기 때문에 민영화보다는 규제완화가 우리나라 신자유주의적 개혁의 주종을 이루는 정책수단이 된 것이다(하연섭, 2006). 이러한 이유로 김영삼 정부 이후 규제완화가 관치위주의 경제운용으로부터 탈피하기 위한 핵심적인 정책수단으로 자리 잡게 된 것이다.

위에서도 언급한 것처럼, 우리나라에 도입된 정부개혁의 대표적 프로그램으로서는 공공관리 영역에서는 총액인건비제, 성과연봉제, 개방형임용제, 민간위탁, 목표관리제, 책임운영기관제도, 성과계약제, 직위공모제, 고위공무원단, 팀제 등을 들 수 있고, 예산과 재무행정 영역에서는 기금제도의 개혁, 조세지출예산제도, 복식부기와 발생주의 회계제도, 예비타당성조사제도, 성과관리제도, 국가재정운용계획, 탑다운 예산제도, 재정성과관리제도, 디지털예산회계제도 등을 들 수 있다. 그런데 이러한 개혁 프로그램 중 시장 메커니즘을 본격적으로 도입한 프로그램은 거의 없다고 해도 과언이 아니다. 성과연봉제와 성과계약제 정도가 화폐적 인센티브를 적용한 예라고 할 수 있을 뿐, 나머지 개혁 프로그램들은 관료제의 경직성을 해소하기 위한 관리적 차원의 개혁, 혹은 현대화 노력이었다고 평가할 수 있다.

그런데 우리나라 정부개혁에서 매우 특기할 만한 점은 에이전시 개념의 도입과 정반대되는 방향으로 정부조직 개편이 이루어졌다는 것이다. 김대중 정부에서 에이전시 개념을 도입하여 책임운영기관을 만들기는 하였지만 그 적용 범위는 매우 협소했을 뿐만 아니라 부처 기능 중에서도 핵심 기능과는 거리가 먼 기능을 수행하는 기관들에만 집중되어 있었다. 대신, 행정개혁의 단골 메뉴는 정부조직 개편이었는데, 정부조직 개편의 논거는 항상 '작고 효율적인 정부'를 만들겠다는 것이었다. 그리고 이러한 작고 효율적인 정부를 만들기 위한 수단으로서 행해진 정부조직 개편이 단일 목적의 작고 평평한 조직을 만들겠다는 신공공관리의 기본 지향과는 완전히 다른 방향으로 (특히, 보수정부에서) 공룡 부처를 만드는 데 집중했었다. 지난 20여 년간 행해진 우리나라의 정부조직 개편이야말로 이론과 실제가 상반되게 움직인 대표적 사례라고 할 수 있다.

우리나라의 신공공관리 개혁은 대부분 관리적 차원의 개혁으로 이루어졌는데, 성과에 대한 강조와 재무행정 개혁이 그중에서도 가장 두드러지게 나타난 영역이다. 특히, 지난 20여 년간 성과측정과 성과평가에 대한 강조야말로 우리나라 정부개혁의 핵심적인 특징이라고 할 수 있다. 중앙정부만 보더라도 국무총리실에서 담당하는 정부업무평가, 기획재정부에서 주관하는 재정성과관리제도, 감사원에서 관장하는 성과감사 등이 있고, 공공기관에 대한 경영평가, 각 부처나 지방자치에서 시행하는 각종 성과평가 프로그램이 진행 중이다. 재정개혁은 김대중 정부에서 시작되어 노무현 정부에서 이른바 4대 재정개혁을 통해 완성되었다. 그런데 여기서 특기할 만한 사실은 노무현 정부에서의 4대 재정개혁, 특히 국가재정운용계획과 탑다운 예산제도는 북유럽 국가들을 벤치마킹해서 도입한 제도라는 점이다. 재정개혁이 우리나라 정부개혁의 핵심을 이루기는 하지만, 신공공관리의 본산이라 할 수 있는 영국과 뉴질랜드 모델이 아니라 오히려 북유럽에서 수입한 모델이라는 점이다. 그리고 매우 흥미롭게도 정부의 변화에 따라 지속되지 못한 개혁 프로그램들이 적지 않음에도 불구하고, 재정개혁은 몇 차례의 정권 교체에도 불구하고 온전하게 지속되고 있는 대표적인 프로그램이다.

또한 우리나라의 경우에는 발전국가의 위기를 극복하는 동시에 정치적 민주화 = 경제적 자유화 = 신자유주의적 개혁이라는 등식에 의해 신공공관리 개혁을 추진하긴 했으나, 영국이나 뉴질랜드처럼 복지국가의 위기와 베버리안적 관료제가 낳은 경직성을 해소하기 위해 신공공관리 개혁이 일관되게 관철된 것이 아니라는 점에 주목할 필요가 있다. 아이디어를 통한 권력 게임이 일상화되어 있는 상황에서 5년 단임제라는 대통령제와 맞물려, 5년마다 새로운 아이디어가 시도됨으로써 정부가 공공관리 개혁의 실험의 장이 되어 버린 것이다. 그리고 이러한 정부개혁 아이디어가 새로운 정치권력과 결합함으로써, 실험이 주기적으로 반복되는 현상이 초래되었다. 그러나 새로운 실험이 이전의 실험을 완전히 대체한 것은 아니며 기존에 시도되었던 개혁 프로그램이 잔존하는 상태에서 새로운 프로그램이 퇴적되는 층화(layering)현상을 보인 것이 우리나라 정부개혁의 또 다른 특징이다.

4. 신공공관리 개혁에 대한 인식[6]

신공공관리의 적용 실태와 효과성에 대한 인식을 조사하기 위해 2014년에 한국조세재정연구원의 지원을 받아 공무원과 행정학자, 경영 · 경제학자를 포함한 사회과학자들을 대상으로 설문조사를 한 바 있다. 설문조사는 2014년 7월 21일부터 8월 8일까지 '리얼미터'를 통해 온라인으로 이루어졌으며, 낮은 공무원들의 응답률을 보완하기 위해 오프라인 설문조사도 동시에 수행하였다. 설문에는 총 616명이 응답하였는데, 이 중 공무원이 239명으로 전체의 38.8%를 차지하였으며, 행정학자가 313명으로 50.8%, 경제/경영학자가 28명으로 전체의 4.5%, 그리고 기타 사회과학자들이 21명으로 전체의 3.4%를 차지하였다. 기타로 분류할 수 있는 응답자는 15명으로 2.4%를 차지하였다.

신공공관리 개혁 프로그램의 활용 정도와 효과성에 대한 인식 조사를 위해 7점 척도로 설문을 구성하였다. 정책수단의 활용 정도에 대해서는 '전혀 활용되지 않음'에서부터 '매우 활용됨'의 7점 척도로, 그리고 정부개혁 정책수단의 효과성에 대해서는 '전혀 효과적이지 않음'에서부터 '매우 효과적임'의 7점 척도로 구성하였다. 〈표 10-1〉에서 볼 수 있는 것처럼, 활용 정도가 가장 높다고 응답한 총액인건비제의 평균 점수가 4.17점, 그리고 효과가 가장 높다고 응답한 책임/자율운

6 이 부분의 내용은 하연섭 · 오영민 · 이혜영 · 조윤직이 2014년 한국조세재정연구원의 용역과제로 수행한 "신공공관리의 효과성과 적실성에 관한 설문조사 정책연구보고서"의 내용을 기반으로 하고 있으며, 이 설문조사 내용은 최종적으로 오영민 외(2014). 「정부개혁의 정책적 시사점: 신공공관리론의 평가를 중심으로」라는 단행본으로 한국조세재정연구원에서 출간되었다. 이 부분의 내용은 이 보고서들의 내용과 상당 정도 중복됨을 밝힌다.

영기관의 평균 점수가 3.62점에 머무를 정도로 신공공관리 정책수단의 활용 정도와 효과성이 모두 낮게 인식되고 있음을 알 수 있었다. 전체적으로 활용 정도와 효과성이 낮긴 하지만, 그럼에도 불구하고 활용 정도가 상대적으로 높다고 인식한 정책수단은 총액인건비제, 규제완화, 성과급과 연봉제 등이었으며, 효과성이 높다고 응답한 정책수단은 책임/자율운영기관, 총액인건비제, 규제완화 등이었다.

이러한 설문조사 결과는 매우 흥미로운 사실을 알려주는데, 바로 관료제의 경직성을 해소할 수 있는 관리적 차원의 개혁 프로그램들은 상대적으로 효과가 높은 것으로 인식된 반면, 민간위탁/시장성 테스트, 고용유연화, 민영화, 인원감축 등 이른바 최소화와 시장화에 관련된 정책수단들의 효과성은 매우 낮은 것으로 인식되었다는 점이다. 이는 앞에서 지적한 우리나라 신공공관리 개혁의 전반적인 특성과 궤를 같이하는 응답이었다고 할 수 있다. 특히, 민영화에 대해서는 활용 정도도 낮고 효과성도 낮은 것으로 인식하고 있는데 이는 우리나라에서 정부를 인력과 예산 면에서 크다고 인식하기보다는 개입적 · 간섭적이라고 인식한다는 앞의 지적과 상통하는 내용이다. 또한 민영화에 대해서 이렇게 평가가 낮은 이유는 경제력이 집중되어 있는 상황에서 다른 나라와 달리 우리나라에서는 민영화가 경쟁을 촉진시키고 소비자 후생을 증진시킬 수 있는 수단이 될 수 없다는 인식을 반영한 것이라고도 할 수 있다.

신공공관리 개혁의 활용 정도와 효과성과는 별개로 정부개혁의 바람직한 방향에 대한 인식도 아울러 조사하였다. 〈표 10-2〉에 제시된 것처럼, 정부개혁의 핵심 방향성의 중요도에 대한 평가에서는 절차의 간소화와 투명성 제고, 분권과 자율성에 대해 매우 높은 동의가 나타났으며, 결과 및 성과주의, 절약과 감축관리, 경쟁도입과 민간화 순으

표 10-1 정부개혁 수단의 적용실태와 효과성

활용 정도	평균	표준 편차	효과성	평균	표준 편차
총액인건비제	4.17	1.438	책임/자율운영기관	3.62	1.383
규제완화	3.90	1.313	총액인건비제	3.56	1.372
성과급과 연봉제	3.90	1.443	규제완화	3.46	1.343
민간위탁/시장성 테스트	3.84	1.293	팀제	3.45	1.415
팀제	3.80	1.482	성과주의 예산	3.38	1.315
책임/자율운영기관	3.73	1.363	성과급과 연봉제	3.37	1.372
예산 절감	3.69	1.288	예산 절감	3.36	1.320
개방형 임용제	3.67	1.401	민간위탁/시장성 테스트	3.31	1.326
성과주의 예산	3.66	1.368	개방형 임용제	3.30	1.451
민영화	3.64	1.397	고용유연화	3.09	1.317
인원 감축	3.60	1.440	민영화	3.09	1.344
고용유연화	3.33	1.360	인원 감축	3.08	1.289

표 10-2 정부개혁의 핵심 방향성의 중요도 평가

	N	평균	표준편차
절차의 간소화와 투명성 제고	585	5.71	1.158
분권과 자율성	585	5.34	1.376
결과 및 성과주의	586	4.80	1.363
절약과 감축관리	585	4.45	1.370
경쟁도입과 민간화	586	3.95	1.559

로 나타났다. 이러한 설문조사 결과는 관료제적 경직성을 해소하고 정부의 투명성을 제고하는 관리지향적 개혁에 대해서는 높은 수용도

를 보이고 있으나, 절약과 감축관리 등과 같은 최소화 전략이나 경쟁 도입과 민간화와 같은 시장화 전략에 대해서는 부정적으로 인식하고 있다는 것을 의미한다.

공공부문 개혁에 대한 일반적 평가를 보면, 우리나라의 신공공관리 개혁이 일관적인 이론과 방향성에 기초해서 지속적으로 추진된 것이 아니라 주로 정치적 필요에 의해서 임시방편적으로 이루어졌다고 인식하는 것으로 나타났다(〈표 10-3〉 참조). 즉, "민주적 · 참여적 방식에 의해 이루어졌다", "지속성 있게 추진되었다", "종합적 · 체계적으로 이루어졌다"에 대해서는 7점 만점 중 3점에도 못 미치는 매우 낮은 평균 점수가 나온 데 반해, "주로 정치적 필요에 의해 개혁이 이루어졌다"와 "많은 경우 위기상황과 예기치 못한 사건의 영향을 받아 개혁이 이루어졌다"에 대해서는 5점이 넘는 높은 동의 수준을 보였다. 결국, 우리나라의 신공공관리 개혁은 일관되게 지속적으로 추진된 것이

표 10-3 공공부문 개혁에 대한 평가

	N	평균	표준편차
주로 정치적 필요에 의해 개혁이 이루어졌다.	581	5.58	1.248
많은 경우 위기상황과 예기치 못한 사건의 영향을 받아 개혁이 이루어졌다.	578	5.19	1.274
조직역량이 감당하기 힘들 정도로 지나치게 많은 개혁이 이루어졌다.	581	4.31	1.511
우리나라의 실정에 적절하게 잘 맞았다.	581	3.27	1.204
민주적, 참여적 방식에 의해 이루어졌다.	581	2.96	1.193
종합적이고 체계적으로 추진되었다.	581	2.82	1.271
지속성 있게 추진되었다.	582	2.69	1.232

아니라 정치적 필요에 의해 임시방편적으로 시도됨으로써, 오히려 관료제의 안정성과 지속성을 저해하는 역효과를 낳은 측면도 있다는 것이다.

5. 신공공관리와 민주주의

1980년대와 1990년대에 걸쳐 개혁의 방향과 정도의 차이는 있지만 우리나라를 비롯한 OECD 국가들이 이전과는 다른 차원의 정부개혁을 경험한 것이 사실이다. 이 과정에서 신공공관리에 대한 비판은 크게 두 가지 측면에서 이루어졌다. 첫째, 과연 신공공관리가 비용을 절감하고 더 일 잘하는 정부를 만드는 데 기여했는가라는 질문이다. 놀랍게도 이 질문에 대한 체계적인 연구와 뚜렷한 증거는 별로 없는 편이다. 예외적으로 앞에서도 언급한 Hood와 Dixon(2015)의 연구가 있는 정도이며, 이 연구의 결과는 신공공관리의 공헌에 대해 회의적이다. 이러한 측면에서 신공공관리는 정부개혁에 대한 일종의 신조(article of faith)일 뿐 그 성과를 증명할 만한 경험적 증거를 갖고 있지 않다는 비판이 제기된 바 있다(Suleiman, 2003).

두 번째 비판은 신공공관리가 민주주의를 위협할 수 있다는 비판이다. 이 또한 Suleiman(2003)에 의해 대표적으로 제기된 비판인데, 신공공관리의 관료제 부수기(dismantling bureaucracy)가 민주국가 부수기(dismantling democratic states)로 이어질 수 있다는 것이다. Suleiman에 의하면 베버리안 관료제는 민주주의의 발전을 위한 기본

요건이다. 민주주의가 공고화되기 위해서는 질서 있고 예측 가능하며 합법적인 방법으로 기능을 수행할 수 있는 국가가 필요한데, 바로 이런 국가를 지탱하는 것이 정치로부터 독립되어 있는 조직화된 관료제라는 것이다. 이러한 이유로 신공공관리가 추구하는 관료제의 약화가 단순히 행정의 효율성 제고로 연결되는 것이 아니라 더 중요하게는 정책의 설계, 집행, 그리고 서비스 제공이라는 기능을 수행하는 관료제의 역량을 약화시킴으로써 궁극적으로는 민주주의의 약화를 초래한다는 것이다.

신공공관리가 민주주의의 약화를 초래한다는 또 다른 비판은 신공공관리가 '고객' 개념의 도입을 통해 관료제적 경직성을 해소하고자 시도했지만, 이 과정에서 민주주의의 핵심 개념인 '시민'의 의미를 약화시킴으로써 궁극적으로 민주주의를 약화시키고 있다는 것이다. Suleiman(2003)에 의하면 '고객' 개념에서는 개인이란 공동체와의 연대 없이 오직 자기 자신에 대해서만 책임을 지는 존재인 반면, '시민' 개념에서는 개인과 공동체와의 연대가 중시되며 자기 자신뿐만 아니라 공동체에 대한 책임도 중요하게 부각된다. 무엇보다도 고객이란 개념은 본질적으로 개인을 정부서비스에 대한 소비자로 보는 개념이기 때문에, 고객 개념을 도입함으로써 개인과 개인, 개인과 공동체 간의 연대를 약화시킬 뿐만 아니라 시민이 갖는 정치적 성격을 훼손하게 되는 것이다. 결국 개인이 '시민'이 아니라 '고객'으로 설정되면, 개인과 공동체와의 연대 그리고 사회적 신뢰가 저하될 수밖에 없는데, 결국 이는 민주주의에 역행한다는 것이다. 나아가 '시민=소비자'라는 고객 개념은 시장에서와 같이 구매력을 가진 사람만이 정부서비스를 향유할 수 있다는 인식을 은연중 바탕에 깔고 있는 개념이다. 그러나 정부서비스는 가격 기제를 통해 구매력이 있는 사람에게만 공급되는 것이 아니다. 정부서비스는 조세라는 집합적 자원(collective resources)을 통해 공급되기 때문에, 민주주의 모델은 정부서비스가 구매력이 있는 수요자에게만 공급되는 것이 아니라 공동체의 구성원 모두에게 공급되어야 한다는 것을 강조한다(Peters & Pierre, 1998). 결국 개인이 시민이 아니라 고객으로만 설정되면, 사회 전체의 공익 실현을 목적으로 하는 행정의 본질이 망각되어 궁극적으로 민주주의를 훼손하게 되는 것이다.

민주주의에 대한 위협 요인으로서의 신공공관리에 대한 비판은 국내에서도 제기된 바 있으며, 대표적으로 안병영 · 정무권(2007)의 논의를 들 수 있다. 이들은 우리나라에서 발전국가의 위기는 단순한 국가개입 양식의 위기만을 의미하는 것이 아니라, 발전국가의 '억압'에서 기인한 정치적 민주주의의 결손, 그리고 '발전'에서 비롯된 사회적 형평성의 훼손이 문제라고 지적하고 있다. 따라서 발전국가 이후 국가의 최우선과제는 정치적 민주주의를 회복하고 사회적 형평성을 증진시키는 것임에도 불구하고, 발전국가 위기의 해결책으로 신공공관리가 제시됨으로써 오히려 민주주의와 사회적 형평성을 위협하게 되었다는 것이다. 그 결과 우리나라에서도 시장을 과도하게 찬양하는 반면 관료제와 행정을 모든 문제의 근원으로 치부하는 경향이 생겨남으로써, 정책형성과 집행과정에서 다양한 계층과 집단의 이해관계를 반영하고 이를 조정하는 행정적 민주주의로 나아가지 못했다고 비판한다.

그러나 이러한 주장과는 달리 신공공관리 정부개혁과 민주주의의 관계에 대해 보다 균형 잡힌 시각에서 접근해야 한다는 주장도 제기되고 있다. 대표적으로 Scharpf(1999)와 Peters(2010a)의 논의에 기초한 Christensen과 Laegreid(2011)의 논의를 들 수 있다. Scharpf(1999)

는 정당성을 투입 정당성(input legitimacy)과 산출 정당성(output legitimacy)으로 구분하고 있으며, Peters(2010a)는 민주주의를 투입 민주주의(input democracy)와 산출 민주주의(output democracy)로 구분한 바 있다. Scharpf는 민주주의를 위해서는 투입 정당성과 산출 정당성 모두 필요하다고 하는데, 투입 정당성이란 시민참여, 투명성 제고, 민주적 통제 등을 통해 투입 측면에서 정부가 시민들로부터 정당성을 확보하는 것을 의미하는 반면, 산출 정당성은 정부서비스의 질, 효율성, 효과성, 생산성 등을 포함하는 개념으로서 산출 측면에서 정부가 정당성을 확보하는 것을 의미한다. 달리 표현해서, 투입 정당성은 국민의 뜻을 반영해서 정치적 선택을 함으로써 얻게 되는 정당성을 의미하는 반면, 산출 정당성은 결과, 성과, 효과성 등에 기초한 정당성을 의미한다. Peters도 Scharpf와 매우 유사하게 민주주의를 구분하고 있는데 투입 민주주의는 국민의 뜻이 정치에 반영되는 선거 민주주의를 의미하는 반면, 산출 민주주의는 관료제의 관리적 책무성(managerial accountability)에 초점을 맞추어 사후적 성과를 중시하는 민주주의의 개념이다. 이렇게 정당성과 민주주의 개념을 구분할 때, 신공공관리 개혁은 투입 정당성과 투입 민주주의로부터 산출 정당성과 산출 민주주의로 무게중심이 이동한 민주주의 개념을 배경으로 하고 있다고 할 수 있다.

이렇게 볼 때 신공공관리 정부개혁이 민주주의에 대한 위협 요인이라고만 할 수는 없다. 신공공관리가 관료제적 경직성을 완화하고 고객이 원하는 것을 효율적 · 효과적으로 제공할 수 있다면 이것이 오히려 산출의 측면에서는 민주주의에 기여할 수 있기 때문이다. Kettl(2002)에 의하면 고객으로서의 시민(citizen-as-customer)은 네 가지 측면을 가지고 있다. 즉, 고객으로서의 시민은 정부서비스의 수혜자,

정부서비스 공급의 파트너, 정부의 소유자이면서 동시에 납세자인 것이다. 그런데 서비스 수혜자인 동시에 납세자로서의 고객(혹은 시민)은 기본적으로 최소의 비용으로 최대의 서비스(the more for the less)를 원하는 사람들이다. 정부서비스 제공의 효율성과 효과성을 기대하는 사람들에게 낮은 비용으로 질 높은 서비스를 공급할 수 있다면 이는 공익을 실현하는 것이며 민주주의에 기여하는 것이다. 개인의 선호에 직접적으로 관심을 갖고 공공서비스에 대한 시민의 선택 범위를 넓히는 동시에 이러한 서비스를 효율적으로 제공한다는 의미에서 신공공관리는 민주주의에 기여하는 것이다. 다시 말해서, 관리적 책무성 확보를 통해 신공공관리 개혁이 적어도 산출 측면에서는 민주주의에 기여할 수 있는 것이다.

Christensen과 Laegreid(2011)에 의하면 신공공관리에 입각한 산출 민주주의는 사실상 두 가지 요소를 포함하는데 다원주의 모델과 개인주의적-경제적 모델이 그것이다. 다원주의 모델(the pluralist model)에서는 기본적으로 사회적 이익이 다원화되어 있으며, 이 상태에서 관료제는 사회의 다양한 이익과 집단을 대표해야 한다고 보고 있다. 개인주의적-경제적 모델(individual-economic model)은 기본적으로 공공선택이론에 입각한 관료제와 행정에 대한 시각이라고 할 수 있는데, 이 모델에서는 개인의 권리와 선택을 중시하면서 이에 대응할 수 있는 효율적인 관료제 운영을 중시한다. 대신, 개인주의적-경제적 모델에서는 정치체제 내에서의 관료제의 바람직한 역할에 대한 논의는 없다. 이렇게 볼 때, 소비자와 고객으로 개인을 설정하고 이들이 원하는 서비스의 효율적 제공에 초점을 맞추는 신공공관리는 결국 관료제와 행정이 갖는 '정치적 의미'를 무시한다고 할 수 있다. 그러나 정치적 다원주의가 제도화되어 있고 시민의 다양한 요구와 선호가 정치과정을 통해 관료제에 효과적으로 전달되는 상황에서는 관료제의 경직성을 해소하고 행정의 효율성과 효과성 제고에 초점을 맞추는 신공공관리가 민주주의에 대해 큰 위협이 된다고 하기는 힘들다.

그러나 시민들의 정치참여, 다원주의적 경쟁과 타협이 제도화되어 있지 않고 시민들의 사회적 권리를 보호하는 국가의 역할이 정립되어 있지 않은 상태에서 개인주의적-경제적 요소에 대한 일방적 강조는 자칫 투입 민주주의의 활성화와 사회적 형평성 제고에 걸림돌이 될 우려가 있다. 이렇게 볼 때 신공공관리가 민주주의의 걸림돌인가 혹은 민주주의에 기여하는가와 관련된 논쟁에 대한 해답은 단순히 개념적 차원에서만 구할 수 있는 것이 아니라 신공공관리가 구체적으로 적용되는 역사적 배경과 제도적 맥락에 따라 달라진다고 해야 할 것이다. 즉, 다원주의적 요소가 활성화되어 있고 정치적 책무성을 확보할 수 있는 제도적 장치가 구비되어 있는 상황에서 정부의 효율성과 효과성을 높이려는 개혁 노력은 민주주의에 기여할 수 있다. 그러나 시민의 다양한 목소리를 정부에 전달하는 참여 민주주의와 시민의 사회적 권리 신장을 의미하는 사회 민주주의가 제도화되어 있지 않은 상태에서의 효율성 추구는 민주주의의 공고화와 정부의 질 향상에 도움이 되지 않을 수도 있다.

결국 정부의 질 향상과 민주주의의 공고화를 위해서는 개인주의적-경제적 모델에 기초해서 단순히 시장지향적 개혁을 추구하기보다는 베버리안 관료제의 핵심 요소들을 유지한 채 시민참여, 성과향상, 시민의 사회적 권리 신장 등과 같은 참여민주주의, 성과지향, 그리고 사회 민주주의적 요소들이 보완될 필요가 있다. 그러나 다른 한편 1980년대 이후 신공공관리가 강력한 영향력을 행사한 배경에는 관료제의 경직성을 해소하는 동시에 시민들의 선택의 폭을 넓히고 시민들이 원하는 서비스를 효율적으로 제공해야 한다는 시대적 요구가 자리잡고 있었다. 신공공관리 정부개혁을 교조적으로 따르는 대신 복지국가에 대한 일반 시민들의 지지를 높이고 이들에게 더 나은 서비스를 제공하기 위해 일련의 개혁을 추진한 스웨덴을 비롯한 복지국가들의 예는 우리에게 많은 시사점을 준다고 할 수 있다. 무엇보다도 민주적인 복지국가의 공고화를 위해서는 정부에 대한 국민의 신뢰가 뒷받침되어야 하며, 이를 위해서는 정부의 질과 정부의 역량이 동시에 향상되어야 한다.

6. 소결: 신공공관리와 정부개혁의 미래

1980년대 이후 행정의 큰 물줄기는 기존의 전통적 행정으로부터 신공공관리로 넘어온 것이 사실이다. 그러나 1980년대와 1990년대 전성기를 구가한 신공공관리는 더 이상 '새롭지(new)' 않다. 더 이상 새로운 관리가 아니긴 하지만 신공공관리라는 대유행이 지나간 이후 과거와 같은 전통적 행정이 지속되는 국가는 없으며, 정도의 차이는 있지만 각국의 행정은 신공공관리로부터 심대한 영향을 받은 것이 사실이다.

신공공관리 정부개혁이 던진 이론적 · 실천적 차원의 시사점은 다음과 같이 정리할 수 있다.

첫째, 제도를 개혁하는 것이 반드시 민영화, 시장화 등 정부를 민간부문에 넘기거나 시장 메커니즘을 활성화시키는 것은 아니라는 점이다. 특히, 신자유주의와 신공공관리가 과잉 팽창한 국가를 축소하고 관료제적 경직성을 완화하는 데에는 기여했을지 모르지만, 국가의 사회적 역할을 시장으로 대체하는 데에는 이르지 못했다고 할 것이다(Suleiman, 2003; Bresser-Pereira, 2004).

둘째, 특정한 관리도구나 정책수단을 특정한 정부개혁 모델과 동일시할 이유는 없다. 예를 들면, 신공공관리에서 성과측정과 성과평가가 중요한 정책수단이긴 하지만, 성과관리가 반드시 신공공관리 개혁에서만 활용될 필요는 없는 것이다. 신공공관리 개혁뿐만 아니라 네오베버리안 개혁 모델에서도 성과관리는 중요한 관리도구로 자리 잡고 있다(Pollitt & Bouckaert, 2017).

셋째, 현실의 정부개혁은 다양한 모델들의 요소, 특히 모순적인 요소들이 결합되어 있기도 하다. 정부개혁은 일관된 논리에 따라 특정 모델의 순수성을 지키는 차원에서 진행되기보다는 그때그때의 필요에 따라 다양한 모델들의 다양한 요소들이 적용되기 때문에 정부 전체적으로 보면 매우 이질적인 요소들이 결합되어 있기도 하다. 이것이 바로 역사적 제도주의에서 의미하는 층화의 개념이다. 이렇게 모순적인 요소들이 결합되어 있기 때문에 요소 간 충돌과 갈등으로 인해 새로운 개혁이 일어나기도 하는 것이다(하연섭, 2011; Pollitt & Bouckaert, 2017).

넷째, 한국과 같은 국가 주도적인 발전을 경험한 국가의 경우 발전국가의 역할이 끝난 것은 사실이지만 그렇다고 이를 신자유주의가 대체한 것도 아니다. 그리고 국가와 시장 혹은 정부와 시장의 관계를 이분법적으로 볼 필요도 없다. 자원배분에 있어서 시장 기제가 더 중요한 역할을 수행해야 하지만, 이와 동시에 정책 설계와 집행과정에서 시장에만 의존할 수는 없으며 국가의 역할도 지속되어야 한다. 신공공관리는 정부의 일상적인 운영에서 효율성을 높이는 데에 기여할 수 있지만, 정부가 어떤 서비스를 어떻게 공급해야 하는지와 관련된 거시적 이슈를 결정하는 데에는 별 도움을 주지 못한다. 또한 고객 지향성은 일상적인 정부 운영에는 도움이 될 수 있지만, 정부기능을 재검토하고 새로운 프로그램을 설계하는 과정에서는 별 도움이 되지 못한다(Box, 2018). 신공공관리 개혁의 교훈은 이전과 다른 방식으로 국가가 개입해야 하지만, 이것이 반드시 국가의 약화를 의미하는 것은 아니며 오히려 국가가 보다 더 전략적인 역할을 수행해야 한다는 것이다(Bresser-Pereira, 2004). 그리고 국가가 전략적인 역할을 수행하기 위해서는 정부의 역량이 강화되어야 하고, 이를 통해 효율적 · 효과적인 서비스를 제공함으로써 국민의 신뢰를 회복하는 일이 무엇보다도 중요하다고 할 것이다.

제11장

글로벌 금융위기와 재정건전화[1]

1970년대와 1980년대 초의 경제위기에 대한 대응책으로 힘을 얻게 된 정책 아이디어가 신자유주의이며 이러한 시장 지향적 아이디어가 공공부문에 적용된 것이 신공공관리이다. 신자유주의와 신공공관리는 1980년대 이후 20여 년간 가장 강력한 정책 아이디어로 자리 잡았다. 그런데 1970년대와 1980년대 초의 경제위기보다 더 심각한 수준의 경제위기가 2008년에 발생한 글로벌 금융위기였다. 사실, 2008년의 글로벌 금융위기는 1930년대 대공황 이후 세계경제가 겪은 가장 심각한 수준의 경제위기였다. 흥미로운 사실은 2008년 이후의 경제위기에 대한 대응이 1980년대 초반의 대응과는 매우 다른 양상을 보였다는 점이다. 즉, 시장기제에 대한 전폭적인 믿음, 정부개입의 축소, 통화주의에 대한 강조, 신공공관리 등 1980년대 이후 단골 메뉴로 등장한 정책수단이나 정책 아이디어가 강조된 것이 아니라 오히려 정부의 전략적인 개입과 재정의 적극적 역할에 대한 강조로 선회한 것이 특징이다. 이러한 정책방향의 변화로 말미암아 글로벌 금융위기 이후에는 재정이 경제위기 극복을 위한 핵심적인 수단으로 등장하였고 재정이 적극적인 역할을 수행함에 따라 '재정건전성' 확보가 거의 모든 OECD 국가에서 가장 중요한 정책 이슈로 등장하게 되었다. 그 결과 정부의 적극적 · 전략적 역할과 재정건전성 확보라는 두 가지 상반된 목표를 어떻게 조화시킬 것인가가 앞으로 모든 정부에게 당면한 핵심적인 문제가 되었다고 할 것이다.

주지하다시피, 2008년 미국의 리먼 브라더스의 파산으로부터 시작된 세계금융위기가 곧바로 경제위기로 전환되었고, 이러한 경제위기를 극복하는 과정에서 대부분의 국가들이 재정적자의 증가와 국가채

1 제11장은 하연섭(2016). "재정건전화의 정치경제: 비교제도분석." 「한국정책학회보」 25(1): 237-67을 대폭 수정 · 보완한 것이다.

무의 누적을 경험하고 있다. 그런데 최근의 재정위기는 단순히 경제위기 극복과 경기부양 차원에서만 끝나는 것이 아니라는 데에 문제의 심각성이 있다. 즉, 고령화라는 인구구조의 변화와 복지국가의 성숙에 따른 복지지출의 증가 그리고 세계화의 진척에 따른 조세부담의 하방 압력이 중첩적으로 작용하여 재정위기가 지속될 가능성이 대단히 높다는 것이다(Schäfer & Streeck, 2013).

재정위기의 지속이 궁극적으로 경제위기로 전환될 가능성이 높은 만큼, 앞으로 대부분의 OECD 국가에서 재정건전성 회복에 정책의 최우선순위가 놓일 것으로 예상된다. 그러나 재정건전성 회복을 위한 정책 추진은 정치적으로 중립적이지 않다. 재정적자와 국가채무의 감축 노력이라고 정의할 수 있는 재정건전화(fiscal consolidation) 정책은 예산감축에 따른 부담의 배분에 있어서 심각한 정치적 갈등을 초래하기 마련이다. 따라서 각 국가에서 나타나는 재정건전화 정책의 구체적인 내용과 성과는 경제적 요인과 정치적 요인이 어떻게 상호작용하는가에 따라 서로 다른 형태로 나타나게 될 것이다. 이렇게 볼 때, 재정건전화는 본질적으로 정치경제적인 문제라고 할 수 있다. 그런데 예산과정 참여자들 간의 정치적 갈등과 상호작용 패턴 그리고 정부의 의사결정과정은 이를 둘러싸고 있는 제도적 맥락에 크게 영향을 받는다.

이러한 측면에서 이 장은 재정을 둘러싼 정치경제적 요인과 제도적 맥락에 초점을 맞추어 재정건전화 정책의 추진에서 특징적인 모습을 보이고 있는 대표적인 사례라고 할 수 있는 미국, 영국, 독일, 스웨덴을 대상으로 재정건전화 정책의 구체적 내용과 재정건전화의 성과에 영향을 미치는 요인들을 비교 분석하고 이 네 나라의 경험에 비추어 볼 때 한국의 경험이 어떤 차이점을 지니고 있는지를 분석하고 있다.

1. 2008년 경제위기에 대한 대응의 특징: 재정정책 위주의 대응

많은 학자들은 2008년 금융위기 이후 나타난 경제위기를 대공황(Great Depression) 정도는 아니었지만, 경기후퇴의 폭이 매우 컸다는 의미에서 '대침체(Great Recession)'라는 표현을 사용하고 있다. 1930년대의 대공황 이후 경험한 경제침체 중 가장 큰 규모가 바로 2008년 이후의 경제위기이지만, 이와 비견되는 경제위기로는 1974~76년, 그리고 1980~82년에 나타난 경제위기를 들 수 있다. 그런데 최근의 경제위기와 연관된 매우 중요한 특징 중 하나는 이전 시기와 비교할 때 경제위기에 대한 대응 수단이 매우 제한되어 있다는 점이다. 사실, 1970년대와 1980년대 초반의 경제위기 극복과정에서는 보호무역정책, 보조금을 활용한 특정 산업에 대한 지원, 국내화폐의 평가절하, 고용보호 등이 주된 정책수단으로 활용되었지만, 2008년 이후의 금융위기에 대한 대응방식은 감세정책과 지출확대라는 재정정책 수단에만 의존하고 있는 것이 특징이다.

특히 흥미로운 변화는 2008년의 금융위기 이후 기존에 신자유주의적 경제정책과 통화주의를 일방적으로 강조하던 IMF가 전례 없는 정책 대안을 설파하기에 이르렀다는 점이다. IMF가 금융위기 직후 통화정책을 포기하고 대신 확장적 재정정책을 주창하게 된 이유로서는 세 가지를 들 수 있다.

첫째, 세계경제에 대한 충격이 워낙 컸기 때문에 적극적 재정정책이 없는 경우 세계경제가 침체 국면을 지나 공황에 빠질 수 있다고 보았기 때문이다.

둘째, 경기침체가 주택시장의 버블과 금융시장의 문제에서 비롯되긴 했지만 곧바로 수요부족에 의한 침체로 진화하였기 때문에, 수요부족이 경제를 더 큰 위기로 몰고 갈 수 있다고 판단한 것이다.

셋째, 신용시장(credit market)이 제 기능을 못하고 민간부문이 지나치게 팽창한 상황에서는 통화정책이 제대로 기능하기 어렵다고 보았기 때문이다. 이자율이 거의 '0'인 상황에서도 민간수요가 살아날 기미를 보이지 않았던 것이다(Cottarelli *et al.*, 2014: 1-2).

어쨌건, 1974~76년, 1980~82년과 비교할 때, 금융위기에 대한 대응이 전적으로 재정적 자극(fiscal stimulus)에 의해서 이루어진 것이 2009~10년의 특징이다. 1980년대 이후에는 통화주의에 대한 강조가 두드러졌기 때문에, 최근의 재정정책에 대한 의존은 매우 이례적인 현상이다.

재정이 경제위기 극복의 핵심수단으로 활용됨에 따라 재정건전성이 큰 영향을 받게 되었다. 재정건전성의 변화 양상을 보여주는 대표적인 지표로서는 GDP 대비 재정적자의 비율, GDP 대비 국가채무의 비율을 들 수 있다. OECD 회원국 전체를 보면, 금융위기 직전인 2007년에 GDP 대비 재정적자가 1.58%였으나 금융위기 직후인 2009년에는 8.5%로 악화된 후, 2013년에는 4.2% 수준으로 회복되었고 2016년에는 약 2.8%로 개선되었다(〈표 11-1〉 참조). 재정적자의 누적에 따라 국가채무도 증가했는데, 2007년 GDP 대비 약 73%였던 국가채무의 평균이 2013년에는 약 108%로 증가했다(〈표 11-2〉 참조). 그런데 2000년대 이후 재정수지의 악화와 국가채무의 누적이 모든 국가에서 동일하게 나타나는 것이 아니라 매우 차별적으로 나타나고 있음에 주목할 필요가 있다.

〈표 11-1〉은 GDP 대비 일반정부 재정수지의 비율을 보여주고 있다. 미국과 영국은 세계 금융위기 이후 재정적자가 뚜렷하게 증가한 경우로서 OECD 평균을 훨씬 상회하고 있다. 이와는 달리 독일과 스웨덴은 금융위기에도 불구하고 거의 균형재정을 이루고 있는 사례이다. 한국은 이른바 IMF 외환·금융위기의 극복과정에서 관리재정수지[2]가 처음으로 1998년과 1999년에 GDP 대비 3% 이상의 적자를 보였는데, 글로벌 금융위기 직후인 2009년에 다시 관리재정수지가 GDP 대비 3.8%의 적자를 보였으며 그 이후에는 줄곧 적자상태에 놓여 있다.

표 11-1 일반정부 재정수지(GDP 대비 비율)

(단위: %)

	2007	2009	2013	2016
미국	−3.55	−12.67	−5.36	−4.94
영국	−2.64	−10.12	−5.4	−2.97
독일	0.19	−3.23	0.14	1.01
스웨덴	3.35	−0.72	−1.36	1.19
한국	0.7	−3.8	−1.5	−1.4
OECD 평균	−1.58	−8.5	−4.22	−2.83

주 : 한국의 재정수지는 관리재정수지를 의미.
출처 : OECD(2019). *Budgeting and Public Expenditures in OECD Countries 2019*. 한국은 기획재정부 열린재정.

2 관리재정수지는 우리나라에서만 사용하고 있는 재정수지 개념으로서, 다른 나라에서 일반적으로 사용하고 있는 통합재정수지에서 국민연금, 산재보험, 고용보험 등 사회보장성기금의 수지를 제외하고 재정수지를 파악하는 것이 특징이다. 이미 연금을 지급하고 있는 선진국과 달리, 우리나라는 아직 연금을 적립하고 있는 단계이기 때문에 사회보장성기금이 막대한 흑자를 보이고 있어 이러한 왜곡요인을 제외하고 재정수지를 파악하기 위해 관리재정수지 개념을 사용하고 있는 것이다.

〈표 11-2〉는 GDP 대비 국가채무의 비율을 보여주고 있다. 영국과 미국은 2000년대 이후 GDP 대비 국가채무 비율이 약 두 배 상승한 반면, 독일과 스웨덴의 경우에는 GDP 대비 국가채무 비율이 큰 변화가 없음을 볼 수 있다. 요약하자면, 재정성과 측면에서 스웨덴은 재정건전화 정책 자체가 필요없었던 사례이고 독일은 재정건전화 정책을 매우 성공적으로 추진한 사례이다. 이와는 달리 미국은 필요성이 높은 데도 불구하고 재정건전화 정책을 제대로 추진하지 못한 사례이며, 영국은 재정건전화 정책에도 불구하고 효과가 미미한 사례이다. 우리나라의 경우에는 글로벌 금융위기 직전에 매우 양호한 재정 상태를 유지하고 있었기 때문에 재정의 적극적 역할을 통해 경제위기를 극복했으나 그 영향으로 2009년에 GDP 대비 국가채무 비율이 사상 처음으로 30%를 돌파했으며, 그 이후 국가채무가 완만하지만 꾸준히 증가하는 추세이다.

표 11-2 국가채무(GDP 대비 비율)

(단위: %)

	2007	2009	2013	2016
미국	64.59	86.95	105.39	107.23
영국	51.65	77.06	102.48	121.02
독일	64.18	75.47	83.27	76.39
스웨덴	46.45	48.24	49.03	51.93
한국	27.5	31.2	34.3	38.2
OECD 평균	72.75	90.47	108.26	112.45

출처 : OECD(2019). *Budgeting and Public Expenditures in OECD Countries 2019*. 한국은 기획재정부 열린재정.

2. 재정건전화의 정치경제: 사례 분석

가. 미국

2008년에 시작된 세계적 차원의 금융위기, 경제위기, 그리고 재정위기는 미국발 위기였다. 그러므로 2008년 이후의 경제위기와 재정위기를 이해하기 위해서는 미국 경제와 재정의 위기 양상을 이해할 필요가 있다.

미국의 경제위기는 부채의존 경제의 문제가 현재화된 것이라고 해도 틀린 말이 아니다. 미국은 금융위기 이전인 2001년에 일반정부 재정수지가 GDP 대비 −0.5%, 2007년에는 −3.5%로 상대적으로 양호한 재정 상태를 보이고 있었지만, 이것이 재정건전성을 의미하는 것이 아니었음에 주목할 필요가 있다. 금융위기 직전의 상대적으로 양호한 재정 상태는 경제적 붐(booming economy), 차입비용의 감소, 그리고 자산가치의 상승이라는 거품경제 때문에 일시적으로 나타난 현상에 불과했던 것이다. 글로벌 유동성의 공급에 따라 금융위기 이전에 실효이자율(effective interest rate)[3]이 지속적으로 낮아지고 있었기 때문에, 1990년대 중반 이후 정부의 이자지출이 큰 폭으로 감소하고 있었다. 이자지출의 하락규모는 GDP의 2%를 상회하는 매우 큰 규모였는데, 국가채무비율이 지속적으로 높아지고 있는 상황에서 이는 매우 이례적인 현상이었다(Jonas & Petrova, 2014: 141−43).

경제성장, 차입비용의 하락 그리고 이자지출의 하락과 함께 재정성

3 실효이자율이란 국가채무 규모로 나눈 이자비용을 의미한다.

과에 영향을 미친 요인으로서는 자산 및 부동산 가격의 상승을 들 수 있다. 자산 및 부동산 가격의 상승은 직접적으로는 소득세 및 재산세 수입의 증가를 가져왔고, 간접적으로는 가계의 부를 증가시킴으로써 부가가치세 및 재화와 용역에 대한 세수입의 증가를 가져왔다. 자산 및 주택 가격의 상승에 따른 세수입 증가규모는 매우 큰 편이었는데, 1990년대 후반 이후 자산가치의 상승으로부터 얻은 세수입의 증가가 GDP의 2%를 상회하는 수준이었다. 다시 말해서, 글로벌 유동성 증가에 따른 직접적 이자비용의 하락과 자산가치의 상승에 따라 파생된 세수입의 증가가 GDP의 4%를 넘을 정도로 거품경제가 건전재정으로 연계되는 착시현상이 지속되었던 것이다. 이러한 상황에서 2008년 금융위기에 따른 자산가치의 폭락이 곧바로 재정위기를 초래할 수밖에 없었던 것이다(Jonas & Petrova, 2014: 147-49).

사실, 자본의 급격한 국제화를 빼놓고서는 미국의 최근 재정위기현상을 이해할 수 없다. 금융위기 이전 미국의 경상수지 적자는 GDP의 6%를 상회하고 있었는데, 이는 역사상 가장 높은 수준이었다. 경상수지 급증의 주원인은 바로 Bush 행정부의 재정정책에 있었다. 2001년 이후 국가안보와 의료비 지출 증가에 따른 재정지출의 급증에도 불구하고 감세정책을 유지함으로써 연방정부의 재정적자가 늘어나게 된 것이다. 그런데 이때 중국, 일본, 독일 등의 저축 증가가 부시 행정부로 하여금 재정적자를 메우는 수단이 되었고, 이것이 경상수지 적자의 원인이 된 것이다. Bush 행정부는 지출 증가와 감세정책이라는 위험한 재정정책을 지속했지만, 금융시장의 글로벌화 덕분에 국내 민간투자에 대한 구축효과 없이 재정적자를 메울 수 있었던 것이다. 그러나 이러한 외국으로부터의 차입이 생산 능력 향상으로 이어진 것이 아니라 연방정부의 재정적자를 메우고 민간 주택과 소비를 위한 부채 증가에 사용된 것이 문제였다(Broz, 2013: 94). 부시 행정부의 재정정책이 재정적자와 경상수지적자라는 쌍둥이적자의 증가를 초래하였지만, 외국자본이 쌍둥이적자를 메우면서 자산가치를 상승시키게 된 것이다.

전통적으로 우파 정당은 재정규율과 균형재정을 중시한다. 이런 측면에서, Bush 행정부의 거시경제정책은 매우 이례적이다. 자본의 글로벌화가 제한적이었던 1980년대 이전에는 우파 정당의 중요 정책방향이 재정규율의 확보였다. 대규모 외국자본의 유입이 없는 한, 재정적자는 국내 투자를 구축하게 되고, 그 결과 우파 정당의 주요 지지층인 기업의 이익을 훼손할 수밖에 없다. 그러나 자본시장의 글로벌화에 따라 국내 이자율의 상승과 이에 따른 구축 효과 없이도 재정적자를 늘릴 수 있는 방법이 생겨난 것이다. 그 결과, 우파 정당의 정책방향이 적자재정을 용인하는 쪽으로 바뀌게 된 것이다.

자본이 국제적으로 이동하는 상태에서는 재정적자가 우파 정당에게 정치적 자산이 될 수도 있다. 자본유입을 통해 재정적자를 메우게 되면, 자산가격이 상승하고, 자산가격 상승을 통한 혜택은 주로 우파 정당의 지지층인 주택소유자와 자산소유자들에게 귀속된다. 이에 더하여 주택소유를 위한 금융적 장애를 제거함으로써 전통적으로 민주당 지지파인 저소득층 유권자들을 경제적으로 보수적으로 만듦으로써 이들을 공화당 지지파로 전환시킬 수 있다. 다시 말해서, 자본의 글로벌화 덕분에 균형재정 유지의 필요성이 약화되었을 뿐만 아니라 자산소유자들에게는 단기적 부의 효과(wealth effects)를 발생시킴으로써, 재정적자가 갖는 정치적 의미가 근본적으로 바뀌게 되었던 것이다(Broz, 2013).

결국 쌍둥이적자의 증가, 외국자본의 유입, 자산가치의 상승의 절묘한 결합이 일거에 무너져 내린 것이 바로 2008년의 리먼 브라더스의 파산으로 대표되는 금융의 부실화였으며, 이로부터 세계적 차원의 금융위기와 경제위기가 촉발되었던 것이다. 그리고 경제위기의 심화에 따라 자동안정화 장치가 작동됨과 동시에 경제위기를 극복하는 과정에서 1.1조 달러가 넘는 확장적 재정정책을 활용함으로써 2007년 GDP 대비 3.5%였던 재정적자가 2009년에는 12.7%에 달할 정도로 재정위기가 현재화되었다. 이에 따라 국가채무도 50%p 이상 증가하여 2013년에 이르면 GDP 대비 102.68%에 도달하게 된다.

부채의존 경제가 재정위기를 초래하였다면, 미국 사회에서 심화되고 있는 정치·경제적 양극화가 재정건전화를 가로막는 근본적인 원인이 되고 있다.[4] 재정건전화는 이에 수반되는 부담의 배분을 초래하기 때문에, 본질적으로 정치적인 결정이다. 그러나 정치적 양극화와 이데올로기적 경직성의 심화는 재정건전화를 위한 정치적 합의 자체를 불가능하게 만들고 있다. 다시 말해서, 미국의 경우 주요한 재정정책에 대한 정치적 합의의 부재와 함께 분절화된 예산과정은 재정건전화 정책이 일관된 방향으로 진행되는 것을 가로막는 가장 큰 장애물이라고 할 수 있다(IMF, 2014).

재정준칙[5]은 재정위기를 극복할 정치적 합의 도출이 불가능한 상황에서 정치적 합의를 대체하기 위한 수단으로 등장한 것이다. 즉, 미국의 경우 재정건전화를 위한 사회적 합의의 결과로서 재정준칙이 등장한 것이 아니라, 사회적 합의가 거의 불가능한 상황에서 사회적 합의

4 미국 사회의 정치·경제적 양극화에 대한 탁월한 분석은 Hacker & Pierson(2010)을 참조할 것.
5 재정준칙(fiscal rules)이란 국가채무, 재정적자, 총지출 등 주요한 재정총량을 규제하는 계량적 목표치(numerical targets)를 의미한다.

를 대체할 고육지책으로 등장한 것이 재정준칙인 것이다. 바로 이러한 이유로 최근 몇 가지 재정준칙을 제정했지만, 재정준칙을 제대로 작동시킬 수 있는 '포괄적인 동시에 목표 연도를 정한 재정적 목표(comprehensive time-bound fiscal objectives)'가 존재하지 않고 있는 것이다(IMF, 2014: 101).

이 때문에 미국의 재정건전화 정책은 임시방편적인 조치에 의존할 수밖에 없는 것이 현실이다. 예를 들어, 미국 의회는 2011년의 예산통제법(Budget Control Act)을 통해 예산심의과정에서 책정할 수 있는 재량지출의 지출한도(caps)를 다시 도입했다. 예산통제법에 의하면, 2012 회계연도와 2013 회계연도에는 안보 및 비안보분야에 대해 별도의 지출한도가 설정되었지만, 2014년부터 2021년까지는 재량지출 전체에 대해 지출한도가 설정되어 있다. 그런데 재정의 지속 가능성을 확보할 수 있는 중기적인 차원의 포괄적인 예산적자 감축계획(medium-term comprehensive deficit reduction plan)이 마련되어 있지 않기 때문에, 추가적인 자동삭감(sequester)이 2013년 3월에 적용되었으며, 2023년까지 지속될 예정이다. 자동삭감의 구체적인 내용은 2014~23년 사이에 1.2조 달러의 적자감축을 매년 동일한 규모로 진행하도록 되어 있으며, 절반은 국방지출, 그리고 나머지 절반은 국내프로그램이 대상이다. 그러나 사회보장, 메디케이드(Medicaid) 등 보장성 지출(entitlement programs)은 자동삭감의 대상이 아니다. 무엇보다도 연방정부 지출의 2/3를 차지하고 있는 의무지출에 대해서는 재정준칙이 적용되지 않기 때문에 세출을 통제하는 데에는 상당한 한계가 있다(IMF, 2014: 99).

그러나 2013년에 제정된 초당적 예산법(Bipartisan Budget Act)은 2014년과 2015년으로 예정된 자동삭감을 유예하는 대신 장기적인 예산개혁을 추진하기로 한 바 있다. 이 법에 따르면 향후 10년 동안 총 3조 달러에 달하는 재정적자를 감축키로 하였는데, 2011년의 예산통제법에 규정한 약 1조 달러의 감축과 함께 향후 10년 동안 4조 달러 이상의 재정적자를 감축토록 한 것이다. 또한 자동삭감이 2016년부터 2024년 사이 다시 적용되고 있다(OECD, 2015b: 185).

최근 미국의 재정건전화 정책과 관련하여 가장 오해되고 있는 것이 PAYGO 준칙과 자동삭감이다. 미국 의회는 재정적자 통제 수단으로 2010년에 다시 PAYGO 준칙을 도입하였는데, 핵심적인 내용은 지출을 수반하는 법안은 다른 지출 프로그램의 감축이나 새로운 수입원의 창출을 통해서 적자 중립적이어야 한다는 것이다. 그러나 의무지출 제외 등 여러 가지 예외 등으로 인해, PAYGO의 실질적인 효과는 상당히 제한되어 있다(IMF, 2014: 99). 예를 들어, 2011년에 제정된 예산통제법만 하더라도 재정적자의 근본적인 원인인 의무지출은 도외시한 채, 향후 10년 동안 적자감축의 90%를 재량지출에 대한 지출한도 설정과 자동삭감을 통해 달성할 계획이었다(Palmer & Penner, 2012: 27-28).

포괄적이고 효과적인 예산제도란 우선순위 설정과 지출 간 상쇄 효과(trade-off) 등을 면밀히 검토하는 예산제도를 의미하지만, 미국 예산제도는 이 기능을 제대로 수행하지 못하고 있다(Ryan, 2011: 4). 우선순위 설정과는 상관없이 적자감축 방안으로 등장한 것이 자동삭감이다. 그런데 자동삭감은 그야말로 모든 예산을 무차별적으로 삭감하겠다는 것이 본래 의도가 아니라, 무차별적인 자동삭감의 위협이 미국 의회로 하여금 우선순위에 입각한 예산감축을 할 수 있도록 강제할 것이라는 믿음에 기초하고 있다(Meyers, 2014: 6).

예외로 뒤범벅이 된 PAYGO 준칙, 고육지책으로서의 자동삭감, 임시방편적인 예산개혁위원회의 운영[6] 등은 미국에서 정상적인 예산과정이 완전히 실패했음을 보여주는 것이다(Rivlin, 2012). Rivlin(2012: 54)이 지적한 대로, 실패한 예산과정은 정치과정의 증상일 뿐 원인은 아니다. 예산운용에 관한 사회적 합의를 거의 불가능하게 만드는 미국의 정치 · 경제적 양극화와 함께 이러한 양극화된 사회적 이익이 여과장치 없이 그대로 예산과정에 전달되고 있는 것이 미국 예산정치의 현재 모습이자 한계이다. 사회적 이익으로부터 절연된 정치적 격리성과 집권화된 예산결정과정이 존재하지 않는 상태에서는, 재정준칙이 미봉책으로 그칠 뿐 재정건전화로 연결되지 않는다는 점을 미국 사례는 극명하게 보여주고 있는 것이다.

나. 영국

영국은 금융위기 직전인 2007년에 재정적자가 GDP의 약 3%였지만, 2009년에는 10%를 넘어섰다. 2010년에 집권한 보수당-자유민주당 연립정부는 재정건전성 회복을 최우선의 정책목표로 설정하였고, 강력한 재정건전화 정책을 시행하였다. 2014년 재정적자가 여전히 GDP의 5%를 상회하고 있지만, 영국 정부의 일련의 노력은 재정건전성 확보에 대한 시장의 신뢰를 회복하는 데는 성공한 것으로 평가되고 있다(OECD, 2015b: 180).

정부형태가 재정건전화 정책의 추진에 미치는 영향에 관한 대부분

6 2010년의 the Presidents' Commission on Fiscal Responsibility and Reform(the Simpson Bowles Commission)과 2011년의 the Joint Select Committee(Super Committee) 등이 그 예이다.

의 논의는 단일정당 정부가 복수정당에 의한 연립정부에 비해 훨씬 신속한 의사결정을 할 수 있는 것으로 주장하고 있다. 그러나 2008년 경제위기 이후 영국의 재정건전화 정책 추진 방식은 이러한 기존 논의와는 완전히 배치되는 사례이다. 무엇보다도 2010년의 총선을 앞두고 있는 상황에서 노동당 정부는 뚜렷한 재정건전화 정책을 마련하지 못한 상태였고, 오히려 2010년 5월 총선 이후 연립내각을 구성하게 된 보수당-자유민주당 연립정부에서 신속하면서도 급진적인 재정건전화 정책을 추진하게 되었다. 특히, 영국에서 향후 3년간의 부처별 지출한도를 정하는 지출검토(Spending Review)가 정상적으로는 2009년에 실시되어야 했지만, 선거를 의식한 노동당 정부에서 2009년에 이를 시행하지 않았기 때문에 새로 집권한 노동당-자유민주당 연립정부로서는 기존 재정정책에 구애됨이 없이 재정건전화 정책을 추진할 수 있었던 것이다(Kickert & Randma-Liiv, 2015: 114-15).

다른 OECD 국가와 비교할 때 영국은 거의 전적으로 지출 측면에서 재정건전화가 이루어진 사례이며, 이른바 효율성 절약(efficiency saving), 즉 운영비 삭감을 통해 지출증가를 억제한 대표적인 사례이다. 그리고 이러한 재정건전화 정책의 주요 기제가 바로 각 부처의 지출 총액에 대해 3년간의 한도를 설정하는 주기적인 지출검토이다. 이에 더하여 영국 정부는 복지지출한도(welfare cap)를 통해 사회복지지출 총액에 대해서도 지출한도를 설정하고 있다. 이를 통해 사회복지지출 내에서의 우선순위 설정과 지출 합리화를 도모하고 있는 것이다(OECD, 2015b: 180-81).

또한 영국 정부는 2011년부터 회계연도 말의 이월허용제도를 폐지하고 대신 '예산교환(budget exchange)'제도를 도입하였다. 예산교환제도란 각 부처가 회계연도 말 이전에 지출을 포기한 금액을 미리 중앙예산기관에 통보하는 대신, 내년도 예산배분을 그만큼 늘리는 제도를 의미한다(OECD, 2015b: 181). 회계연도 말의 이월허용제도는 연도 말 집중지출이라는 예산운용의 문제점을 해소하기 위해 도입했던 것으로, 예산집행의 신축성을 확보할 수 있는 방안으로서 OECD를 비롯한 국제기구에서도 예산운용의 모범제도(best practice)로서 다른 국가들에 널리 홍보했던 제도이다. 영국 정부에서 이 제도를 폐지한 근본적인 이유는 대부분의 부처들이 이월한 금액을 다음 회계연도 지출에 바로 사용하지 않고, 지속적으로 축적해 왔기 때문이다. 다시 말해서, 예산운용의 신축성을 확보하기 위해 도입한 예산제도를 각 부처들은 긴급 상황에 대처하거나 다른 정책 목표 실현에 활용할 여유자금으로 축적해 왔던 것이다. 그 결과 정부 전체 차원에서는 적자가 발생하고 있지만 각 부처는 여유자금을 축적하고 있는 상황이 발생했던 것이며, 이 문제를 해결하기 위해 일정한 한도 내에서만 당해 연도에 절약한 예산을 차년도에 사용하도록 허용하는 '예산교환'제도를 도입하게 된 것이다. 2011년 이후 영국 정부는 이른바 효율성 절약을 통해 전체 경상경비의 30% 이상을 절감한 것으로 알려져 있는데, 이러한 막대한 경상경비 절약의 이면에는 그동안 축적된 여유자금의 해소가 있었음에 주목할 필요가 있다.

대부분의 국가에서 재정건전화 정책의 추진 수단으로서 운영비 삭감보다는 사업비 예산의 삭감에 주력한 것이 특징이지만, 예외적으로 영국의 경우에는 사업비 예산의 삭감보다는 운영비 삭감에 주력한 것이 특징이다(OECD, 2011a). 지출에 대한 통제를 강화화고 행정비용을 절감하기 위해 영국 정부는 2011년 4월부터 경상경비 한도를 공공기관(non-departmental public bodies)까지 포함해서 설정하고 있다. 이를 통해 각 부처가 행정비용을 줄이는 방편으로 공공기관을 설립하는 유인을 줄이는 동시에 정부 전체를 대상으로 비용 절감을 유도하고 있다. 영국 정부는 2011년과 2016년 사이에 행정비용을 약 33% 정도 감축하고자 시도하였으며, 이 과정에서 공공부문 인력 약 33,000명에 대한 해고 조치가 이루어진 바 있다(OECD, 2011c: 45). 그러나 이러한 강력한 재정건전화 조치에도 불구하고 영국 경제와 재정은 여전히 회복되지 못하고 있다.

2010년에 영국 정부는 노동당 정부에서 도입하였던 이른바 황금률(golden rule, 경상예산은 균형을 유지)과 지속 가능한 투자 규칙(공공부문의 순부채를 GDP의 40% 이내로 제한)을 폐지하는 대신 두 가지 재정준칙을 새로이 도입하였는데, 이를 통해 2015년까지 구조적 재정수지의 균형 달성, 2015~16년까지 공공부문 순부채의 감소를 규정하였으며, 이 준칙에 대한 준수여부를 새롭게 설치한 예산책임처(Office for Budget Responsibility: OBR)가 점검하도록 되어 있다(OECD, 2012: 250; IMF, 2014: 93).

보수당-자유민주당 연립정부의 재정개혁 중 눈여겨봐야 할 기구의 설립이 바로 예산책임처의 설립이다. 영국도 스웨덴이나 다른 북유럽 국가처럼 탑다운 예산제도를 운영하고 있지만, 탑다운 예산제도의 중요한 전제조건이라 할 수 있는 경제 예측의 타당성을 검증할 수 있는 장치를 갖추지 못하고 있었다. 이러한 문제를 해결하기 위해 보수-자유민주 연합에서 새롭게 설치한 것이 예산책임처이다.[7] 2010년 5월에 설립된 예산책임처는 예산편성 시에 사용할 독립적인 거시경제예측과 재정예측의 제공, 재정준칙의 준수여부 감시, 재정의 장기적 지속가능성 평가 등의 임무를 수행하고 있으며, 2013년부터는 정부가 설정

7 Office for Budget Responsibility 설립에 관해서는 Kickert & Randma-Liiv(2015)를 참조할 것.

한 복지지출한도 준수여부를 모니터링하는 임무를 수행하고 있다(IMF, 2014; OECD, 2015b).

다. 독일

독일 사례는 이른바 조정시장경제에서 경제위기가 어떤 양상으로 전개되었으며 정부가 어떻게 대응했는지를 보여주는 대표적인 사례이다. 독일의 경우는 거시경제정책과 주택정책 등에서 미국과는 정반대되는 사례이다. 금융위기 이전 1998~2005년까지 집권했던 사회민주당과 녹색당 좌파연립정부는 매우 보수적인 거시경제정책을 추구하면서 복지프로그램을 감축한 바 있으며, 그 결과 저축의 증가와 함께 궁극적으로 경상수지 흑자를 시현할 수 있었다. 이러한 보수적 거시경제정책은 우파성향의 기민당 정부가 들어선 이후에도 지속되었으며, 이러한 이유로 미국이나 영국과 달리 부동산 거품이나 가계부채의 증가현상이 나타나지 않았던 것이다(Broz, 2013: 93).

2008년의 세계금융위기가 독일 경제에도 상당한 영향을 미쳤지만, 경제위기에 대한 독일 정부의 대응 또한 조정시장경제의 특징을 그대로 보여준다. 독일의 경우 숙련노동(skilled labor)에 기반한 기계산업, 장치산업, 자동차산업 등에서 세계적인 경쟁력을 갖고 있을 뿐만 아니라 노사협의체를 통한 노사갈등의 해결이 기본 특징이다. 이로 인해 경제위기의 극복을 위해 미국 등의 자유시장경제에서 일반적으로 나타나는 것처럼 노동시장의 유연성 확보를 통해 산업경쟁력 향상을 추구한 것이 아니라 이와는 정반대되는 노동력 보존(labor hoarding)을 통한 경제회복을 추구했다는 점에 주목할 필요가 있다. 즉, 경제위기에 대한 대응책으로서 독일 정부가 추구한 정책이 바로 기업에 의한 노동력 보존과 자동차 산업에 대한 보조금 지급정책이었던 것이다 (Schelkle, 2012: 131).

2011년 초에 오게 되면 독일 경제가 완연한 회복세를 보이는데, 독일 경제의 빠른 회복은 중국을 중심으로 한 동아시아 경제의 빠른 성장에 따른 기계산업 및 장치산업에 대한 해외 수요 증가에 기인한 바 크다. 특히, 노동력 보존을 통한 숙련 노동력의 유지가 해외에서의 수요 증가에 빠르게 대응할 수 있었던 주요 요인이라고 할 것이다. 이와 동시에 기업들의 노동력 보존에 따른 실업률의 빠른 하락, 실업률 하락에 따른 가계 저축률의 하락과 민간소비의 증가가 경제성장을 견인하였던 것이다(OECD Economic Outlook, 2012).

독일의 기본적인 제도적 특징이라 할 수 있는 조정시장경제가 노동력 보존을 통해 경제위기의 심화를 사전적으로 예방했다면, 독일의 독특한 행정제도가 재정건전화 정책의 내용에 중요한 영향을 미쳤다. 영국과 달리 독일에서는 재정건전화 정책이 경상경비 감축이 아니라 주로 사업비 예산의 감축을 통해 이루어졌다.[8] 그렇지만 경제의 장기적인 성장을 견인할 수 있는 투자적 지출에 해당하는 교육 및 과학기술 그리고 공공투자 예산은 거의 줄이지 않은 것이 또 다른 특징이다 (Kickert *et al.*, 2013).

독일에서 경상경비 감축이 이루어질 수 없었던 이유는 독일 관료제의 특징에 기인한다. 독일의 경우 공무원들의 법적 지위 때문에 공무원들의 해고와 급여삭감이 가능하지 않다. 또한 호봉제에 의한 급여인상 때문에 급여 동결도 불가능하다. 따라서 독일에서 인건비 절감

8 경상경비란 인건비와 운영비 등을 의미한다.

을 기할 수 있는 방법은 아예 신규채용과 대체인력을 줄이는 것 외에는 없으며(Kickert *et al*., 2013: 24), 이러한 이유로 영국과는 달리 재정건전화 정책의 추구에 있어서 경상경비 감축이 거의 나타나지 않았던 것이다. 그러나 다른 OECD 국가와 비교할 때, 경제위기를 손쉽게 극복했고 그 결과 재정위기의 양상이 심각하게 나타나지 않았던 만큼, 독일에서의 재정건전화 정책도 상대적으로 매우 약한 상태로 나타났었다.

독일이 추구한 재정건전화 정책의 또 다른 특징은 재정위기에 대한 대응과정에서 새로운 '게임의 규칙'을 만들었고, 이러한 새로운 게임의 규칙하에서 재정위기에 대한 대응이 나타나고 있다는 점이다. 금융위기 이후 독일에서는 예산규율이 한층 강화되었고 예산과정이 집권화되었다. 독일 정부는 2009년에 채무준칙(debt brake rule)을 헌법에 규정하였는데, 연방정부의 구조적 적자를 GDP의 0.35% 이내로 제한하는 동시에 주정부의 경우에는 적자를 아예 허용하지 않는 규정을 새롭게 만들었다. 이러한 구조적 재정적자에 대한 지출한도는 연방정부 수준에서는 2016년부터, 주정부 수준에서는 2020년부터 적용될 예정이다. 또한 연방정부와 주정부의 예산운용을 규칙적으로 모니터링하고 정부 간 재정운용을 조정하기 위하여 2010년에 안정화 위원회(Stabilitätsrat)를 설립한 바 있다(IMF, 2014; OECD, 2014).

2011년에는 연방정부 수준에서 탑다운 예산제도를 도입하였다. 탑다운 예산제도는 새롭게 도입한 채무준칙과 예산과정이 정합성을 갖도록 하는 동시에, 예산배분과정에서 정치적 우선순위를 반영하기 위한 목적으로 도입한 것이다. 매년 3월, 재무부가 지출 총액과 각 부처 예산을 대상으로 다년도 지출한도를 설정하고 있으며, 이러한 지출한도는 중기재정계획과 연간 예산편성에 대해 구속력을 갖고 있다(IMF,

2014: 40). 탑다운 예산제도는 중기재정계획과 결합함으로써 재정정책의 방향에 대한 불확실성을 제거하며, 이를 통해 재정의 지속 가능성에 대한 국내외의 신뢰를 제고하는 데 기여하고 있는 것으로 평가되고 있다(OECD, 2014).

라. 스웨덴

스웨덴은 2008년 금융위기 이후 경제위기를 극복하는 과정에서 재정건전성 훼손에 대한 우려 없이 확장적 재정정책을 펼침으로써 경제위기를 손쉽게 극복한 사례인 동시에, 2008년 이후에 예산제도의 개혁을 포함한 재정개혁이 시도되지 않으면서도 재정건전성을 유지한 독특한 사례이다. 세계금융위기 직전인 2007년에 스웨덴은 GDP 대비 3.35%의 재정흑자를 시현하고 있었으며 이를 기반으로 스웨덴 정부는 이른바 '적극적 안정화 정책(active stabilization policy)'을 추진할 수 있었던 것이다(OECD, 2015b: 169).

2008년 이후에 나타난 스웨덴의 재정건전화 정책의 독특성을 이해하기 위해서는 1990년대 초반 스웨덴이 경험했던 경제위기와 이 위기를 극복하는 과정에서 도입한 예산제도의 영향력에 주목할 필요가 있다. 스웨덴은 1990년대 경제위기를 극복하는 과정에서 도입한 예산제도가 최근 경제위기에 대한 제도적 틀을 마련해 주었을 뿐만 아니라 이러한 제도적 틀에 의해 확립된 재정규율 덕분에 경제활성화를 위한 재정정책을 용이하게 활용할 수 있었던 사례이기 때문이다.

1990년대 경제위기를 극복하는 과정에서 도입한 스웨덴의 재정제도(fiscal framework)는 네 가지 요소로 구성되어 있다. 일반정부부문에 대한 흑자 목표치(surplus target), 중앙정부에 대한 지출한도(expenditure ceiling)와 탑다운 예산제도, 지방정부에 대한 균형예산, 그리고 독립적 재정정책위원회(fiscal policy council)의 설립이 그것이다. 경제위기 직후인 1994년 선거에서 재집권에 성공한 사회민주당 정부는 1996년에 탑다운 예산제도를 도입했으며, 이를 뒷받침하기 위해 중앙정부를 대상으로 향후 3년을 대상으로 설정하는 지출한도제도를 도입했다. 그리고 1997년에는 일반정부를 대상으로 재정흑자 목표치를 설정하는 제도를 도입했으며, 이를 2001년부터 시행 중이다. 재정흑자 목표치란 경기순환주기(business cycle) 동안 일반정부가 평균 1%의 흑자를 시현하도록 하는 제도이다.[9] 지방정부에 대한 균형예산 유지 요구는 2000년부터 시행 중이다. 2011년의 경우 스웨덴 지방정부의 지출이 총지출의 70.9%를 차지할 만큼 지출의 상당 부분을 차지하고 있기 때문에, 지방정부에 대한 균형예산 유지 요구는 재정건전성 확보 측면에서는 매우 중요한 제도적 장치이다(Jonung, 2013: 10).

이상의 세 가지 재정제도는 1996~2000년 사이에 집권했던 사회민주당 정부에 의해 도입된 것이었지만, 스웨덴 재정제도의 네 번째 요소인 독립적 재정정책위원회는 2007년에 우파 연립정부에 의해 도입된 것이다. 재정정책위원회는 재정정책에 대한 모니터링, 정책목표 달성의 평가, 그리고 경제정책의 투명성 확보를 주된 임무로 한다. 그리고 2010년에는 우파 연립정부가 지출한도 설정과 재정흑자 목표치를 의무화하는 법안을 통과시킴으로써 재정제도를 강화하는 조치를 취한 바 있다.

스웨덴의 재정제도 중 재정건전성 유지에 가장 큰 영향을 미치는

9 그러나 경기순환주기를 어떻게 설정할 것인가에 대해서는 명쾌한 규정이 없는 실정이다.

제도는 지출한도라고 할 수 있다. 경기순환주기라는 다소 모호한 기준을 사용하는 재정흑자 목표치와는 달리, 지출한도는 단순 명쾌할 뿐만 아니라 이를 통해 중앙예산기관인 재무부가 집권화된 상태에서 실무부처를 통제할 수 있기 때문이다. 무엇보다도 스웨덴의 재정제도는 1990년대의 재정위기에 대한 제도화된 집합적 기억(institutionalized collective memory)을 반영하는 것으로서, 정치적 지향에 관계없이 모든 정당들의 정책을 규율하고 있는 것이 특징이다(Jonung, 2013). 다시 말해서, 1990년대 경제위기 이후 재정규율을 확보할 수 있는 재정제도가 도입되어 있었을 뿐만 아니라, 경제위기에 따른 재정위기의 심화라는 집합적 기억이 모든 정파에 존재하고 있기 때문에 재정건전성 유지에 대한 정치적 의지(political commitment)가 스웨덴 모든 정파를 지배하고 있었다고 할 것이다. 그리고 이러한 재정제도와 정치적 의지가 일종의 경로의존으로 작용해서, 재정건전성으로부터의 이탈이 상당한 정치적 비용을 유발할 수밖에 없게 된 것이 스웨덴의 핵심적인 특징이라고 할 수 있다(Boije & Kainelainen, 2011).

이러한 재정제도의 틀 안에서 재정운용을 해 왔고 그 결과 세계적 경제위기 국면의 초기 단계에서 구조적 흑자를 시현하고 있었기 때문에, 스웨덴 정부가 경제위기에 대해 적절히 대처할 수 있었다고 할 수 있다. 즉, 경제위기 전에 재정건전성을 유지하고 있었기 때문에 경기부양을 위해 별 어려움 없이 재량지출을 증가시킬 수 있었던 것이다. 또한 공공부문의 크기와 함께 세출과 세입의 규모가 상대적으로 크기 때문에 경제위기 국면에서 자동안정화 장치의 효과가 상대적으로 크게 나타난 것도 스웨덴이 경제위기를 어렵지 않게 극복한 이유이다. 이와 동시에 경제위기의 극복과정에서 스웨덴 정부의 경제정책은 독일과 마찬가지로 조정시장경제의 특징을 그대로 보여준다. 즉, 경제위기에 대한 대응이 인력감축을 포함한 구조조정으로 나타난 것이 아니라 오히려 숙련 노동을 유지하기 위한 노동력 보존으로 나타났고, 이를 통해 실업을 사전적으로 예방함으로써 총수요를 유지할 수 있었던 것이다. 특히, 숙련 노동의 유지에 따라 대외경제 환경의 변화가 경기 회복, 나아가 재정건전성의 회복으로 빠르게 전환될 수 있었던 것이 스웨덴의 특징이다(Bergman, 2011).

스웨덴의 경우 매우 이례적인 현상은 2000년에 집권한 중도우파 정당이 1930년대의 중도좌파 정당이 한 것보다 더 확장적인 재정정책을 채택했다는 사실이다. 일반적으로 고용확대에 더욱 관심을 갖는 좌파 정당이 확장적 재정정책을 택하는 반면, 우파 정당은 세입감축을 상대적으로 강조하는 경향이 있다(Lindvall, 2012). 그런데 이러한 일반적인 경향과는 달리 2000년대에 중도우파 정당이 1930년대의 중도좌파 정당보다 더 확장적인 재정정책을 펼 수 있게 된 주요한 요인은 2000년대에 들어서면서 스웨덴의 주요 정당들 간 기본적인 정치경제제도에 대해서는 암묵적 합의가 이루어졌기 때문이라고 할 수 있다.

스웨덴에서 중도우파 연합이 2006년 총선에서 승리할 수 있었던 이유는 이전에 사회민주당이 추구했던 정책들을 대거 수용했기 때문이다. 그리고 1994~2006년 사이에 집권했던 사회민주당도 이미 중앙으로 정책노선을 상당 수준 이전시킨 상태였다. 무엇보다도 중요한 것은 스웨덴의 주요 정당들이 정부의 역할과 공공부문의 크기에 대해 암묵적인 합의를 이루었다는 사실이다[10](Lindvall, 2012: 244-45).

우파 정당과 좌파 정당의 정책대안에서 큰 차이가 없어졌기 때문에, 최근 스웨덴 유권자들은 국가를 운영할 수 있는 정당의 '기술적

10 GDP 대비 사회지출의 비중은 1980년 이래 거의 일정한 상태이다.

능력(technical capacity to rule the country)'에 초점을 맞추는 경향이 두드러진다. Lindbom(2014: 202)에 의하면, "정당 선택에 있어서 국가 운영의 능력이 가장 중요한 요인이라고 응답한 사람이 2002년에는 31%였지만, 2006년에는 42%, 2010년에는 51%로 증가하였다."고 한다.

그렇다면 높은 수준의 복지지출에도 불구하고 재정건전성을 유지하고 있는 스웨덴의 비결은 무엇인가? 제도적 차원에서 볼 때, 정치엘리트의 정치적 격리성에 기초한 집권화된 의사결정체제와 기술관료적 정책결정 그리고 예산제도와 정치 · 행정제도의 정합성이 스웨덴이 유지하고 있는 재정건전성의 주된 요인이라고 할 수 있다(Steinmo, 2013; Jensen & Davidsen, 2015).

마. 한국

다른 OECD 국가들과 비교했을 때 글로벌 금융위기가 초래한 경제위기에 대응하기 위해 우리나라는 상대적으로 매우 적극적인 확장적 재정정책을 시행한 반면 경제위기 극복 이후에는 다른 나라와는 달리 강도 높은 재정건전화 정책을 추구하지 않은 독특한 사례이다. 예를 들어 독일의 경우 재정확대규모가 GDP 대비 2008년 0.0%, 2009년 1.6%, 2010년 2.0%였고 미국은 2008년 1.1%, 2009년 2.0%, 2010년 1.8%였으며, 영국은 2008년 0.2%, 2009년 1.5%, 2010년 0.0%였던데 반해 우리나라는 2008년 1.1%, 2009년 3.7%, 그리고 2010년 1.2%로써 금융위기 직후 확장적 재정정책을 강력하게 추진한 것이 특징이다.

표 11-3 주요국의 확장적 재정정책규모

(단위: GDP 대비, %)

	2008	2009	2010
독일	0.0	1.6	2.0
영국	0.2	1.5	0.0
미국	1.1	2.0	1.8
한국	1.1	3.7	1.2
G20 국가 평균	0.6	2.0	1.5

자료 : 글로벌 금융위기 극복백서 편찬위원회(2012). 「글로벌 금융위기와 한국의 정책 대응」.

우리 경제도 2008년의 글로벌 금융위기의 충격을 피해갈 수가 없었다. 예를 들어, 2008년 4/4분기의 성장률이 전년 동기 대비 −3.3%로 하락하였는데 이는 이른바 IMF 금융 · 외환위기 이후 최악의 수준이었다(김성태, 2012). 이러한 경제위기에 대응하기 위해 우리 정부가 추진한 재정정책으로는 2008년 11월 이미 국회에 제출한 예산을 10조 원 확대하는 수정예산 편성, 2009년 4월의 28.9조 원에 달하는 사상 최대규모의 추경예산 편성을 들 수 있다. 그리고 재정의 경기부양 효과를 극대화하기 위해 2009년 상반기에 예산의 60% 이상을 조기집행하였다. 2010년에는 확장적 재정정책기조를 유지하였으나, 경기가 회복되는 상황을 반영하고 재정건전성을 안정적 수준에서 관리하기 위해 확장적 정책기조를 완화하기에 이르렀다(글로벌 금융위기 극복백서 편찬위원회, 2012). 김성태(2012)에 의하면 금융위기에 대응한 확장적 재정정책의 규모는 총 59.8조 원인데, 수정예산과 추경 등을 통한 지출증가가 30.5조 원, 그리고 2008~09년 동안 이루어진 감세효과가 29.3조 원에 달했다고 한다.

다른 OECD 국가들과 비교했을 때 글로벌 금융위기의 극복과정에서 상대적으로 적극적인 재정정책을 추구했지만 우리나라의 국가채무는 상대적으로 크게 늘어나지 않은 편이다. 앞의 〈표 11-2〉에서 볼 수 있는 바와 같이, 2007~13년 사이 GDP 대비 국가채무 비율이 미국의 경우는 1.6배, 영국은 2.0배 늘어난 반면, 독일은 같은 기간 1.3배, 스웨덴은 거의 변화가 없었다. OECD 국가들의 GDP 대비 국가채무 비율이 평균 1.5배 늘어났지만 우리나라의 경우에는 1.2배 늘어난 데 그쳐 매우 양호한 상태를 보였다고 할 수 있다. 그런데 우리나라가 다른 나라에 비해 상대적으로 재정건전성을 유지했다는 사실만큼이나 중요한 점은 다른 OECD 국가들과는 달리 사업예산의 삭감, 경상경비의 감축 등을 포함하는 전략적 지출검토의 도입 등 강도 높은 재정건전화 정책을 추진하지 않았다는 것이다.

이는 우리나라 재정운용에 대해 매우 중요한 함의를 갖는다. 다른 OECD 국가들과 달리 강도 높은 재정건전화 정책이 없었는 데도 불구하고 상대적으로 양호한 재정상태를 회복할 수 있었던 첫 번째 이유는 우리나라가 상대적으로 작은 정부를 유지하고 있었기 때문이다. 앞의 제9장에서 본 바와 같이 우리나라는 인력이나 재정 측면에서 모두 작은 정부이다. 따라서 글로벌 금융위기 이후 재정건전성을 회복하기 위해 인력이나 재정 측면에서 정부의 군살을 빼야 할 이유가 크지 않았다고 할 수 있다.

둘째, 다른 OECD 국가들과 비교할 때 우리나라의 복지제도가 아직까지는 성숙되지 않은 상태이다. 의무지출 혹은 보장적 지출의 비중이 아직은 상대적으로 낮은 상태이기 때문에 재정적자와 국가채무를 관리하기 위해 재량지출을 대상으로 강력한 구조조정을 실시할 필요성이 상대적으로 낮았다고 할 수 있다.

셋째, 우리나라가 상대적으로 강력한 확장적 재정정책을 시행했음에도 불구하고 재정건전성을 유지할 수 있었던 가장 중요한 요인은 글로벌 금융위기 이전에 낮은 국가채무 수준 등 건전재정 기조를 유지함으로써 상당한 재정여력을 확보하였기 때문이라고 할 수 있다.

표 11-4 글로벌 금융위기 이후 관리재정수지

(단위: GDP 대비, %)

2007	2008	2009	2010	2011	2012	2013	2014	2015	2016	2017
0.7	−1.1	−3.8	−1.0	−1.0	−1.3	−1.5	−2.0	−2.4	−1.4	−1.1

자료 : 기획재정부 열린재정

우리나라의 경우 글로벌 금융위기를 성공적으로 극복한 동시에 건전재정을 유지한 대표적인 사례이긴 하지만, 경제위기 극복을 위한 확장적 재정정책 기조로부터 탈피했음에도 불구하고 최근 들어 지속적으로 재정적자를 시현하고 있다는 점에 주목할 필요가 있다. 〈표 11−4〉에서 볼 수 있는 것처럼 2008년 이후 최근까지 매년 관리재정수지가 1% 이상의 적자를 보이고 있다. 이는 기본적으로 저출산, 고령화 등으로 인해 사회복지지출 등 지출소요는 지속적으로 증가하는 반면, 글로벌 금융위기 직전 시행한 이명박 정부의 감세정책에 의해 세입기반이 축소된 데 기인하는 것이다. 즉, 최근의 관리재정수지 적자는 경제위기에 대응하는 과정에서 나타난 것이 아니라 통상적인 재정활동을 영위하는 가운데 나타나고 있다는 점에서 문제의 심각성이 있다(황성현, 2014). 우리 경제가 글로벌 금융위기 등 외부적 충격을 상대적으로 용이하게 극복할 수 있었던 이유는 경제위기 직전에 재정이 건전한 상태로 유지되고 있었기 때문이다. 그리고 우리나라가 재정건전성을 유지할 수 있었던 이유는 저출산, 고령화 등 인구구조의 변화와 복지제도의 성숙에 따른 복지지출의 증가가 우리 재정에 큰 영향을 미치지 않았기 때문이다. 그러나 앞으로는 인구구조의 변화와 복지제도의 성숙이 재정을 심각하게 압박할 것으로 예상된다. 따라서 향후 세입과 세출의 격차를 어떻게 줄여나갈 수 있는가가 우리 재정의 가장 중요한 과제로 등장하게 될 것이다.

3. 재정건전화 정책 비교의 시사점

가. 예산제도와 재징건진화

2010년 초반에 당초 예상보다 세계경제의 성장이 빠르게 회복될 것이라는 전망이 나오자, 대부분의 국가에서 정책의 초점이 경제회복에서 재정건전성 회복으로 옮겨가게 된다. 2010년 이후 진행된 각국의 재정건전화 정책의 유사점과 차이점을 설명하기 위해서는 경제위기의 양상과 이에 대한 각국 정부의 대응을 이해할 필요가 있다. 왜냐하면 경제위기에 대한 각 국가의 대응은 제도적 맥락과 이전 시기의 정책 유산에 의해 영향을 받을 뿐만 아니라, 경제위기에 대한 각국 정부의 대응방식과 제도적 맥락은 다시 재정건전화 정책의 구체적 내용과 추진 방식에 영향을 미치기 때문이다.

재정적자의 증가와 국가채무의 누적은 기본적으로 경제상황의 변화에 따라 발생하게 된다. 그러나 동일한 경제상황이라 하더라도 각 국가의 재정정책은 사뭇 다르게 나타나는 것이 일반적이다. 왜냐하면 예산은 단순히 경제상황을 반영하는 것이 아니라 사회집단들의 수요와 요구가 반영되는 것이기 때문이다. Wildavsky(1961)가 일찍이 갈파한 바와 같이 "예산은 본질적으로 정치적인 현상"으로서 사회집단의 요구가 정치과정을 통해 어떻게 예산으로 전환되는가가 예산의 팽창과 재정위기의 발생을 설명하는 데 매우 중요하다. 이렇게 볼 때, 재정건전화의 특징적 모습을 설명하기 위해서는 사회집단의 요구와 재정 운용이 각국에서 어떻게 연결되는지에 초점을 맞출 필요가 있다. 이때 사회집단의 요구와 재정 운용 간의 연계 고리가 바로 예산제도인 것이다.

최근 재정건전화를 둘러싼 논의에서 핵심적인 쟁점은 대응성 있는 정부(responsive government)와 책임성 있는 정부(responsible government)의 관계이다. 대응성 있는 정부란 사회집단의 요구를 정책과 예산에 반영하는 정부이다. 그런데 투입 측면에서 사회집단의 요구를 충실히 받아들이는 정부가 자칫 무책임한 재정운용을 함으로써 재정규율(fiscal discipline)이 와해될 가능성이 매우 높을 수 있다. 이렇게 볼 때, 재정건전화의 문제는 어떻게 책임성 있는 정부를 실현할 것인가의 문제라고도 할 수 있다.

책임성 있는 재정운용을 할 수 있는 정부란 Roberts(2010)가 표현한 대로 예산결정을 '탈정치화(depoliticization)'할 수 있는 정부이다. 사실, 재정건전성 확보의 문제는 궁극적으로 정책 자율성과 정치적 능력의 문제로 귀결된다. Wilson(1989)이 규제정치의 유형화를 통해 설명한 바와 같이, 소수에게 편익이 집중되고 비용은 일반국민에게 분산되는 고객정치(client politics)의 상황에서는 예산이 과잉 팽창할 가능성이 높다. 그러나 이러한 과잉 팽창된 예산을 개혁하려는 노력은 다시 비용은 소수에게 집중되고 편익은 다수에게 분산되는 기업가 정치(entrepreneurial politics)에 의해 좌절되기 십상이다. 이렇게 볼 때,

재정규율을 확보하기 위해서는 예산결정을 탈정치화시킴으로써 정책결정의 자율성을 확보할 수 있는 제도적 장치의 설계가 매우 중요하다고 할 것이다.

예산결정의 '탈정치화' 수단으로서 최근 주목하고 있는 것이 바로 예산제도의 개혁이다. 예산제도의 개혁은 크게 두 가지 방향으로 진행되고 있다. 첫째, 이익집단의 압력에 직접적으로 노출되어 있는 일선부처보다는 중앙예산기관의 기능을 강화하는 방향으로 예산과정을 개혁하는 흐름이다. 이는 예산과정을 집권화(centralization)하는 동시에 위계적(hierarchical)으로 만드는 것이다(Alesina & Perotti, 1996, 1999; Hallerberg, 2004; Hallerberg *et al.*, 2009; 하연섭, 2018). 이러한 변화를 반영하는 대표적인 정책수단이 바로 탑다운 예산제도이다. 둘째, 재정 운용에 있어서 정책 자율성을 확보하기 위한 또 다른 방편으로 등장한 것이 바로 재정준칙의 제정과 운용이다. 재정준칙, 특히 계량적 재정준칙이란 예산과 관련된 계량적 목표를 정해 놓고 이의 달성을 강제하는 것이다. 이러한 일련의 제도개혁을 통해 예산편성과정에서는 개별 이익집단의 요구를 직접적으로 반영하는 일선부처가 아니라 중앙예산기관의 역할을 강화시키고, 예산심의과정에서는 의회의 예산 수정 가능성을 제한하는 제도적 장치를 마련하고자 하는 일련의 움직임이 나타나기 시작한 것이다.

그러나 재정준칙과 재정건전화 간에는 이른바 역인과관계(reverse causality)가 존재할 가능성이 있다. 즉, 재정준칙을 제정 · 운영함으로써 재정규율이 확보된 것이 아니라 재정규율을 확보하기 위해 노력하는 정부에 의해 재정준칙이 도입될 가능성이 높다는 것이다(Sutherland *et al.*, 2012). 예산개혁은 정치인들이 특정한 방향으로 의사결정을 했을 때 이들이 정한 목표를 달성하도록 하는 데에는 도움이 될 수 있지만, 정치인들이 특정한 방향으로 의사결정을 내리도록 유도하지는 못한다는 것이다(Posner & Blöndal, 2012).

결국 예산제도가 예산과정을 탈정치화 · 집권화시킬 수는 있지만, 예산제도를 통해 무엇을 어떻게 달성하고 또 무엇을 어떻게 제한할지는 정치적 합의를 통해 결정할 수밖에 없다. 다시 말해서, 제도가 정치적 결정을 대체할 수는 없는 것이며, 바로 이러한 이유로 유사한 예산과정과 재정준칙이 작동되고 있다 할지라도, 재정건전화의 구체적인 모습이 각 국가마다 다르게 나타나는 것이다. 그러므로 정치적 합의를 구현해 내는 메커니즘이 예산제도와 어떻게 상호작용하는가가 각국 재정정책의 성패를 결정하는 핵심요인이라고 할 것이다.

나. 정책유산과 재정건전화

2010년 이후 본격화된 각국의 재정건전화 정책의 구체적인 내용에 가장 직접적인 영향을 미친 요인은 위기 이전에 '재정건전성의 유지' 여부이다. 경제위기를 극복하기 위해서는 확장적 재정정책이 필요한데, 확장적 재정정책을 펼 수 있는 가장 중요한 경제적 조건이 경제위기 이전의 재정건전성 유지이기 때문이다. 균형재정과 낮은 국가채무를 경험하고 있는 국가의 경우에는 지출확대를 통해 수요를 진작시킴으로써 경제활성화를 도모할 가능성이 높다(Armingeon, 2012).

다시 말해서, 재정흑자 혹은 균형재정을 시현하고 있는 상태에서 경제위기를 맞은 국가의 경우에는 재정적자를 시현하고 있는 국가에 비해 확장적 재정정책을 훨씬 용이하게 사용할 수 있다. 예를 들어, 경제위기 전에 재정흑자를 시현한 스웨덴, 핀란드, 덴마크 등은 안정과 성장에 관한 협약(Stability and Growth Pact)에도 불구하고 확장적 재정정책을 활용할 수 있었지만, 적자재정 상태에 있던 영국, 프랑스, 스페인 등의 경우에는 안정과 성장에 관한 협약이 확장적 재정정책을 사용하는 데 걸림돌이 되었던 것이다(Cameron, 2012).

특히, 북유럽 국가의 경우 상당한 규모의 자동안정화 장치와 함께 개인소득세를 중심으로 하는 소득탄력적인 세입구조를 유지하고 있었기 때문에 경제위기에 대응할 수 있는 매우 유리한 위치에 있었다고 할 수 있다(Bermeo & Pontusson, 2012). 다시 말해서, 복지 프로그램 운영을 위한 재원조달을 소득탄력적인 개인소득세와 법인소득세에 의존한 국가의 경우에는 경제위기가 닥쳤을 때 감세정책을 포함하는 확장적 재정정책을 채택할 수 있었던 것이다(Cameron, 2012).

이와 더불어, 효과적인 자동안정화 장치가 존재할 경우 적극적인 재정정책(혹은 재정적 자극)의 활용 필요성이 그만큼 줄어든다. 경제가 수축하는 경우 세수입(개인소득세, 법인세, 소비세 수입)은 자동적으로 줄어들고 실업수당 등의 지출은 늘어나게 된다. 반대로, 경제가 팽창하면 세수입은 증가하고 지출은 줄어들게 된다. 따라서 자동안정화 장치는 경제가 수축할 경우 세수입을 줄이고 지출을 늘리게 되는 반면, 경제가 팽창할 경우 세수입을 늘리고 지출을 줄이게 되어, 경기역행적인 수단으로서 기능하게 된다. 자동안정화 장치의 크기는 세수입과 지출의 상대적 크기와 구성에 의존한다. GDP의 상당 부분이 세입과 지출에 충당되고 세입과 지출이 GDP의 변화에 민감한 경우에는 그렇지 않은 경우에 비해 상대적으로 자동안정화 기능이 크게 나타난다(Cameron, 2012). 스웨덴의 경우 별다른 재정적 자극 없이도 자동안정화 장치를 통해 경제회복에 성공한 대표적인 사례이다(Pontusson & Raess, 2012).

4. 소결

예산제도라는 측면에서 볼 때, 영국과 독일은 경제위기 이후 재정건전화를 추진하는 과정에서 새로운 예산제도를 도입하거나 기존의 예산제도를 강화한 사례인 반면, 미국과 스웨덴은 탑다운 예산제도, 지출한도 등의 예산제도를 구비하고 있던 경우였다. 예산개혁의 포괄성 측면에서 스웨덴이 미국보다는 앞서 있는 상태였다고 할 수 있으나, 미국도 재정건전화를 위한 상당한 제도적 장치를 갖춘 사례에 속한다. 그러나 재정건전성의 유지라는 측면에서 볼 때, 유사한 예산제도라 할지라도 그 효과는 정반대에 가깝다고 할 수 있다. 이러한 차이가 생겨난 이유는 무엇보다도 예산제도와 정치 · 행정제도의 정합성에서 찾을 수 있다.

미국의 경우 탑다운 예산제도, PAYGO 준칙, 자동 삭감 등의 장치를 갖추고는 있지만, 정치적 양극화와 이데올로기적 경직성 심화 때문에 기존의 예산제도가 예산과정의 정치적 격리성과 집권화를 구현해 내지 못하고 있는 것이다. 미국의 사례는 PAYGO나 자동 삭감 등을 포함하는 재정준칙과 예산제도가 정치적 합의나 정치적 결정을 대체할 수 없음을 극명하게 보여주고 있다. 주어진 상황에서 재정건전화를 이룰 수 있는 가장 중요한 요소는 사회적 합의와 정치적 의지이며, 이것이 가능할 때 제도는 긍정적 재정성과를 유도할 수 있지만, 제도 그 자체가 재정성과를 만들어 내는 것은 아니라고 할 것이다.

이와는 달리 스웨덴의 경우는 흑자 목표치, 지출한도와 탑다운 예산제도, 지방정부 균형예산, 독립적 재정위원회 등 예산제도의 개혁이 합의제 민주주의하에서의 중도우파와 중도좌파의 정책방향 수렴에 따라 실질적인 재정건전화 장치로서 기능하고 있는 것이다. 다시 말해서, 스웨덴의 경우 정치적 격리성에 기초한 집권화된 의사결정체제와 예산제도와 정치 · 행정제도의 정합성이 재정건전성을 유지할 수 있었던 핵심적인 요인이었다고 할 것이다.

국가 간 재정건전화 정책의 내용과 성패에 가장 큰 영향을 미친 요인은 예산제도와 정치 · 행정제도의 정합성과 함께 세계금융위기 이전의 재정정책이었다고 할 수 있다. 세계금융위기 이전에 재정건전성을 유지하고 있었던 국가는 경제위기 극복을 위한 재정적 자극이나 확장적 재정정책을 손쉽게 활용할 수 있었고 이를 통해 재정건전성을 쉽게 회복한 반면, 세계금융위기 이전에 재정건전성이 위협받고 있었던 국가의 경우에는 적극적인 재정정책을 펼치기도 어려웠고 그 결과 지속적으로 재정건전성의 문제를 노정하고 있다. 결국 이 장의 비교 분석이 시사하는 바는 재정건전성을 유지하기 위해서는 경제호황기에 균형재정 혹은 흑자재정을 유지하고, 경제위기 시에는 적자재정을 활용할 수 있는 경기 역행적(counter-cyclical) 재정정책이 필요하다는 것이다. 그런데, 이러한 경기 역행적 재정정책 기조를 유지하기 위해서는 예산의 결정과정이 사회적 이익의 압력으로부터 격리되어 있는 동시에 집권화되어야 한다. 또한 이를 가능하게 하는 예산제도가 정치 · 행정제도와 정합성을 지녀야 한다. 향후 우리나라의 경우에도 정치적 격리성과 예산과정의 집권화를 유도할 수 있는 제도적 장치의 설계와 이를 위한 사회적 합의과정에 대해 깊은 고민이 있어야 할 것이다.

제5부

결론

제12장

결론: 한국 행정의 역사와 맥락 그리고 미래

1. 국가형성과정과 행정연구

다른 개념이나 현상과의 비교 없이 특정 개념이나 현상의 특징을 이해할 수 없다. 이는 행정현상을 연구하는 데 있어서도 마찬가지이다. 한 나라 행정이 갖고 있는 독특성은 다른 나라와의 비교를 통해서만 비로소 그 모습이 뚜렷하게 드러난다. 이와 동시에 특정 시점에서 한 나라 행정이 갖고 있는 특징은 역사적 과정을 통해 형성된 것이기 때문에, 한 나라 행정의 독특성을 이해하기 위해서는 비교역사적 분석이 필수적이다.

현 시점에서 각 나라의 행정이 갖는 특징에 가장 중요한 영향을 미치는 요인은 국가형성과정이다. 국가형성과정은 특정 국가의 행정체계와 행정의 작동 양식(*modus operandi*)에 지대한 영향을 미친다. Marx가 *The Eighteenth Brumaire of Louis Bonaparte*에서 일찍이 갈파했듯이, "인간이 역사를 만들지만, 그들이 원하는 대로 만드는 것은 아니며 이미 존재하고 있고 주어져 있으며 과거로부터 전수받은 상황하에서만 역사를 만들 뿐이다."

현대 사회를 구성하는 세 가지 핵심적인 요소는 민주주의, 자본주의, 관료제이다. 현 시점에서는 이 세 가지 요소가 동시에 존재하고 있지만 이 세 가지 요소가 형성된 역사적 순서는 나라마다 크게 다르다. 유럽은 절대주의 국가하에서 몰인격적 관료제가 성립된 이후, 자본주의가 발달했고 가장 나중에 발달한 것이 민주주의이다. 미국의 역사적 발전 순서는 유럽의 그것과 정반대이다. 즉, 풀뿌리 민주주의로부터 시작해서 선거 민주주의, 정당 민주주의가 먼저 발달한 후, 자본주의가 발달했고 가장 나중에 발달한 것이 관료제이다.

현 시점에서 세 가지 제도가 동시에 존재하고 있긴 하지만, 이들 제도의 역사적 발달 순서가 다르기 때문에 이들 간의 상호관계나 상호작용 패턴도 나라마다 다르게 나타난다. 다시 말해서, 세 가지 제도가 발달되어 온 역사적 과정이 상이했기 때문에 현 시점에서 각 국가에 고유한 제도의 모습(institutional arrangements)이 상이한 것이며, 이렇게 상이한 제도의 모습 때문에 국가와 개인의 관계, 국가와 시민사회의 관계, 정책결정과정이 사뭇 다르게 나타나는 것이다.

한국 행정을 이해하는 데 있어서도 한국의 국가형성과정이 한국 행정에 미친 영향에 주목해야 한다. 일견 한국의 국가형성과정은 유럽과 흡사해 보이는데, 이는 강력한 국가와 국가 관료제가 가장 먼저 성립하고, 그 이후 국가 주도하에 자본주의가 발전했으며, 가장 늦게 민주주의가 발달했기 때문이다. 제도의 역사적 발전 순서가 흡사하긴 해도 한국과 유럽의 결정적인 차이는 국가형성을 둘러싼 역사적 맥락이다. 국가는 홀로 형성된 것이 아니라 세계 국가체제 속에서 다른 국가와의 상호작용을 통해 형성되었다. 유럽의 경우 국가체제 속에서 다른 국가와의 전쟁을 수행하는 과정에서 국가가 형성되었다. Tilly(1985)가 표현한 대로 "전쟁이 국가를 만들고, 국가가 전쟁을 만들었던 것이다." 이 과정에서 조세제도, 상비군, 관료제라는 현대 국가의 3대 요소가 자리 잡게 된 것이다.

유럽의 국가형성과정과 비교할 때 한국 국가형성과정의 결정적 차이는 세계 국가체제에 부차적 혹은 종속적(subordinate)으로 편입되었으며, 그 결과 국가형성과정이 '단절과 불연속의 과정'이었다는 점이다. 다른 제3세계 국가와는 달리 일찍이 일정한 경계 안에 민족이 형성되어 있었고 발달된 관료제를 갖추고 있었지만 이것이 현대의 국가로 지속된 것이 아니라 일제 식민지 지배를 통해 단절과 불연속을 경험하게 되었던 것이다. 한국 관료제 모델의 원형은 프로이센 모델, 보다 정확하게는 일제 식민지 지배를 거치면서 일본으로부터 이식된 일제가 해석한 프로이센 모델이다. 이와 함께 인접국에 의한 식민지 지배, 반주변부에 의한 주변부의 지배, 제국주의 시대의 종료 시점에 이루어진 식민지 지배, 그리고 부국강병을 위한 국가 주도하의 경제발전 등의 특징이 일제 식민지 지배 시대뿐만 아니라 해방 이후에도 한국 행정의 작동 양식에 커다란 영향을 미쳤음을 부인키 어렵다.

해방은 우리나라 국가형성과정에 있어 또 하나의 단절과 불연속의 과정이었다. 미군정에 이은 대한민국의 성립에 따라 미국의 정치행정체제가 이후의 제도형성과정에서 결정적인 영향을 미쳤다. 또한 한국전쟁과 원조경제의 전개는 강제력과 자본축적을 위한 물질적 기초를 독점한 강력한 국가를 출현시킨 결정적 요인이다. 또한 두 가지 세계체제, 즉 세계 자본주의 체제와 세계 국가체제로의 편입 순서도 한국행정의 전개과정에 결정적 영향을 미쳤다고 할 수 있다. 즉, 종속적 위치에서 세계체제에 편입된 공통점에도 불구하고 세계 자본주의 체제에 먼저 편입되고 세계 국가체제의 영향에 놓인 라틴아메리카 국가들과는 정반대로 세계 국가체제에 먼저 편입된 후 세계 자본주의 체제에 본격적으로 편입된 순서는 우리나라에서 국가와 국가 관료제가 강력한 영향력을 행사하게 된 또 하나의 중요한 요인이다. 역사적 유산과 세계 국가체제의 영향 아래 강력한 국가가 등장했고 이러한 기본 배경하에 국가 주도의 자본주의 발전을 이루었으며, 국가 주도 산업화의 실패가 아니라 성공에 의해 노동계급과 중산층의 성장이라는 계급 구성의 변화와 민주시민의식의 성장이 나타났고 이로부터 민주화가 촉발되었던 것이다.

종속적 위치에서 세계 국가체제와 세계 자본주의 체제에 편입되었다는 차이점 외에도 유럽의 경우에는 국가 관료제의 성장과정 자체가 법치의 제도화 과정이었던 데에 비해 우리의 경우에는 형식적인 법치는 있었지만 '법에 의한 지배'가 아니라 '법의 지배'라는 실질적인 법치가 제도화되는 데에는 오랜 시간이 걸렸다는 점을 지적하지 않을 수 없다. 더 큰 차이점은 유럽에서 민주주의의 성립과정은 피치자의 동의에 의한 조세징수가 제도화되는 과정이었던 반면, 우리의 경우에는 이러한 과정이 생략되었다는 점이다. 유럽에서 절대왕정의 성립과정은 조세징수권을 둘러싼 국왕과 신분제 의회와의 오랜 갈등의 과정이었으며, 국왕이 신분제 의회를 제압한 프랑스와 프로이센과 같은 국가에서는 절대왕정이, 이와는 반대로 신분제 의회가 국왕보다 우위에 있었던 영국과 같은 국가에서는 의회 민주주의가 발달했다. 영국과 달리 절대왕정이 성립되어 국가 관료제가 발달되었던 국가에서도 프랑스 대혁명을 비롯한 일련의 혁명과 선거권의 확대과정을 거치면서 민주주의가 제도화되었는데, 이 과정 또한 본질적으로 피치자의 동의에 의한 조세징수라는 민주적 질서의 제도화 과정이었다.

그러나 우리의 경우에는 피치자의 동의에 의한 조세징수라는 민주주의 발전의 핵심적 요소가 전면으로 등장하지 못한 상태에서 형식적 혹은 절차적 민주주의가 완성된 것이 특징이다. 민주주의에서 시민이란 곧 납세자이며, 민주주의의 요체는 시민이 납부한 세금의 정당한 사용에 대해 국가가 책임을 지는 것이다. 피치자의 동의에 의한 조세징수라는 민주주의의 핵심적 요소가 부각되지 못한 역사적 과정은 관료제에 대한 민주적 통제 그리고 국민에 대한 국가의 민주적 책무성(democratic accountability)이 제도화되지 않을 위험성이 크다는 것을 의미한다. 이는 앞으로 한국 행정의 주요 과제가 관료제에 대한 민주적 통제와 민주적 책무성 확보에 있음을 의미하는 것이기도 하다.

이렇듯 한국의 국가형성과정은 유럽의 그것과 구별되는 차이를 보이고 있으며, 미국의 국가형성과정과는 더욱 큰 차이를 보인다. 이에 따라 그간 우리나라 행정 전반에 걸쳐 큰 영향을 준 미국 행정학의 무분별한 적용의 유효성에 대해서 재고해 볼 여지가 크다. 미국은 국가 없는 상태에서의 국가형성, 전쟁 없는 상태에서의 국가형성과정을 특징으로 한다. 개인으로부터 출발해서 개인들 간 그리고 집단 간 공통의 문제를 해결하기 위한 주체로서 정부가 필요했기 때문에, 유럽과 달리 사회통합의 주체로서 집권화된 조직인 국가라는 개념이 발달할 이유가 없었다. 이러한 미국의 역사적 맥락을 반영하고 있는 이론체계가 다원주의 이론이며, 이 이론에서 정부란 사회집단 간의 갈등을 조정하는 중립적 중재자에 불과한 것으로 이해된다. 결국, 유럽과는 판이하게 다른 미국에서의 국가와 사회의 관계에 기초하고 있는 미국의 행정현상을 설명하면서 '국가 없는' 행정이론이 나타나게 된 것이다. 이러한 이유로 미시적 접근과 방법론적 개체주의가 미국 행정학의 특징을 이루게 된 것이다(정용덕, 1996).

미국에서는 민주주의(특히, 정당 민주주의)의 발달이 관료제의 발달보다 먼저 이루어졌고, 자본주의적 산업화가 이루어진 이후 국가 관료제가 발달했기 때문에, 초기 단계부터 미국 행정학의 최대 관심사는 정치로부터 행정의 독립과 기업을 닮은 행정이었다. 항상 개인이 정부에, 시장이 정부에 우선하기 때문에 미국 행정학은 작은 정부에 대한 열망, 정부권력의 분산과 상호 간의 견제, 개인과 시장에 대한 강력한 믿음을 특징으로 한다(박종민, 2013).

미국 행정학은 다원주의 정치체제를 전제한 상태에서 발달한 학문이며, 정당정치가 먼저 발전한 역사적 맥락에서 정치로부터의 행정의 독립을 갈구하면서 발전해 온 학문이다. 다원주의 정치체제란 개인이 중심이 되는 정치체제이며, 기본적으로 개인 간 협약을 통해 국가를 만들어 간 것으로 이해하는 것이 기본 특징이다. 따라서 개인이나 사회집단 간 평등이 암묵적으로 가정되어 있을 뿐만 아니라 개인이나 집단의 자유로운 의사표현과 이익표출이 매우 자연스러운 현상이다. 다원주의에서 강조하는 민주주의란 '투입'의 과정에서 개인이나 집단이 자율적인 상태에서 자신의 목소리를 낼 수 있는 정치체제를 의미한다. 따라서 국가권력에 의한 자의적인 행정, 집단 간 불평등, 정치체제 내에서 구조적인 배제현상 등은 미국 행정학에서 별 관심의 대상이 아니었다.

이렇게 볼 때, 거시적이고 구조적인 측면, 그리고 제도 간 관계의 측면에서 미국 행정학이 한국 행정현상을 분석하고 대안을 제시하는 데에는 뚜렷한 한계가 있을 수밖에 없다. 거시 구조적 맥락을 주어진 것으로 간주하고 혹은 모든 다른 조건이 동일한 것으로(*ceteris paribus*) 가정한 상태에서 미시적 수준에서의 관리기법의 적용에 있어서는 미국 행정학이 유용할 수는 있을 것이다. 그러나 미국 행정학의 문제의식과 기본 시각을 보편타당한 것으로 받아들인 상태에서 그대로 한국 행정현상의 분석에 차용하는 것은 매우 위험하다고 하지 않을 수 없다.

2. 공익과 정부역할에 대한 시각[1]

국가형성과정의 차이는 행정현상을 둘러싸고 있는 역사적 배경으로서만 의미를 갖는 것이 아니라 현시점에서도 국가 역할에 대한 개념의 차이, 즉 국가가 무엇을 어떻게 해야 할 것인가에 대한 생각의 차이로 나타난다. 이러한 차이가 가장 극명하게 드러나는 것이 '공익' 개념을 둘러싼 차이라고 할 수 있다. 공익을 여러 차원에서 분류해서 논의할 수도 있겠지만, 인간에 대한 이해와 국가–사회관계에 대한 이해의 차이로부터 비롯되는 공익에 대한 시각의 차이를 가장 극명하게 보여주는 것이 자유주의적 시각과 유기체적 시각이라고 할 수 있다.

가. 자유주의적 시각(the liberal perspective)

자유주의의 출발점은 개인이다. 제1장에서 설명한 바와 같이 인간을 이해하면서 사람과 사람끼리 맺고 있는 관계로부터 출발하는 것이 아니라 원자화되어 존재하는 개인으로부터 출발하는 시각이 자유주의이다. 따라서 자유주의에서 바라보는 개인은 자유롭고 자율적인 존재이다. 즉, 각 개인은 다른 사람들로부터 어떤 제약도 받음이 없이 자유롭게 자신의 의지대로 행동을 결정할 수 있는 존재이다.

이러한 자유주의 시각을 반영하고 있는 공익관이 개인주의적 공익관(the individualist perspective on the public interest)이다. 개인주의적

1 이 부분의 논의는 하연섭(2008)에 주로 의존하였음을 밝힌다.

공익관에서는 공익이란 개인 이익의 합일 뿐이며, 개인 이익의 단순한 합 이상의 '공익'이란 존재하지 않는다고 주장한다. 자신의 이익이 무엇인가를 알고 결정하는 것은 오직 개인일 뿐이며, 이러한 개인의 주관적 이익(subjective interest)의 합이 '공익'인 것이다. 이 시각에서는 개인의 주관적 이익과 유리된 규범적 차원의 공익이란 허상에 불과하다고 주장한다.

이러한 개인주의적 공익관은 바로 과정적 혹은 절차적 공익관으로 연결된다. 주관적 개인 이익의 합이 공익이므로, 공익을 도출하기 위해서는 이에 도달하는 과정이 중요하다. 즉, 절차적 정당성을 지닌 상태에서 주관적 이익을 합산하는 방법을 찾는다면 공익을 발견할 수 있다는 것이다. 따라서 개인주의적 공익관을 따르는 경우 의사결정의 과정, 절차, 방법에 주목하며, 이러한 공익관의 핵심어는 바로 적절한 절차(due process)가 된다. 즉, 적절한 절차를 밟아서 집합적 의사결정이 이루어졌다면, 그것을 공익이라고 간주할 수 있다는 것이다.

이러한 자유주의적 시각, 개인주의적 공익관은 바로 정부의 역할에 대한 시각으로 연결된다. 자유주의적 시각에서 각 개인은 자기 이익을 추구하는 존재이다. 그리고 각 개인이 자신의 주관적 이익을 극대화하는 과정에서 공익이 극대화된다고 본다. 그러므로 공익을 극대화하기 위해서는 개인의 자율성과 독립성이 극대화되어야 하며, 이를 제한하는 어떤 요인도 최소화될 필요가 있다고 주장한다. 자유주의적 시각에서 볼 때 개인의 자유를 제한하는 대표적인 장애물이 국가이며, 바로 이러한 이유로 국가 역할의 최소화가 명제로 등장하는 것이다. 설령 국가의 역할이 필요하다 할지라도 정치가나 관료들 모두 사익을 추구하는 존재이기 때문에 상당한 비효율이 발생할 위험성이 상존한다. 그러므로 공공부문에 있어서도 계약관계의 설정, 시장관계의 도입 등을 통해 주관적 이익의 합인 공익의 극대화가 가능하다고 본다.

개인주의적 시각에서 논의의 출발점은 개인이다. 국가이건, 사회이건, 모든 집단은 개인을 기초로 하여, 개인의 이익을 증진시키기 위해 조직되고 존재하는 것이다. 개인이 중심이 되므로 개인 간의 관계와 개인과 국가의 관계를 설명하는 데 있어서 '계약' 개념이 매우 중요하게 다루어진다. 그리고 이러한 '계약'관계에 기초한 집단에 대한 설명, 이로부터 제도와 행정에 대한 설명이 이른바 다원주의, 합리적 선택이론, 공공선택이론, 신자유주의, 신공공관리론의 이론적 출발점이자 공통점이다(Elcock, 2006). 다시 말해서, 자유주의에 기반한 개인주의적 공익관은 신고전파경제학과 연결되고, 이는 시장에 대한 전폭적인 믿음을 특징으로 하며, 이것이 곧 신자유주의, 신공공관리론, 합리적 선택이론, 공공선택이론과 연결되는 것이다.

나. 유기체적 시각(the organic perspective)

자유주의 혹은 개인주의 시각과 대척점에 있는 시각은 개인으로부터 출발해서 사회현상을 설명하는 것이 아니라 개인 간 관계와 이러한 관계를 규정하는 틀에서부터 출발해서 사회현상을 설명하는 것이 특징이다. 다른 말로 하면, 이 시각에서는 공동체의 유기체적 전체(organic whole)가 공동체를 구성하는 개인에 존재론적으로 우선한다고 본다. 이러한 이유로 이 시각을 유기체적 시각이라고 부른다.

유기체적 시각에서는 개인의 단순한 집합과 구분되는 집단 전체의 그 어떤 것을 '공공'이라고 표현한다. 즉, 부분의 단순한 합 이상의 그 무엇으로서 전체가 존재한다는 것이다. 사적 영역의 합산(aggregation)으로서 공적 영역이 도출되는 것이 아니라, 공공 그 자체의 독특성을 지니고 있다고 본다. 이러한 유기체적 공익관은 규범적 공익관으로 연결된다. 규범적 공익관에서는 단순히 사적 이익의 합산과는 다른 공동체 전체의 이익과 연관된 공동선(common good)이 존재한다고 본다.

유기체적 시각에서 보았을 때 개인주의적 시각의 문제점은 개인 간 관계(human connectedness)를 무시한다는 점이다. 개인은 다른 사람과 구분되는 독립적 행위자일 뿐만 아니라 동시에 사회적 삶을 공유하면서 사회 전체와 긴밀하게 연계되어 있는 공동체의 일원인 것이다. 유기체적 시각에서는 개인이 갖는 사회적 상호의존성(social interdependency)이야말로 공공성의 요체라고 주장한다.

그러나 유기체적 시각에서 정의하는 공익 개념은 자칫 전체주의의 위험에 빠질 수 있다. 사실, 개인주의적 시각에서 공익 개념을 절차적으로 정의하는 이유는 공익을 개인을 떠나 존재하는 것으로 정의하게 되면 Hegel처럼 국가에 절대적 합리성을 부여하게 되어 전체주의로 빠질 위험성이 있기 때문이다. 민주주의 정치체제에서는 개인이건 집단이건 혹은 국가건 공익을 독점적으로 정의할 수는 없다. 그렇다면 다양한 공익 개념이 나올 수밖에 없을 것이다. 그러나 이것이 곧 공익 자체가 존재하지 않는다는 것을 의미하는 것은 아니다. 또한 자유주의자들이 주장하듯이 시장에서 자기이익을 추구하는 개인들 간 자유로운 상호작용에 의해 공익이 도출될 수 있는 것도 아니다(Bresser-Pereira, 2004).

따라서 공익을 정의하기 위해서는 그리고 이에 기반해서 국가의 역할을 정의하기 위해서는 개인주의적 시각과 유기체적 시각을 통합할 필요가 있다. 이러한 통합은 보편성(universality)과 개별성(particularity), 사회적 맥락과 개인 간의 변증법적 관계를 인정함으로써 이루어질 수 있다. 무릇 사회적 맥락이 개인을 구성하기 때문에, 사회적 관계를 무시한 상태에서 개인을 논의할 수 없다. 따라서 사회는 개인의 단순한 합 이상이며, 개인 간의 관계에 주목해야 한다. 이와 동시에 보편적인 것 또한 개별적인 것에 의존하고 있음에 주목해야 한다(Benn & Gaus, 1983; Walton, 1983; Ventriss, 1989). 사회적 맥락은 개인의 의식과 행위에 의해서만 만들어지고 존재하는 것이기 때문이다. 결국, 공익 나아가 공공의 개념은 본질적으로 개인주의적 시각과 유기체적 시각을 동시에 포함하는 개념이다.

공익에 대한 유기체적 시각의 장점은 개인 행위의 사회적 맥락과 공동체를 강조하고 있다는 점이다. 반면, 이 시각의 한계는 전체주의에 빠질 수 있는 위험성이다. 그러므로 유기체적 시각이 빠질 수 있는 전체주의적 경향을 제어하기 위해서는 참여와 토론(deliberation)을 의미하는 '공공(public)'이 존재할 필요가 있다. 참여와 사회적 토론은 유기체적 공익, 실체적 공익을 인정한다 할지라도 사회가 전체주의의 위험에 빠지지 않도록 하는 가장 중요한 메커니즘인 것이다. 사실, 공익 혹은 공동선을 정의하기 어렵다는 사실은 시민들에 의해 공유된 가치 및 신념과 독립적으로 존재하는 공익이란 있을 수 없다는 것을 의미한다. 그러므로 공공의 논쟁을 통해 추상적인 공익이 아니라 구체적인 상황하에서 무엇이 공익인지를 도출해 낼 수 있는 조건을 만들어 낼 수 있을 것이다(Bresser-Pereira, 2004).

3. 한국 행정의 미래와 정부의 질

지난 70년간 한국 경제와 한국 사회는 유사한 예를 찾아보기 힘들 정도로 급속한 발전을 이룩해 왔다. 그러나 앞으로의 한국 행정은 미증유의 도전에 직면할 가능성이 매우 높다. 무엇보다도 지난 70년간 한국 사회와 경제를 지탱해 왔던 두 가지 기본적인 조건이 이제 더 이상 지속되지 않을 가능성이 매우 높다. 그동안 한국 사회와 경제를 지탱해 왔던 두 가지 조건은 지속적으로 증가하는 인구와 지속적으로 성장하는 경제였다. 그러나 저출산 현상으로 앞으로 인구가 지속적으로 증가할 것으로 기대하기는 어려울 뿐만 아니라 고령화로 인하여 복지비용은 증가하는 대신 생산가능인구의 감소에 따라 잠재성장률이 하락할 것으로 전망되고 있다(하연섭, 2019).

이러한 인구구조의 변화와 성장률 저하라는 사회경제적 조건의 변화에 더하여 한국 행정을 둘러싼 제도적 맥락과 경로의존현상이 환경변화에 대한 한국 행정의 효과적인 대응을 어렵게 할 가능성 또한 무시할 수 없다. 무엇보다도 증가하는 인구와 성장하는 경제를 암묵적으로 가정한 상태에서 만들어진 제도적 장치, 사회집단 간 연대 방식, 정치제도 등이 사회적 변화에 대한 한국 행정의 효과적인 대응을 어렵게 할 수 있다. 절차적 민주주주의 제도화에 따라 사회 전체적인 이익에 우선해서 개별 특수이익이 보호받는 현상이 고착화됨으로써, 한국 행정을 둘러싼 공유지의 비극[2](the tragedy of the commons)문제가

2 공유지의 비극이란 개인 혹은 특정 집단의 자기이익(self-interest) 추구가 집합적 차원(collective interest)의 극대화로 연결되지 않는 현상을 의미한다.

더 심각해질 가능성을 배제할 수 없다.

사실, 해방 이후 적어도 40년간 한국 사회와 한국 행정에 있어 가장 중요한 과제는 절차적 민주주의와 법치의 실현이었다고 해도 과언이 아니다. 그러나 민주주의는 국민의 뜻에 의한 행정을 위한 기본적인 조건이지만, 국민을 위한 행정 혹은 효과적인 문제 해결 그 자체를 보장하지는 못한다는 점을 분명히 인식할 필요가 있다. 민주주의, 특히 자유 민주주의가 국가의 자의적 권력 행사를 방지할 수 있는 제도적 장치이기는 하지만 투입 측면에서 오히려 편파적일(partial) 가능성을 배제할 수 없다. 사실, 민주주의에서는 다양한 사회적 이익을 정치과정을 통해 반영해야 함으로 국가가 불편부당(impartial)한 것이 아니라 특수 이익을 보장한다는 측면에서 편파적일 수밖에 없다고 할 것이다 (Rothstein, 2011).

또한 민주주의의 제도화에 따른 사회집단들의 성장은 국가의 파편화, 분절화(balkanization)를 초래할 위험성이 있다. 국가기구가 개별 특수이익에 포획당하는 문제가 생겨날 수 있는 것이다. 이러한 위험성은 의회 민주주의를 통해 더욱 증폭될 수 있다. 의회 민주주의의 제도화에 따라 의회가 사회집단, 지역 등의 개별 특수이익에 포획당함으로써 국가의 분절화 현상이 더 심화될 수 있는 것이다. 특히, 절차적 민주주의가 제도화된 상태에서 의회가 매우 편협한 정책결정과 자원배분을 할 수 있는 가능성을 무시할 수 없으며, 이러한 위험성은 관료제가 자율적이지 못하고 정치에 예속될 경우 더 크게 나타난다. 물론 민주주의의 핵심적인 가치 중 하나가 대응성(responsiveness)이기 때문에 개별 집단이나 개별 지역에 대해 대응성 있는 정책을 만든다는 것 자체를 문제라고 할 수는 없다. 그러나 이러한 개별 이익에 대한 대응성이 전체적인 이익과 연결되지 않는 이른바 공유지의 비극

문제가 나타날 수 있는 가능성 또한 무시할 수 없다. 그러므로 대응성과 책임성을 어떻게 조화시킬 것인가가 핵심적인 문제로 등장한다고 할 것이다.

국가와 시민 혹은 국가와 사회 간의 관계는 '투입'과 '산출'이라는 두 가지 차원에서 나타난다. 투입 측면에서의 민주주의는 대응성으로 나타나지만 자칫 특수이익의 보호, 국가의 파편화로 나타날 가능성이 있다. 다시 말해서, 투입 측면에서의 민주주의가 오히려 정부의 질을 떨어뜨릴 위험성이 있는 것이다(Rothstein & Teorell, 2012). 그런데 민주주의의 투입 측면이 본질적으로 편파적이라면, 이를 교정하고 정부의 질을 높이기 위해서는 정치체제의 산출 측면에서는 불편부당성(impartiality)을 확립하는 것이 매우 중요하다. Rothstein(2011: 13)이 지적한 바와 같이, 불편부당함은 정치체제의 투입 측면에 있는 행위자들에게 요구되는 규범이 아니라 산출 측면에 있는 공무원, 전문가 집단 등에게 요구되는 규범인 것이다.

법치의 실현과 민주주의의 제도화는 지난 70년간 한국 사회의 핵심적인 과제였고 또 한국 사회가 이룩한 민주화는 다른 나라들로서는 흉내 내기도 어려운 성취였다고 할 수 있지만, 민주주의의 제도화 그 자체가 사회경제적 문제의 해결과 한국 사회의 지속적인 발전을 보장하는 것은 아니다. 자의적인 정부를 통제할 수 있는 절차적 민주주의가 제도화된 상태에서 앞으로의 과제는 능력 있는 정부, 질 높은 정부를 실현하는 것이다.

질 높은 정부를 실현하기 위해서는 국가가 개별 사회이익으로부터 얼마나 자율적일 수 있는가가 앞으로 매우 중요하다. 다만, 개별 이익으로부터 자율적이라는 것이 민주적 책무성 약화를 의미하는 것은 결코 아니다. 민주적 책무성을 확보하기 위해서는 궁극적으로 정부가 국민에게 책임지도록 만드는 것이 매우 중요한데, 이를 위한 장치가 선거 민주주의를 비롯한 투입 측면에서의 민주주의이다. 그렇지만 국가가 개별적인 특수이익에 봉사하는 것이 아니라 사회 전체의 이익, 혹은 공익을 실현하기 위해서는 자율성이 확보되어야 한다. 특히, 개별 이익을 둘러싸고 나타나는 공유지의 비극현상과 지대추구 등의 문제를 해결하기 위해서는 국가가 자율적이어야 하는 것이다.

이와 동시에 앞으로의 정부는 자율적인 동시에 능력을 갖추고 있어야 한다. 문제 해결 능력과 통치 능력이야말로 정부의 가장 중요한 능력이기 때문이다. 정부의 능력이란 성과를 창출할 수 있는 능력, 효율적으로 일을 할 수 있는 능력을 의미한다. 성과와 비용 개념이 정부능력과 정부의 질에서는 대단히 중요한 개념이다. 본질적으로 국가와 시민의 관계는 국가와 납세자의 관계이다. 자발적 교환에 바탕을 둔 자본주의 경제를 뒷받침하는 것은 비자발적 교환을 특징으로 하는 조세이다. 그러므로 유능한 정부란 다름 아니라 정부가 제공하는 서비스를 효율적인 동시에 효과적으로 제공함으로써, 비자발적으로 납부하는 조세부담을 최대한 낮출 수 있는 정부를 의미한다.

비용을 낮춘다는 것이 곧 '작은 정부'를 의미하는 것은 아니다. 앞의 제10장에서도 보았듯이 1980년대 이후의 신자유주의 물결은 기본적으로 정부지출과 조세부담을 줄이려는 시도였지만, 신자유주의 정책에도 불구하고 정부지출과 조세부담은 줄어들지 않았으며 오히려 늘어간 국가가 대부분이었다. 이러한 신자유주의의 실패는 현대 민주주의 국가에서 시민 혹은 유권자들은 국가로부터 서비스를 원하고 이에 대해 세금을 낼 용의가 있다는 것을 보여준다(Bresser-Pereira, 2004: 130). 그러나 시민들이 정부의 권리보호와 서비스 공급을 원한다 할지라도, 시민들이 원하는 것은 적은 비용으로 더 많은 서비스를 공급하는 능력 있는 정부이다. 그러므로 현대 정부에서 성과와 효율성은 핵심적인 목표이며, 산출 측면에서 정당성을 확보하는 것이 매우 중요하다.

한국 사회는 자의적인 정부를 통제하고 시민들의 정치적 권리를 보호하는 절차적 민주주의 혹은 자유 민주주의를 제도화하는 데에 성공했지만, 앞으로는 국가가 시민들의 복지, 교육, 보건 등과 같은 권리를 보호하는 사회 민주주의로 서서히 전환할 가능성이 매우 높다. 이는 앞으로 우리나라 정부가 좋건 싫건 간에 더 이상 '작은 정부'일 수 없음을 의미하는 것이다. 그런데 우리 사회에서 사회적 권리 보호를 위한 정부의 역할을 강조하는 흐름이 인구구조의 변화와 경제성장률의 감소라는 현상과 동시에 일어나고 있음에 주목할 필요가 있다. 정부가 해야 할 일은 많아지는 대신 정부가 활용할 수 있는 자원은 감소할 수밖에 없는 상황이 펼쳐지게 되는 것이다.

따라서 향후 한국 행정을 둘러싼 핵심적인 이슈는 정부의 서비스 제공을 위한 재정소요와 이를 위한 재정부담 간의 격차를 어떻게 해소할 것인가에 있다고 해도 과언이 아니다. 다시 말해서, '재정건전성' 이슈가 향후 한국 행정을 둘러싼 핵심 이슈로 등장할 것으로 보인다. 앞에서 본 것처럼 근대 국가가 등장하면서 전쟁수행을 위해 조세제도가 정비되었고 20세기 이후에는 국가가 정치적 권리, 사회적 권리를 보호하는 과정에서 조세부담이 증가하기 시작하였다. 조세징수를 위한 기본은 국가의 강제력이지만, 국가의 강제력에만 의존해서 조세를 징수하는 데에는 한계가 있다. 시민들이 자신들로부터 세금을 걷어가는 정부가 정당한 일을 하는 존재라는 것을 인정하고 자신이 납부하는 세금이 제대로 사용되고 있다고 믿을 때에만 조세를 스스로 납부하는 데 동의하게 되는 것이다(Svallfors, 2013). 단순히 정부의 자의적 행위를 제한하는 자유 민주주의로부터 시민들의 사회적 권리를 보호하고 사회적 불평등을 해소하는 사회 민주주의로 전환하게 되면, 시민들의 조세부담은 증가할 수밖에 없다. 그러므로 시민들로 하여금 정부가 정당하다고 인정하도록 만드는 민주주의의 제도화와 함께 조세 징수와 사용의 정당성을 높이는 길만이 작은 정부로부터의 전환을 가능하게 할 수 있다. 국가에 대한 시민들의 신뢰야말로 사회적 위험에 대한 보호와 재분배 영역에서의 국가 역할의 확대를 위한 가장 중요한 조건이라는 것이다(Rothstein *et al.*, 2012).

시민들이 낸 조세를 정당한 목적을 위해서 효율적으로 사용할 수 있다는 믿음을 줄 수 있는 정부만이 능력 있는 정부라고 할 수 있다. 즉, 능력 있는 정부란 시민의 권리를 보장하고, 이러한 권리와 연관된 서비스를 제공하는 데 있어서 효과적이며 효율적인 정부이다. 효율적인 동시에 효과적인 정부야말로 질 높은 정부의 핵심적인 요소인 것이다. 동시에 궁극적으로 국가는 납세자에게 책임질 수 있어야 한다. 즉, 납세자들이 낸 세금을 어디에 어떻게 사용해서 어떤 결과를 만들어 냈는지를 투명하게 공개하고 시민들에게 책임을 질 수 있어야 하는 것이다. 다시 말해서, 민주적 책무성을 어떻게 확보할 것인가도 질 높은 정부를 만들기 위해서는 매우 중요한 과제인 것이다.

결국, 특수 이익으로부터의 자율성, 문제 해결 능력, 성과와 효율성, 민주적 책무성을 갖춘 정부가 질 높은 정부인 것이다. 이러한 질 높은 정부를 어떻게 만들어 낼 것인가가 앞으로 한국 행정의 가장 중요한 과제라고 할 것이다.

참고문헌

강재언. (2001). 「선비의 나라 한국유학 2천년」. 하우봉 옮김. 서울: 한길사.

구정모 · 이현훈 · 임재영. (2012). "우리나라 재정지출 구조변화요인 분석: OECD 국가와의 비교." 「한국경제연구」 30(2): 5-39.

글로벌 금융위기 극복백서 편찬위원회. (2012). 「글로벌 금융위기와 한국의 정책대응」.

기획예산위원회 · 예산청. (1999). 「한국의 재정 1999」.

기획재정부 예산실. (2010). 「2010 한국의 재정」.

김근세. (2017). "갑오개혁과 한국 근대관료제의 형성: 역사적 제도주의접근." 「국정관리연구」 12(4): 235-63.

김명윤. (1966). 「한국 재정의 구조」. 서울: 고려대학교 아세아문제연구소.

김석준. (1991). "산업화정책과 국가능력의 변동: 한국과 대만의 비교." 강민(외) 편, 「국가와 공공정책 : 한국 국가이론의 재조명」. 208-45. 서울: 법문사.

김성태. (2012). "금융위기에 대응한 확장적 재정정책의 효과성 분석." 「한국개발연구」 34(4): 27-68.

김양화. (1985). "미국의 대한원조와 한국의 경제구조: 관료, 예속자본의 형성을 중심으로." 송건호(외), 「해방40년의 재인식」. 서울: 돌베개.

김운태. (1992). 「미군정의 한국통치」. 서울: 박영사.

______. (1995). 「조선왕조정치 · 행정사」. 제2전정증보판. 서울: 박영사.

김일영. (2000). "1960년대 한국 발전국가의 형성과정: 수출지향형 지배연합과 발전국가의 물적 기초의 형성을 중심으로." 「한국정치학회보」 33(4): 121-43.

김재훈. (1988). "1950년대 미국의 한국원조와 한국의 재정금융." 「경제와 사회」 창간호: 131-64.

김태일. (2012). "정부인력 규모와 공공 서비스 제공 방식." 「정부학연구」 18(1):

185–215.

다나카 아키라. (2006). 「메이지 유신과 서양 문명: 이와쿠라 사절단은 무엇을 보았는가」. 현명철 옮김. 서울: 소화.

도리우미 유타카. (2019). 「일본학자가 본 식민지 근대화론: 일제강점기 일본인 토목청부업자의 부당 이익을 중심으로」. 서울: 지식산업사.

박명림. (1995). "한국의 국가형성, 1945–48: 시각과 해석." 「한국정치학회보」 29(1): 195–220.

박상섭. (1995). "서구 근대국가 형성과정에 비추어 본 한국국가의 문제." 「철학과 현실」 26: 56–65.

박윤덕 외. (2016). 「서양사강좌」. 서울: 아카넷.

박종민. (2013). "행정학: 미국행정학인가 한국행정학인가." 김현구(편), 「한국 행정학의 한국화론: 보편성과 특수성의 조화」. 111–25. 서울: 법문사.

______ · **윤견수**. (2014). "한국 국가관료제의 세 가지 전통." 「한국행정학보」 48(1): 1–24.

______. (2015). "민주화 및 신자유주의–신공공관리 이후 한국의 국가관료제: 변화와 지속." 「정부학연구」 21(3): 35–63.

박종철. (1988). "1공화국 국가구조와 수입대체산업의 정치구조." 「한국정치학회보」 22(1): 97–118.

박찬일. (1981). "미국원조의 성격과 그 경제적 귀결," 김병태(외)편, 「한국경제의 전개과정」. 서울: 돌베개.

송혜경. (1998). "제1공화국 인사행정에 관한 연구: 고급관료의 사회적 배경 및 충원을 중심으로." 연세대학교 대학원 행정학 박사학위논문.

안병영. (1994). "한국관료제의 전개과정." 안해균(외), 「한국관료제와 정책과정」. 67–97. 서울: 다산출판사.

______ · **정무권**. (2007). "민주주의, 평등, 그리고 행정: 한국행정 연구를 위한 이론적 · 경험적 함의를 찾아서." 「한국행정학보」 41(3): 1–40.

______ · **정무권 · 한상일**. (2007). 「한국의 공공부문: 이론, 규모와 성격, 개혁방향」. 춘천: 한림대학교 출판부.

염재호 · 홍성만 · 왕재선. (2004). "정부관료제의 역사적 형성과 제도변화." 「정부학연구」 10(1): 5–49.

오영민 · 박노욱 · 원종학 · 하연섭 · 이혜영 · 조윤직. (2014). 「정부개혁의 정책적 시사점: 신공공관리론의 평가를 중심으로」. 서울: 한국조세재정연구원.

원구환. (1989). "미군정 관료의 사회적 배경에 관한 연구." 연세대학교 대학원 행정학석사학위논문.

위톈런. (2015). 「누가 일본을 통치하는가: 일본의 관료구조 해부」. 박윤식 옮김. 서울: 나남.

윤건영 · 임주영. (1993). 「조세지원제도의 현황과 개선방안」. 서울: 한국조세연구원.

윤영진 외. (1999). 「정부개혁의 모델: 뉴질랜드에서 배운다」. 서울: 지샘.

이계식 · 배준호 · 전성인. (1998). 「350만의 드라마: 뉴질랜드의 경제 사회 혁명은 이렇게 성공했다」. 서울: 중앙M&B.

이성무. (1988). "조선시대의 왕권." 조선시대사학회(편). 「동양 삼국의 왕권과 관료제」. 51-85. 서울: 국학자료원.

이한빈. (1967). "해방후 한국의 정치변동과 관료제의 발전." 「행정논총」 5(1): 1-23.

재무부. (1982). 「재정투융자백서」.

______. (1989). 「재정투융자백서」.

재정경제원. (1996). 「문민정부 3년간의 경제운영: 무엇을 이루었으며 어떤 과제가 남아 있는가」.

재경회 · 예우회. (2011). 「한국의 재정 60년: 건전재정의 길」. 서울 : 매일경제신문사.

정약용. (2019). 「정선 목민심서」. 다산연구회 역. 서울: 창비.

정용덕. (1996). "미국 행정(학)의 '무국가성'이 한국의 행정(학) 발전에 미친 영향." 「행정논총」 34(1): 33-50.

______. (2004). "이승만 정부의 관료제." 문정인 · 김세중(편). 「1950년대 한국사의 재조명」. 127-64. 서울: 선인.

정의창. (2012). "박정희 정부의 조직개편: 조직의 제도이론 및 역사적 제도주의의 적용." 「의정논총」 7(2): 319-50.

차하순. (2015). 「새로 쓴 서양사 총론2」. 제4판. 서울: 탐구당.

총무처. 「총무처연보」. 각 연도.

통계청. (2019). 「2017년 공공부문 일자리통계」.

하연섭. (1993a). "산업화 전략의 변화와 재정 · 금융정책의 정치경제." 「한국행정학보」 26(4): 1165-81.

_____. (1993b). "수출지향산업화로의 전환: 국가중심론적 해석에 대한 비판을 중심으로." 「한국정책학회보」 2: 231-251.

_____. (1996). "경제자유화와 자원동원 및 배분정책의 변화." 「연세행정논총」 21: 111-34.

_____. (2000). "국민의 정부의 재정개혁: 추진성과와 향후 과제." 「한국행정연구」 8(4): 71-98.

_____. (2006). "정책아이디어와 제도변화: 우리나라에서 신자유주의의 해석과 적용을 중심으로." 「행정논총」 44(4): 1-27.

_____. (2008). "공공성과 재무행정: 정치 · 경제 · 관리적 측면을 중심으로." 윤수재 · 이민호 · 채종헌(편), 「새로운 시대의 공공성 연구」. 850-878. 서울: 법문사.

_____. (2011). 「제도분석: 이론과 쟁점」. 제2판. 서울: 다산출판사.

_____. (2014). "Charles E. Lindblom의 정책연구: 정치와 시장 사이의 점증주의와 다원주의." 「행정논총」 52(2): 37-66.

_____. (2016). "재정건전화의 정치경제: 비교제도분석." 「한국정책학회보」 25(1): 237-67.

_____. (2018). 「정부예산과 재무행정」. 제3판. 서울: 다산출판사.

_____. (2019). "서론: 한국 행정의 새로운 도전과 정부의 역할." 하연섭(외). 「한국 사회와 한국 행정: 새로운 도전과 정부의 역할」. 16-29. 서울: 다산출판사.

_____ **· 오명민 · 이혜영 · 조윤직**. (2014). "신공공관리의 효과성과 적실성에 관한 설문조사 정책연구보고서." 한국조세재정연구원.

한국산업은행 조사부. (1993). 「사회간접자본의 현황과 투자촉진방안」. 서울: 한국산업은행.

한국재정40년사 편찬위원회. (1991). 「한국재정40년사」. 서울: 한국개발연구원.

한승연. (2013). "조선총독부 관료제 연구: 비상통치기구적 성격을 중심으로." 「한국행정학보」 47(3): 23-48.

함재봉. (2017).「한국 사람 만들기 Ⅱ」. 서울: 아산서원.
행정자치부.「행정자치통계연보」. 각 연도.
행정안전부.「행정안전통계연보」. 각 연도.
황성현. (2014). "정권별 조세 · 재정정책기조의 평가와 시사점: 문민정부에서 박근혜 정부까지."「재정학연구」7(2): 117–57.

Alam, M. Shahid. (1989). "The South Korean 'Miracle': Examining the Mix of Government and Markets." *Journal of Developing Areas* 23: 233–58.
Alesina, Alberto and Roberto Perotti. (1996). "Fiscal Discipline and the Budget Process." *American Economic Review* 86(2): 401–407.
______. (1999). "Budget Deficits and Budget Institutions," in James M. Poterba(ed.), *Fiscal Institutions and Fiscal Performance*. 13–36. Chicago: University of Chicago Press.
Amsden, Alice H. (1989). *Asia's Next Giant: South Korea and Late Industrialization*. New York: Oxford University Press.
Anderson, Perry. (1974). *Lineages of the Absolutist State*. London: Verso.
Armingeon, Klaus. (2012). "The Politics of Fiscal Responses to the Crisis of 2008–2009." *Governance* 25(4): 543–65.
Bahl, Roy, Chuk Kyo Kim, and Chong Kee Park. (1986). *Public Finances During the Korean Modernization Process*. Cambridge, MA: Harvard University Press.
Ban, Sung Hwan, Pal Yong Moon, and Dwight H. Perkins. (1980). *Rural Development*. Cambridge: Harvard University Press.
Benn, Stanley I. and Gerald F. Gaus. (1983). "The Liberal Conception of the Public and the Private." in Stanley I. Benn and Gerald F. Gaus (eds.), *Public and Private in Social Life*. 31–65. New York: St. Martin's Press.
Bergman, Michael. (2011). "Best in Class: Public Finance in Sweden during the Financial Crisis." *Panoeconomicus* 4: 431–53.

Bermeo, Nancy and Jonas Pontusson. (2012). "Coping with Crisis: An Introduction." in Nancy Bermeo and Jonas Pontusson(eds.), *Coping with Crisis: Government Reactions to the Great Recession*. 1–31. New York: Russell Sage Foundation.

Block, Fred. (1977). "The Ruling Class Does Not Rule: Notes on the Marxist Theory of the State." *Socialist Revolution* 7: 6–28.

Bobbitt, Philip. (2002). *The Shield of Achilles: War, Peace, and the Course of History*. New York: Anchor Books.

Boije, Robert and Albin Kainelainen. (2011). "The Importance of Fiscal Policy Frameworks: Swedish Experience of the Crisis." Paper prepared for the 13th Public Finance Workshop Rules and Institutions for Sound Fiscal Policy after the Crisis. Stockholm: Finansdepartementet.

Box, Richard C. (2018). *Essential History for Public Administration*. Irvine, CA: Melvin and Leigh, Publishers.

Braun, Rudolf. (1975). "Taxation, Sociopolitical Structure, and State-Building: Great Britain and Brandenburg-Prussia." in Charles Tilly (ed.), *The Formation of National States in Western Europe*. 243–327. Princeton: Princeton University Press.

Bresser-Pereira, Luiz Carlos. (2004). *Democracy and Public Management Reform: Building the Republican State*. Oxford: Oxford University Press.

Broz, J. Lawrence. (2013). "Partisan Financial Cycles." in Miles Kahler and David A. Lake(eds.), *Politics in the New Hard Times: The Great Recession in Comparative Perspective*. 75–101. Ithaca: Cornell University Press.

Cameron, David. (2012). "European Fiscal Responses to the Great Recession." in Nancy Bermeo and Jonas Pontusson(eds.), *Coping with Crisis: Government Reactions to the Great Recession*. 91–129. New York: Russell Sage Foundation.

Campbell, John L. (1997). "Mechanisms of Evolutionary Change in Economic Governance: Interaction, Interpretation, and Bricolage." in Lars Magnusson and Jan Ottosson(eds.), *Evolutionary Economics and Path Dependence*. 10–32. Cheltenham: Edward Elgar.

______. (2005). "Where Do We Stand? Common Mechanisms in Organizations and Social Movements Research." in Gerald F. Davis, Doug McAdam, W. Richard Scott, and Mayer N. Zald(eds.), *Social Movements and Organization Theory*. 41–68. New York: Cambridge University Press.

Carnoy, Martin. (1984). *The State and Political Theory*. Princeton: Princeton University Press.

Cheng, Tun-Jen. (1990). "Political Regimes and Development Strategies: South Korea and Taiwan." in Gary Gereffi and Donald L. Wyman (eds.), *Manufacturing Miracles: Paths of Industrialization in Latin America and East Asia*. Princeton: Princeton University Press.

Choi, Kwang and Young Sae Lee. (1990). "The Role of the Korean Government in Industrialization." in Chung H. Lee and Ippei Yamazawa(eds.), *The Economic Development of Japan and Korea: A Parallel with Lessons*. New York: Praeger.

Christensen, Tom and Per Laegreid. (2011). "Democracy and Administrative Policy: Contrasting Elements of New Public Management(NPM) and Post–NPM." *European Political Science Review* 3(1): 125–46.

Cole, David C. (1980). "Foreign Assistance and Korean Development." In David C. Cole, Youngil Lim, and Paul W. Kuznets(eds.), *The Korean Economy: Issues of Development*. Berkeley: Institute of East Asian Studies. University of California.

______ **and Princeton N. Lyman**. (1971). *Korean Development: The Interplay of Politics and Economics*. Cambridge: Harvard University Press.

Cottarelli, Carlo, Philip Gerson, and Abdelhak Senhadji. (2014). "Introduction." in Carlo Cottarelli, Philip Gerson, and Abdelhak Senhadji(eds.), *Post–Crisis Fiscal Policy*. 1–11. Cambridge, MA: The MIT Press.

Cumings, Bruce. (1981). *The Origins of the Korean War: Liberation and the Emergence of Separate Regimes 1945-1947*. Princeton, NJ: Princeton University Press.

______. (1984). "The Legacy of Japanese Colonialism in Korea." in Ramon H. Myers and Mark R. Peattie(eds.), *The Japanese Colonial Empire, 1895–1945*. 478–96. Princeton, NJ: Princeton University Press.

______. (1987). "The Origins and Development of the Northeast Asian Political Economy: Industrial Sectors, Product Cycles, and Political Consequences." in Frederick C. Deyo(ed.), *The Political Economy of the New Asian Industrialism*. 44–83. Ithaca: Cornell University Press.

______. (1988). "World System and Authoritarian Regimes in Korea, 1948–1984." in Edwin A. Winckler and Susan Greenhalgh(eds.), *Contending Approaches to the Political Economy of Taiwan*. New York: M. E. Sharpe, Inc.

Deuchler, Martina. (1988). "조선후기의 지방 지배층과 중앙정부." 조선시대사학회(편), 「동양 삼국의 왕권과 관료제」. 121–34. 서울: 국학자료원.

Dryzek, John S. and Patrick Dunleavy. (2009). *Theories of the Democratic State*. New York: Palgrave Macmillan.

Dunleavy, Patrick and Christopher Hood. (1994). "From Old Public Administration to New Public Management." *Public Money and Management* 14(3): 9–16.

______, **Helen Margetts, Simon Bastow, and Jane Tinkler**. (2006). *Digital Era Governance: IT Corporations, the State, and E–Government*. Oxford: Oxford University Press.

Durant, Robert F.(ed.) (2010). *The Oxford Handbook of American Bureaucracy*. Oxford: Oxford University Press.

Dyson, Kenneth H. F. (1980). *The State Tradition in Western Europe*. Oxford: Martin Robertson.

Eckert, Carter J. (1991). *Offspring of Empire: The Koch'ang Kims and the Colonial Origins of Korean Capitalism 1876–1945*. Seattle: University of Washington Press.

______. (2016). *Park Chung Hee and Modern Korea: The Roots of Militarism 1866–1945*. Cambridge: The Belknap Press of Harvard University Press.

Elcock, Howard. (2006). "The Public Interest and Public Administration." *Politics* 26(2): 101–109.

Ertman, Thomas. (1997). *Birth of the Leviathan: Building States and Regimes in Medieval and Early Modern Europe*. Cambridge: Cambridge University press.

Esping-Andersen, Gøsta. (1990). *The Three Worlds of Welfare Capitalism*. Princeton, NJ: Princeton University Press.

Finer, Samuel E. (1999). *History of the Government from the Earliest Times. Vol. 3. Empires, Monarchies, and the Modern State*. Oxford: Oxford University Press.

Fukuyama, Francis. (2011). *The Origins of Political Order: From Prehuman Times to the French Revolution*. New York: Farrar, Straus and Giroux.

______. (2014). *Political Order and Political Decay: From the Industrial Revolution to the Globalization of Democracy*. New York: Farrar, Straus and Giroux.

Gaus, Gerald F. (1983). "Public and Private Interests in Liberal Political Economy: Old and New." in Stanley I. Benn and Gerald F. Gaus (eds.), *Public and Private in Social Life*. 183–221. New York: St. Martin's Press.

Genieys, William and Marc Smyrl. (2008). *Elites, Ideas, and the Evolution of Public Policy*. New York: Palgrave Macmillan.

Gladden, E. N. (1972). *A History of Public Administration. Vol. 2. From the Eleventh Century to the Present Day*. London: Frank Cass.

Green, Andy. (2013). *Education and State Formation: Europe, East Asia and the USA*. 2nd ed. New York: Palgrave Macmillan.

Greer, Scott L. and Holly Jarman. (2011). "The British Civil Service System." in Frits M. van der Meer(ed.), *Civil Service Systems in Western Europe*. 2nd ed. 13–35. Cheltenham: Edward Elgar.

Ha, Yeonseob. (1993). "State Intervention, Fiscal Policy, and Industrialization in Korea." in Kwang–Woong Kim and Yong–duck Jung(eds.), *Korean Public Policy and Administration in Transition, Vol 2. Substantive Public Policies*. 71–97. Seoul: The Korean Association for Public Administration.

______. (1997). "Public Finance and Budgeting in Korea under Democracy: A Critical Appraisal." *Public Budgeting and Finance* 17(1): 56–73.

______. (2002). "A Comparative Study of Budgetary and Financial Management Reforms: The Cases of Australia, New Zealand, and Sweden." *International Review of Public Administration* 7(1): 123–36.

______. (2004). "Budgetary and Financial Management Reforms in Korea: Financial Crisis, New Public Management, and Fiscal Administration." *International Review of Administrative Sciences* 70(3): 511–25.

______. (2014). "Financial Crisis, Economic Recovery, and an Era of New Public Management." in Junghun Kim(ed.), *Planning and Budgeting in Korea and Selected Asian Countries*. Seoul: Korea Institute of Public Finance.

______**, Kangho Lee, and Jon Blöndal.** (2012). "Top–down Budgeting in Korea." *in Korea's Fiscal Reforms: The Outcome and Future Direction*. Seoul: Korea Institute of Public Finance.

Hacker, Jacob S. and Paul Pierson. (2010). *Winner–Take–All Politics: How Washington Made the Rich Richer—And Turned Its Back on the*

Middle Class. New York: Simon and Schuster.

Haggard, Stephan. (1990). *Pathways from the Periphery: The Politics of Growth in the Newly Industrializing Countries*. Ithaca: Cornell University Press.

______ **and Chung In Moon**. (1983). "The South Korean State in the International Economy: Liberal, Dependent, or Mercantile?" in John Ruggie(ed.), *The Antinomies of Interdependence*. New York: Columbia University Press.

______**, Byung Kook Kim, and Chung In Moon**. (1989). "The Transition to Export-Led Growth in Korea: 1954-1966." Center for Research on Politics and Social Organization Working Paper, Department of Sociology, Harvard University.

Hall, Peter. (1986). *Governing the Economy: The Politics of State Intervention in Britain and France*. New York: Oxford University Press.

______ **and David Soskice**. (2001). "An Introduction to Varieties of Capitalism." in Peter A. Hall and David Soskice(eds.), *Varieties of Capitalism: The Institutional Foundations of Comparative Advantage*. 1-68. New York: Oxford University Press.

______ **and Daniel W. Gingerich**. (2009). "Varieties of Capitalism and Institutional Complementarities in the Political Economy: An Empirical Analysis." *British Journal of Political Science* 39: 449-82.

Hallerberg, Mark. (2004). *Domestic Budgets in a United Europe: Fiscal Governance from the End of Bretton Woods to EMU*. Ithaca: Cornell University Press.

______**, Rolf Rainer Strauch, and Jurgen von Hagen**. (2009). *Fiscal Governance in Europe*. New York: Cambridge University Press.

Hamilton, Clive. (1986). *Capitalist Industrialization in Korea*. Boulder: Westview Press.

Hancké, Bob, Martin Rhodes, and Mark Thatcher. (2007).

"Introduction: Beyond Varieties of Capitalism." in Bob Hancké, Martin Rhodes, and Mark Thatcher(eds.), *Beyond Varieties of Capitalism: Conflict, Contradictions, and Complementarities in the European Economy*. 3–38. Oxford: Oxford University Press.

Henderson, Gregory. (1968). *Korea: The Politics of the Vortex*. Cambridge: Harvard University Press.

Hood, Christopher. (1991). "A Public Management for All Seasons?" *Public Administration* 69(1): 3–19.

______. (1996). "Beyond 'Progressivism': A New 'Global Paradigm' in Public Management?" *International Journal of Public Administration* 19(2): 151–77.

______ **and Ruth Dixon**. (2015). *A Government That Worked Better and Cost Less? Evaluating Three Decades of Reform and Change in UK Central Government*. Oxford: Oxford University Press.

Hwang, Kyung Moon. (2016). *Rationalizing Korea: The Rise of the Modern State, 1894–1945*. Berkeley: University of California Press.

International Monetary Fund. (2014). "Budget Institutions in G–20 Countries: Country Evaluations." April 7, 2014.

Jensen, Lotte and Sysser Davidsen. (2015). "The Global Financial Crisis in Denmark and Sweden: a Case of Crisis Managment 'Lite'." in John Wanna, Evert A. Lindquist, and Jouke de Vries(eds.), *The Global Financial Crisis and its Budget Impacts in OECD Nations: Fiscal Responses and Future Challenges*. 174–204. Cheltenham: Edward Elgar.

Johnson, Chalmers. (1982). *MITI and the Japanese Miracle: The Growth of Industrial Policy, 1925-1975*. Stanford: Stanford University Press.

Johnson, Kimberley. (2010). "The 'First New Federalism' and the Development of the Administrative State, 1883–1982." in Robert F. Durant(ed.), *The Oxford Handbook of American Bureaucracy*. 52–76. New York: Oxford University Press.

Jonas, Jiri and Iva Petrova. (2014). "Fiscal Trends and Fiscal Stress Prior to the Crisis." in Carlo Cottarelli, Philip Gerson, and Abdelhak Senhadji(eds.), *Post-Crisis Fiscal Policy*. 129-59. Cambridge, MA: The MIT Press.

Jones, Leroy P. and Il Sakong. (1980). *Government, Business, and Entrepreneurship in Economic Development: The Korean Case*. Cambridge: Harvard University Press.

Jonung, Lars. (2013). "The Swedish Experience of Fiscal Reform: Lessons for Portugal." Paper Prepared for Towards a Comprehensive Reform of Public Governance Conference and Workshop.

Kettl, Donald F. (2000). *The Global Public Management Revolution: A Report on the Transformation of Governance* Washington, D.C.: Brookings Institution Press.

______. (2002). *The Transformation of Governance: Public Administration for Twenty-First Century America*. Baltimore: Johns Hopkins University Press.

Kickert, Walter and Tiina Randma-Liiv. (2015). *Europe Managing the Crisis: The Politics of Fiscal Consolidation*. London: Routledge.

______**, and Riin Savi**. (2013). "Fiscal Consolidation in Europe: A Comparative Analysis." COCOPS Trend Report. European Commission.

Kim, John M. (2014). "Fiscal Space for Economic Takeoff: Korea's Escape from Poverty." in Junghun Kim(ed.), *Planning and Budgeting in Korea and Selected Asian Countries*. Seoul: Korea Institute of Public Finance.

Kim, Joung Won Alexander. (1975). *Divided Korea: The Politics of Development, 1945-1972*. Cambridge: Harvard University Press.

Kohli, Atul. (2004). *State-Directed Development: Political Power and Industrialization in the Global Periphery*. Cambridge: Cambridge University Press.

Koo, Hagen. (1987). "The Interplay of State, Social Class, and World System in East Asian Development: The Cases of South Korea and Taiwan." in Frederick C. Deyo(ed.), *The Political Economy of the New Asian Industrialism*. 165–81. Ithaca: Cornell University Press.

Krueger, Anne O. (1982). *The Developmental Role of the Foreign Sector and Aid*. Cambridge: Harvard University Press.

Kuhlmann, Sabine and Hellmut Wollmann. (2014). *Introduction to Comparative Public Administration: Administrative Systems and Reforms*. Cheltenham: Edward Elgar.

Lee, Hong Yung. (2013). "Introduction: A Critique of 'Colonial Modernity'." in Hong Yung Lee, Yong Chool Ha, and Clark W. Sorensen(eds.), *Colonial Rule and Social Change in Korea, 1910-1945*. 3–38. Seattle: University of Washington Press.

Lim, Youn Gil. (1981). *Government Policy and Private Enterprise: Korean Experience in Industrialization*. Berkeley: Institute of East Asian Studies, University of California.

Lindblom, Charles E. (1977). *Politics and Markets: The World's Political–Economic Systems*. New York: Basic Books.

Lindbom, Anders. (2014). "Fiscal Squeeze in Sweden, 1990–1997: The Causes, the Measures, and their Short-and Long-run Effects." in Christopher Hood, David Heald, and Rozana Himaz(eds.), *When the Party's Over: The Politics of Fiscal Squeeze in Perspective*. 185–206. Oxford: Oxford University Press.

Lindvall, Johannes. (2012). "Politics and Policies in Two Economic Crises: The Nordic Countries." in Nancy Bermeo and Jonas Pontusson (eds.), *Coping with Crisis: Government Reactions to the Great Recession*. 233–60. New York: Russell Sage Foundation.

Lynn, Laurence E., Jr. (2006). *Public Management: Old and New*. New York: Routledge.

Mahoney, James and Dietrich Rueschemeyer.(eds.) (2003).

Comparative Historical Analysis in the Social Sciences. New York: Cambridge University Press.

______ **and Kathleen Thelen**. (2010). "A Theory of Gradual Institutional Change." in James Mahoney and Kathleen Thelen(eds.), *Explaining Institutional Change: Ambiguity, Agency, and Power*. 1–37. New York: Cambridge University Press.

Marx, Karl. (1963). *The Eighteenth Brumaire of Louis Bonaparte*. New York: International Publishers.

Mason, Edward S., Mahn Je Kim, Dwight H. Perkins, Kwang Suk Kim, and David C. Cole. (1980). *The Economic and Social Modernization of the Republic of Korea*. Cambridge: Harvard University Press.

McGinn, Noel F., Donald R. Snodgrass, Yung Bong Kim, Shin-Bok Kim, and Quee-Young Kim. (1980). *Education and Development in Korea*. Cambridge: Harvard University Press.

Meer, Frits M. van der. (2011). "Civil Service Systems in Western Europe: an Introduction." in Frits M. van der Meer(ed.), *Civil Service Systems in Western Europe*. 2nd ed. 1–11. Cheltenham: Edward Elgar.

______ **and Gerrit S. A. Dijkstra**. (2011). "Civil Service Systems in Western Europe: Variations and Similarities." in Frits M. van der Meer(ed.), *Civil Service Systems in Western Europe*. 2nd ed. 271–85. Cheltenham: Edward Elgar.

Meyers, Roy T. (2014). "The Implosion of the Federal Budget Process: Triggers, Commissions, Cliffs, Sequesters, Debt Ceilings, and Shutdown." *Public Budgeting & Finance* 34(4): 1–23.

Michell, Tony. (1988). *From a Developing to a Newly Industrialized Country: The Republic of Korea, 1961-82*. Geneva: International Labor Office.

Moore, Barrington, Jr. (1966). *Social Origins of Dictatorship and Democracy: Lord and Peasant in the Making of the Modern World*.

Boston: Beacon Press.

Mosher, Frederick C. (1975). "Introduction: the American Setting." in Frederick. C. Mosher(ed.), *American Public Administration: Past, Present, Future*. 1-10. Tuscaloosa: The University of Alabama Press.

______. (1982). *Democracy and the Public Service*. 2nd ed. New York: Oxford University Press.

Mueller, Hans-Eberhard. (1984). *Bureaucracy, Education, and Monopoly: Civil Service Reforms in Prussia and England*. Berkeley: University of California Press.

Niskanen, William A. Jr. (1971). *Bureaucracy and Representative Government*. Chicago: Aldine-Atherton.

O'Donnell, Guillermo A. (1979). *Modernization and Bureaucratic-Authoritarianism: Studies in South American Politics*. Berkeley: Institute of International Studies, University of California.

OECD. (2011a). "Fiscal Consolidation: The Need for Evidence-based Decision Making." in *Government at a Glance 2011*. OECD Publishing.

______. (2011b). *Government at a Glance*. Paris: OECD.

______. (2011c). *Restoring Public Finances*. Paris: OECD.

______. (2012). *Restoring Public Finances, 2012 Update*. Paris: OECD.

______. (2013). *Government at a Glance*. Paris: OECD.

______. (2014). "Budget Review: Germany." *OECD Journal on Budgeting*. 14(2).

______. (2015a). *Government at a Glance*. Paris: OECD.

______. (2015b). *The State of Public Finances 2015: Strategies for Budgetary Consolidation and Reform in OECD Countries*. Paris: OECD.

______. (2016). *Government at a Glance: How Korea Compares*.

______. (2017). *Government at a Glance*. Paris: OECD.

______. (2019a). *Budgeting and Public Expenditures in OECD Countries*

2019.

______. (2019b). *Government at a Glance*. Paris: OECD.

______. *Economic Outlook*. various issues.

Offe, Claus. (1975). "The Theory of the Capitalist State and the Problem of Policy Formation." in Leon N. Lindberg *et al.*(eds), *Stress and Contradictions in Modern Capitalism*. Lexington, D.C.: Heath and Co.

Orren, Karen and Stephen Skowronek. (1994). "Beyond the Iconography of Order: Notes for 'New Institutionalism'." in Lawrence C. Dodd and Calvin Jillson(eds.), *The Dynamics of American Politics: Approaches and Interpretations*. 311–30. Boulder, CO: Westview.

Painter, Martin and B. Guy Peters. (2010). "Administrative Traditions in Comparative Perspective: Families, Groups and Hybrids." in Martin Painter and B. Guy Peters(eds.), *Tradition and Public Administration*. 19–30. New York: Palgrave Macmillan.

Palais, James B. (1973). "'Democracy' in South Korea, 1948–72." in Frank Baldwin(ed.), *Without Parallel: The American-Korean Relationship Since 1945*. 318–57. New York: Pantheon Books.

______. (1975). *Politics and Policy in Traditional Korea*. Cambridge: Harvard University Press.

______. (1988). "조선시대의 관료적 군주제." 조선시대사학회(편), 「동양 삼국의 왕권과 관료제」. 87–120. 서울: 국학자료원.

Palmer, John L. and Rudolph G. Penner. (2012). "The Hard Road to Fiscal Responsibility." *Public Budgeting and Finance* 32(3): 4–31.

Payer, Cheryl. (1976). "Pushed into the Debt Trap: South Korea's Export Miracle." *Journal of Contemporary Asia* 6: 153–63.

Peters, B. Guy. (1996). *The Future of Governing: Four Emerging Models*. Lawrence, KS: University Press of Kansas.

______. (2010a). "Bureaucracy and Democracy." *Public Organization Review* 10(3): 209–22.

______. (2010b). "Public Administration in the United States: Anglo-

American, Just American, or Which American?" in Martin Painter and B. Guy Peters(eds.), *Tradition and Public Administration*. 114–28. New York: Palgrave Macmillan.

______ **and John Pierre**. (1998). "Governance Without Government? Rethinking Public Administration." *Journal of Public Administration Research and Theory* 8(2): 223–43.

Pierson, Paul and Theda Skocpol. (2002). "Historical Institutionalism in Contemporary Political Science." in Ira Katznelson and Helen V. Milner(eds.), *Political Science: the State of the Discipline*. 693–721. New York: W.W.Norton and Co.

Poggi, Gianfranco. (1978). *The Development of the Modern State: A Sociological Introduction*. Stanford: Stanford University Press.

______. (1990). *The State: Its Nature, Development and Prospects*. Stanford: Stanford University Press.

Pollack, Sheldon D. (2009). *War, Revenue, and State Building: Financing the Development of the American State*. Ithaca: Cornell University Press.

Pollitt, Christopher. (1999). "The Changing Context." in Christopher Pollitt, Xavier Girre, Jeremy Londsdale, Robert Mul, Hilkka Summa, and Marit Waereness(eds.), *Performance or Compliance? Performance Audit and Public Management Reform in Five Countries*. 30–55. Oxford: Oxford University Press.

______. (2016). *Advanced Introduction to Public Management and Administration*. Cheltenham: Edward Elgar.

______ **and Geert Bouckaert**. (2017). *Public Management Reform: A Comparative Analysis—Into the Age of Austerity*. 4th ed. Oxford: Oxford University Press.

Pontusson, Jonas and Damian Raess. (2012). "How (and Why) Is This Time Different? The Politics of Economic Crisis in Western Europe and the United States." *Annual Review of Political Science* 15: 13–33.

Posner, Paul and Jón Blöndal. (2012). "Democracies and Deficits: Prospects for Fiscal Responsibility in Democratic Nations." *Governance*. 25(1): 11–34.

Premfors, Rune. (1998). "Reshaping the Democratic State: Swedish Experiences in a Comparative Perspective." *Public Administration* 76(1): 141–59.

Raadschelders, Jos C. N. and Mark R. Rutgers. (1996). "The Evolution of Civil Service Systems." in Hans, A. G. M. Bekke, James L Perry, and Theo A. J. Toonen(eds.), *Civil Service Systems in Comparative Perspective*. 67–99. Bloomington: Indiana University Press.

Rivlin, Alice. (2012). "Rescuing the Budget Process." *Public Budgeting and Finance* 32(3): 53–56.

Roberts, Alasdair. (2010). *The Logic of Discipline: Global Capitalism and the Architecture of Government*. New York: Oxford University Press.

______. (2014). *Large Forces: What's Missing in Public Administration*. Creative Independent Publishing Platform.

Robertson, David Brian. (2010). "Historical Institutionalism, Political Development, and the Study of American Bureaucracy." in Robert F. Durant(ed.), *The Oxford Handbook of American Bureaucracy*. 25–51. New York: Oxford University Press.

Rosenberg, Hans. (1958). *Bureaucracy, Aristocracy and Autocracy: The Prussian Experience 1660–1815*. Cambridge, MA: Harvard University Press.

Rothstein, Bo. (2011). *The Quality of Government: Corruption, Social Trust, and Inequality in International Perspective*. Chicago: University of Chicago Press.

______ **and Jan Teorell**. (2012). "Defining and Measuring Quality of Government." in Sören Holmberg and Bo Rothstein(eds.), *Good Government: The Relevance of Political Science*. 13–39. Cheltenham: Edward Elgar.

______, **Marcus Samanni and Jan Teorell**. (2012). "Explaining the Welfare State: Power Resources vs. the Quality of Government." *European Political Science Review* 4(1): 1–28.

Rubin, Irene S. (1998). *Class, Tax, and Power: Municipal Budgeting in the United States*. Chatham, NJ: Chatham House.

Rutgers, Mark R. (2001). "Traditional Flavors? The Different Sentiments in European and American Administrative Thought." *Administration and Society* 33(2): 220–244.

Ryan, Paul. (2011). "The Federal Budget Process: A Brief History of Budgeting in the Nation's Capital." House Budget Committee, December 7.

Schachter, Hindy Lauer. (2010). "A Gendered Legacy? The Progressive Reform Era Revisited." in Robert F. Durant(ed.), *The Oxford Handbook of American Bureaucracy*. 77–100. New York: Oxford University Press.

Schäfer, Armin and Wolfgang Streeck. (2013). "Introduction: Politics in the Age of Austerity." in Armin Schäfer and Wolfgang Streeck(eds.), *Politics in the Age of Austerity*. 1–25. Cambridge: Polity Press.

Scharpf, Fritz W. (1999). *Governing in Europe: Effective and Democratic?* Oxford: Oxford University Press.

Schelkle, Waltraud. (2012). "Policymaking in Hard Times: French and German Responses to the Eurozone Crisis." in Nancy Bermeo and Jonas Pontusson(eds.), *Coping with Crisis: Government Reactions to the Great Recession*. 130–61. New York: Russell Sage Foundation.

Schick, Allen. (1986). "Controlling Nonconventional Expenditure: Tax Expenditures and Loans." *Public Budgeting and Finance* 6: 3–19.

______. (1997). *Modern Budgeting*. Paris: OECD.

Schickler, Eric. (2001). *Disjointed Pluralism: Institutional Innovation and the Development of the U.S. Congress*. Princeton: Princeton University Press.

Shefter, Martin. (1993). *Political Parties and the State: The American Historical Experience*. Princeton: Princeton University Press.

Shin, Roy W. and Yeonseob Ha. (1999). "Political Economy of Policy Reform in Korea: Review and Analysis." *Policy Studies Review* 16(2): 65–97.

Silberman, Bernard S. (1993). *Cages of Reason: The Rise of the Rational State in France, Japan, the United States, and Great Britain*. Chicago: University of Chicago Press.

Skowronek, Stephen. (1982). *Building a New American State: The Expansion of National Administrative Capacities, 1877-1920*. Cambridge: Cambridge University Press.

Soskice, David. (1999). "Divergent Production Regimes: Coordinated and Uncoordinated Market Economies in the 1980s and 1990s." in Herbert Kitschelt, Peter Lange, Gary Marks, and John D. Stephens (eds.), *Continuity and Change in Contemporary Capitalism*. 101–34. New York: Cambridge University Press.

Steinberg, David I. (1985). "Foreign Aid and the Development of the Republic of Korea: The Effectiveness of Concessional Assistance." AID Special Study No. 42. U. S. Agency for International Development.

Steinmo, Sven. (1989). "Political Institutions and Tax Policy in the United States, Sweden, and Britain." *World Politics* 41: 500–35.

______. (1993). *Taxation and Democracy: Swedish, British and American Approaches to Financing the Modern State*. New Haven: Yale University Press.

______. (2010). *The Evolution of Modern States: Sweden, Japan, and the United States*. New York: Cambridge University Press.

______. (2013). "Governing as an Engineering Problem: The Political Economy of Swedish Success." in Armin Schäfer and Wolfgang Streeck (eds.), *Politics in the Age of Austerity*. 84–107. Cambridge: Polity Press.

Stillman, Richard J., II. (1991). *Preface to Public Administration: A Search for Themes and Direction*. New York: St. Martin's Press.

______. (1999). "American versus European Public Administration: Does Public Administration Make the Modern State, or Does the State Make Public Administration?" in Walter J.M. Kickert and Richard J. Stillman, II(eds.), *The Modern State and Its Study: New Administrative Sciences in a Changing Europe and United States*. 247–260. Cheltenham: Edward Elgar.

Stivers, Camilla. (2000). *Bureau Men, Settlement Women: Constructing Public Administration in the Progressive Era*. Lawrence: University Press of Kansas.

Strayer, Joseph R. (1970). *On the Medieval Origins of the Modern State*. Princeton: Princeton University Press.

Suh, Suk-Tai. (1977). "Foreign Aid, Foreign Capital Inflows and Industrialization in Korea." Korea Development Institute Working Paper No. 7712.

Suleiman, Ezra. (2003). *Dismantling Democratic States*. Princeton: Princeton University Press.

Sutherland, D., P. Hoeller, and R. Merola. (2012). "Fiscal Consolidation: Part 1. How Much is Needed and How to Reduce Debt to a Prudent Level?" *OECD Economics Department Working Papers*. No. 932.

Svallfors, Stehan. (2013). "Government Quality, Egalitarianism, and Attitudes to Taxes and Social Spending: a European Comparison." *European Political Science Review* 5(3): 363–380.

Tanzi, Vito and Ludger Schuknecht. (2000). *Public Spending in the 20th Century: A Global Perspective*. New York: Cambridge University Press.

Thelen, Kathleen and James Mahoney. (2015). "Comparative–Historical Analysis in Contemporary Political Science." in James

Mahoney and Kathleen Thelen(eds.), *Advances in Comparative-Historical Analysis*. 3-36. Cambridge: Cambridge University Press.

Tilly, Charles. (ed.) (1975). *The Formation of National States in Western Europe*. Princeton: Princeton University Press.

______. (1975). "Reflections on the History of European State-Making." in Charles Tilly(ed.), *The Formation of National States in Western Europe*. 3-83. Princeton: Princeton University Press.

______. (1985). "War Making and State Making as Organized Crime." in Peter B. Evans, *et al.*(eds.), *Bringing the State Back In*. 169-91. New York: Cambridge University Press.

______. (1990). *Coercion, Capital, and European States, AD 990-1990*. Cambridge, MA: Basil Blackwell.

Tocqueville, Alexis de. (2003). *Democracy in America*. New York: Penguin Books.

Uchida, Jun. (2011). *Brokers of Empire: Japanese Settler Colonialism in Korea, 1876-1945*. Cambridge: Harvard University Press.

U.S. Agency for International Development. (1962) *Overseas Loans and Grants and Assistance from International Organizations*.

U.S. Congress. (1978). *Investigation of Korean-American Relations*. Report of the Subcommittee on International Organizations of the Committee on International Relations, U. S. House of Representatives, Washington, D. C.: U. S. Government Printing Office, Oct. 31, 1978.

Ventriss, Curtis. (1989). "Toward a Public Philosophy of Public Administration: A Civic Perspective of the Public." *Public Administration Review* 49(2): 173-79.

Wade, Rebert. (1983). "South Korea's Agricultural Development: The Myth of the Passive State." *Pacific Viewpoint* 24: 11-28.

Waldo, Dwight. (1948). *The Administrative State: A Study of the Political Theory of American Public Administration*. New York: The Ronald Press Company.

Walton, Anthony S. (1983). "Public and Private Interests: Hegel on Civil Society and the State." in Stanley I. Benn and Gerald F. Gaus(eds.), *Public and Private in Social Life*. 249–66. New York: St. Martin's Press.

Wildavksy, Aaron. (1961). "Political Implications of Budgetary Reform." *Public Administration Review* 21: 183–90.

Wilson, James Q. (1989). *Bureaucracy: What Government Agencies Do and Why They Do It*. New York: Basic Books.

Woo, Jung En. (1990). *Race to the Swift: State and Finance in Korean Industrialization*. New York: Columbia University Press.

Woodside, Alexander. (2006). *Lost Modernities: China, Vietnam, Korea, and the Hazards of World History*. Cambridge, MA: Harvard University Press.

World Bank. (1980). *World Tables*. Washington, D.C.: The World Bank.

______. (1983). *World Tables*. Washington, D.C.: The World Bank.

찾아보기

ㄴ

ㄷ

ㅁ

ㅂ

| ㅅ |

| ㅇ |

| ㅈ |

ㅊ

ㅋ

ㅌ

ㅍ

ㅎ

저자 약력

하연섭은 연세대학교 사회과학대학 행정학과를 졸업하고 미국 인디애나대학교에서 행정학 석사와 정책학 박사 학위를 취득하였으며, 현재 연세대학교 사회과학대학 행정학과 교수로 재직 중이다. 재무행정, 제도분석, 비교정책, 교육정책이 주요 관심 분야이며, 저서로 「정부예산과 재무행정」, 「제도분석: 이론과 쟁점」, 「재정학의 이해」, 「5·31 교육개혁 그리고 20년」(공저), 「위험사회와 국가정책」(편저), 「한국 사회와 한국 행정」(편저) 등이 있다. *Public Budgeting & Finance, Journal of Public Budgeting, Accounting & Financial Management, International Review of Administrative Sciences, Policy Studies Review, International Review of Public Administration*, 한국행정학보, 한국정책학회보, 행정논총, 한국행정연구, 한국정치학회보 등에 논문을 발표한 바 있다. 교육부총리 정책보좌관, 연세대학교 국제처장, 행정대학원장 등을 역임했으며, 현재는 연세대학교 국제캠퍼스부총장을 맡고 있다. 미국 National Association of Schools of Public Affairs and Administration 우등상(*Pi Alpha Alpha*), 연세대학교 학술상, 한국행정학회 학술상 등을 수상한 바 있다.

한국 행정: 비교역사적 분석

2020년 4월 30일 제1판 1쇄 발행
2021년 10월 20일 제1판 2쇄 발행

저 자 하 연 섭
발행인 강 희 일 · 박 은 자

다 산 출 판 사

서울특별시 마포구 대흥로 6길 8
등 록 1979. 6. 5. 제 3-86 호(윤)
전 화 717-3661~2, 718-1751~2
F A X 716-9945

정가 25,000원 파본은 바꾸어 드립니다.

http://www.dasanbooks.co.kr

ISBN 978-89-7110-576-4 93350